Leo N. Tolstoi

Gesammelte
Bühnenwerke

Band-Signatur
TFb_C016

Tolstoi-Friedensbibliothek
Reihe C | Band 16

Herausgegeben von Peter Bürger

Übersetzungen von Adolf Heß,
Raphael Löwenfeld & August Scholz

Leo N. Tolstoi

Gesammelte Bühnenwerke

Bäcker Petrus – Der erste Branntweinbrenner –
Macht der Finsternis – Die Früchte der Bildung
– Das Licht leuchtet in der Finsternis –
Der lebende Leichnam – Er ist an allem schuld

Tolstoi Friedensbibliothek
TFb_C016

Ein besonderer Dank für
Beistand während der Bearbeitung dieses
Bandes gebührt Bodo Bischof

Die TFb-Buchausgaben
folgen dem Editionsprojekt
www.tolstoi-friedensbibliothek.de

© 2024

Leo N. Tolstoi

GESAMMELTE BÜHNENWERKE
Bäcker Petrus – Der erste Branntweinbrenner – Macht der
Finsternis – Die Früchte der Bildung – Das Licht leuchtet in
der Finsternis – Der lebende Leichnam – Er ist an allem schuld.

Tolstoi-Friedensbibliothek: Band-Signatur TFb_C016

Herausgeber, Redaktion & Gestaltung: Peter Bürger
www.tolstoi-friedensbibliothek.de

Umschlagmotiv: Bühnenszene aus Tolstois „Macht der
Finsternis" (Akademietheater Wien, 31.03.2015),
Bild: Francisco Peralta Torrejón | commons.wikimedia.org

Herstellung & Verlag: BoD – Books on Demand, Norderstedt
ISBN: 978-3-7597-6846-9

Inhalt

Anhang

ANMERKUNGEN ZU BÜHNENWERKEN TOLSTOIS

Von Raphael Löwenfeld

Bäcker Petrus

Drama in fünf Aufzügen[1]

ERSTER AUFZUG

Marktplatz. Läden und Buden. Menschen gehen auf und ab, feilschen und handeln. Stimmengewirr. Links sitzen Bettler in zerlumpten orientalischen Kleidern, ohne Beinkleider, zum Teil in bloßem Hemd – Greise, Armlose, Blinde, die von Kindern geführt werden; sie singen, und die Leute, die vorübergehen, reichen ihnen Almosen. Eine schlicht gekleidete Frau reicht ihnen eine große Silbermünze. Die Bettler hören auf zu singen. Der erste Bettler hat die Münze erhascht, die anderen fahren fort zu betteln.

DIE FRAU. Es ist für euch alle bestimmt.

DIE BETTLER *wie aus einem Munde.* Gott der Herr mag's dir lohnen! *Die Frau entfernt sich.*

DRITTER BETTLER. Wieviel sind wir denn? Zählt. Acht Mann. Sie wechseln die Münze. Gott gebe ihr Gnade und Segen! Die ewige Seligkeit mag ihr zuteil werden! Zwölf Denare kommen auf jeden. Habt ihr Kleingeld genug?

ZWEITER BETTLER. Abdullah kann's wechseln.

VIERTER BETTLER. Jedesmal gibt sie uns etwas.

ZWEITER BETTLER. Sie und Amphilius aus Tyrasdas sind die einzigen, die an uns denken.

DRITTER BETTLER. Und dann – wie sie es gibt! Mit frohem Herzen nimmt man's in Empfang. Nicht so wie Miron: der schickt eine Kleinigkeit durch seinen Diener und läßt sie uns wie den Hunden hinwerfen.

ZWEITER BETTLER. Wie er's gibt, ist ganz gleich, wenn er nur was gibt! Wie viele geben überhaupt nichts und schelten uns noch aus wie die Hunde.

---

[1] Textquelle | Leo TOLSTOI: *Bühnenwerke.* Übersetzung aus dem Russischen von August Scholz. (Gesamtausgabe des Dichterischen Werkes, herausgegeben von Erich Boehme, Band XIV). Berlin: Malik-Verlag 1928, S. 441-457.

DRITTER BETTLER. Einen Bettler zu schelten! Das bekommt doch höchstens solch ein Unmensch wie der Brotbäcker Petrus fertig.

VIERTER BETTLER. Ja – dem Petrus – dem kommt's nicht darauf an.

ZWEITER BETTLER. Zwanzig Jahre schon sitze ich hier an dieser Stelle – und nicht einen roten Heller hat er mir bisher gegeben.

ALLE BETTLER, BIS AUF DEN ERSTEN *gleichzeitig.* Auch mir nicht, auch mir nicht!

ERSTER BETTLER. Was ist er eigentlich – ein Christ?

DRITTER BETTLER. Getauft ist er wohl, in Wirklichkeit aber ist er schlimmer als ein Heide. Ein Christ sollte sich doch nicht weigern, ein Almosen zu spenden, wenn man ihn in Christi Namen darum bittet.

ZWEITER BETTLER. Der und ein Almosen spenden! Da kennt ihr Petrussen schlecht!

ERSTER BETTLER. Ihr versteht's eben nicht, ihn darum zu bitten. Als Christ muß er doch schließlich was geben.

ALLE ANDEREN BETTLER. Er tut's aber nicht, er tut's nicht!

ERSTER BETTLER. Euch hat er nichts gegeben, mir aber wird er schon geben.

ALLE ANDEREN BETTLER. Er tut's nicht, er tut's nicht!

ERSTER BETTLER. Wollt ihr wetten, daß er's tut?

ALLE ANDEREN BETTLER. Ja, ja, wir wetten um einen Denar.

ERSTER BETTLER. Angenommen. Nun aber still, verstanden? *Klopft sie auf die Hände.* Ehe die Sonne untergeht, habe ich mein Almosen von ihm bekommen. Seht, da kommt er gerade!

Ein arabischer Sklave führt einen Maulesel vorüber, der zwei mit Brot gefüllte Körbe auf dem Rücken trägt. Ihm folgt der Bäcker Petrus, ein wohlbeleibter Mann, der sich patzig in die Brust wirft. Er trägt ein kostbares, langes Gewand und einen Stock mit goldenem Knopfe.

PETRUS. Hör' also, was ich dir sage, du führst den Esel nach dem Palast der Fürstin Eudoxia, auf den Hof, heißt das, und sagst, der Bäcker Petrus schicke dich, das Brot sei bestellt. Jedes Brot kostet einen Silberling.

SKLAVE. Soll ich alle Brote dalassen?

PETRUS. Du hörst doch, das einzelne Brot kostet einen Silberling, soviel Brote sie dir also abnehmen, soviel Silberlinge bringst du mit.

SKLAVE. Ich lass' also nicht alle Brote da?

PETRUS. Ist das ein dummer Kerl! Hör' zu, was ich sage: im ganzen sind's hundertundzwanzig Brote. Soviel sie dir davon abnehmen, soviel Silberlinge bezahlen sie dir. Den Rest bringst du zu Abdullah. Daß mir keins davon verlorengeht, verstanden?

SKLAVE. Soll wohl sein. *Geht weiter.*

ERSTER BETTLER *tritt gebeugt, an allen Gliedern zitternd, auf Petrus zu.* Wohltäter, Geliebter! Gib einem armen Bettelmann ein Almosen, um Christi willen! Gott wird dir vergelten, was du an mir tust, verzehnfachen wird er alle deine Habe! Gib, Vater, um Christi willen!

PETRUS *achtet nicht auf den Bettler, als dieser an ihn herantritt und sein Gewand berührt, hebt er seinen Stock auf.* Weg, du Hund!

ERSTER BETTLER *läuft vor und entfernt sich so weit, daß der Stock ihn nicht treffen kann.* Wohltäter, Beschützer! Hab' Mitleid mit einem armen Bettelmann! Christus wird's dir lohnen, lass' einen Unglücklichen nicht unbeschenkt von dir gehen!

PETRUS *droht ihm mit dem Stock.* Ich will dich beschenken, wart' mal!

ERSTER BETTLER. Nicht um meinetwillen, sondern um Christi willen bitt' ich dich.

PETRUS. Geh zu Christus, wenn du etwas haben willst. *Sucht den Bettler mit dem Stock zu erreichen.*

ERSTER BETTLER *läuft nach der anderen Seite hinüber.* Ich höre nicht auf, dich zu bitten, bis zum Sonnenuntergang lass' ich nicht ab von dir. Hab' Mitleid mit mir, o Beschützer! Lass' deinen Zorn sich in Liebe verwandeln!

PETRUS. Wart', du Schuft! Ist mein Stock zu kurz, so will ich dir einen Stein an den Schädel werfen. *Neigt sich vor und sucht einen Stein.*

ERSTER BETTLER. Du mein Geliebter, mein Goldener! Ich weiß, du hast Mitleid mit mir – du willst es nur nicht tun, weil es hier die Leute sehen könnten. Nun, so lass' wenigstens einen ganz kleinen Denar fallen, ich will ihn aufheben, Gott wird es dir vergelten – dir und deinen Kindern. Vater, Beschützer! Ich höre nicht auf, dich zu bitten: sterben will ich lieber, eh ich aufhöre!

PETRUS. Du wirst schon aufhören. *Läuft, den Stock schwingend, hinter ihm her und erreicht seinen Maulesel. Der Bettler läuft zur Seite. Petrus greift nach der Erde, um einen Stein aufzuheben, findet jedoch keinen.* In die Hölle sollst du versinken, verdammter Kerl! *Nimmt ein Brot und schleudert es ihm nach.*

ERSTER BETTLER *ruft laut.* Christus sei dir gnädig für diese heilige Gabe. *Verneigt sich.* Sagt' ich's nicht, daß du mich beschenken wirst? Siehst du! *Petrus ab mit dem Sklaven. Der erste Bettler kehrt zu den übrigen Bettlern zurück.* Her mit eurem Denar – er hat mich beschenkt, und ich habe die Wette gewonnen.

DRITTER BETTLER. Nicht beschenkt hat er dich, sondern nach dir geworfen hat er.

ERSTER BETTLER. Das ist ganz gleich, Almosen bleibt Almosen. Her mit dem Denar.

ZWEITER BETTLER. Wir meinten natürlich, er würde aus eigenem Antrieb nichts geben, von Schleudern war keine Rede.

ERSTER BETTLER. Hätt' er nicht aus eigenem Antrieb gehandelt, dann würde er die Gabe doch zurückfordern.

DRITTER BETTLER. Das stimmt allerdings. Er hat die Wette gewonnen, und wir müssen zahlen.

DIE BETTLER OHNE DEN ERSTEN *durcheinander.* Schön, dann zahlen wir. 'raus mit den Moneten, der Mann hat die Wette gewonnen! *Holen Geld heraus.*

DRITTER BETTLER. Kinder, das Ende der Welt scheint zu nahen, wenn Bäcker Petrus den Bettlern schon Almosen gibt!

Vorhang.

ZWEITER AUFZUG

Das Innere eines Hauses. Im Vordergrunde sitzt die Frau des Petrus und seine Tochter. Im Hintergrunde der Bühne ein Bett, auf dem Petrus sich unruhig in Fieberphantasien hin und her wälzt.

PETRUS. Diese Räuber, zugrunde gerichtet haben sie mich! Das ganze Mehl haben sie weggeschüttet. Bezahlt mir den Schaden! Bestrafe sie, o Herr! Hört doch die Blumen singen! Lebt wohl! *Verstummt.*

DIE FRAU. So geht's nun schon bald drei Tage, und es wird nicht besser. Daß er uns nur nicht stirbt!

Die Stadtnärrin tritt ein.

STADTNÄRRIN. Schönen Gruß, mein Herzchen. Weinst um deinen Mann, daß er dir sterben könnte? Hab' keine Bange, er stirbt nicht – ist noch nicht reif zum Sterben. Dreißig Jahre lang hat er Geld zusammengescharrt, und jetzt muß er noch mal dreißig Jahre es wieder in alle Winde streuen. Dann erst wird er reif sein.

DIE FRAU. Red' keinen Unsinn, Dunjuschka. Willst du was essen?

STADTNÄRRIN. Essen? Nein, ich mag nicht. Heda, Alter, schläfst du?

Die Tochter geht hinaus.

Petrus horcht auf.

STADTNÄRRIN. Ein Reicher kann nun mal nicht ins Himmelreich eingehen: kann nicht durchkriechen durch die enge Pforte, bleibt hängen und stürzt in die Hölle ab, zu den schwarzen Geistern.

Der Arzt tritt ein.

PETRUS *springt auf und schreit.* Was willst du denn hier? Bist auch noch gekommen, um mich zu würgen?

DER ARZT. Beruhige dich, deine Krankheit wird vergehen. *Faßt ihn bei der Hand und richtet ihn im Bett auf.*

STADTNÄRRIN. Ach, so ein Dummkopf! Was treibst du denn hier für Unfug? Pfuscht mir in mein Werk hinein! Das kann ich nicht mehr länger mit ansehen. *Entfernt sich eilig.*

DER ARZT. Haltet ihn mal! *Betastet und beklopft den Kranken und spricht für sich.* Hier ist nichts … Hier fängt es an … Da, jetzt hör' ich's ganz deutlich. Warte, dich wollen wir schon herausjagen! Hier ist der Sitz der Krankheit. Eürchte dich nicht, wirst bald wieder gesund sein. Lieg' nur hübsch ruhig und warte. *Zieht ein Fläschchen heraus und läßt ihn daraus trinken; gibt der Frau ein zweites Fläschchen mit einer Einreibung.* Hier – damit reibt ihn am Abend ein. Wird alles wieder gut werden. *Der Arzt entfernt sich, die Frau geht mit ihm zusammen hinaus.*

PETRUS *allein, liegt eine ganze Weile still da, springt dann plötzlich empor und richtet sich auf.* Was ist das, was? Das ist der Tod! Ich fühle, daß ich sterbe. Der Engel ist da, um meine Seele abzuholen. Er sagte, ich würde bald wieder gesund werden. Oh, wie kann das aber sein, wenn's doch ans Sterben geht? Mein Gott, was wird da mit mir werden? Ist's denn wahr, daß ein Reicher nicht ins Himmelreich eingehen kann? Ist wahr, daß alle meine Grausamkeit und Härte mir aufgerechnet werden wird? Keinen Bettler habe ich je bedacht, nicht Witwen noch Waisen, nicht Kranke noch Arme hatten in mir einen Helfer. Das alles soll mir jetzt vergolten werden – ist's denn wahr? Wie konnte ich das nicht begreifen? Ach, alles, alles will ich hingeben, nicht nur die Hälfte, wenn ich jetzt nur nicht zu diesen Schwarzen zu gehen brauche. Da sind sie, da sind sie – schon greifen sie nach meiner Seele! *Blickt nach oben.* Da ist auch die Wage, auf der meine guten und bösen Taten abgewogen werden sollen. Auf der einen Schale liegt das Geld, das ich den Witwen und Waisen abgenommen habe, und der Lohn, den ich den Arbeitern vorenthielt, und die Beleidigungen, die Scheltworte und Schläge, die ich austeilte. Ganz vollgehäuft ist die Schale meiner Schuld, und schon sinkt sie tiefer und tiefer, und schon jubeln sie, die schwarzen Geister. Oh, oh, ich bin verloren! Was werden sie nun auf die andere Schale legen? … Was ist das? Ein Brot! Nur ein einziges Brot, jenes Brot, das ich damals hinter dem zudringlichen Bettler herwarf. Sieh da – die Schale sinkt. Was, ein Brot wiegt schwerer als alle meine Taten? Soviel also bedeutet das Mitleid mit den Brüdern! Ach, wenn ich nur jetzt nicht sterbe, dann wüßte ich wohl, was ich täte! Nach Christi Wort würde ich alle meine Habe unter die Armen verteilen, nichts würde ich für mich behalten! *Fällt auf das Bett zurück und schläft ein.*

Vorhang.

DRITTER AUFZUG

Vor dem Hause des Petrus. Petrus steht auf dem Vorbau und rings um ihn ist eine gewaltige Menge von Bettlern und sonstigem armen Volk versammelt, Petrus teilt aus einem großen Beutel Geld aus.

ERSTER BETTLER *zum zweiten.* Du nimmst schon zum zweitenmal – was fällt dir ein? *Sie stoßen einander.*
ZWEITER BETTLER. Lüg' doch nicht! Du selbst hast schon dreimal genommen.

EINE FRAU. O Gott, sie drücken mich tot!

EINE STIMME AUS DER MENGE. Dann dräng' dich nicht vor!

DRITTER BETTLER. Mir auch, mir auch! Ich hab' fünf Kinder, eins immer kleiner als das andere ...

Verschiedene Zurufe.

PETRUS. Nehmt, nehmt, es wird reichen – nur tut euch gegenseitig nichts Böses an! Ich hab' schon selbst des Bösen genug getan – verzeiht mir um Christi willen!

DIE FRAU *kommt hinzugelaufen.* Was machst du denn, du Räuber? Willst du uns als Bettler zurücklassen? Erst war er der größte Geizhals, den man sich denken konnte, und jetzt ist er der größte Verschwender! So ein Räuber! *Nimmt ihm das Geld weg und stößt ihn ins Haus; treibt das Volk schreiend auseinander und geht ins Haus hinein.*

PETRUS *kommt mit dem Sklaven Elisar aus dem Hause.* Versprich mir also, daß du tun wirst, was ich dich jetzt bitten werde.

ELISAR. Alles werde ich tun, weil ich dich jetzt mehr liebe, als ich je Vater und Mutter geliebt habe. Ich liebe dich, weil ich den Geist Gottes in dir suche.

PETRUS. Du versprichst es mir also? Du schwörst es mir zu?

ELISAR. Ja, ich verspreche es und schwöre es dir zu.

PETRUS. Meine Familie, siehst du, erlaubt es mir nicht, mein Vermögen bis zum letzten Rest zu verteilen. Nun kann ich nicht mit Gewalt gegen sie vorgehen, kann aber auch nicht in den alten Verhältnissen bleiben. Ich habe jetzt meine Sünde erkannt, und ich will sie gutmachen und Gott allein dienen. Es ist gesagt: „Verkaufe deine Habe und gib das Geld den Armen." Man läßt mich aber mein Vermögen nicht bis zum letzten Rest verteilen. Ich kann nicht darüber verfügen, in mir selbst aber bin ich frei und kann über mich verfügen, und so will ich denn mich selbst unter die Menschen verteilen. Gehen wir zusammen auf den Marktplatz, dahin, wo die Sklaven verkauft werden, feßle meine Arme, führe mich den Käufern vor und verkaufe mich als deinen Sklaven. Das Geld aber, das du für mich erhältst, gib den Armen.

ELISAR. Das kann ich nicht, mein Gebieter.

PETRUS. Wie denn, du hast es mir doch versprochen und zugeschworen.

ELISAR. Besteh' nicht darauf, ich habe viel zuviel Mitleid mit dir.

PETRUS. Warum hattest du kein Mitleid mit mir, als ich Böses tat und meine Seele zugrunde richtete? Jetzt, da ich sie retten will, sprichst du mir auf einmal von deinem Mitleid.

ELISAR. Wohlan, so geschehe es nach deinem Willen.

DIE FRAU *kommt aus dem Hause heraus.* Was treibt ihr denn hier? Was schwatzt ihr? Macht, daß ihr ins Haus hineinkommt!

Alle gehen ins Haus hinein.

Vorhang.

VIERTER AUFZUG

Marktplatz. Sklaven und Sklavinnen, gefesselt, in Ketten, mit ihren Herren. Erster Herr mit zwei Sklavinnen. Zweiter Herr mit einem alten Sklaven und dessen Sohn, gleichfalls einem Sklaven. Elisar mit Petrus. Käufer.

ERSTER KÄUFER. Was verlangst du für diese da? Zeigt auf die eine Sklavin.

ERSTER HERR. Zweihundert Silberlinge.

ERSTER KÄUFER. Was kann sie?

ERSTER HERR. Tanzen und singen.

ERSTER KÄUFER. Kann sie auch kochen?

ERSTER HERR. Zum Kochen mußt du dir eine alte nehmen.

ERSTER KÄUFER. Kann ich nicht brauchen.

ZWEITER KÄUFER *tritt auf den alten Sklaven und seinen Sohn zu.* Was kosten die beiden?

ZWEITER HERR. Hundertunddreißig Silberlinge.

ZWEITER KÄUFER. Wer wird dir soviel geben? Betastet den Arm des Alten. Der hat ja keine Kraft mehr. Und dieser hier ist noch sehr jung.

ZWEITER HERR. Billiger kann ich sie nicht abgeben.

ZWEITER KÄUFER. Dann behalt sie. *Tritt an Petrus heran.* *Was für Arbeit versteht er?*

ELISAR leise. Ich kann nicht … erlass' es mir!

PETRUS. Denk' daran, daß du es mir geschworen hast, richt' mich nicht zugrunde! *Zum Kaufmann.* Ich versteh' mich auf jede Art von Arbeit, ob sie grob ist oder fein. Auch schreiben und rechnen kann ich.

ZWEITER KÄUFER *zu Elisar.* Was soll er kosten?

PETRUS *flüsternd zu Elisar.* Sag': hundert Silberlinge.

ELISAR. Hundert Silberlinge.

Zwei Ägypter treten heran.

ERSTER ÄGYPTER *zum zweiten Käufer.* Na, wie steht euer Handel?

ZWEITER KÄUFER. Ich brauche einen Mann für grobe Arbeit. Der hier versteht sich aber aufs Rechnen und Schreiben, da wird er für grobe Arbeiten nicht sehr tauglich sein.

ERSTER ÄGYPTER. Und ich brauche gerade einen Mann dieser Art. Unser Edelsteinhandel verlangt keine große Körperkraft, es kommt da mehr auf saubere Arbeit, auf Akkuratesse und Zuverlässigkeit an.

PETRUS. Nimm mich, Herr, du wirst mit mir zufrieden sein. Ich werde dir treu und redlich dienen wie ein Sohn seinem Vater.

ERSTER ÄGYPTER. Du gefällst mir. *Zu Elisar.* Was kostet er?

ELISAR. Hundert Silberlinge.

ERSTER ÄGYPTER. Hier ist das Geld. Nimm's.

ELISAR *weint.* Ich kann nicht.

PETRUS *umarmt ihn.* Leb' wohl, verteil' das Geld so, wie ich es dir sagte.

ELISAR. Alles will ich tun, damit deine Seele nur ihre Ruhe hat. Leb' wohl, mein teurer Herr!

PETRUS. Schweig! *Ab mit den Ägyptern. Elisar bleibt weinend allein zurück.*

Vorhang.

FÜNFTER AUFZUG

Ort der Handlung: Ägypten. Ein stummer Türhüter läßt einen Arzt und einen Kaufmann eintreten. Er gibt ihnen durch Zeichen zu verstehen, daß der Herr gleich erscheinen wird, und entfernt sich.

DER ARZT. Er meint, sein Herr sei zu Hause und bittet uns, näherzutreten. Gehen wir also.

DER KAUFMANN. Ich weiß, man ist hier sehr gastfrei.

Der erste Ägypter tritt ein.

ERSTER ÄGYPTER *zum Kaufmann.* Ich freue mich, euch bei mir zu sehen. Nehmt Platz, ihr werdet von der Reise müde sein und hoffentlich einen kleinen Imbiß nicht ausschlagen.

DER KAUFMANN. Herzlichen Dank. Ich bin mit meinem Freunde, dem Arzt, aus dem fernen Syrien in Geschäften hierher gekommen, und wir freuen uns über den gastlichen Empfang, den du uns bereitest.

DER ÄGYPTER *klatscht in die Hände und ruft*: Methodius! *Zu den Gästen.* Bitte, nehmt Platz!

Petrus im Sklavengewand tritt ein; beim Anblick des Arztes erschrickt er und wendet sich ab.

PETRUS. Was befiehlst du, o Herr!

DER ÄGYPTER. Bring' meinen teuren Gästen Brot, Wein und Weintrauben. Sie kommen aus deiner Heimat – kennst du sie nicht?

PETRUS. Nein, ich kenne sie nicht. *Ab.*

DER ARZT *zum Gastgeber.* Bist du schon einmal in unserer Stadt gewesen?

DER ÄGYPTER. Ja, vor acht Jahren war ich dort. Ich kaufte damals dort den Sklaven, den ihr eben saht.

DER ARZT. Damals ereignete sich dort jene merkwürdige Geschichte, die bis auf den heutigen Tag niemand begreifen konnte.

DER ÄGYPTER. Was war das für eine merkwürdige Geschichte?

DER ARZT. Einer der reichsten Männer unserer Stadt, Brotbäcker Petrus, der ausgedehnte Obstgärten und Ländereien besaß und als der größte Geizhals im Lande galt, bekehrte sich plötzlich aufrichtig zur christlichen Lehre, verteilte soviel von seinem Besitztum, als er nur konnte, unter die Armen, und als man ihn daran hinderte, auch das übrige zu verteilen, verkaufte er, wie man sich erzählt, sich selbst in die Sklaverei, verteilte den Erlös gleichfalls unter die Armen und verschwand dann spurlos.

DER KAUFMANN. Seine Frau schickt noch überallhin Sendboten aus, um ihn zu finden, niemand weiß jedoch, wo er ist und was er treibt.

DER ÄGYPTER. Eine sehr seltsame Geschichte in der Tat. Wie alt war er denn und wie sah er aus?

Petrus tritt ein mit einem Krug Wein und Früchten.

DER ARZT. Er mochte etwa fünfzig Jahre zählen, war von mittlerem Wuchse, eher mager als dick, etwa wie dein Sklave da. *Petrus bedeckt sein Gesicht und entfernt sich rasch.* Was für ein prächtiger Mensch ist übrigens dein Sklave!

DER ÄGYPTER. Ein Goldschatz ist er und kein Sklave. Seit er in meinem Hause ist, gedeihen alle meine Geschäfte vortrefflich. Ich habe ihm schon oftmals die Freiheit angeboten, er lehnt jedoch mein Anerbieten ab. Er ist, obgleich er ein Sklave ist, einer der besten Menschen, die ich jemals kennengelernt habe. Methodius, komm einmal her!

DER ARZT *zum Kaufmann.* Sieh' doch, er ist dem Bäcker Petrus wirklich ganz auffallend ähnlich!

PETRUS *eilt nach der Tür. Zu dem Stummen.* Stummer, öffne die Tür!

Die Tür geht auf. Petrus eilt davon. Der Stumme kommt ins Zimmer und beginnt zu sprechen.

DER STUMME. Er war ein Heiliger, ich sah, als er zum Tor hinausging, daß ein heller Schein ihn umgab. Er ist verschwunden.

DER ÄGYPTER. Ein Wunder ist geschehen: der Stumme hat zu reden begonnen!

DER KAUFMANN UND DER ARZT. Er ist es, er ist es: er hielt sich verborgen, um dem Leben der Menschen zu entgehen.

Vorhang

1885

Leo N. Tolstoj
Der erste Branntweinbrenner
oder
Wie der Teufel das Brotränftl abgedient hat

Übersetzt von
Raphael Löwenfeld

Verlegt bei Eugen Diederichs in Jena 1905

Der erste Branntweinbrenner

Oder: Wie der Teufel das Brotränftl abgedient hat

Volksstück in sechs Aufzügen[1]

ERSTER AUFZUG

1. SZENE

BAUER (*er pflügt und blickt nach oben*): Schon Mittag, Zeit auszuspannen. Na, immer 'raus! Hast dich abgerackert, liebes Gäulchen. Nun will ich umdrehen, die letzte Furche ziehen, und dann Mittag essen. 'S war 'n guter Einfall, daß ich mir ein Ränftl Brot mitgenommen habe. Brauch' nicht erst nach Hause. Am Brunnen will ich essen, dann ein bißchen schlafen. Gäulchen wird inzwischen Gras fressen, und dann mit Gott wieder an die Arbeit. So werde ich mit Gottes Hilfe früh fertig.

2. SZENE

(*Ein Teufel kommt und nähert sich dem Gesträuch*)

DER TEUFEL: Ei schau, was für ein guter Mensch. Immer denkt er an Gott. Wart' nur, sollst auch an den Teufel denken! Ich will ihm das Ränftl fortnehmen. Er wird's vermissen, wird es suchen und wird's fressen wollen. Dann wird er fluchen und des Teufels Namen anrufen. (*Er nimmt das Ränftl, setzt sich hinter den Strauch und beobachtet den Bauern*)

DER BAUER (*schüttelt die Kummetriemen ab*): Gott sei Lob und Dank! (*Er macht sein Pferd los und geht auf seinen Rock zu*) Das hat Hunger gemacht! Ein großes Ränftl hat mir meine Alte mitgegeben. Na, ich will 's Ganze aufessen. (*Er nähert sich dem Rock*) Es ist nicht da. Wie ist das möglich! (*Er schüttelt den Rock*)

---

[1] Textquelle | Leo N. TOLSTOJ: *Der erste Branntweinbrenner* oder Wie der Teufel das Brotränftl abgedient hat. Übersetzt von Raphael Löwenfeld. Leipzig: Eugen Diederichs 1905. [32 Seiten; zensierte Version ohne die ‚Seitenhiebe' auf Popen.]

DER TEUFEL (*hinter dem Strauch*): Such' nur, such' nur! Dort ist's nicht! (*Er setzt sich auf das Ränftl*)

DER BAUER (*hebt das Querholz des Pfluges und schüttelt noch einmal den Rock*): Merkwürdig, wahrhaftig merkwürdig. Kein Mensch war hier, und das Ränftl ist fort. Hätten's die Vögel ausgepickt, so müßten doch Krümchen hier sein, aber es sind keine Krümchen da. Kein Mensch ist hier gewesen, und doch hat's einer fortgenommen.

DER TEUFEL (*steht aus und blickt hervor*): Er wird gleich meinen Namen anrufen.

DER BAUER: Mag's denn sein! Vor Hunger werd' ich nicht sterben. Hat's einer genommen, ist's noch so. Wohl bekomm's ihm.

DER TEUFEL (*speit aus*): Du vermaledeiter Bauer! Ich denk', er wird losfluchen, und er sagt: Wohl bekomm's! Mit dem ist nichts zu machen.

(*Der Bauer legt sich schlafen, bekreuzigt sich, gähnt und schläft ein*)

DER TEUFEL (*kommt hinter dem Strauch hervor*): Das soll einer nun dem Obersten klar machen! Der Oberste sagt mir immer: Du bringst zu wenig Bauern in die Hölle. Sieh her: Kaufleute, Herren und andere, wieviel da jeden Tag hierherkommen, aber Bauern sind nicht viel da! Wie will man dem Volk beikommen? Die kriegt man auf keine Weise herum. Was kann man mehr tun? Sein letztes Ränftl habe ich ihm gestohlen, und er flucht nicht einmal. Ich weiß nicht mehr, was ich jetzt beginnen soll! Ich will hin und mich beim Obersten melden lassen.

(*Er verschwindet*)

(*Der Vorhang fällt*)

ZWEITER AUFZUG

Die Hölle

Auf dem vornehmsten Platz sitzt der Oberste der Teufel. Der Schreiber der Teufel sitzt unten an einem Tisch mit Schreibgeräten. Die Wache steht zu beiden Seiten, rechts fünf Teufel verschiedener Art, links an der Tür der Türsteher; ein Stutzerteufel steht gerade vor dem Obersten.

DER STUTZERTEUFEL: Meine ganze Beute von drei Jahren beträgt 220.005. Alle sind jetzt in meiner Macht.

DER OBERSTE: Schön, ich danke. Du kannst gehen.

(*Der Stutzerteufel geht auf die rechte Seite hinüber*)

DER OBERSTE (*zu dem Schreiber*): Ich bin müde, noch viel Geschäfte zu erledigen? Von wem haben wir schon Rechenschaft bekommen, und von wem haben wir sie noch zu fordern?

DER SCHREIBER (*zählt an den Fingern ab und zeigt, entsprechend seiner Berechnung, auf die rechtsstehenden Teufel. Immer wenn er einen Teufel nennt, verbeugt sich dieser*): Der Adelsteufel hat Rechnung gelegt, im ganzen hat er 1836 eingebracht; der Kaufmannsteufel hat Rechnung gelegt: 9643; der Gerichtsteufel hat Rechnung gelegt: 3423; der Weiberteufel hat soeben Rechnung gelegt: 186.315 Frauen, 17.438 Mädchen. Nur zwei sind noch übrig: der Beamtenteufel und der Bauernteufel. Im ganzen 220.005.

DER OBERSTE: Na, so wollen wir heut schon zu Ende kommen. (*Zum Türsteher*) Laß ein.

(*Der Beamtenteufel kommt herein und verbeugt sich vor dem Obersten*)

DER OBERSTE: Nun, wie stehen deine Geschäfte?

DER BEAMTENTEUFEL (*beständig lächelnd und die Hände reibend*): Meine Geschäfte sind weiß wie Ruß. Die Beute ist so groß, wie sie seit Erschaffung der Welt nicht war.

DER OBERSTE: Wie, hast Du soviel eingebracht?

DER BEAMTENTEUFEL: Nicht auf die Zahl kommt es an. Sind's auch an Zahl nicht viele, 13.050 Mann, so sind's doch prächtige Bürschchen, Bürschchen, die für Teufel gelten können. Besser als die Teufel selber führen sie die Menschen irre. Ich habe ihnen eine neue Mode beigebracht.

DER OBERSTE: Eine neue Mode?

DER BEAMTENTEUFEL: Hört nur, sonst haben die Beamten beim Gericht die Menschen betrogen, jetzt habe ich sie gelehrt, die Richter dazu betrügen. Wer mehr Geld gibt, dessen Sache führen sie und führen sie so, daß sie Sachen durchbringen, die schon ganz verloren waren. Tausendmal besser als wir Teufel führen sie die Menschen irre.

DER OBERSTE: Will sehen. Du kannst gehen! (*Der Beamtenteufel geht nach rechts*) DER OBERSTE (*zum Türsteher*): Laß den letzten ein.

(*Der Bauernteufel kommt mit dem Ränftl und verbeugt sich tief*)

DER BAUERNTEUFEL: So kann ich nicht länger leben, stell' mich an einen andern Platz.

DER OBERSTE: An einen andern Platz? Was faselst Du? Steh auf und sprich vernünftig, gib Rechenschaft, wieviel Bauern hast Du diese Woche eingebracht?

DER BAUERNTEUFEL (*weint*): Nicht einen.

DER OBERSTE: Was, nicht einen? Nicht einen einzigen? Was hast Du denn gemacht? Wo hast Du Dich herumgetrieben?

DER BAUERNTEUFEL (*schluchzt*): Ich hab' mich nicht herumgetrieben! Die ganze Zeit hab' ich mich geschunden, hab' aber nichts ausrichten können. Da hab' ich einem sein letztes Ränftl Brot vor der Nase wegstibizt, und der Kerl hat nicht geflucht. Ganz gewöhnlich sagt er: Wohl bekomm's ihm!

DER OBERSTE: Was? … Was … schnaufelst Du da? Schnauf' Dich aus und rede vernünftig. So versteht man kein Wort von dem, was Du sagst.

DER BAUERNTEUFEL: Da pflügt ein Bauer sein Feld; ich weiß, daß er nur ein Ränftl Brot mit hat, sonst nichts zu essen. Ich stehl' ihm das Ränftl. Ich denk', nun wird er losfluchen, und was tut er? Wer's genommen hat, sagt er, mag's behalten, und wohl bekomm's ihm. Da ist das Ränftl, ich hab's mitgebracht.

DER OBERSTE: Nun, und die anderen?

DER BAUERNTEUFEL: Alle sind sie so. Nicht einen hab' ich fassen können.

DER OBERSTE: Wie kannst Du's wagen, mit leeren Händen zu mir zurück zu kommen. Und was für ein stinkiges Ränftl bringst Du da? Denkst Du, Dein Spiel mit mir zu treiben? Wie, willst Du Dein Brot in der Hölle umsonst essen? Die anderen arbeiten und rackern sich. Sieh her (*er zeigt auf die Teufel*), der eine hat 10.000, der andere 20.000, der da hat gar 200.000 mitgebracht, und Du kommst mit leeren Händen und bringst solch ein faules Ränftl mit. Märchen willst Du mir erzählen … treibst Dich herum und arbeitest nicht. Darum lassen sie sich auch von Dir nicht fassen. Wart', Söhnchen, ich will's Dir beibringen.

DER BAUERNTEUFEL: Laß mich nicht züchtigen, laß mich ein Wort reden! Die Teufel haben's gut, die mit den Adligen, den Kaufleuten, den Weibern zu tun haben. Das weiß ein jeder: zeig' dem Edelmann einen Zobelpelz, ein Erbgut, gleich hast Du ihn in der

Tasche und führst ihn an der Nase herum. Und so auch mit dem Kaufmann. Zeig' ihm nur Batzen und reize seinen Neid, und Du hast ihn in der Schlinge, er kommt nicht mehr los. Und die Weiber, – wer weiß das nicht? Schöne Kleider und Süßigkeiten … und Du machst mit ihnen, was Du willst. Mit den Bauern ist's nicht so leicht. Wenn sie von morgens bis abends bei der Arbeit sind, ja, bis in die Nacht hinein schaffen und ohne Gott kein Werk beginnen, wie willst Du an sie herankommen? Vater, befreie mich von den Bauern, ich hab' mich mit ihnen zu Tode gequält! Und Dich hab' ich erzürnt.

DER OBERSTE: Du lügst, Faulenzer. Sprich mir nicht von den anderen. Die bringen Kaufleute und Adlige und Weiber ein, weil sie wissen, wie man die zu fassen hat, und weil sie auf immer neue Künste sinnen. Sieh, der Beamtenteufel hat einen ganz neuen Kniff erfunden. Erfinde Du auch so was. Rühmt sich noch, daß er ein Ränftl gestohlen hat, das nenn' ich eine Schlauheit! Stelle ihnen Fallen, in eine werden sie schon hineingeraten. Wenn Du Dich aber herumtreibst und sie ihrer Wege gehen läßt, dann müssen sie Dir über den Kopf wachsen, Deine Bauern. So weit sind sie schon, daß es ihnen nicht einmal um ein Brot-Ränftl leid tut. Wenn sie solche Gewohnheiten annehmen, und ihre Weiber von ihnen lernen, dann werden sie uns ganz den Gehorsam verweigern. Na, denke nur nach und strenge Dich an, was Du kannst.

DER BAUERNTEUFEL: Ich weiß nicht, was ich erdenken soll. Gib mir einen anderen Platz. Ich kann nicht mehr.

DER OBERSTE (*zornig*): Du kannst nicht? Was, soll ich etwa selbst für Dich arbeiten gehen?

DER BAUERNTEUFEL: Ich kann nicht.

DER OBERSTE: Du kannst nicht? Na warte! He, bringt Ruten her, haut ihn.

(*Die Wache ergreift den Teufel, man haut ihn*)

DER BAUERNTEUFEL: Oh, oh, oh!

DER OBERSTE: Hast Du nun was erdacht?

DER BAUERNTEUFEL: Oh, oh! Ich kann nichts erdenken.

DER OBERSTE: Haut ihn. (*Sie hauen ihn.*) Hast Du nun etwas erdacht?

DER BAUERNTEUFEL: Ich hab's, ich hab's!

DER OBERSTE: Nun sag', was Du erdacht hast.

DER BAUERNTEUFEL: Ich hab' einen Kniff erdacht, so schlau, daß ich sie alle unterkriege. Erlaube mir, daß ich mich zu einem Bauern als Arbeiter verdinge; vorher aber kann ich die Sache nicht sagen.

DER OBERSTE: Nun gut. Aber denke dran: wenn Du nicht in drei Jahren das Ränftl abgedient hast, ziehe ich Dir das Fell über die Ohren.

DER BAUERNTEUFEL: In drei Jahren sollen alle mein sein.

DER OBERSTE: Nun gut. In drei Jahren komme ich selbst nachsehen.

(Der Vorhang fällt)

DRITTER AUFZUG
Ein Speicher. Man sieht Wagen mit Getreide

1. SZENE
(Der Teufel als Arbeiter. Der Arbeiter schüttet vom Wagen herunter, der Bauer trägt im Maße fort)

DER ARBEITER: Sieben.

DER BAUER: Wieviel Viertel.

DER ARBEITER: (*sieht nach den Kreidestrichen an der Tür*): Sechsundzwanzig Viertel; in Summa: Siebenundzwanzig. Das siebente Maß.

DER BAUER: Es wird nicht ganz hineingehen, es ist schon voll.

DER ARBEITER: Scharr's nur gut zusammen.

DER BAUER: Will sehen. (*Er trägt ein Maß fort*)

2. SZENE

DER ARBEITER (*allein, nimmt seine Mütze ab, die Hörner richten sich auf*): Nun wird er nicht sobald zurückkommen. Da kann ich mir die Hörner ein bißchen grade richten. (*Die Hörner stellen sich auf*) Nun die Stiefel herunter. Wenn er da ist, geht das nicht. (*Er zieht die Beine aus den Stiefeln; die Hufe werden sichtbar. Er setzt sich auf die Schwelle*) So geht nun das dritte Jahr hin, die Sache muß zu Ende kommen. Das Getreide ist nicht mehr unterzubringen, es bleibt nichts übrig, als mein letztes Stückchen auszuführen. Dann mag der Oberste selber kommen, sich zu überzeugen. Er wird was zu sehen finden. Er soll mir entgelten für das Ränftl. (*Ein Bauer kommt*)

3. SZENE

(Der Arbeiter verbirgt die Hörner)

DER NACHBAR: Grüß Gott!

DER ARBEITER: Dank' auch schön!

DER NACHBAR: Wo ist der Herr?

DER ARBEITER: Der ist hineingegangen, Raum zu schaffen im Getreidekasten. Es geht nicht alles hinein.

DER NACHBAR: Welcher Segen bei Deinem Herrn. Er hat keinen Raum mehr für sein Getreide. Wir wundern uns alle, wieviel bei Deinem Herrn schon das zweite Jahr wächst. Als ob's ihm jemand vorher gesagt hätte. Vorigen Sommer – wir hatten ein trockenes Jahr – da sät er im Sumpf; bei den anderen Leuten ist die Saat nicht aufgegangen, und er hat die ganze Tenne vollgestopft. Heuer haben wir ein feuchtes Jahr. Richtig hat er auf den Bergen gesät. Bei den anderen Leuten ist das Getreide teigig, bei Euch ist's brüchig. Und was für ein Korn, was für ein Korn! (*Er schüttelt es in der flachen Hand und bringt es zwischen die Zähne*)

4. SZENE

(Der Bauer kommt mit dem leeren Maß heraus)

DER BAUER: Wie geht's, Gevatter?

DER NACHBAR: Ich danke, gut. Ich rede eben mit Deinem Arbeiter, wie Ihr vorausgewußt habt, wo man säen muß. Alle Leute beneiden Dich, was Du für eine Menge Getreide gesammelt hast. In zehn Jahren kannst Du's nicht verzehren.

DER BAUER: Das dank' ich dem Potapp. (*Er zeigt auf den Arbeiter hin*) Sein Glück. Ich schick' ihn im Sommer aufs Feld zu pflügen, und er pflügt im Sumpf. Weiß Gott! Ich schelt' ihn, er aber redet mir zu, ich soll nur säen. Wir haben auch gesät, und alles ist gut geworden. Und heuer hat er mir auch zugeredet, da hab' ich auf den Bergen gesät.

DER NACHBAR: Grad als ob er wüßte, was für ein Jahr kommen wird. Ja, ja, hast ein hübsches Körnchen gesammelt. (*Pause*) Und ich bin zu Dir gekommen, Dich um ein Achtel Roggen zu bitten. Bei mir ist er ausgegangen. Im Sommer geb' ich's Dir wieder.

DER BAUER: Ei gern! Nimm nur.

DER ARBEITER (*stößt den Bauer an*): Gib doch nicht.

DER BAUER: Ach, nicht der Rede wert. Nimm nur.

DER NACHBAR: Schönen Dank! Ich hol' nur den Sack.

DER ARBEITER (*bei Seite*): Immer noch die alte Gewohnheit, gibt und gibt. Er folgt mir nicht in allem. Nun, lang' dauert's nicht mehr, dann hört er auf zu geben.

(*Der Nachbar geht*)

5. SZENE

DER BAUER (*setzt sich auf die Schwelle*): Warum soll man einem guten Menschen nicht geben?

DER ARBEITER: Geben ist leicht, zurückbekommen schwer. Leihen heißt den Berg hinunterrollen: zurückfordern den Berg heraufschleppen. So haben die Alten gesagt.

DER BAUER: Laß gut sein. Wir haben viel Getreide.

DER ARBEITER: Nu ja, wenn wir auch viel haben.

DER BAUER: Nicht nur bis zum neuen Jahr reicht's, 's reicht auf zwei Jahre. Wo willst Du denn hin damit?

DER ARBEITER: Ei, wohin? Aus diesem Getreide will ich Dir etwas so Vorzügliches machen, daß Du Dein ganzes Leben froh sein sollst.

DER BAUER: Was willst Du denn machen?

DER ARBEITER: Ein Getränk will ich machen. Ein Getränk, daß Dir die Kräfte davon wachsen, wenn Du schwach bist, daß Du satt wirst, wenn Du Hunger hast. Wenn Du keinen Schlaf hast, gleich bringt's Dir welchen, wenn Du traurig bist, gleich macht's Dich heiter. Wenn Du furchtsam bist, gibt's Dir Mut. Solch ein Getränk will ich machen.

DER BAUER: Dummes Geschwätz.

DER ARBEITER: Ja, ja, Geschwätz. Hast mir auch nicht geglaubt, als ich Dich hieß, das Getreide im Sumpf und dann auf den Bergen aussäen. Nun hast Du Dich überzeugt. Auch von dem Getränk wirst Du Dich überzeugen.

DER BAUER: Ja, aber woraus willst Du das machen?

DER ARBEITER: Nun eben aus diesem Getreide.

DER BAUER: Und wird das keine Sünde sein?

DER ARBEITER: Sieh einer. Wo soll hier die Sünde sein? Alles ist dem Menschen zur Freude gegeben.

DER BAUER: Und wo hast Du so großen Verstand erworben, Potapp? Ich seh' Dich nur immer an. Was bist Du für ein gescheiter Arbeiter, Mensch. Zwei Jahre bist Du nun hier und hast noch nicht ein einziges Mal die Stiefel ausgezogen. Und alles weißt Du. Wie bist Du denn dazu gekommen?

DER ARBEITER: Ich bin weit herumgekommen.

DER BAUER: Die Kräfte, sagst Du, wachsen von dem Getreide?

DER ARBEITER: Wirst's ja sehen. – Alles wird besser davon.

DER BAUER: Ja, aber wie wollen wir's denn machen?

DER ARBEITER: Es ist keine Kunst, das zu machen, wenn man's versteht. Wir müssen nur einen Kessel haben und zwei eiserne Töpfe.

DER BAUER: Und einen angenehmen Geschmack hat's?

DER ARBEITER: Süß wie Honig. Wenn Du's nur ein einziges Mal kostest.

DER BAUER: Ist das möglich? Ich will zum Gevatter laufen, der hat einen Kessel. Wir müssen's versuchen.

(Der Vorhang fällt)

VIERTER AUFZUG

Das Theater stellt einen Schuppen dar. In der Mitte steht auf dem Feuer ein rußiger Kessel mit einem Hahn und ein eiserner Topf. Der Bauer und der Arbeiter.

1. SZENE

DER ARBEITER (*hält ein Glas unter den Hahn und trinkt Branntwein*): Nun Herr, es ist fertig.

DER BAUER (*kauert an der Erde und steht zu*): Das heißt eine Kunst! Aus Teig ist Wasser geworden. Was machst Du jetzt? Läßt Du erst das Wasser ablaufen?

DER ARBEITER: Das ist kein Wasser, das ist der Branntwein selber.

DER BAUER: Wie, ist der hell? Ich habe geglaubt, er wird dunkelbraun sein, wie Bier. Und er ist klar wie Wasser.

DER ARBEITER: Riech mal, wie das duftet.

DER BAUER (*riecht*): Oh, das duftet scharf. Nun laß mich mal sehen, wie das auf der Zunge sein wird. Laß mich kosten.

(*Er reißt ihm das Glas aus der Hand*)

DER ARBEITER: Sachte, sachte, Du wirst ja vergießen. (*Er schließt den Hahn, trinkt selbst und schnalzt mit der Zunge*) Vortrefflich. Na, trink'.

DER BAUER (*trinkt erst langsam, allmählich immer schneller und trinkt alles aus. Dann reicht er ihm das Glas*): Na, gib mehr. Von dem Wenigen kann man den Geschmack nicht fühlen.

DER ARBEITER (*lacht*): Ei, es hat geschmeckt?

(*Er gießt mehr ein*)

DER BAUER (*trinkt*): Ja, das nenn' ich eine Kunst! Ich muß die Alte rufen. He, Martha, komm, es ist fertig. Komm, komm schnell!

2. SZENE

(*Die Frau, ein Mädchen und die vorigen*)

DIE FRAU: Na, was gibt's, was schreist Du so?

DER BAUER: Na, probier' mal, was wir gebraut haben. (*Er reicht ihr hin*) Riech' mal, wie's schmeckt.

DIE FRAU (*riecht*): Ei, schau.

DER BAUER: Trink!

DIE FRAU: Wird's mir aber nichts tun?

DER BAUER: Trink, dummes Weib.

DIE FRAU (*trinkt*): Hü, das ist gut.

DER BAUER (*ein wenig angeheitert*): Ja, ja, das ist gut. Warte nur, was noch kommt. Potapp sagt, daß es alle Müdigkeit aus dem Körper nimmt. Junge werden alt. Ja, denke, und die Alten werden jung. Sieh, ich hab' nur zwei Gläschen getrunken, und 's hat mir alle Knochen aufgefrischt. (*Er macht sich groß*) Siehst Du? Wart, wenn wir beide jeden Tag davon trinken, werden wir wieder jung. Nu, Martchen! (*Er umfaßt sie*)

DIE FRAU: Na sieh mal einer, Du bist ja dumm geworden.

DER BAUER: Ach siehst Du wohl, da hast Du gesagt, Potapp und ich versaubeuteln das Getreide, und nun siehst Du, was wir fertig gebracht haben. Na sag', ist's nicht fein?

DIE FRAU: Wie soll's nicht fein sein, wenn's die Alten wieder jung macht? Wie Du lustig geworden bist. Mir wird auch lustig zumute. Na, sing' mit! Ih … ih … ih … (*Sie singt*).

DER BAUER: Ja, ja, alle werden wieder jung, alle werden wieder lustig.

DIE FRAU: Wir müssen die Schwiegermutter holen. Die schimpft den ganzen lieben Tag und langweilt sich. Die müssen wir verwandeln. Wenn sie wieder jünger wird, wird sie auch besser werden.

DER BAUER (*betrunken*): Ruf' die Mutter, ruf' sie her. Hörst Du, Mariechen? Lauf', ruf' die Großmutter und heiß' auch den Vater mitkommen. Geh' hin, ich laß' ihm sagen, er soll vom Ofen herunterkriechen. Was wälzt er sich da herum! Wir wollen ihn jung machen. Nu schnell, nimm die Beine in die Hand. Na los! (*Das Mädchen rennt weg*)

DER BAUER (*zur Frau*): Na, trinken wir noch ein Gläschen? (*Der Arbeiter füllt ein und reicht hin*)

DER BAUER (*trinkt*): Von oben fängt das Jungwerden an, erst in der Zunge, dann geht's in die Hände, jetzt ist es bis in die Füße gekommen. Ich fühl', wie die Füße jung werden. Da sieh, sie gehen von selbst.

(*Er fängt an zu tanzen*)

DIE FRAU (*trinkt*): Na, Meister Potapp, spiel auf.

(*Potapp nimmt die Balalaika und spielt, der Bauer und die Frau tanzen*)

DER ARBEITER (*spielt im Vordergrund und lacht, indem er die beiden anblinzelt. Dann hört er auf zu spielen, sie tanzen aber immer weiter*): Du sollst mir für das Ränftl schon bezahlen! Nun sind sie reif, die kommen nicht mehr los. Jetzt kann er kommen nachsehen.

3. SZENE

(*Es treten ein: eine rüstige alte Frau und ein alter Mann, ein weißbärtiger Greis. Die Vorigen*)

DER ALTE: Was, seid Ihr verrückt geworden? Was? Andere Leute arbeiten, und Ihr tanzt hier?

DIE FRAU (*tanzt und klatscht in die Hände, singt*): Ih … ih … ih … Wir haben gesündigt vor Gott, Gott allein ist ohne Sünde!

DIE ALTE: Ach, Du Schlumperliese! Die Stube ist nicht aufgeräumt, und Ihr tanzt!

DER BAUER: Da, Mütterchen, wart nur, sieh, was hier vorgeht. Die Alten werden jung gemacht. Da, trink nur mal. (*Er reicht ihr zu*)

DIE ALTE: Wasser gibt's auch im Brunnen genug. (*Sie riecht daran*) Was hast Du denn hier hineingetan? Schau, wie das duftet.

DER BAUER und DIE FRAU: Trink nur mal.

DIE ALTE (*kostet*): Ei, schau her! Stirbt man aber auch nicht davon?

DIE FRAU: Lebendig wird man, völlig jung wird man.

DIE ALTE: Ei! (*Trinkt.*) Vortrefflich. Besser als Bier. Na Alterchen, versuch' Du auch mal.

(*Der Alte setzt sich hin und schüttelt den Kopf*)

DER ARBEITER: Laßt ihn. Aber Großmütterchen muß noch ein Gläschen haben.

(*Er reicht das Glas der Großmutter*)

DIE ALTE: Wird es aber auch nichts tun? Uh, das brennt. Und wie das reißt.

DIE FRAU: Trink nur aus, wirst gleich fühlen, wie es durch die Adern läuft.

DIE ALTE: Na ja, ich muß es schon versuchen.

(*Sie trinkt aus*)

DIE FRAU: Ist's schon in die Beine gekommen?

DIE ALTE: Oh, es kommt schon hin. Ja, ja, jetzt ist's da! Und wie leicht wird einem davon. Na, noch mehr. (*Sie trinkt noch*) Prächtig. Ich bin schon ganz jung geworden.

DER BAUER: Hab' ich's Dir nicht gesagt?

DIE ALTE: Eh, hihi. Mein Alter ist nicht da. Wenn der noch mal sehen könnte, wie jung ich geworden bin.

(*Der Arbeiter spielt, der Bauer und die Frau tanzen*)

DIE ALTE (*tritt in die Mitte*): Wie, tanzt man so? Ich will Euch zeigen, wie. (*Sie tanzt*) Seht, so und so, und dann so. Habt Ihr gesehen?

(*Der Alte geht an den Kessel heran und läßt den Branntwein auf die Erde auslaufen*)

DER BAUER (*bemerkt das und stürzt auf den Alten los*): Was hast Du getan, Du Schuft. So was Gutes vergeudest Du. Ach Du alter Graukopf. (*Er stößt ihn fort und hält das Glas unter*) Alles hat er auslaufen lassen.

DER ALTE: Das ist nichts Gutes, das ist Böses. Gott hat Dir Getreide gegeben, Dich und andere Menschen zu nähren, und Du machst daraus ein Teufelsgetränk. Daraus kann nichts Gutes werden. Laß Du solche Dinge, sonst gehst Du zugrunde und richtest die Menschen zugrunde. Laß das. Du denkst, das ist Getränk? Feuer

ist das, und verbrennen wird's Dich.
(*Er nimmt einen Span unter dem Kessel vor und zündet an. Der ausgelaufene Branntwein brennt. Alle stehen erschrocken da. Der Vorhang fällt.*)

FÜNFTER AUFZUG

1. SZENE
(*Die Bauernstube. Der Arbeiter mit Hörnern und Hufen allein*)

DER ARBEITER: Getreide ist die Menge da, er weiß nicht, wohin damit, und Geschmack hat er schon an der Sache gefunden. Jetzt haben wir von neuem gebraut, haben es in Tonnen gegossen und vor den Menschen versteckt. Umsonst werden wir den Leuten nichts zu trinken geben. Die wir brauchen, denen werden wir zu trinken geben. Nun habe ich ihm beigebracht, die grauköpfigen Schmarotzer ins Haus zu locken und ihnen zu trinken zu geben, damit sie ihn von dem Alten befreien und dem Alten nichts geben. Jetzt ist auch meine Zeit abgelaufen, die drei Jahre sind um, und mein Werk ist fertig. Nun kann der Oberste selbst kommen und nachsehen. Nun brauche ich mich meiner Sache nicht zu schämen.

2. SZENE
(*Der Oberste kommt unter der Erde hervor*)

DER OBERSTE: Na, nun ist die Zeit vorüber. Hast Du das Ränftl abgedient? Ich habe Dir versprochen, daß ich selbst nachsehen komme. Hast Du den Bauern untergekriegt?
DER ARBEITER: Oh, mit Haut und Haaren. Du sollst selbst urteilen. Sie werden bald zusammenkommen. Kriech' in den Ofen und sieh zu, was sie treiben werden. Du wirst zufrieden sein.
DER OBERSTE (*kriecht in den Ofen*): Will sehen.

3. SZENE

(*Der Bauer und vier Alte kommen. Im Hintergrunde die Frau. Sie setzen sich an den Tisch, die Frau deckt und stellt Gallert und Pasteten auf. Die Alten begrüßen den Arbeiter*)

DER ERSTE ALTE: Nun, hast Du noch viel gebraut?

DER ARBEITER: Soviel wie wir brauchen. Wozu das schöne Getränk unnütz vergeuden.

DER ZWEITE ALTE: Und ist's gut geworden?

DER ARBEITER: Noch besser als das erste.

DER ZWEITE ALTE: Und wo hast Du das gelernt?

DER ARBEITER: Wenn man in der Welt herumkommt, lernt man alles.

DER DRITTE ALTE: Ja, ja, Du bist ein ganzer Kerl.

(*Der Bauer trinkt*)

DIE FRAU (*reicht herum, sie bringt eine Flasche und gießt ein*): Nun, wenn ich bitten darf!

DER ERSTE ALTE (*trinkt*): Eure Gesundheit! Ah, vortrefflich, in die Gelenke geht's. Das nenn' ich ein Getränk! (*Die drei Alten trinken einer nach dem anderen. Der Oberste steckt den Kopf aus der Ofentür heraus, der Arbeiter stellt sich neben ihn*)

DER ARBEITER (*zum Obersten*): Nun paß auf, was kommen wird. Ich werde der Alten ein Bein stellen, und sie wird das Glas umgießen. Um das Ränftl hat's ihm nicht leid getan, und nun paß auf, was er für einen Spektakel machen wird um das Gläschen Branntwein.

DER BAUER: Na, Weib, gieß noch ein und reich' der Reihe nach herum. Erst dem Gevatter, dann dem Onkel Michel.

DIE FRAU (*gießt ein und geht um den Tisch herum. Der Arbeiter stellt ihr den Fuß unter, sie strauchelt und vergießt*): Ei, Väterchen, da hab' ich vergossen! (*Zum Arbeiter*) Dich hat auch der Teufel hergebracht.

DER BAUER (*zur Frau*): Schieläugiges Teufelsweib, tust, als ob Du keine Hände hättst und schimpfst auf andere Leute. So was Gutes auf die Erde zu gießen!

DIE FRAU: Ich hab' es doch nicht mit Willen gemacht.

DER BAUER: Nicht mit Willen! Laß mich nur aufstehen, ich will Dir schon beibringen, wie man Branntwein auf die Erde gießt. (*Zu dem Arbeiter*) Und Du verfluchter Kerl, was drehst Du Dich bei dem Tisch herum, geh Du zum Teufel!

(*Die Frau gießt wieder ein und reicht wieder Branntwein herum*)

DER ARBEITER (*geht zu dem Ofen und spricht zu dem Obersten*): Siehst Du, sein letztes Ränftl Brot hat ihm nicht leid getan, und jetzt hätt' er um das Gläschen Branntwein beinah sein Weib geschlagen und mich zu Dir, zum Teufel, geschickt.

DER OBERSTE: Gut, sehr gut, ich muß Dich loben.

DER ARBEITER: Wart' nur, sie müssen nur erst die ganze Flasche austrinken, dann sollst Du sehen, was noch kommt. Sie reden jetzt schon glatte, honigsüße Worte, bald werden sie anfangen zu schmeicheln und falsch werden wie die Füchse.

DER BAUER: Nun, meine alten Freunde, wie werdet Ihr in meiner Sache entscheiden? Der Großvater hat bei mir gewohnt, ich hab' ihn erhalten, und nun ist er zum Onkel gezogen und will seinen Teil des Hauses nehmen und dem Onkel geben. Urteilt nach Eurer Weisheit, Ihr seid kluge Leute, ohne Euch sind wir ganz ohne Kopf. Solche Leute wie Ihr gibt's im ganzen Dorf nicht. Sehet zum Beispiel Iwan Fjedótitsch. Alle Leute sagen, er ist der erste Mann im Dorf, und ich sage Dir, Iwan Fjedótitsch, die Wahrheit: ich liebe Dich mehr als Vater und Mutter. Und Du, Michajlo Stepanitsch, alter Freund!

DER ERSTE ALTE (*zum Bauern*): Mit einem guten Menschen läßt sich auch gut reden – man wird klüger davon. So auch mit Dir. Gibt's doch keinen zweiten solchen, wie Du bist.

DER ZWEITE ALTE: Ja, Du bist klug und leutselig, darum liebe ich Dich.

DER DRITTE ALTE: Wie ich Dich hochschätze, das läßt sich gar nicht sagen. Ich sag's heute erst zu meinem Weib.

DER VIERTE ALTE: Mein Freund, mein wahrer Freund!

DER ARBEITER (*stößt den Obersten an*): Siehst Du, alle lügen. Wenn sie auseinandergehen, macht einer den anderen schlecht. Und jetzt siehst Du, wie sie sich Honig ums Maul schmieren. Wie sie mit den Schwänzen wedeln, wie die Füchse, und alles von dem Getränk.

DER OBERSTE: Vortreffliches Getränk! Ausgezeichnet! Wenn sie so lügen, sind sie alle unser. Vortrefflich, ich muß Dich loben.

DER ARBEITER: Wart' nur, wenn sie erst die zweite Flasche trinken, sollst Du was erleben.

DIE FRAU (*reicht herum*): Trinkt. Bekomm's Euch wohl.

DER ERSTE ALTE: Wird's nicht zuviel sein? Euer Wohl! (*Er trinkt*) Mit einem guten Menschen zu trinken ist eine Freude.

DER ZWEITE ALTE: Man darf's nicht ausschlagen. Auf Euer Wohl, Bauer und Bäuerin.

DER DRITTE ALTE: Auf Euer Wohl, liebe Freunde.

DER VIERTE ALTE: Das nenn' ich ein Gebräu. He, lustig, alles wollen wir machen, weil ich's so will.

DER ERSTE ALTE: Ob Du willst oder nicht, und was Dir die Älteren sagen …

DER VIERTE ALTE: Je älter, desto dümmer. Ei sieh mal, wo bist Du her?

DER ZWEITE ALTE: Was schimpfst Du, Du Dummkopf.

DER DRITTE ALTE: Er sagt die Wahrheit. Denn der Bauer bewirtet uns nicht umsonst. Er braucht uns für seine Sache. Die Sache können wir entscheiden. Nun bewirt' uns nur, und Respekt! sage ich Dir, denn Du brauchst mich, und nicht ich Dich. Halt' Du Brüderschaft mit den Schweinen.

DER BAUER: Iß und trink', was reißest Du das Maul auf? Hast Du nicht gesehen? Was? Zum Fressen taugt Ihr alle.

DER ERSTE ALTE: Was tust Du Dich groß? Ich will Dir bald Deine Nase zurechtrücken.

DER BAUER: Du mir?

DER ZWEITE ALTE: Seht ihn mal an, sowas ist noch nicht dagewesen. Geh' zum Teufel, ich rede nicht mit Dir, ich gehe.

DER BAUER (*hält ihn zurück*): Was zerstörst Du unsere lust'ge Gesellschaft?

DER ZWEITE ALTE: Laß los! Ich hau' Dir Eine.

DER BAUER: Ich lass' nicht los. Was für ein Recht hast Du?

DER ZWEITE ALTE: Das Recht. (*Er schlägt*)

DER BAUER (*zu den Alten*): Haltet ihn.

(*Schlägerei. Der Bauer und die Alten sprechen wirr durcheinander*)

DER ERSTE ALTE: Gehen wir.

DER ZWEITE ALTE: Ich kann alles.

DER DRITTE ALTE: Noch ein Glas.

DER BAUER (*ruft der Frau zu*): Bring' noch eine Flasche!

(*Sie setzen sich wieder alle an den Tisch und trinken*)

DER ARBEITER (*zu dem Obersten*): Nun hast Du's gesehen, das Wolfsblut hat aus ihnen gesprochen. Wie die Wölfe sind sie alle bissig geworden.

DER OBERSTE: Ein vortreffliches Getränk, ich muß Dich loben.

DER ARBEITER: Wart' nur, wenn sie erst die dritte Flasche trinken, wie es dann los geht. (*Vorhang fällt.*)

SECHSTER AUFZUG

Die Bühne stellt eine Straße dar. Rechts sitzen die Alten auf Balken, unter ihnen der Greis. In der Mitte führen die Frauen, Mädchen und Burschen Reigen auf. Tanzmusik und Tanz. Aus der Bauernstube vernimmt man Lärm, Geschrei der Betrunkenen; der Alte kommt heraus und schreit mit trunkener Stimme, ihm folgt der Bauer und zieht ihn wieder zurück.

1. SZENE

DER GREIS: Oh, Sünde, Sünde, wie soll das enden. An Wochentagen sollst Du arbeiten. Kommt der Feiertag, wasch' Dich, mach' das Pferdegeschirr rein, ruhe Dich aus, sitze mit Deinen Leuten, gehe auf die Gasse zu den Alten und denke an die Gemeindedinge. Und bist Du jung, dann sei lustig. Sieh, wie hübsch sie spielen und singen, ein Vergnügen, zuzuschauen. Alles in Ehren, wunderschön. (*Lärm aus der Bauernstube*) Und die dort, die bringen nur den Menschen ins Verderben und machen den Teufeln Freude Alles vor Übermut.

2. SZENE

(Aus der Bauernstube stürzen Betrunkene, gehen zu den Tanzenden, schreien und fassen die Mädchen)

DIE MÄDCHEN: Mach' daß Du fortkommst, Vetter Karp, was willst Du?

DIE BURSCHEN: Wir müssen auf die Gasse gehen. Was ist das hier für ein Spiel?

(Alle, außer den Betrunkenen und dem Greise, gehen ab)

DER BAUER (*geht zu dem Greis und macht ihm eine höhnische Verbeugung*): Was hast Du bekommen? Die Alten haben versprochen, mir Recht zu geben, was hast Du nun davon? Das, das (*Er schnalzt mit den Fingern*). Mir haben sie alles zugesprochen. Dir nichts ... Na, sie werden's Dir selber sagen.

(Der erste, zweite, dritte und vierte Alte kommen gleichzeitig)

DER ERSTE ALTE: Ja, ich kann die ganze Wahrheit entscheiden.

DER ZWEITE ALTE: Ich kriege jeden unter. Ich bin mit allen Hunden gehetzt.

DER DRITTE ALTE: Freund, Freundchen, liebster, bester Freund!

DER VIERTE ALTE: „Das Häuschen tut der andre kriegen, der Bauer muß auf der Straße liegen." Lustig, Kinder.

(Die Alten fassen sich zu zweien und gehen taumelnd davon, ein Paar nach dem anderen. Der Bauer will ins Haus gehen, strauchelt, fällt hin und murmelt etwas Unverständliches, so daß es wie Grunzen klingt. Der Greis steht auf und geht mit den Bauern davon)

3. SZENE

(Der Oberste und der Arbeiter kommen hervor)

DER ARBEITER: Hast Du's gesehen? Jetzt hat das Schweineblut gesprochen. Aus den Wölfen sind Schweine geworden. (Er zeigt auf den Bauern) Da liegt er wie die Sau im Dreck und grunzt.

DER OBERSTE: Ja, Du hast's abgedient. Erst waren sie wie die Füchse, dann wie die Wölfe und jetzt wie die Schweine. Das nenn' ich ein Getränk! Sag', wie hast Du das fertig gebracht? Da hast Du wohl Fuchs-, Wolfs und Schweinsblut hineingetan?

DER ARBEITER: Nein, ich hab' nur Getreide im Überfluß wachsen lassen. Als er Not hatte mit dem Getreide, hat es ihm um sein Ränftl nicht leid getan, und als er viel hatte, daß er kaum wußte, wohin damit, da ist in ihm das Fuchs- und das Wolfs- und das Schweinsblut erwacht. Das Blut der Bestie ist immer in ihm gewesen und hat bloß nicht hervorbrechen können.

DER OBERSTE: Nun, Du bist ein braver Kerl, hast das Ränftl abgedient. Wenn sie jetzt nur immer Branntwein trinken, werden sie unseren Händen nie mehr entwischen.

(Der Vorhang fällt.)

[1886]

Macht der Finsternis

Drama in fünf Aufzügen[1]

PERSONEN

PIOTR, ein reicher Bauer, 42 Jahre alt, zum zweitenmal verheiratet, kränklich.
ANISJA, seine Frau, 32 Jahre alt, putzsüchtig.
AKULINA, seine Tochter aus erster Ehe, 16 Jahre alt, schwerhörig und töricht.
ANIUTKA, seine Tochter aus zweiter Ehe, 10 Jahre alt.
NIKITA, Piotrs Knecht, 25 Jahre alt, stutzerhaft.
AKIM, Nikitas Vater, 50 Jahre alt, unansehnlich, gottesfürchtig.
MATRIONA, Nikitas Mutter, 50 Jahre alt.
MARINA, eine Waise, 22 Jahre alt.
MARINAS GATTE.
MARFA, Piotrs Schwester.
MITRITSCH, verabschiedeter Soldat, Knecht.
GEVATTERIN.
NACHBARIN.
BRAUTWERBER.
AKULINAS BRÄUTIGAM.
ERSTES MÄDCHEN.
ZWEITES MÄDCHEN.
DER POLIZEIWACHTMEISTER.
DER GEMEINDEVORSTEHER.
BRAUTKUTSCHER.
BRAUTFÜHRER.
HEIRATSVERMITTLERIN.
BAUERN und BÄUERINNEN.

Ort der Handlung:
ein großes russisches Dorf.

---

[1] Textquelle | Leo TOLSTOI: *Bühnenwerke*. Übersetzung aus dem Russischen von August Scholz. (Gesamtausgabe des Dichterischen Werkes, herausgegeben von Erich Boehme, Band XIV). Berlin: Malik-Verlag 1928, S. 7-108.

ERSTER AUFZUG

Eine große Bauernstube. Piotr, der Bauer, sitzt, ein Kumt flickend, da. Anisja und Akulina spinnen und singen dazu zweistimmig. Herbstzeit.

PIOTR *sieht aus dem Fenster.* Die Pferde sind wieder fortgelaufen. Gebt acht: sie treten mir noch das Fohlen tot! Nikita, he, Nikita! Ist er taub geworden? *Lauscht hinaus. Zu den Frauen.* Still mal, ihr stört mich.

NIKITAS STIMME *vom Hofe.* Was soll ich?

PIOTR. Treib die Pferde wieder ein!

NIKITAS STIMME. Gleich, gleich – sowie ich Zeit hab'.

PIOTR *schüttelt den Kopf.* Dieses Gesindel! Wär' ich besser bei Kräften – keinen Menschen würde ich mir halten. Nichts als Ärger hat man. *Steht auf und setzt sich wieder.* Nikita! … Er hört nicht… Kann nicht eine von euch gehen? Akulka, geh, treib sie ein!

AKULINA. Die Pferde?

PIOTR. Ja doch.

AKULINA. Ich lauf' schon. *Ab.*

PIOTR. Ein richtiger Liederjahn … gar nicht auf die Wirtschaft bedacht. Dreht sich und dreht sich und bringt nichts vor sich.

ANISJA. Na, und du bist mal fix! Vom Ofen auf die Bank – das ist deine ganze Arbeit. Aber andere schinden – das verstehst du!

PIOTR. Wenn ich euch nicht streng hielte, wär' in einem Jahre die ganze Wirtschaft herunter. Ihr seid mir die Rechten!

ANISJA. Zehnerlei soll man zugleich machen, und kriegt noch obendrein Schelte. Auf'm Ofen liegen und kommandieren – das kann jeder.

PIOTR *stöhnt.* Ach, wenn mich diese Krankheit nicht so quälte, keinen Tag länger würde ich ihn halten.

AKULINAS STIMME *hinter der Bühne:* „Hü! hü! hü!. ." *Man hört das Fohlen wiehern und die Pferde zum Tor hereintraben. Das Tor knarrt.*

PIOTR. Schwatzen kann er, sonst nichts. Längst hätt' ich ihn fort jagen sollen.

ANISJA *ahmt ihn spöttisch nach.* Fortjagen sollen! Mach's erst selbst besser, dann rede!

AKULINA *kommt zurück.* Mit Mühe und Not hab' ich sie eingebracht. Dieser Rotschimmel ist so wild …

PIOTR. Wo steckt denn der Nikita?

AKULINA. Nikita? Der steht auf der Straße.

PIOTR. Warum steht er da?

AKULINA. Wo er da steht? An der Ecke steht er und plappert.

PIOTR. Nichts ist aus ihr herauszubekommen. Mit wem plappert er?

AKULINA hat ihn nicht verstanden. Was sagst du?

Piotr winkt ärgerlich mit der Hand ab. Akulina setzt sich an ihre Spinnarbeit. Aniutka kommt hereingelaufen.

ANIUTKA *zur Mutter.* Nikitas Vater ist gekommen, und auch seine Mutter. Sie nehmen ihn wieder nach Hause.

ANISJA. Lügst du auch nicht?

ANIUTKA. Ich will gleich tot sein, wenn's nicht wahr ist. *Lacht.* Wie ich vorübergeh', sagt er: Leb' wohl, sagt er, Anna Petrowna! Komm auf meine Hochzeit, da wird's lustig zugehen. Ich geh' fort von euch, sagt er und lacht dabei.

ANISJA *zu Piotr.* Da hast du's – er wartet nicht erst, bis du ihn wegjagst, er geht ganz von selbst.

PIOTR. Laß ihn gehen. Meinst wohl, ich finde keinen andern?

ANISJA. Und was wird mit dem Lohn, den er vorausbekommen hat?

Aniutka geht, auf das Gespräch der Eltern horchend, nach der Tür und entfernt sich.

PIOTR *finster.* Den Lohn kann er im Sommer abdienen.

ANISJA. Ja, nun läßt du ihn gehen – ein Esser weniger! Und ich kann den Winter durch allein schuften wie ein Karrengaul! Das Mädchen drückt sich von aller Arbeit, und du streckst dich auf dem Ofen.

PIOTR. So schwatz' doch nicht, wir wissen ja noch gar nicht, ob er geht.

ANISJA. Der Hof ist voll Vieh, nicht eine Kuh hast du verkauft, und auch die Schafe hältst du übern Winter. Das will alles gefüttert und getränkt sein – und du willst den Knecht ziehen lassen! Fällt mir nicht ein, die Männerarbeit zu machen. Auf den Ofen leg' ich mich, wie du – mag alles drunter und drüber gehen. Nun weißt du's!

PIOTR *zu Akulina.* Geh, hol' Futter, es ist Zeit!

AKULINA. Futter holen? Meinetwegen. *Zieht den Kaftan an und nimmt einen Strick.*

ANISJA. Ich werde mich nicht mehr schinden, hab's wirklich satt. Arbeite dir selber.

PIOTR. So schweig doch endlich. Was ist dir denn? Ganz blaß bist du geworden – wie 'n krankes Schaf siehst du aus!

ANISJA. Und du wie ein toller Hund. Zu gar nichts taugst du – nicht zur Arbeit, noch zur Kurzweil. Nur das Leben verbitterst du einem, alter Köter.

PIOTR *spuckt aus und zieht sich an.* Pfui! Gott verzeih' dir! Muß doch mal selber nachsehen. *Geht hinaus.*

ANISJA *schreit ihm nach.* Scher' dich, alter Ekel!

AKULINA. Warum schimpfst du den Vater?

ANISJA. Ach was! Halt's Maul, du Närrin!

AKULINA *geht nach der Tür hin.* Ich weiß, warum du schimpfst. Bist selber eine Närrin, du Aas! Denkst wohl, ich fürchte mich vor dir?

ANISJA. Was sagst du? *Springt auf und sucht irgend etwas, womit sie zuschlagen könnte.* Wart', dich will ich mit der Ofengabel ...

AKULINA *in der offenen Tür.* Ein Aas bist du, ein Satan – verstanden? Satan, Aas, Aas, Satan! *Läuft fort.*

ANISJA *in Nachsinnen versunken.* „Komm auf meine Hochzeit", sagt er. Wollen sie ihn denn verheiraten? Wenn das geschieht, Nikita, dann weiß ich nicht ... Ich kann ohne ihn nicht leben, ich lasse nicht von ihm.

NIKITA *tritt ein und schaut um sich; da er Anisja allein sieht, tritt er rasch auf sie zu; im Flüsterton.* Wie traurig, meine Liebe! Der Vater ist gekommen und nimmt mich aus dem Dienste, bei den Eltern soll ich bleiben. „Abgemacht," sagt er, „wir verheiraten dich, kannst zu Hause leben."

ANISJA. So heirate doch. Was kümmert's mich.

NIKITA. Ach so! Ich überlege hin und her, wie ich's am besten mache, und sie sagt mir: heirate! Ist's dein Ernst? *Blinzelt.* Hast du denn vergessen? ...

ANISJA. Ja, heirate – wenn's dir damit so eilt ...

NIKITA. Sei doch nicht so böse! Da, nicht mal liebkosen darf man sie! Was hat dich denn wieder geärgert?

ANISJA. Daß du mich verlassen willst ... Mir soll's recht sein – wenn du nicht willst, will ich schon lange nicht.

NIKITA. Wie kannst du nur so reden, Anisja! Will ich denn von dir lassen? Niemals – nie werde ich dich vergessen. Und wenn sie mich auch verheiraten – ich komme immer wieder zu dir zurück.

Wenn ich nur nicht zu ihnen ins Haus ziehen muß.

ANISJA. Was hab' ich denn von dir, wenn du verheiratet bist?

NIKITA. Ich kann mich doch nicht gegen den Vater auflehnen, meine Liebe!

ANISJA. Den Vater schiebst du vor – und hast dir doch alles selbst ausgedacht. Schon lange steckt ihr die Köpfe zusammen, du und deine Marinka – sie hat das alles angezettelt. Erst neulich ist sie deshalb wieder hier gewesen.

NIKITA. Was ich mir aus der Marinka mache! Kann ich dafür, daß sie mir alle nachlaufen?

ANISJA. Was will denn dein Vater hier? Du hast ihn doch kommen lassen! Betrogen hast du mich … *Weint.*

NIKITA. Bei Gott, Anisja, glaub' mir: nicht das geringste weiß ich! Nicht mal geträumt hab' ich davon. Alles hat sich mein Alter ganz allein ausgedacht.

ANISJA. Am Strick kann man dich doch nicht hinziehen, wenn du selber nicht willst!

NIKITA. Lust hab' ich gewiß nicht dazu, doch was soll ich machen? Mich dem Vater widersetzen?

ANISJA. Warum nicht? Widersetz' dich!

NIKITA. Wie es neulich mal einer versucht hat, wurde er vors Gemeindegericht gefordert und bekam eine gehörige Tracht Prügel. Das möcht' ich nicht – es soll so kitzeln …

ANISJA. Nun scherzt er auch noch! Hör' mal, Nikita: wenn du die Marinka heiratest, weiß ich nicht, was ich mir antue … Das Leben nehm' ich mir! Ich habe gesündigt, hab' das Gesetz gebrochen – für mich gibt's keine Umkehr. Sowie du jetzt fortgehst, tu' ich's …

NIKITA. Warum soll ich denn fortgehen? Hätt' ich das gewollt, dann könnt' ich es längst tun. Neulich erst sagte mir unser Herr, ich soll als Kutscher zu ihm kommen … Da hätt' ich's doch gut gehabt, nicht? Na – und ich bin nicht gegangen. Ich hab's doch auch bei euch gut. Ja, wenn du mich nicht gern hättest – das wär' ein ander Ding.

ANISJA. Ach ja, daran denk' nur immer. Der Alte kann heute oder morgen sterben, dann machen wir alles glatt. Wir heiraten, und du übernimmst die Wirtschaft.

NIKITA. Mach' dir keine Sorgen. Ich tu' meine Arbeit, als tät' ich sie für mich selbst. Der Wirt hat mich gern, und die Wirtin auch. Na, und daß mich die Weiber gern haben, dafür kann ich doch nicht, wie?

ANISJA. Hast du mich lieb, Nikita?

NIKITA *umarmt sie.* Und ob! Du bist mein lieber, guter Schatz …

MATRIONA tritt ein und bekreuzt sich lange vor den Heiligenbildern. Nikita und Anisja lassen einander los.

MATRIONA. Ich hab' nichts gesehen noch gehört. Ein bißchen Getändel – was tut's schon? Auch das Kälbchen tändelt und spielt mal gern, wie? Warum soll man nicht … solange man noch jung ist! … Der Wirt fragt nach dir im Hofe, mein Junge.

NIKITA. Ich hab' hier das Beil geholt.

MATRIONA. Ich weiß, ich weiß, mein Lieber, was für ein Beil du geholt hast. Es ist immer dort zu finden, wo ein Weibchen in der Nähe ist.

NIKITA *bückt sich und nimmt das Beil.* Wollt ihr mich wirklich verheiraten, Mütterchen? Hat doch gar keinen Sinn, mein' ich. Nicht so viel Lust hab' ich dazu.

MATRIONA. I was, mein Herzensjunge – warum sollen wir dich verheiraten? Du lebst doch auch so einen guten Tag! Alles so Grillen vom Alten. Geh, mein Sohn, wir bringen die Sache auch ohne dich in Ordnung.

NIKITA. Sonderbar, hm – mal soll ich heiraten, mal nicht … Werd' nicht gescheit daraus! *Ab.*

ANISJA. Wollt ihr ihn denn verheiraten, Tante Matriona?

MATRIONA. Wie können wir das? Heiraten kostet Geld, mein Kind. Du weißt, wir sind arme Schlucker. Ist alles nur Geschwätz von meinem Alten – heiraten, heiraten! Das versteht er einfach nicht. Wer treibt denn ein Pferd von der vollen Krippe aufs dürre Stoppelfeld, hä? Als ob ich nicht wüßte … *blinzelt* … wie der Hase läuft!

ANISJA. Ich kann mit dir ganz offen reden, Tante Matriona – dir macht man so leicht nichts vor. Ich habe gesündigt, hab' deinen Sohn liebgewonnen.

MATRIONA. Ei, was du sagst! Und Tante Matriona hat nichts davon gewußt, hi, hi! Da kennst du sie aber schlecht, mein Schätzchen! Tante Matriona hat's hinter den Ohren, Kind, drei Ellen tief sieht sie in die Erde hinein. Alles weiß ich, meine Liebe! Ich weiß zum

Beispiel, wozu die jungen Frauen Schlafpulver brauchen. Hab' auch gleich welches mitgebracht, da … Löst einen Knoten ihres Tuches und nimmt ein paar Pulver in Papier heraus. Ich seh' nur, was ich sehen soll, und was ich nicht sehen soll, hör' und seh' ich nicht. Ja … Auch Tante Matriona war einmal jung, mein Kind, hat sich zu trösten gewußt an der Seite ihres Dummkopfs. Alle siebenundsiebzig Kniffe kenne ich! Ich sehe, mein Kind, wie dein Alter immer welker und welker wird. Was ist das für ein Leben mit solch einem Manne? Mit der Heugabel kannst du ihn anstechen, und 's fließt kein Blut. Höchstens bis zum Frühjahr kann er noch machen. Eine Hilfe braucht ihr unbedingt in der Wirtschaft, und mein Sohn steht doch gewiß seinen Mann, ist nicht schlechter als andere. Was hätt' ich also davon, wenn ich ihn aus einer guten Stelle nähme? Ich werde doch mein Kind nicht schädigen!

ANISJA. Wenn er bloß nicht fortgeht von uns!

MATRIONA. Nein, nein, mein Schwälbchen, er bleibt. Lauter dummes Zeug. Du weißt doch, wie mein Alter ist: hat sonst nicht viel Grütze im Schädel, setzt er sich aber mal was in den Kopf, dann bringen es keine zehn Pferde heraus.

ANISJA. Wie ist er denn eigentlich darauf gekommen?

MATRIONA. Ja, siehst du, mein Herzchen – du weißt, der Junge ist ein bißchen arg hinter den Weibern her, und ein hübsches Kerlchen ist er, nicht wahr? Na, nun hat er doch bei der Bahn gearbeitet, und da war ein Mädchen, eine Waise, die kochte für sie, die hat sich ihm nun an den Hals geworfen.

ANISJA. Die Marinka, nicht wahr?

MATRIONA. Ja, die ist's, der Schlag soll sie treffen! Ob nun zwischen ihnen was war oder nicht, jedenfalls hat der Alte davon erfahren. Von den Leuten vielleicht, oder sie hat's ihm selber geklatscht …

ANISJA. Das gemeine Frauenzimmer – schämt sich gar nicht!

MATRIONA. Na, nun legt mein Alter gleich los, der Schafskopf: heiraten muß er sie, heiraten, und die Sünde gutmachen! Wir nehmen ihn zu uns ins Haus, sagt er, und verheiraten ihn. Ich rede natürlich dagegen – aber nein, er bleibt dabei. Gut, denk' ich, dann versuchen wir's auf andere Art. Die Schafsköpfe muß man nur zu nehmen wissen, mein Kind. Immer hübsch nach'm Munde reden – und wenn's drauf und dran ist: wupp, dreht man die Sache, wie's einem paßt! Ein Weib läßt sich nie verblüffen, siehst du: während es vom Ofen kriecht, hat es tausend Einfälle, wie soll da ein Mann schon mitkommen? Ja doch, Alterchen, sag' ich, du hast ganz recht, aber man muß es doch reiflich überlegen! Komm, sag' ich, laß uns zum Jungen gehen und die Sache mit seinem Wirt besprechen. Und so sind wir denn hergekommen.

ANISJA. Ach, Tantchen, was wird nun? Wenn's ihm der Vater befiehlt?

MATRIONA. Befiehlt? Wir pfeifen auf seine Befehle. Hab' keine Angst, die Sache kommt nicht zustande. Ich werde gleich mit deinem Alten reden – alles werde ich so durchsieben und durchseihen, daß gar nichts übrigbleibt. Drum bin ich doch eben hier: ein Licht will ich meinem Alten aufstecken, verstehst du? Was denkt er sich denn? Es geht dem Jungen gut, es wird ihm vielleicht mal noch besser gehen – und ich soll ihn einer Herumtreiberin geben? Da müßt' ich schön dumm sein!

ANISJA. Sie hat ihn auch hier aufgesucht, diese Marinka. Ich sage dir, Tantchen, wie ich hörte, daß er heiraten soll, da war mir's, als ob mir ein Messer durchs Herz ginge. Er ist ihr sicher noch gut.

MATRIONA. I, wohin denkst du, mein Schätzchen? Ist er denn ein Narr? Wie kann er so ein Frauenzimmer lieben, das nicht mal ein Heim hat? Mikischka ist nicht auf den Kopf gefallen, siehst du – er weiß, wen er lieben soll. Sei unbesorgt, mein Kind, nie im Leben nehmen wir ihn fort. Und von Verheiraten ist überhaupt nicht die Rede. Gebt uns nur etwas Geld, dann mag er bleiben.

ANISJA. Wenn Nikita jetzt fortginge – ich glaube, ich könnt's nicht ertragen.

MATRIONA. Ja, ja, die Jugend! Mit solch einem Mummelgreis sollst du zusammenleben – du, ein so junges Weibchen, so frisch und saftig …

ANISJA. Ich sage dir, Tantchen, er ist mir so über, der alte Ekel, so über – nicht sehen mag ich ihn mehr!

MATRIONA. Ja, ja, das liegt mal so drin! Guck' nur her! *Im Flüsterton, sieht sich um.* Du kennst doch den alten Mann, bei dem man die Pülverchen bekommt, weißt du? Bei dem bin ich gewesen, und er hat mir zwei Arzneimittel gegeben. Sieh her! Das hier ist ein Schlafpulver, sagt er – wenn du ihm davon was eingibst, schläft er so fest, daß du auf ihm herumspazieren kannst. Und das hier, sagt er, ist ein ganz besonderes Mittel; riechen tut's gar nicht, wenn man es jemandem gibt, und wirken tut's sehr kräftig. Auf sieben Mal soll sie's einteilen, sagt er; jedesmal ein Prischen. Dann wird sie bald ihre Freiheit haben, sagt er.

ANISJA. A–ach! … Was ist denn das?

MATRIONA. Merken wird man gar nichts, sagt er. Einen Rubel hat er genommen – billiger geht's nicht, weil nämlich das Mittel schwer zu bekommen ist. Ich hab's ihm bezahlt – ob sie's nimmt oder nicht, dacht' ich, jedenfalls will ich's ihr hinbringen.

ANISJA. Wenn aber was Schlimmes daraus wird?

MATRIONA. Wieso denn was Schlimmes, mein Kind? Ich wollte nichts sagen, wenn dein Mann gesund und kräftig wäre, aber 's ist doch nur ein Scheinleben, das er führt. Er macht nicht mehr lange, sag' ich dir.

ANISJA. A–ach, was tu' ich nur, ich Ärmste? Ich hab' solche Angst, Tantchen – es könnte am Ende was Sündhaftes dabei sein! Nein, nein …

MATRIONA. Ich kann's ja wieder mitnehmen!

ANISJA. Löst man's in Wasser auf, wie andere Pulver?

MATRIONA. Besser im Tee, sagt er. Nichts ist zu merken, sagt er, man schmeckt nichts und riecht nichts. Ein sehr kluger Mann!

ANISJA *nimmt die Pulver.* Ach ich Ärmste, was mach' ich nur! Würde ich mich denn auf so was einlassen, wenn dieses Leben nicht so schrecklich wäre?

MATRIONA. Vergiß nicht, mir den Rubel zu geben. Der alte Mann kann's nicht umsonst hergeben, hat auch seine Not und Plage.

ANISJA. Gleich, gleich. *Geht zum Kasten und verbirgt die Pulver.*

MATRIONA. Heb' sie nur recht gut auf, mein Herzchen, daß niemand was erfährt. Und wenn schon, Gott behüte, was 'rauskommt, dann sag', es sei Schabenpulver gewesen … *Nimmt den Rubel.* Gegen die Schaben kann man's nämlich auch gebrauchen … *Hält plötzlich inne.*

Piotr und Akim treten ein. Akim bekreuzt sich vor dem Heiligenbilde.

PIOTR *setzt sich.* Was führt dich also her, Onkel Akim?

AKIM. Her führt mich das, Ignatytsch, nämlich, heißt das, nämlich … daß alles gut sein soll, heißt das, so wie am besten, gut … Und da wollt' ich, zur Sache zu reden, heißt das, nämlich, meinen Sohn … Aber wenn du, heißt das … mag's auch so sein, nämlich … so wie am besten …

PIOTR. Schön, schön – setz' dich nur, dann wollen wir darüber reden. *Akim setzt sich.* Was gibt's also? Du willst ihn verheiraten, nicht?

MATRIONA. Es eilt uns nicht sehr damit, Piotr Ignatytsch. Du weißt, wir sind arme Leute. Wie können wir dran denken, den Jungen zu verheiraten, wo wir selbst kaum zu beißen haben?

PIOTR. Ihr müßt ja wissen, was ihr zu tun habt.

MATRIONA. Heiraten ist ein Ding, das überlegt sein will. Ist doch keine Himbeere, die abfällt, wenn man sie nicht pflückt!

PIOTR. Heiraten ist eine gute Sache.

AKIM. Ja, und drum möcht' ich wohl, heißt das, nämlich … Darum, weil ich, heißt das … Arbeit in der Stadt habe, Arbeit, heißt das, die mir paßt …

MATRIONA. Ich danke für solche Arbeit! Unratgruben reinigen! Wie er die Tage nach Hause kam, ist mir so schlecht geworden, daß ich brechen mußte. Pfui!

AKIM. Stimmt schon, heißt das, anfangs stößt es zurück, der Geruch nämlich, heißt das; aber ist man's erst, nämlich, gewöhnt, dann ist es wie Branntweinschlempe. Daß es riechen tut, heißt das – das macht unsereinem nichts aus. Man kann ja die Kleider wechseln. Ich wollt' also, heißt das, den Nikita nach Hause nehmen – mag er wirtschaften, heißt das. Mag er zu Hause wirtschaften, und ich geh', nämlich auf Arbeit, in die Stadt.

PIOTR. Du willst also deinen Sohn ins Haus nehmen? Mir ist's recht, Onkel Akim – was wird aber mit dem Lohn, den er vorausbekommen hat?

AKIM. Hast recht, hast recht, Ignatytsch, heißt das, nämlich, ganz recht – hat er sich vermietet, so hat er sich verkauft. Drum mag er bleiben, heißt das, bis er frei ist, und dann erst, nämlich, heiraten. Ist die Zeit herum, heißt das, dann entlaß ihn.

PIOTR. Gut, das läßt sich machen.

MATRIONA. Wir sind in der Sache noch nicht einig, Piotr Ignatytsch. Laß mich ganz offen reden, wie vor Gott, und dann entscheide du, wer recht hat – mein Alter oder ich. Heiraten, heiraten, sagt er – aber wen heiraten? Das frag' ihn mal! Wär's eine richtige Braut, dann hätt' ich nichts dagegen, ich bin doch meinem Kinde nicht feind. Aber es ist ein Mädel von schlechtem Ruf …

AKIM. Das ist nicht wahr! Nicht wahr ist's, heißt das, was du da vorbringst gegen das Mädel. Nicht wahr! Weil nämlich, heißt das, dieses selbe Mädel von meinem Sohn gekränkt ist, schwer gekränkt, heißt das, eben dieses Mädel.

PIOTR. Wieso gekränkt?

AKIM. Gegangen ist sie, heißt das, nämlich, mit meinem Sohne Nikita. Mit Nikita, heißt das.

MATRIONA. Nun schweig mal still und laß mich's erzählen, meine Zunge ist weicher. Du weißt doch, Piotr Ignatytsch, unser Junge hat auf der Bahn gearbeitet, bevor er zu dir kam. Dort hat sich ihm nun ein Mädel an den Hals gehängt, so ein dummes Ding, verstehst du, Marinka heißt sie, und gekocht hat sie für die Arbeiter dort. Und nun sagt sie, eben diese Marinka, daß unser Sohn Nikita sie betrogen hat.

PIOTR. Schön wäre das nicht von ihm.

MATRIONA. Aber sie ist doch ein liederliches Ding, treibt sich in aller Welt herum. Eine Dirne, kurz gesagt.

AKIM. Heda, du, Alte – hast du schon wieder, nämlich, heißt das … wieder und immer wieder, heißt das, nämlich …

MATRIONA. Nämlich und nämlich – weiter weiß mein Männchen nichts vorzubringen, aber was für ein Nämlich, weiß er selber nicht. Frag' mal die Leute nach ihr, Piotr Ignatytsch, sie werden dir sagen, was für ein Früchtchen sie ist. Eine Landstreicherin, weiter nichts.

PIOTR *zu Akim.* Ja, wenn die Sache so liegt, Onkel Akim, hat das Heiraten keinen Zweck. Ist doch kein Schuh, den man wieder ausziehen kann, so eine Schwiegertochter.

AKIM *in heftiger Erregung.* Lug und Trug ist's, Alte, was du da, heißt das, über das Mädel sagst – Lug und Trug! Weil nämlich das Mädel, heißt das, ein gutes Mädel ist, ein sehr gutes Mädel, ja, und weil es mir, nämlich, leid tut, das Mädel nämlich, heißt das.

MATRIONA. Ach, hört doch, wie gut er ist: alle Welt tut ihm leid, und daheim sitzen seine Leute und hungern. Das Mädel bedauert er, und seinen eignen Sohn nicht! Häng' sie dir doch an den Hals und lauf so mit ihr herum! Wie kannst du nur so dummes Zeug reden!

AKIM. Kein dummes Zeug ist's!

MATRIONA. Schwatz' nicht dazwischen, laß mich ausreden!

AKIM *fällt ihr ins Wort.* Kein dummes Zeug ist's, heißt das! Unrecht tust du, nämlich, dem Mädel, willst die Sache wenden, wie's dir am besten scheint, Gott aber, heißt das, wird sie nach seinem Sinn wenden. So ist's.

MATRIONA. Ach was – mit dir ist ja nicht zu reden!

AKIM. Das Mädel ist arbeitsam und brav, und, nämlich, ordentlich, heißt das. Sie paßt zu uns, nämlich, weil wir doch armes Volk sind, und die Hochzeit, heißt das, braucht nicht teuer zu sein. Teurer als alles aber ist die Ehre des Mädels, heißt das, nämlich, weil's doch eine Waise ist, das Mädel. Und die hat er verletzt, ihre Ehre.

MATRIONA. Was du schon zusammenschwatzt, Alter!

ANISJA. Hör' lieber auf uns, Onkel Akim, wir Frauen sehen das schon richtig an.

AKIM. Und Gott, wo bleibt Gott? Ist's denn kein Mensch, so ein Mädel? Vor Gott, heißt das, nämlich, ist sie ein Mensch wie die andern. Meinst du vielleicht nicht?

MATRIONA. Ja, red' nur, red' immerzu …

PIOTR. Siehst du, Onkel Akim – diesen Mädchen kann man auch nicht alles glauben. Der Junge ist ja ein Leichtfuß, das ist wahr, aber eine Seele zugrunde richten – das wird er doch nicht wollen! Man kann ihn ja selbst fragen, nicht? Ruft ihn mal herein! *Anisja erhebt sich.* Sag' ihm, sein Vater wolle mit ihm reden. *Anisja ab.*

MATRIONA. Das war sehr klug gesprochen, mein Lieber – mag's der Junge selber sagen. Man kann doch niemanden zum Heiraten zwingen, das geht heutzutage nicht! Man muß den Jungen fragen, ob er's tun will, und er nimmt sie, sag' ich dir, nie im Leben. Schön reinfallen täte er da! Ich meine, er soll ruhig bei dir weiterdienen. Auch zum Sommer brauchen wir ihn nicht, können uns einen Arbeiter nehmen. Gib uns einen Zehnerschein, und behalt ihn.

PIOTR. Davon wollen wir später reden, immer hübsch der Reihe nach.

AKIM. Ich hab's nur darum gesagt, heißt das, Piotr Ignatytsch, weil es schon öfter, nämlich, so gekommen ist. Du glaubst eine Sache, heißt das, zu deinem Vorteil zu wenden, und vergißt dabei, nämlich, den lieben Gott. Du meinst für dein Wohl zu sorgen, und ehe du dich versiehst, hast du dir was auf den Hals geladen, heißt das. Du hältst es für gut so, und doch ist's schlecht, wenn du Gott dabei vergißt.

PIOTR. Gott darf man freilich nicht vergessen.

AKIM. Schlecht ist's, siehst du, ohne Gott; gehst du aber, nämlich, nach Gottes Gebot, dann ist dir so freudig ums Herz, sowohl, heißt das. Und so sagt' ich mir: ich verheirate den Jungen, daß er der Sünde nicht verfällt, heißt das; mag er zu Hause bleiben, nämlich, und wirtschaften, wie sich's gehört, und ich will, heißt das, mich in der Stadt bemühen. Arbeit hab' ich ja. Sie gefällt mir. Nach Gottes Gebot, heißt das, nämlich, ist so alles am besten. Auch mit der Waise. Im vorigen Jahr, zum Beispiel, war auch so eine Sache: da haben sie auf solche Art vom Verwalter Holz genommen. Betrug hatten sie im Sinn – und den Verwalter haben sie auch betrogen, Gott aber, heißt das, nämlich, haben sie nicht betrogen!

Nikita und Aniutka treten ein.

NIKITA. Ihr habt mich rufen lassen? Setzt sich und holt sein Rauchzeug hervor.

PIOTR *leise, im Tone des Vorwurfs.* Was fällt dir ein? Weißt du nicht, was sich gehört? Dein Vater will mit dir reden – und du willst rauchen und setzt dich! Steh auf und stell' dich da hin!

Nikita tritt an den Tisch, stützt lässig die Ellbogen auf und lächelt.

AKIM. Es ist eine Beschwerde, heißt das, nämlich, gegen dich erhoben, Nikita – eine Beschwerde, heißt das.

NIKITA. Eine Beschwerde? Von wem denn?

AKIM. Die Beschwerde? Von einem Mädchen, einer Waise, ist die Beschwerde, heißt das. Von ihr, heißt das, ist die Beschwerde gegen dich, von eben dieser Marina, heißt das.

NIKITA *lächelt spöttisch.* Merkwürdig, hä. Was für eine Beschwerde denn? Wer hat dir denn was gesagt? Sie selber?

AKIM. Ich frage jetzt, heißt das, und du hast, nämlich, heißt das, Antwort zu geben. Hast du mit dem Mädchen was gehabt, Nikita – hast du, heißt das, mit ihr was gehabt?

NIKITA. Ich versteh' gar nicht … ,was gehabt'?

AKIM. Heißt das, Dummheiten, nämlich, Dummheiten, heißt das – hast du Dummheiten mit ihr getrieben, heißt das?

NIKITA. Kann wohl mal was vorgekommen sein. Mit 'ner Köchin scherzt man mal aus Langerweile, spielt ihr auf der Harmonika was vor und läßt sie danach tanzen. Sonst noch was?

PIOTR. Mach' keine Winkelzüge, Nikita! Antworte klar und deutlich auf die Fragen, die der Vater dir stellt!

AKIM *feierlich.* Nikita! Vor den Menschen kannst du es wohl verbergen, vor Gott aber verbirgst du es nicht! Versuch' nicht zu lügen, Nikita, heißt das, nämlich – sie ist eine Waise, heißt das, kränke sie nicht! Sag', wie es, nämlich, war, wie alles sich verhalten hat!

NIKITA. Was denn? Es gibt doch nichts zu sagen! Ich kann eben nichts weiter sagen, weil's nichts zu sagen gibt! *Erregt.* Was die schon zusammenschwatzt! Mag sie ruhig schwatzen, mich läßt es ganz kalt. Was hat sie nicht über Fedja Mikischkin alles erzählt! Ist denn das jetzt Brauch, daß man sich gar keinen Scherz mehr erlauben darf? Und sie darf reden, nicht wahr?

AKIM. Oh, Nikita, sei auf deiner Hut! Die Lüge wird offenbar werden! Ist was geschehen oder nicht?

NIKITA *beiseite.* Hör' einer, wie sie mir zusetzen! *Zu Akim.* Ich sagte es doch schon: ich weiß von nichts. Nichts hatte ich mit ihr vor. *Mit verbissenem Ingrimm.* Bei Gott, ich soll gleich tot hinfallen! *Bekreuzt sich.* Von gar nichts weiß ich. *Schweigen. Nikita fährt noch erregter fort.* Wie kommt ihr nur darauf, daß ich sie heiraten soll? Das ist doch wirklich zu dumm! Jetzt gibt's gar kein solches Gesetz, daß man jemanden mit Gewalt verheiraten kann. Sehr einfach. Ich hab's nun beschworen: ich weiß von nichts.

MATRIONA *zu Akim.* Da hast du's, alter Schafskopf! Was man ihm auch vorschwatzt, alles glaubt er. Dem Jungen so zuzusetzen! Mag er nur hier im Dienst bleiben, wie bisher! Der Wirt gibt uns jetzt einen Zehner, um unserer Not willen, und wenn die Zeit kommt …

PIOTR. Was sagst du, Onkel Akim?

AKIM *schnalzt mit der Zunge, zum Sohne.* Sei auf deiner Hut, Nikita! Die Träne der Gekränkten fällt nicht daneben, fällt immer, nämlich, auf des Menschen Haupt! Daß dir's nicht auch mal so geht! Sieh dich vor!

NIKITA. Ach was – sieh du dich nur vor! *Setzt sich.*

ANIUTKA. Will's rasch der Mutter erzählen. *Läuft fort.*

MATRIONA *zu Piotr.* Nun weißt du Bescheid, Piotr Ignatytsch. Mein Alter ist 'n Plappermaul, siehst du – hat er sich was in den Kopf gesetzt, dann läßt er sich's nicht wieder ausreden, 's war gar nicht nötig, daß wir dich bemüht haben. Lassen wir alles hübsch beim alten; der Junge bleibt bei dir, und damit gut.

PIOTR. Und was sagst du, Onkel Akim?

AKIM. Ja, heißt das, zwingen will ich den Jungen nicht, wenn nur nicht, heißt das … Ich wollte nur, siehst du, nämlich …

MATRIONA. Schwatzen wolltest du wieder mal, weißt selber nicht, was. Mag der Junge bleiben, wo er ist – du siehst doch, er will gar nicht fort. Wir brauchen ihn doch nicht, werden ganz allein mit unserm bißchen Wirtschaft fertig.

PIOTR. Eins merk' dir, Onkel Akim: wenn du ihn etwa im Sommer fortnehmen willst, dann nimm ihn lieber gleich, im Winter nützt er mir so nicht viel. Soll er bleiben, dann sei's auf ein Jahr.

MATRIONA. Gewiß doch, auf ein ganzes Jahr wird er sich vermieten. Wir nehmen uns jemanden an, wenn die Arbeitszeit kommt, und er bleibt hier im Dienst. Und nun gib uns auch den Zehner, Piotr Ignatytsch …

PIOTR. Auf ein Jahr also noch – wie?

AKIM *seufzt.* Was bleibt schon übrig, heißt das, es soll wohl, nämlich, so sein, soll es wohl, heißt das.

MATRIONA. Auf ein Jahr noch, von Sonnabend vor Dmitrij an. Den Lohn wirst du ihm nicht kürzen, und uns gib jetzt einen Zehner, spring uns bei in der Not. *Steht auf und verneigt sich.*

Anisja und Aniutka treten ein. Anisja nimmt auf der Seite Platz.

PIOTR. Dann wär's also abgemacht, wie? Nun wollen wir in die Schenke gehen und 'nen Schluck drauf nehmen. Komm, Onkel Akim, wollen ein Gläschen Branntwein trinken.

AKIM. Branntwein trink' ich nicht, trink' ich niemals.

PIOTR. Na, dann trinkst du Tee.

AKIM. Tee trink' ich, ja, Tee ist mir recht.

PIOTR. Auch die Frauen werden ein Glas Tee trinken. Du, Nikita, treib die Schafe in den Stall und rech' das Stroh zusammen.

NIKITA. Gut.

Alle außer Nikita ab. Es dämmert.

NIKITA *allein, zündet sich eine Zigarette an.* Haben die mich was geplagt! Sag's doch und sag's doch, wie du mit den Weibern scharmutziert hast! Wenn ich das so erzählen wollte – würde schön lange dauern! Heirate sie, sagt er. Wenn ich alle heiraten sollte – das gäbe ein schönes Häufchen! Hab's grade nötig, das Heiraten – leb' auch so wie'n Verheirateter, beneiden tun mich alle … Wie ich mich vor dem Bilde bekreuzte, da war's mir, als ob mir jemand 'nen Stoß gäbe. Auf einmal hab' ich ihnen so den Faden zerrissen. Es soll so schrecklich sein, falsch zu schwören: dummes Zeug! Sind alles nur Worte. Sehr einfach.

Akulina kommt im Kaftan herein; sie legt den Strick weg, zieht den Kaftan aus und geht nach der Kammer zu.

AKULINA. So mach' doch Licht!

NIKITA. Um dich zu sehen? Ich seh' dich auch so.

AKULINA. Ach, daß dich …

Aniutka kommt hereingelaufen.

ANIUTKA *flüsternd zu Nikita*. Nikita, komm rasch mal heraus, es fragt jemand nach dir.

NIKITA. Wer ist's denn?

ANIUTKA. Die Marinka von der Bahn. An der Ecke steht sie.

NIKITA. Lüg' doch nicht!

ANIUTKA. Ich will gleich tot sein, wenn's nicht wahr ist.

NIKITA. Was will sie denn?

ANIUTKA. Du möchtest mal zu ihr hinauskommen. Nur ein einziges Wort muß ich zu ihm sprechen, sagt sie. Ich hab' sie gefragt, aber sie wollt's nicht sagen. Sie fragte nur: Ist's wahr, daß er von euch fortgeht? Ich sagte ihr: Nein, 's ist nicht wahr, sein Vater wollt' ihn wohl fortnehmen und verheiraten, aber er wollte nicht fort und bleibt noch ein Jahr bei uns. Da sagt sie: Schick' ihn doch nur, um Christi willen, heraus! Ich muß ihm unbedingt, sagt sie, etwas sagen. Sie wartet schon lange auf dich. Geh doch zu ihr hin!

NIKITA. Ach, was hab' ich da zu suchen!

ANIUTKA. Wenn er nicht kommt, sagt sie, geh' ich selber zu ihm in die Stube. Ich will gleich tot sein, sagt sie, wenn ich's nicht tu'.

NIKITA. Laß nur! Sie wird ein Weilchen herumstehen und dann weggehen.

ANIUTKA. Er soll wohl die Akulina heiraten? sagt sie.

AKULINA *geht an Nikita vorüber nach ihrem Spinnrocken.* Wer soll die Akulina heiraten?

ANIUTKA. Na, der Nikita.

AKULINA. Unsinn! Wer sagt das?

NIKITA. Du siehst doch, die Leute sagen es. *Sieht sie an und lacht.* Was meinst du, Akulina – würdest du mich heiraten?

AKULINA. Dich heiraten? Früher vielleicht, aber jetzt nicht.

NIKITA. Warum willst du mich jetzt nicht heiraten?

AKULINA. Du würdest mich doch nicht lieben.

NIKITA. Warum sollt' ich dich nicht lieben?

AKULINA. Man wird's dir nicht erlauben. *Lacht.*

NIKITA. Wer wird mir's nicht erlauben?

AKULINA. Die Stiefmutter. Sie schimpft den Vater immer aus, guckt dir immer nach.

NIKITA *lacht.* Sieh mal an! Wie gut du aufpaßt!

AKULINA. Ich? Was ist da groß aufzupassen? Bin ich vielleicht blind? Vorhin hat sie mit dem Vater so gezankt, so gezankt, die großmäulige Hexe. *Ab in die Kammer, deren Tür sie offen läßt.*

ANIUTKA. Sieh doch, Nikita! Sieht zum Fenster hinaus. Sie kommt! Ich will gleich tot sein … Ich geh' fort. *Ab.*

MARINA *tritt ein.* Was hast du mit mir im Sinn?

NIKITA. Was ich im Sinn habe? Gar nichts.

MARINA. Verlassen willst du mich!

NIKITA *steht auf, ärgerlich.* Ach, Unsinn! Was fällt dir ein, mir hier übern Hals zu kommen!

MARINA. Ach, Nikita!

NIKITA. Albernes Ding! Was willst du eigentlich?

MARINA. Nikita!

NIKITA. Was denn, Nikita? Hier ist ja der Nikita! Was soll er? Geh, sag' ich dir.

MARINA. Du willst mich also verlassen, willst nichts mehr von mir wissen?

NIKITA. Ach, was du da redest! Stehst an der Ecke herum, schickst die Kleine hierher – was soll denn das? Wenn ich nicht herauskomme, so heißt das eben: ich brauch' dich nicht, sehr einfach. Und nun geh.

MARINA. Jetzt brauchst du mich nicht! Ich hab' dir vertraut, hab' an deine Liebe geglaubt – und jetzt, da du mich zugrunde gerichtet hast, jetzt brauchst du mich nicht mehr!

NIKITA. Ist ja alles dummes Zeug, was du da redest, alles Unsinn. Hast mich auch beim Vater verklatscht. Nun tu mir den Gefallen und geh.

MARINA. Du weißt, daß ich nur dich allein lieb hatte. Ob du mich geheiratet hättest oder nicht, das hätte mir nichts ausgemacht. Ich bin mir keiner Schuld gegen dich bewußt – warum liebst du mich also nicht mehr? Warum?

NIKITA. Hat wirklich keinen Zweck, daß wir hier unnütz schwatzen.

Geh schon, sei nicht so einfältig.

MARINA. Nicht das schmerzt mich, daß du mir die Ehe versprochen und mich nun betrogen hast, sondern daß du mich nicht mehr liebst. Und nicht das allein: daß du jetzt zu 'ner andern hältst. Ich weiß auch, wer's ist.

NIKITA *geht wütend auf sie zu.* Ach, mit euch Frauenzimmern läßt sich ja nicht reden! Das nimmt keine Vernunft an. Geh, sag' ich, sonst setzt es was!

MARINA. Was denn? Willst du mich vielleicht schlagen? Schlag mich doch, da! Warum drehst du denn das Gesicht weg? Äh, Nikita!

NIKITA. Das ist doch wirklich … es wird noch jemand kommen! Was soll denn das Geschwätz?

MARINA. 's ist also alles aus, alles vorbei! Ich soll nicht mehr dran denken! Du aber, du wirst dran denken, Nikita! Ich hab' meine Mädchenehre wie meinen Augapfel gehütet, und du hast mich um nichts und wieder nichts betrogen, mich zugrunde gerichtet. Hast mich arme Waise nicht verschont, mich von dir gestoßen, zertreten. Und doch trag' ich dir nichts nach – Gott sei mit dir! Findest du eine Bessere, dann wirst du mich vergessen; findest du eine Schlechtere, dann wirst du mein gedenken. Wirst mein gedenken, Nikita! Leb' wohl, wenn's schon sein muß. Wie hab' ich dich geliebt! Zum letztenmal – leb' wohl! *Will ihn umarmen und faßt nach seinem Kopfe.*

NIKITA *entzieht sich ihr heftig.* Äh, was soll denn das Gerede! Willst du nicht gehn, so geh' ich. Bleib du da!

MARINA *aufschluchzend.* Du böser Mensch! *In der Tür.* Gott wird dir kein Glück geben! Weinend ab.

AKULINA *kommt aus der Kammer.* Du bist doch ein Hund, Nikita!

NIKITA. Wieso?

AKULINA. Wie sie aufgeheult hat!

NIKITA. Und was weiter?

AKULINA. Was weiter? Schwer gekränkt hast du sie! Auch mich wirst du einmal so kränken … du Hund! *Ab in die Kammer.*

NIKITA *nach kurzem Schweigen, für sich.* Da find' sich einer zurecht! Ich liebe diese Weiber wie Zucker; und sündigt man mit ihnen – dann ist das Unglück da!

Vorhang.

Dorfstraße mit Piotrs Bauernhof. Links das zweiteilige Haus, mit der Treppe und dem Flur in der Mitte; rechts das Tor und ein Teil des Hofes. Seit den Vorgängen des ersten Aktes ist ein halbes Jahr vergangen. Rechts Anisja, mit Hanfschwenken beschäftigt. Im Hause hört man ein dumpfes Rufen.

ANISJA *hält mit der Arbeit inne und lauscht nach dem Hause hin.* Da schreit er schon wieder. Ist wohl vom Ofen gekrochen.

Akulina kommt von der Straße, mit Eimern am Trageholz.

ANISJA. Er ruft. Geh, sieh mal zu, was er will. Da – wie er brüllt!

AKULINA. Warum gehst du nicht hin?

ANISJA. Geh, sag' ich dir. *Akulina geht ins Haus. Für sich.* Ist das eine Qual! Er sagt's und sagt's nicht, wo er das Geld hat. Neulich hat er sich im Flur herumgedrückt, hat's da wohl versteckt gehabt. Jetzt weiß ich nicht, wo es sein könnte. Er kann sich gar nicht davon trennen – im Hause hat er's jedenfalls noch. Hätt' ich's nur endlich gefunden! Am Leibe hat er's gestern nicht gehabt. Wo mag es nur stecken? Nun hab' ich's wirklich bald satt.

Akulina kommt, sich ein Tuch umbindend, aus dem Hause.

ANISJA. Wohin gehst du?

AKULINA. Wohin? Die Tante Marfa soll ich holen. Ruf mir die Schwester, sagt er. Es geht mit mir zum Sterben, und ich muß ihr noch was sagen.

ANISJA *für sich.* Die Schwester läßt er kommen! O Gott! Jedenfalls will er ihr das Geld geben. Was mach' ich nur? *Zu Akulina, die den Hof verlassen will.* Wohin willst du?

AKULINA. Na, zur Tante doch.

ANISJA. Nicht doch, bleib da. Ich hole sie selber, und du geh mit der Wäsche an den Bach, sonst wirst du bis zum Abend nicht fertig.

AKULINA. Er hat mir's aber befohlen.

ANISJA. Tu, was ich dich heiße. Hörst doch, daß ich selbst zur Tante Marfa gehe. Nimm jetzt die Hemden ab.

AKULINA. Die Hemden? Aber du wirst nicht hingehen, und er hat's doch befohlen!

ANISJA. Hab' ich's gesagt, dann geh' ich auch. Wo ist Aniutka?

AKULINA. Aniutka? Auf die Kälber gibt sie acht.

ANISJA. Schick' sie her, die Kälber werden nicht gleich fortlaufen.
Akulina nimmt die Hemden vom Zaun und entfernt sich.
ANISJA *allein.* Geh' ich nicht, so schimpft er. Geh' ich, so gibt er der
Schwester das Geld. Alle Mühe war dann umsonst. Ich weiß
wirklich nicht, was ich tun soll. Der Kopf ist mir zum Zerspringen. *Setzt ihre Arbeit fort.*
Matriona kommt reisefertig, mit Stock und Bündel.
MATRIONA. Gott helf' dir beim Werke, mein Schätzchen!
ANISJA *sieht sich um, wirft ihre Arbeit fort und klatscht vor Freude in die
Hände.* Nein, Tantchen – das hätt' ich nicht erwartet! Schickt mir
Gott einen solchen Gast ins Haus, gerade zur rechten Zeit!
MATRIONA. Na, wie steht's denn hier?
ANISJA. Ach, ich hab' schon den Kopf verloren. Schlimm steht's.
MATRIONA. Er lebt noch immer, wie?
ANISJA. Er kann nicht leben, noch sterben.
MATRIONA. Er hat doch das Geld noch niemandem gegeben?
ANISJA. Eben wollt' er seine Schwester Marfa kommen lassen. Sicher
doch wegen des Geldes.
MATRIONA. Jedenfalls. Hat er sonst niemandem was gegeben?
ANISJA. Nein. Ich bin auf der Lauer wie 'n Habicht.
MATRIONA. Wo hat er's denn?
ANISJA. Er sagt's ja nicht. Auf keine Weise kann ich's herausbekommen, er schleppt's immer von einer Stelle zur andern. Ich muß
auch wegen der Akulka vorsichtig sein. So dumm sie ist, so
scharf paßt sie auf und belauert mich. Ach, ich armes Weib, ich
hab's wirklich schlimm.
MATRIONA. Hör' mal, mein Schätzchen, wenn er das Geld jemand
anders gibt, wird's dir dein Leben lang leid tun. Nackt und bloß
werden sie dich vom Hofe jagen. Da hast du dich nun abgerackert, du Ärmste, hast dein Leben mit 'nem ungeliebten Manne
verloren, und nun kannst du als Witwe mit dem Bettelsack gehen.
ANISJA. Rede doch nicht so, Tantchen! Das Herz ist mir so schwer,
ich weiß nicht, was ich tun soll, kein Mensch gibt mir einen Rat.
Ich hab's Nikita gesagt, aber der hat Angst, mag sich nicht einmischen. Nur so viel sagte er mir gestern, daß es unter der Diele
steckt.
MATRIONA. Hast du nachgesehen?

ANISJA. Ich konnte nicht, er war doch immer da. So viel hab' ich bemerkt, daß er's bald bei sich trägt, bald versteckt.

MATRIONA. Bedenk' das eine, mein Kind: verpaßt du jetzt die Gelegenheit, dann holst du es nie mehr nach. *Flüsternd.* Hast du ihm von dem starken Tee gegeben?

Man hört Piotr rufen.

ANISJA. O–o! *Sie will antworten, sieht jedoch die Gevatterin , die im Vorbeigehen Piotrs Rufen gehört hat und vor dem Tor stehengeblieben ist.*

GEVATTERIN. He, Anisja! Gevatterin! Hörst du nicht, Anisja? Dein Mann ruft wohl.

ANISJA. Er hustet nur – das hört sich so an, als riefe er. Es geht ihm gar nicht gut.

GEVATTERIN *tritt zu Matriona hin.* Guten Tag, Großmütterchen! Woher des Weges?

MATRIONA. Von Hause, meine Liebe. Will meinen Jungen besuchen. Hemden hab' ich ihm gebracht. Man ist doch seinem Kinde zugetan, nicht wahr?

GEVATTERIN. Ja, das soll wohl sein. *Zu Anisja.* Ich wollte die Leinwand auf die Bleiche bringen, aber 's ist wohl noch zu früh. Es hat noch keine damit angefangen.

ANISJA. Es hat doch keine Eile.

MATRIONA. Hat er schon das Abendmahl empfangen?

ANISJA. Ja, gestern war der Pope da.

GEVATTERIN. Hab' mir ihn gestern angesehen, Mütterchen – 's ist nicht mehr viel los mit ihm. Die Seele hält sich kaum noch im Leibe. Und neulich, Mütterchen, schien's gar schon aus zu sein. Wir legten ihn unter die Heiligenbilder und beweinten ihn schon, und wollten ihn eben waschen …

ANISJA. Da kam er wieder zu sich: stand auf und humpelt jetzt wieder herum.

MATRIONA. Laßt ihr ihm auch die letzte Ölung geben?

ANISJA. Die Leute sagen, wir sollten's tun. Wenn er morgen noch lebt, schicken wir nach dem Popen.

GEVATTERIN. Das muß eine Qual für dich sein – nicht wahr, Gevatterin? 's ist schon wahr, was die Leute sagen: Nicht der ist krank, der im Bett liegt, sondern der danebensitzt.

ANISJA. Wenn's nur erst ein Ende nähme, so oder so!

GEVATTERIN. Ja, du hast es wirklich nicht leicht. Ein ganzes Jahr dauert's nun schon, dieses Sterben. Nicht rühren kannst du dich.

MATRIONA. Auch das Witwenlos ist ja bitter. Solange man jung ist, geht's noch, aber wer kümmert sich um einen auf die alten Tage? Alter bringt wenig Freude. Seht mich an: nur ein kleines Stück Weges bin ich gehumpelt, und schon bin ich fertig, spür' kaum meine Knochen. Wo ist denn mein Söhnchen?

ANISJA. Auf dem Felde. Er pflügt. Komm doch herein, wir wollen den Samowar aufstellen, erquickst dich an einem Glas Tee.

MATRIONA *setzt sich.* So müde bin ich, meine Lieben. Und was die Ölung betrifft, so müßte ihr das unbedingt machen. Man sagt, es sei der Seele sehr heilsam.

ANISJA. Ja, morgen schicken wir hin.

MATRIONA. 's ist jedenfalls besser. *Zur Gevatterin.* Und bei uns im Dorfe gab's Hochzeit, meine Liebe.

GEVATTERIN. Wie, jetzt im Frühjahr?

MATRIONA. Ja, arme Leute haben immer Zeit zum Heiraten. Die Marinka – die hat den Semion Matwejew geheiratet.

ANISJA. Da hat sie noch ihr Glück gemacht.

GEVATTERIN. Er ist ja wohl Witwer, hat 'n Häufchen Kinder.

MATRIONA. Vier Stück. Ein anständiges Mädchen hätt' er nicht bekommen, aber die kann froh sein, daß er sie nimmt.

GEVATTERIN. Ist er vermögend?

MATRIONA. Sie sollen ganz gut leben.

GEVATTERIN. Er brauchte eben jemanden für die Kinder. So war's ja auch bei uns hier mit dem Michajlo. Der hatte auch, mein liebes Mütterchen …

STIMME EINES BAUERN *hinter der Bühne.* He, Mawra, wo steckst du denn, zum Teufel? Treib die Kuh ein!

Gevatterin ab.

MATRIONA *während die Gevatterin abgeht, mit unverändert eintöniger Stimme.* 's ist gut, daß sie verheiratet ist, wenigstens wird mein alter Schafskopf jetzt den Jungen in Ruhe lassen. *Plötzlich im Flüsterton mit veränderter Stimme.* Endlich ist sie fort. Wie ist's also? Hast du ihm den Tee gegeben?

ANISJA. Oh, sprich nicht davon. Besser, es geht so zu Ende. Er stirbt ja doch nicht davon, ich hab' mir nur die Sünde aufgeladen. A – ach, ich armes, unglückliches Weib! Daß du mir auch diese Pulver geben mußtest!

MATRIONA. Was ist mit den Pulvern? Schlafpulver sind es, warum soll man ihm die nicht eingeben? Die können ihm nicht schaden.

ANISJA. Ich rede doch nicht von den Schlafpulvern, sondern von den andern, den weißen.

MATRIONA. Wie denn? Das sind Arzneipulver, mein Schätzchen.

ANISJA *seufzt.* Ich weiß wohl – aber ich hab' doch Angst. Oh, was bin ich doch schon geplagt und geschunden!

MATRIONA. Wieviel hast du davon verbraucht?

ANISJA. Zweimal hab' ich ihm eingegeben.

MATRIONA. Man merkt nichts, wie?

ANISJA. Ich hab' an dem Tee genippt – nur ganz bitter schmeckt er. Er hat ihn dann getrunken und sagte: Der Tee ist mir zuwider. Ich antwortete: Ist man krank, dann schmeckt einem alles bitter. Wie mir dabei zumute war, Tantchen – ganz schaurig!

MATRIONA. Denk' nicht darüber nach, Kind, das macht's nur schlimmer.

ANISJA. Hättest du sie mir doch lieber nicht gegeben, mich nicht zur Sünde verleitet! Wenn ich nur dran denke, geht mir's durch und durch. Warum hast du sie mir eigentlich gebracht?

MATRIONA. Ich? Was fällt dir ein, mein Schätzchen? Gott steh' dir bei! Jetzt willst du wohl alles auf mich schieben, wie? Unschuldige Leute mit hineinziehen – das laß lieber sein! Sollt' was herauskommen, dann weiß ich von nichts, nicht das geringste ist mir bekannt. Das Kreuz küss' ich darauf: kein Pulver hab' ich dir gegeben, nichts hab' ich gesehen, und weiß überhaupt nicht, daß es solche Pulver gibt. Mußt schon selbst zusehen, wo du bleibst. Leicht hast du's ja nicht – wir haben erst neulich davon gesprochen, wie du Ärmste dich plagen mußt. Die Stieftochter ein dummes Ding, und der Mann krank und siech – das kann eine Frau zum Äußersten bringen.

ANISJA. Ja, weiß Gott: aufhängen könnt' ich mich, oder ihn erwürgen. Ist denn das ein Leben?

MATRIONA. Na siehst du – also rasch ans Werk! Das Geld gesucht, und dem Kranken hübsch Tee eingegeben.

ANISJA. A–ach, ich armes, armes Weib! Ich weiß wirklich nicht, was ich tun soll – ganz schrecklich ist mir zumute. Möcht' er doch lieber so sterben! Dann hätt' ich wenigstens ein reines Gewissen.

MATRIONA *aufgebracht.* Und warum gibt er das Geld nicht heraus?

Will er's vielleicht mitnehmen, damit es niemand bekommt? Ist das recht von ihm? Gott verhüte, daß das schöne Geld verlorengeht! Wäre das nicht 'ne Sünde? Warum tut er das? Soll man da noch auf ihn Rücksicht nehmen?

ANISJA. Ach, ich weiß wirklich nicht …

MATRIONA. Du weißt nicht? Was soll das heißen? Die Sache ist doch klar: was du jetzt versäumst, holst du dein Lebtag nicht nach. Die Schwester kriegt 's Geld, und du hast das Nachsehen.

ANISJA. A–ch! Er hat ja schon nach ihr verlangt – ich muß sie holen.

MATRIONA. Eilt's denn damit so sehr? Stell' erst mal den Samowar auf. Wir geben ihm Tee und suchen beide das Geld – vielleicht finden wir's.

ANISJA. O–oh! Wenn nur nichts Schlimmes draus wird!

MATRIONA. Was soll denn werden? Das Zusehen bringt uns nicht weiter. Wenn du immer nur mit den Augen suchst, kriegen die Hände nichts zu fassen. Zupacken muß man.

ANISJA. Ich geh' also den Samowar aufstellen.

MATRIONA. Geh, mein Schätzchen, mach' alles, wie sich's gehört, daß dich's hinterher nicht reut. Geh nur. *Anisja will gehen, doch Matriona ruft sie zurück.* Noch eins: Dem Nikita brauchst du von alledem nichts zu sagen, der ist zu dumm für solche Sachen. Von den Pulvern darf er nichts erfahren, Gott behüte! Er würde wer weiß was anstellen. Zu weichherzig ist er, kein Huhn kann er schlachten, denk' dir! Sag' ihm nichts, er begreift es doch nicht. *Sie hält erschrocken inne: auf der Schwelle erscheint Piotr. Mit der Hand gegen die Wand gestützt, kriecht er auf die Treppe hinaus und ruft mit schwacher Stimme.*

PIOTR. Hört ihr denn nicht, daß ich rufe? A–ach! Anisja, wer ist denn da? Sinkt auf die Bank nieder.

ANISJA *tritt hinter der Ecke hervor.* Warum bist du denn herausgekrochen? Bleib doch liegen!

PIOTR. Hat das Mädel die Schwester geholt? … Mir ist so schlecht … A–ach, wenn's doch schon ans Sterben ginge!

ANISJA. *Sie hatte keine Zeit, ich hab' sie an den Bach geschickt.* Wart', bis ich mit der Arbeit fertig bin, dann geh' ich selber.

PIOTR. Mag die Aniutka hingehen. Wo ist sie? A–ach, so schlecht ist mir … a–ach! Es geht zu Ende!

ANISJA. Ich hab' nach Aniutka geschickt.

PIOTR. A–ach! Wo bleibt sie denn?

ANISJA. Weiß Gott, wo sie wieder steckt!

PIOTR. A–ach, ich kann nicht mehr. Wie ausgebrannt sind mir die Därme, als wenn mir ein Bohrer darin herumbohrte. Warum laßt ihr mich umkommen wie einen Hund? Nicht mal zu trinken bekomm' ich … A–ach … Laß die Aniutka herkommen.

Aniutka kommt gelaufen.

ANISJA. Da ist sie. Aniutka, der Vater ruft dich. *Anisja geht nach ihrem alten Platz um die Ecke.*

PIOTR *zu Aniutka*. Geh doch, a–ach, zur Tante Marfa, sag', der Vater verlangt nach ihr, er will sie sprechen.

ANIUTKA. Gleich geh' ich.

PIOTR. Halt mal. Sag' ihr, sie soll gleich kommen, ich lieg' im Sterben. A–ch!

ANIUTKA. Ich hol' mir nur das Tuch. *Eilt davon.*

MATRIONA *blinzelt Anisja zu*. Nun, meine Liebe, jetzt rasch ans Werk! Geh in die Stube und kram' alles durch! Such', überall sieh nach! Und ich werde ihn indessen hier am Leibe befühlen.

ANISJA *zu Matriona*. Wenn du dabei bist, bin ich gleich viel dreister. *Geht nach der Treppe hin, zu Piotr*. Soll ich dir nicht den Samowar hinstellen? Tante Matriona ist zu ihrem Sohne gekommen, vielleicht trinkt ihr zusammen Tee?

PIOTR. Ist mir recht.

Anisja ab nach dem Hausflur. Matriona geht nach der Treppe hin und verneigt sich vor Piotr.

PIOTR. Grüß' dich Gott!

MATRIONA. Grüß' dich Gott, Wohltäter – grüß' dich Gott, mein Lieber. Bist immer noch krank, wie ich sehe. Mein Alter bedauert dich so – geh doch, sagt er, erkundige dich, wie's ihm geht. Ich soll dich von ihm hübsch grüßen. *Verneigt sich abermals.*

PIOTR. Mit mir geht's zu Ende.

MATRIONA. Du gefällst mir nicht, Ignatytsch, wenn ich dich so anseh'. Ganz mager bist du geworden, ganz abgezehrt – Krankheit macht wirklich nicht schöner.

PIOTR. Ich muß sterben.

MATRIONA. Was ist da zu machen, Piotr Ignatytsch? 's ist Gottes Wille. Das Abendmahl hast du empfangen, und so Gott will, bekommst du auch die letzte Ölung. Hast Gott sei Dank ein verständiges Weib, und man wird dich in allen Ehren begraben und eine Seelenmesse für dich lesen. Und der Wirtschaft wird sich einstweilen mein Söhnchen annehmen.

PIOTR. Verschrieben hab' ich niemandem was. Die Frau ist flatterhaft, hat nur ihre Albernheiten im Kopfe. ... Ich weiß ja, wie sie's treibt, weiß alles ... Das Mädel ist einfältig, zu jung ... Da hab' ich nun gesammelt und gespart und weiß nicht, für wen. *In weinerlichem Tone*, 's ist bitter.

MATRIONA. Nun, wenn vielleicht Geld da ist, oder sonst was, kannst du's ja noch verschreiben ...

PIOTR *zu Anisja, nach dem Hausflur hin*. Ist Aniutka schon fort?

MATRIONA *beiseite*. Fällt ihm das wieder ein!

ANISJA *vom Hausflur her*. Schon längst. Komm doch in die Stube ... soll ich dir helfen?

PIOTR. Laß mich hier noch sitzen ... zum Abschied. Drinnen ist's so dumpf, so drückend ... Ach, wie mir ist ... als wär' mir das Herz ausgebrannt. Wär' ich doch schon tot!

MATRIONA. Leben und Tod liegt in Gottes Hand, Piotr Ignatytsch. Wer will's erraten, wann seine Sterbestunde kommt? Oft liegt einer, meint man, auf den Tod, und kommt doch wieder auf die Beine. So lag auch bei uns im Dorfe ein Bauer schon im Sterben ...

PIOTR. Nein. Ich fühle es, daß es mit mir aus ist, ich fühl's. Lehnt sich zurück und schließt die Augen.

ANISJA. Na, kommst du nun oder nicht? Laß mich nicht warten. Piotr ... du, Piotr!

MATRIONA *tritt beiseite und winkt Anisja mit dem Finger*. Na, wie steht's?

ANISJA *kommt die Treppe herunter, zu Matriona*. Nichts zu finden.

MATRIONA. Hast du auch überall nachgesehen? Unter der Diele?

ANISJA. Auch dort ist nichts. Vielleicht in der Rumpelkammer? Gestern ist er da herumgekrochen.

MATRIONA. Such', immer such'! Leck's mit der Zunge heraus! Übrigens seh' ich, er ist auch so bald hin, die Nägel werden schon blau, und das Gesicht ist ganz fahl. Ist der Samowar aufgestellt?

ANISJA. Er muß gleich aufkochen.

Nikita kommt von der anderen Seite, wenn angängig zu Pferde, ans Tor, ohne Piotr zu sehen.

62

NIKITA *zu Matriona.* Grüß' dich Gott, Mütterchen. Zu Hause alles munter?

MATRIONA. Gott sei Lob und Dank – solange uns das Brot schmeckt, dürfen wir nicht klagen.

NIKITA. Wie geht's dem Wirt?

MATRIONA. Still, da sitzt er. *Zeigt nach der Treppe.*

NIKITA. Was denn? Mag er doch sitzen.

PIOTR *öffnet die Augen.* Nikita – he, Nikita! Komm her! *Nikita geht zu ihm hin, während Anisja mit Matriona flüstert.* Warum bist du so früh gekommen?

NIKITA. Ich war fertig mit dem Pflügen.

PIOTR. Hast du auch den Streifen hinter der Brücke gepflügt?

NIKITA. Es war mir zu weit dahin.

PIOTR. Zu weit? Von hier ist's noch weiter. Mußt nun eigens noch mal hinfahren. Konntest es gleich in einem abmachen.

Anisja horcht, ohne sich zu zeigen.

MATRIONA. Oh, oh, mein Junge – so dienst du deinem Wirt? Der Wirt ist krank und verläßt sich auf dich – da sollst du ihm gehorchen wie deinem eigenen Vater! Immer rühr' dich und reck' dich, immer hübsch fleißig – hab' ich dir das nicht immer gesagt?

PIOTR. Hol' Kartoffeln aus dem Keller, ach … die Weiber sollen sie aussuchen. O–oh!

ANISJA *für sich.* Ich geh nicht. Er hat wohl das Geld bei sich und will's verstecken – drum will er mich wegschicken!

PIOTR. Bald ist's Zeit, sie zu setzen … a–ach! … und sie sind ausgewachsen. O–oh, wie schwach ich bin! *Erhebt sich.*

MATRIONA *eilt die Treppe hinauf und stützt ihn.* Soll ich dich in die Stube führen?

PIOTR. Ja, führ' mich. *Bleibt stehen.* Nikita!

NIKITA *mürrisch.* Was gibt's noch?

PIOTR. Ich werde dich … nicht mehr sehen … Ich sterbe … Verzeih mir, um Christi willen, verzeih, wenn ich dir unrecht getan habe … Mit Wort und Tat … verzeih … kann wohl vorgekommen sein. Verzeih!

NIKITA. Was soll ich verzeihen? Wir sind alle Sünder.

MATRIONA. Ja, mein Junge, das war recht gesprochen.

PIOTR. Verzeih, um Christi willen. *Weint.*

NIKITA *schluchzt auf.* Gott hat zu verzeihen, Onkel Piotr. Ich trag' dir nichts nach, hab' von dir nichts Böses erfahren. Verzeih du mir – vielleicht hab' ich dir Schlimmeres angetan als du mir. *Weint. Piotr geht leise schluchzend ab. Matriona stützt ihn.*

ANISJA. A–ach, ich armes Weib! Das hat er nicht ohne Absicht gesagt … o Gott! *Geht zu Nikita hin.* Du sagtest doch, das Geld sei unter der Diele – 's ist aber nicht da!

NIKITA *antwortet ihr nicht, weinend.* Ich habe nur Gutes von ihm erfahren. Und ich – was hab' ich getan!

ANISJA. Na, laß schon. Wo ist das Geld?

NIKITA *unwillig.* Wie soll ich das wissen? Such' selber.

ANISJA. Bist ja mit einemmal so gefühlvoll!

NIKITA. Leid tut er mir, so leid. Wie er geweint hat. A–ach!

ANISJA. Nun zerfließt er ganz vor lauter Mitleid! Und dabei hat er dich immer nur beschimpft, eben noch hat er befohlen, dich vom Hofe zu jagen. Ich tu' dir wohl gar nicht leid.

NIKITA. Du? Warum solltest du mir leid tun?

ANISJA. Wenn er stirbt und das Geld irgendwo versteckt hat …

NIKITA. Hab' keine Angst, er hat es nicht versteckt.

ANISJA. Ach, Nikituschka, er hat nach der Schwester geschickt und wird es ihr geben. Dann sind wir schlimm dran … wovon sollen wir leben, wenn er ihr das Geld gibt? Vom Hofe werden sie mich jagen. Kümmere dich doch ein bißchen … Du sagtest, er sei am Abend in der Rumpelkammer gewesen?

NIKITA. Ich sah wohl, wie er von dorther kam, aber wo er's versteckt hat, wer soll das wissen?

ANISJA. Oh, ich armes Weib! Da muß ich wohl selbst gehn und suchen.

Nikita will gehen. Matriona kommt aus der Stube und trippelt die Treppe hinunter.

MATRIONA *im Flüsterton zu Anisja und Nikita.* Braucht nicht zu suchen, er hat das Geld bei sich, ich hab' ihn befühlt. Auf der Brust trägt er's an 'ner Schnur.

ANISJA. Ach, ich armes, armes Weib!

MATRIONA. Mach' ihm eine Einreibung und such's dabei in die Finger zu bekommen. Rechts auf der Brust hat er's. Wenn die Schwester kommt, ist's zu spät.

ANISJA. Sie wird's auch so bekommen, wenn sie erst da ist. O Gott, was soll ich nur machen?

MATRIONA. Was du machen sollst? Hör' zu: sobald der Samowar kocht, mach' ihm ein Glas Tee zurecht … *im Flüstertone* … schütt' alles aus dem Papierchen hinein und laß ihn trinken. Hat er's ausgetrunken, dann nimm ihm das Geld ab. Hab' keine Angst, er wird nichts mehr sagen.

ANISJA. O Gott, wie ich mich fürchte!

MATRIONA. Nun schwatz' nicht mehr, sondern tu was. Rasch, rasch! Ich halte die Schwester hier auf. Immer munter! Hast du das Geld, dann bring's her, Nikita wird's verstecken.

ANISJA. O mein Gott, mein Gott – wie fang' ich's nur an? …

MATRIONA. Schwatz' nicht, sag' ich dir, sondern tu was ich dich heiße. Und du, Nikita …

NIKITA. Was?

MATRIONA. Du wartest hier. Setz' dich solange auf die Rasenbank, man wird dich brauchen.

NIKITA *mit abweisender Handbewegung.* Was ihr Weiber schon ausheckt! Verdreht einem nur den Kopf. Bleibt mir vom Leibe. Ich hol' jetzt die Kartoffeln.

MATRIONA *hält ihn an der Hand fest.* Du bleibst da, sag' ich.

Aniutka kommt.

ANISJA. Nun, was gibt's?

ANIUTKA. Bei ihrer Tochter im Garten war sie, sie wird gleich hier sein.

ANISJA. Was mach' ich nun, wenn sie kommt?

MATRIONA. Hast noch Zeit genug; tu, was ich dich geheißen habe.

ANISJA. Ich weiß wirklich nicht … ganz wirr bin ich im Kopf. Aniutka, geh, mein Kind, gib auf die Kälber acht, sonst laufen sie fort. O Gott, ich hab' solche Angst!

MATRIONA. So geh doch endlich! Ich glaube gar, der Samowar ist ausgegangen.

ANISJA. Ach, ich unglückliches, armes Weib! *Ab.*

MATRIONA *tritt zu Nikita hin.* So geht's in der Welt, mein Junge. *Setzt sich neben ihn auf die Rasenbank.* Nun wollen wir mal von deinen Angelegenheiten reden.

NIKITA. Von was für Angelegenheiten?

MATRIONA. Na, wie du so hier auf Erden weiterleben sollst.

NIKITA. Wie ich weiterleben soll? Andre leben doch auch, warum soll ich's nicht?

MATRIONA. Der Alte wird wohl sterben.

NIKITA. Gott gebe ihm die ewige Seligkeit. Was geht das mich aber an?

MATRIONA *sieht, während sie spricht, in einem fort nach der Treppe.* Ach, Junge, wer lebt, muß doch ans Leben denken. Von nichts wird nichts, mein Schätzchen. Ich kann dir sagen – ich hab' mir deinetwegen die Hacken abgelaufen. Überall bin ich gewesen, hab' mich gekümmert und gemüht. Wirst mir das auch mal vergelten, denk' ich.

NIKITA. Um was hast du dich denn so bemüht?

MATRIONA. Na, um dein Wohlergehen, dein weiteres Schicksal. Sorgt man nicht beizeiten vor, dann hat man das Nachsehen. Du kennst doch den Iwan Moseïtsch, nicht? Bei dem bin ich neulich gewesen, hab' ihm da eine Sache besorgt, und wie wir so sitzen und plaudern und ein Wort das andere gibt, sag' ich zu ihm: Wie ist denn das, Iwan Moseïtsch, wenn zum Beispiel ein Witwer zum zweitenmal geheiratet hat, und er hat nur von jeder Frau eine Tochter, und er stirbt – kann da ein andrer Mann die Witwe heiraten und den Hof übernehmen? Kann er die Töchter verheiraten und selbst auf dem Hofe bleiben? Gewiß kann er das, sagt er, aber es gibt eine Menge Scherereien. Mit Geld, sagt er, kann er die Sache schon machen, hat er aber kein Geld, so soll er lieber die Hand davon lassen.

NIKITA *lacht.* Ja, ja – Geld, Geld! Alle wollen sie Geld haben!

MATRIONA. Na, nun hab' ich mich ihm ganz offen anvertraut, mein Schätzchen. Vor allem, sagt er, muß dein Junge sich in die Gemeinde aufnehmen lassen. Da braucht er erst mal Geld, um die Ältesten zu bewirten. Sie müssen nämlich, verstehst du, ihre Einwilligung geben. Alles, sagt er, muß sehr geschickt gemacht werden. Sieh her! *Nimmt ein Schriftstück aus dem Tuche.* Er hat mir da ein Papier abgeschrieben – guck' mal rein, du kannst ja lesen. *Nikita liest; Matriona hört zu.*

NIKITA. Ein Gerichtsbeschluß, nichts weiter. Darin steckt doch keine große Weisheit!

MATRIONA. Hör' zu, was Iwan Moseïtsch weiter sagt. Vor allem, sagt er, Tantchen, sorg' dafür, daß sie sich das Geld nicht aus den Fingern gehen läßt. Behält sie das Geld nicht in der Hand, so kann sie später mal nicht die Schwiegersöhne auszahlen. Geld ist in allen Dingen die Hauptsache. Da heißt es also: aufgepaßt! Die Sache entscheidet sich jetzt, mein Junge.

NIKITA. Was geht mich das an? Das Geld gehört ihr, mag sie sich drum kümmern.

MATRIONA. Ach, Junge, wie kannst du nur so reden! Weiß denn eine Frau in solchen Dingen Bescheid? Wenn sie auch das Geld nimmt, kann sie denn damit was anfangen? Du bist doch immer ein Mann – du weißt, wo du es verstecken mußt, und so weiter. Du wirst auch Rat wissen, wenn etwas vorfällt.

NIKITA. Ach, ihr Weiber habt doch zu verdrehte Ansichten.

MATRIONA. Wieso denn verdreht? Grab das Geld irgendwo ein! Will sie später mal aufmucken, so hast du sie in der Hand.

NIKITA. Ach, euch soll doch gleich … Ich geh' …

Anisja kommt ganz bleich aus der Stube und läuft um die Ecke zu Matriona.

ANISJA. Er hat's bei sich gehabt, hier ist's! *Zeigt das Geld unter der Schürze.*

MATRIONA. Gib's dem Nikita, er wird es verstecken. Nimm's und versteck's irgendwo, Nikita.

NIKITA. Gib her.

ANISJA. Oh, ich armes Weib … ich will's lieber selbst … *Geht nach dem Tor zu.*

MATRIONA *faßt sie bei der Hand.* Wohin denn? Man wird dich abfassen … dort kommt seine Schwester, guck'! Gib's ihm nur, er weiß damit besser Bescheid. Nein, so ein dummes Weib!

ANISJA *bleibt unentschlossen stehen.* O Gott, was mach' ich nur?

NIKITA. So gib doch her, ich bring's weg.

ANISJA. Wohin denn?

NIKITA. Hast wohl Angst darum? *Lacht.*

Akulina kommt mit der Wäsche.

ANISJA. A–ach, ich armes, armes Weib! *Gibt Nikita das Geld.* Nikita, hab' nur acht…

NIKITA. Was fürchtest du denn? Ich vergrab's so tief, daß ich's selber nicht finde. *Ab.*

ANISJA *steht erschrocken da.* O Gott; wenn er nun …

MATRIONA. Na, ist er tot?

ANISJA. Ja, ich glaube, er ist tot. Er hat nichts gemerkt, wie ich's wegnahm.

MATRIONA. Geh in die Stube, Akulina kommt.

ANISJA. Nun hab' ich die Sünde begangen, und er nimmt das Geld … wohin bringt er's denn?

MATRIONA. So schweig doch … geh in die Stube! Da ist sie schon … die Marfa …

ANISJA. Gut, ich verlass' mich auf ihn – mag kommen, was will. *Ab.*

Marfa kommt von der einen, Akulina von der anderen Seite.

MARFA *zu Akulina.* Ich wär' ja schon früher gekommen, aber ich war bei der Tochter. Wie geht's deinem Vater? Will wohl gar schon sterben?

AKULINA *nimmt die Wäsche ab.* Wie soll ich das wissen? Bin am Bach gewesen.

MARFA *zeigt auf Matriona.* Wer ist denn das?

MATRIONA. Aus Sujewo bin ich, Nikitas Mutter aus Sujewo. Schönen guten Tag, meine Liebe! Bist zum Bruder gekommen? Scheint ihm nicht gut zu gehen, dem Ärmsten. Vor 'nem Weilchen noch kam er heraus; ruf mir doch rasch die Schwester, sagt er, weil ich nämlich, sagt er … O weh, ist er gar schon tot?

Anisja kommt hastigen Laufes aus der Stube, hält sich schreiend am Treppenpfosten fest und beginnt zu wehklagen.

ANISJA. O–oh! O–o–oh, nun steh' ich ganz allein und verlassen in der Welt! Gesto–orben ist er mir, to–ot ist er, o–oh, mein guter, lieber Mann …

Die Gevatterin eilt herbei und stützt Anisja mit Hilfe Matrionas. Akulina und Marfa gehen in die Stube. Leute kommen herbei.

EINE STIMME AUS DER MENGE. Holt die alten Frauen, daß sie ihn anziehen!

MATRIONA *streift die Ärmel auf.* Ist Wasser im Kessel? Der Samowar wird noch nicht ausgegossen sein. Ich will mit anfassen, vorwärts!

Vorhang.

DRITTER AUFZUG

Bauernstube des ersten Akts. Winter. Seit den Vorgängen des zweiten Akts sind neun Monate verflossen. Anisja sitzt im Hauskleid am Webstuhl und webt. Aniutka auf dem Ofen. Mitritsch, ein alter Knecht, ehemaliger Soldat, tritt langsam ein und legt seinen Pelz ab.

MITRITSCH. Ach, du lieber Gott! Na, wie steht's? Ist der Wirt noch nicht da?

ANISJA. Was?

MITRITSCH. Ob Nikita noch nicht aus der Stadt zurück ist.

ANISJA. Nein.

MITRITSCH. Aha, wird sich festgekneipt haben. Ach, du lieber Gott!

ANISJA. Bist du fertig auf der Tenne?

MITRITSCH. Das versteht sich. Alles fix und fertig, hübsch mit Stroh zugedeckt, wie sich's eben gehört. Ich mach' nichts so larifari … Ach, du lieber Gott! Heiliger Nikolaus! *Klaubt an seinen Hühneraugen herum.* Müßte längst zu Hause sein, der gute Mann.

ANISJA. Warum soll er sich beeilen? Geld hat er – da macht er sich eben mal 'nen guten Tag mit dem Frauenzimmer …

MITRITSCH. Geld hat er, ja … da macht er eben mal 'nen kleinen Bummel. Was hat denn die Akulina in der Stadt zu tun?

ANISJA. Frag' sie, was zum Teufel sie da zu suchen hat.

MITRITSCH. In der Stadt? Na, da gibt's doch so mancherlei hübsche Sachen, wenn man nur Geld hat, um sie zu kaufen. Ach, du lieber Gott!

ANIUTKA. Ich weiß, was sie kaufen wollen, Mütterchen, – hab's gehört: einen Schal kauf' ich dir, sagt er, kannst dir ihn selbst aussuchen. Ich will gleich tot sein, wenn's nicht wahr ist. Und ausgeputzt hat sie sich: die Plüschjacke hat sie an und das französische Tuch.

ANISJA. Daß sie sich nicht schämt, die freche Trine!

MITRITSCH. Nanu! Was soll sie sich schämen? Kann sich's doch leisten, wenn sie's dazu hat. Ach, du lieber Gott! Gibt's bald Abendbrot? *Anisja schweigt.* Will mich noch 'n bißchen wärmen. Kriecht auf den Ofen. Ach, du lieber Gott, barmherzige Mutter Gottes, heiliger Nikolaus!

GEVATTERIN *tritt ein.* Ist dein Mann schon zurück?

ANISJA. Nein.

GEVATTERIN. Zeit wär's aber. Vielleicht hat er noch mal hier im Dorfe gehalten. Es sollen vor der Schenke eine Menge Schlitten stehen, sagt meine Schwester.

ANISJA. Aniutka! Hör' mal, Aniutka!

ANIUTKA. Was soll ich?

ANISJA. Lauf rasch nach der Schenke und sieh nach, ob er nicht in der Betrunkenheit noch mal eingekehrt ist.

ANIUTKA *springt vom Ofen und zieht sich an.* Ich geh' schon.

GEVATTERIN. Die Akulina hat er wohl mitgenommen?

ANISJA. Ja doch, nur ihretwegen ist er hingefahren. Alles dreht sich jetzt um sie. Ich muß nach der Bank, sagt er, das Geld ist ausgegangen. Immer toller treibt er's mit ihr.

GEVATTERIN *schüttelt den Kopf.* Was soll man dazu sagen! *Schweigen.*

ANIUTKA *in der Tür.* Und wenn er dort ist – was soll ich ihm ausrichten?

ANISJA. Sieh nur nach, ob er da ist.

ANIUTKA. Gut … ich lauf', was ich kann. *Ab.*

Langes Schweigen.

MITRITSCH *brüllt.* Ach, du lieber Gott! Heiliger Nikolaus!

GEVATTERIN *fährt erschrocken zusammen.* Ach, bin ich erschrocken! Wer ist denn das?

ANISJA. Na, unser Knecht, der Mitritsch.

GEVATTERIN. Einen so zu ängstigen … Ist's wahr, Gevatterin – eure Akulina soll einen Freier haben?

ANISJA *steht vom Webstuhl auf und setzt sich an den Tisch.* Aus Dedlowo war eine Anfrage, aber es muß ihnen wohl was hinterbracht worden sein, denn sie lassen nichts von sich hören. Wer soll da auch anbeißen?

GEVATTERIN. Und die aus Sujewo, die Lisunows?

ANISJA. Hergeschickt haben sie, doch ist auch daraus nichts geworden. Er will ja mit den Leuten gar nicht reden.

GEVATTERIN. 's ist aber wirklich Zeit mit ihr!

ANISJA. Ob's Zeit ist! Ich zerbrech' mir schon den Kopf, Gevatterin, wie ich sie aus dem Hause schaffen soll, aber es will mir nichts einfallen. Sie will nicht fort, und auch er ist dagegen. Hat eben sein Liebchen noch nicht satt bekommen, siehst du.

GEVATTERIN. Oh, oh, oh – welche Sünde! Man sollt's nicht für möglich halten. Er ist doch ihr Stiefvater!

ANISJA. Ach, Gevatterin, sie haben mich ja so beschwindelt und betrogen, gar nicht sagen läßt sich's. Ich dumme Gans habe nichts
gesehen, hab' ihn einfach geheiratet, ohne auch nur das geringste
zu ahnen. Und sie waren längst miteinander einig.

GEVATTERIN. Oh, oh – eine böse Geschichte!

ANISJA. Dann merkt' ich nach und nach ihre Heimlichkeiten. Ach,
Gevatterin, ich sag' dir: wie mir da zumute war! Ich wollte nichts
sagen, wenn ich ihn nicht liebte …

GEVATTERIN. Ja, was ist da schon zu machen!

ANISJA. Daß er mir das angetan hat – nein, Gevatterin, zu tief
schmerzt mich das!

GEVATTERIN. Er soll dich ja auch prügeln, wie die Leute sagen …

ANISJA. Auch das kommt vor. Wenn er sich früher mal betrunken
hatte, war er wenigstens friedlich, und schlug er mich auch mal,
so ertrug ich's, weil ich dachte: er hat dich gern. Aber jetzt macht
er immer ein Gesicht, als ob er mich auffressen wollte, geht mit
den Fäusten auf mich los und will mich mit Füßen treten. Neulich hat er mich an den Haaren gerissen, kaum daß ich mich los-
machen konnte. Und das Frauenzimmer ist die richtige Schlange
– daß ein solches Laster überhaupt auf Gottes Erdboden herum-
kriecht!

GEVATTERIN. Du bist wirklich zu beklagen, du Ärmste. Wer soll sich
denn so was gefallen lassen: er war doch ein Habenichts, wie du
ihn nahmst, und jetzt tanzt er dir auf der Nase herum! Du darfst
nicht zu nachgiebig sein, meine Liebe!

ANISJA. Ach, Gevatterin, wer kann schon was für sein Herz! Mein
Seliger war gewiß streng, und doch konnt' ich tun und lassen,
was ich wollte. Aber hier bin ich machtlos, Gevatterin : sowie ich
ihn nur sehe, ist aller Zorn verflogen. Ich trau' mich gar nicht,
ihm etwas zu sagen: wie ein Hühnchen, das ins Wasser gefallen
ist, steh' ich vor ihm da.

GEVATTERIN. Oh, oh, Gevatterin, da steckt sicher Hexerei dahinter!
Man hat dir was angetan, ganz gewiß. Die alte Matriona soll sich
ja mit so was befassen – die hat jedenfalls die Hand im Spiele!

ANISJA. Ich hab's selbst schon gedacht, Gevatterin. Manchmal ärgre
ich mich über mich selbst: zerreißen könnt' ich ihn vor Wut, und
sowie ich ihn sehe, bring' ich kein Wort heraus.

GEVATTERIN. Behext bist du, das sagt alles. Ein Mensch ist schnell ins Unglück gebracht. Du bist ja auch ganz abgefallen, meine Liebe.

ANISJA. Meine Beine sind die reinen Stöcke geworden. Guck' dagegen dieses dumme Ding, die Akulina an. Früher war sie immer so zerzaust, so unsauber – und jetzt! Woher hat sie denn all den Putz? Nur von ihm! Aufgedonnert und aufgeblasen geht sie herum, und einen Stolz hat sie; ich bin hier die Wirtin, mir gehört das Haus, sagt sie, mit mir wollte der Vater ihn verheiraten. Und eine Bosheit steckt in ihr – Gott bewahr' mich! Wenn sie in Wut gerät, glaubt man, sie reißt das Haus ein.

GEVATTERIN. Oh, oh – du hast's wirklich schwer, Gevatterin. Die Leute beneiden dich um deinen Reichtum – und doch schützt auch das Gold den Menschen nicht vor Tränen.

ANISJA. Sie haben wenig Grund, mich zu beneiden, 's ist mit dem Reichtum nicht weit her: er wirft ja das Geld mit vollen Händen weg.

GEVATTERIN. Aber warum läßt du denn das zu? Es ist doch dein Geld!

ANISJA. Ach, wenn du alles wüßtest! Ich hab' eben einen Fehler gemacht.

GEVATTERIN. Ich würde an deiner Stelle einfach zur Obrigkeit gehen, Gevatterin. Das Geld gehört dir, wie darf er damit so aasen? Das ist gegen jedes Gesetz.

ANISJA. Danach wird heut nicht gefragt.

GEVATTERIN. Ach, Gevatterin, wenn ich dich so anseh', tust du mir wirklich leid.

ANISJA. Ach, meine Liebe, ich verdien's auch wirklich. Ganz heruntergekommen bin ich, richtig auf den Hund gebracht hat er mich. Ich weiß mir keinen Rat … O Gott, was fang' ich nur an?

GEVATTERIN. Still – kommt da nicht jemand? *Sie horcht. Die Tür geht auf, und Akim tritt ein. Er bekreuzt sich, schüttelt den Schnee von seinen Bastschuhen und legt den Pelz ab.*

AKIM. Friede diesem Hause! Seid ihr hübsch gesund? *Zur Gevatterin.* Guten Abend, Tantchen.

ANISJA. Guten Abend, Väterchen. Kommst du auch mal zu uns?

AKIM. Ich dacht' nämlich, heißt das: wirst mal deinen Sohn besuchen, wirst bei ihm vorsprechen, nämlich, 's war schon spät, wie ich wegging, heißt das, nach dem Mittagessen, nämlich, und weil der Schnee so hoch liegt, heißt das, geht sich's schwer, und so ist's spät geworden, heißt das. Ist der Sohn zu Hause? Ist er zu Hause, mein Sohn?

ANISJA. Nein, er ist in der Stadt.

AKIM *nimmt auf der Bank Platz.* Ich hab' was mit ihm zu besprechen, heißt das, nämlich, was zu besprechen. Hab's ihm gesagt dieser Tage, heißt das, daß es uns schlecht geht, nämlich, weil unser Pferdchen doch draufgegangen ist, nämlich, unser Pferdchen. Da muß ich nun zusehn, heißt das, wie ich wieder eins bekomme, nämlich, ein Pferdchen, und darum bin ich nun hergekommen, heißt das.

ANISJA. Nikita hat davon gesprochen – wenn er kommt, könnt ihr drüber reden. *Steht auf und geht zum Ofen hin.* Iß mit uns Abendbrot, er kann jeden Augenblick einfahren. Mitritsch – heda, Mitritsch! Komm zum Abendbrot!

MITRITSCH. Ach, du lieber Gott, barmherziger Nikolaus!

ANISJA. Zum Abendbrot sollst du kommen.

GEVATTERIN. Ich muß nach Hause, lebt wohl. *Ab.*

MITRITSCH *steigt vom Ofen herunter.* Eingeschlafen bin ich, eh' ich's mich versah. Ach, du lieber Gott, heiliger Nikolaus! Guten Abend, Onkel Akim.

AKIM. Ah, Mitritsch – bist du's? Was machst du denn hier, heißt das, nämlich?

MITRITSCH. Ich dien' hier als Knecht bei deinem Sohne Nikita.

AKIM. Als Knecht bist du, heißt das, bei meinem Sohne? … 's ist nicht zu sagen!

MITRITSCH. Ich hab' in der Stadt beim Kaufmann gearbeitet, kam aber aus dem Saufen nicht raus. So bin ich denn ins Dorf gekommen, und weil ich keine Bleibe hatte, hab' ich mich vermietet. *Gähnt.* Ach, du lieber Gott!

AKIM. Und was macht denn nun, heißt das, der Mikischka, nämlich – was macht er? Hat er denn, heißt das, so viel zu tun, daß er sich 'nen Knecht nimmt?

ANISJA. Was soll er denn zu tun haben? Früher hat er die Arbeit ganz allein geschafft, jetzt aber stecken ihm andre Dinge im Kopfe, da muß er eben einen Knecht haben.

MITRITSCH. Warum soll er nicht, wenn er's Geld dazu hat?

AKIM. 's ist aber unrecht, heißt das, ganz und gar unrecht, nämlich, weil er sich verwöhnen tut, heißt das.

ANISJA. Ach, und wie er sich verwöhnt, Väterchen – nicht zu sagen ist's.

AKIM. Da denkt der Mensch nämlich, heißt das, sich was Gutes anzutun, und 's schlägt ihm zum Bösen aus, nämlich. Verdirbt die Menschen, der Reichtum – verdirbt sie von Grund auf, heißt das.

MITRITSCH. Freilich, freilich. Fetter Fraß macht selbst die Hunde toll. Wie hab' ich's getrieben, als es mir gut ging! Drei Wochen lang hab' ich gekneipt, in einem Zuge weg. Die letzte Hose hab' ich versoffen. Wie nichts mehr zu versaufen war, hab' ich Schluß gemacht. Jetzt hab' ich's abgeschworen. Zum Teufel mit dem Schnaps!

AKIM. Und deine Alte, heißt das, wo steckt denn die?

MITRITSCH. Meine Alte? Die ist gut versorgt, Bruderherz. Lebt in der Stadt, sitzt in den Schenken herum. Schmuck sieht sie aus, sag' ich dir: ein Auge 'rausgerissen, das andere blaugeschlagen, und das Maul ganz krumm. Und nüchtern, hol's der Henker, nüchtern wird sie überhaupt nicht mehr.

AKIM. Oh, oh – was muß man hören!

MITRITSCH. Was kann ein Soldatenweib mehr verlangen? Hat's da nicht schlecht, sollt' ich meinen. *Schweigen.*

AKIM *zu Anisja.* Hat wohl was nach der Stadt gefahren, heißt das, der Nikita? Zum Verkauf, nämlich, hat er wohl was hingefahren?

ANISJA *deckt den Tisch und trägt das Abendessen auf.* Nein, er ist leer hingefahren. Geld wollt' er holen, wollt's auf der Bank abheben.

AKIM *ißt.* Ihr wollt wohl, nämlich, das Geld anders anlegen, heißt das?

ANISJA. Bewahre, das Geld bleibt da. Nur zwanzig oder dreißig Rubel läßt er sich geben, weil's ihm ausgegangen ist.

AKIM. Läßt er sich geben? Warum läßt er sich's denn geben, nämlich? Heut' läßt er sich was geben, heißt das, und morgen wieder – dann ist doch, nämlich, bald alles weg!

ANISJA. Bewahre – das kriegt er doch so! Das Geld, das er eingelegt hat, bleibt ganz.

AKIM. Ganz? Wie denn ganz, heißt das? Du nimmst, nimmst – und es bleibt, nämlich, ganz? Wenn du, sagen wir, Mehl in den Kasten schüttest, nämlich, oder, heißt das, auf den Speicher, und du nimmst von dem Mehl – da soll's also, heißt das, ganz bleiben? Das geht doch, nämlich, nicht mit rechten Dingen zu! Halt die Augen offen, du – sonst betrügen sie dich! Wieso denn ganz? Du nimmst, nimmst, nimmst – und es soll ganz bleiben?

ANISJA. Ich versteh's ja auch nicht. Iwan Moseïtsch hat uns damals zugeredet: Bringt das Geld nach der Bank, sagte er – es bleibt ganz, und ihr kriegt die Zinsen.

MITRITSCH *hat sein Abendessen beendet.* Stimmt! Ich hab' beim Kaufmann gearbeitet, da kenn' ich die Sache. Es ist so bei ihnen üblich: das Geld bringen sie nach der Bank, legen sich auf den Ofen und nehmen die Zinsen.

AKIM. Ganz sonderbar redest du, heißt das: wie ist denn das möglich, nämlich: du nimmst, nimmst, nimmst – und woher nehmen sie's denn? Nämlich, das Geld?

ANISJA. Na, aus der Bank nehmen sie's.

MITRITSCH. Ach, was verstehst du davon mit deinem Weiberschädel! Guck' her, Alter, ich will dir die Sache erklären. Gib acht! Nehmen wir mal an, du hast Geld, und bei mir, nehmen wir an, ist's Frühling geworden, das Feld liegt noch unbestellt, ich hab' kein Korn zur Aussaat. Und dazu kommen noch die Steuern. Da sprech' ich denn bei dir vor: Akim, sag' ich, gib mir 'nen roten Schein, nach der Ernte, zu Mariä Fürbitten, kriegst du ihn zurück, und als Entlohnung fahr' ich dir einen ganzen Schlag Korn ein. Du siehst nun, nehmen wir mal an, daß bei mir noch was zu holen ist: ein Pferdchen ist noch da, eine Kuh, und du sagst zu mir: gib mir zwei Rubel als Entlohnung, oder drei, und die Sache ist glatt. Na, mir sitzt nun das Messer an der Kehle, und ich geh' drauf ein. Schön, sag' ich, und nehme den Zehner. Und im Herbst, wenn ich verkauft habe, bring' ich dir das Geld zurück, und du knöpfst mir außer deinem Zehner noch drei Rubel ab.

AKIM. Aber das ist doch Lug und Trug, nämlich, heißt das, was diese Bauern da treiben! Sündhaft ist's, heißt das, und gottvergessen!

MITRITSCH. Hör' weiter. Jetzt hat auch, nehmen wir mal an, Anisja davon gehört, wie geschickt du mich begaunert hast, und sie hat nun Geld liegen. Und wie mal Weiber sind: sie weiß nicht, wo sie es hintun und wie sie es anlegen soll. Da kommt sie also zu dir und fragt: Könnt' ich nicht auch mit meinem Gelde ein Geschäftchen machen? Warum nicht, sagst du und wartest, bis es wieder auf den Sommer geht. Da komm' ich wieder zu dir und sage: Gib mir 'nen roten Schein, ich will dir's entlohnen. Du horchst erst mal, wie es mit mir steht, und wenn mir das Fell noch nicht ganz über die Ohren gezogen ist, gibst du mir Anisjas Geld. Hab' ich aber, nehmen wir an, nichts zu brechen und zu beißen, so sagst du: Geh mit Gott, Bruder, und machst dich an einen andern 'ran, gibst ihm dein Geld und Anisjas Geld und läßt ihn bluten. Das nennt man dann eine Bank: immer in die Runde geht's, immer in die Runde. Eine feine Sache, Bruder, kann ich dir sagen.

AKIM *unwillig.* Aber was ist denn das? Das ist doch, heißt das, nämlich, eine Hundsgemeinheit! Das muß doch ein rechtschaffener Bauer, heißt das, für Sünde halten, weil's wider die Gebote ist, nämlich, wider die Gebote! Eine Hundsgemeinheit! Wie können denn die Gelehrten, heißt das …

MITRITSCH. Ja, Bruder, siehst du – das macht ihnen eben einen Heidenspaß! Doch hör' weiter. Wenn nun jemand, nehmen wir mal an, zu unbeholfen ist, um selbst mit seinem Gelde zu arbeiten, oder 'n Weib, dann bringt er's nach der Bank, und die Bankleute, hol's der Henker, die scharren und kratzen dann schon und schröpfen mit dem fremden Gelde das Volk. Eine feine Sache!

AKIM *seufzt.* Ach, wenn ich's so anseh', heißt das, dann ist's ohne Geld, nämlich, schwer, und mit Geld noch schwerer. Wie denn also? Gott hat doch geboten zu arbeiten, und du, heißt das, du bringst das Geld auf die Bank und legst dich schlafen, und das Geld soll dich, heißt das, nämlich, ernähren, dieweil du dich rekelst! Hundsgemein ist das, nämlich, wider die Gebote!

MITRITSCH. Wider die Gebote? Danach fragt heut' keiner. Ordentlich werden sie hochgenommen, bis sie ganz blank sind.

AKIM *seufzt.* Ach, schlimme Zeiten, nämlich, brechen herein. Hab' auch die Abtritte, heißt das, nämlich, in der Stadt gesehen. Wohin sind wir geraten, o weh! Alles blitzeblank, heißt das, alles sauber geputzt, wie'n Büfett in der Schenke. Was soll das nur alles, was soll das? Gott haben die Menschen vergessen, ach, den lieben Gott, heißt das, den Gott im Himmel, haben sie vergessen … Dank' dir auch schön, meine Liebe, 's hat mir gut geschmeckt, bin satt und zufrieden. *Steht auf und kommt hinterm Tisch hervor. Mitritsch kriecht auf den Ofen.*

ANISJA *räumt den Tisch ab und ißt dabei; für sich.* Vielleicht könnt' der

Vater ihm ins Gewissen reden – ich schäme mich nur, es zu sagen
…

AKIM. Sagtest du was?

ANISJA. Nein … ich sprach nur vor mich hin …

Aniutka tritt ein.

AKIM. Ah! Unser artiges Kind! Immer auf den Beinen! Bist tüchtig durchgefroren, wie?

ANIUTKA. Ja, ganz gehörig. Guten Abend, Großväterchen.

ANISJA. Na, sind sie da?

ANIUTKA. Nein. Nur der Andrian war da, er hat sie in der Stadt getroffen. Sie saßen noch in der Schenke, wie er abfuhr, der Vater, sagt er, war ganz schrecklich betrunken.

ANISJA. Hast du Hunger? Da, iß.

ANIUTKA *geht zum Ofen.* Ist das eine Kälte! Meine Hände sind ganz starr.

Akim zieht seine Schuhe aus; Anisja wäscht das Geschirr ab.

ANISJA. Sag' mal, Väterchen …

AKIM. Was denn, meine Liebe?

ANISJA. Wie lebt denn die Marinka mit ihren Manne?

AKIM. Gut lebt sie, gut. Ist 'n verständiges Weibchen, nämlich, kümmert sich und sorgt, heißt das, und ist folgsam. Ein gutes, verständiges Weibchen.

ANISJA. Man hat uns erzählt, Verwandte ihres Mannes wollten bei uns anfragen lassen von wegen der Akulina. Hast du was davon gehört, Väterchen?

AKIM. Die Mironows, ganz recht. Die Weiber, heißt das, haben davon geschwatzt, doch weiß ich nichts Genaues. Hab' nur so was läuten hören, nämlich, was die Weiber so sagten. Hab' kein Gedächtnis für so was, heißt das; sind aber ordentliche Leute, nämlich, heißt das, die Mironows.

ANISJA. Gott gebe es, daß sich bald einer findet!

AKIM. Warum denn?

ANIUTKA *horcht.* Sie sind da.

ANISJA. Mögen sie doch! *Fährt mit dem Aufwaschen fort, ohne sich umzusehen.*

NIKITA *tritt ein.* Anisja, Frau, wer ist angekommen?

Anisja blickt nach ihm hin und kehrt sich schweigend wieder ab.

NIKITA *drohend.* Wer ist angekommen? Hast du's schon vergessen?

ANISJA. Hab' dich doch nicht! Komm herein!

NIKITA *noch drohender.* Wer ist angekommen?

ANISJA *geht zu ihm hin und faßt ihn bei der Hand.* Na, mein Mann ist angekommen. So komm doch in die Stube.

NIKITA *sperrt sich.* Stimmt. Dein Mann. Und wie heißt dein Mann? Sag's, wie es sich gehört!

ANISJA. Ach, daß dich ... Nikita heißt er.

NIKITA. Stimmt nicht! Setz' den Vatersnamen dazu, dumme Gans!

ANISJA. Nikita Akimytsch, ja doch.

NIKITA *steht noch immer in der Tür.* Stimmt. Nun Sag' auch noch seinen Zunamen!

ANISJA *lacht und zieht ihn an der Hand in die Stube.* Tschilikin. Wie er sich wichtig macht!

NIKITA. Stimmt. *Stemmt sich gegen den Türpfosten.* Halt – sag' mal, mit welchem Fuße Tschilikin zuerst in die Stube tritt!

ANISJA. So hör' schon auf! Die Stube wird ganz auskühlen.

NIKITA. Mit welchem Fuße tritt er zuerst ein? Du mußt es unbedingt sagen.

ANISJA *für sich.* Ein schrecklicher Mensch ... Na, mit dem linken. Jetzt komm aber.

NIKITA. Stimmt.

ANISJA. Guck' doch mal, wer da ist!

NIKITA. Mein Vater? Nun, meinen Vater veracht' ich nicht, will ihm gern meinen Gruß entbieten. Guten Abend, Väterchen! *Verneigt sich vor Akim und streckt ihm die Hand hin.* Sei uns gegrüßt!

AKIM *läßt den Gruß unerwidert.* Der Branntwein, der Branntwein, heißt das, was der aus dem Menschen macht! Widerlich ist's!

NIKITA. Der Branntwein? Hab' mich betrunken, meinst du? Da kannst du recht haben, ja – hab' 'nen Freund getroffen und mit ihm ein Gläschen geleert.

ANISJA. Geh, leg' dich hin.

NIKITA. Frau, wo steh' ich? Sag'!

ANISJA. Schon gut, leg' dich hin.

NIKITA. Halt! Ich will noch mit meinem Väterchen Tee trinken. Stell' den Samowar auf. Akulina, komm her!

AKULINA *geputzt, geht mit den eingekauften Sachen zu Nikita hin.* Alles hast du durcheinandergeschmissen. Wo ist denn das Garn?

NIKITA. Das Garn? Das muß doch da sein. He, Mitritsch, wo steckst du denn? Bist wohl eingeschlafen? Geh, spann' das Pferd aus.

AKIM *sieht Akulina nicht, sondern blickt nur immer auf seinen Sohn.* Was sagst du? Der Alte ist müde, heißt das, nämlich, hat gedroschen, und du, nämlich, spielst dich auf! Spann' das Pferd aus! Pfui! Widerlich ist das.

MITRITSCH *kriecht vom Ofen herunter, zieht Filzstiefel an.* Ach, du lieber Gott! Wo steht denn das Pferd? Im Hofe? Müde bin ich wirklich, ja … Hat der sich aber vollgesoffen, Schwernot noch mal! Bis an den Rand! Ach, du lieber Gott, heiliger Nikolaus ! *Zieht den Pelz an und geht auf den Hof.*

NIKITA *setzt sich.* Verzeih mir schon, Väterchen, ja … Betrunken hab' ich mich, das stimmt – was ist da schon zu machen? Auch das Huhn trinkt doch, nicht wahr? Verzeih mir also. Und Mitritsch – der nimmt nichts übel, wird das Pferd schon in den Stall bringen.

ANISJA. Soll ich wirklich noch den Samowar aufstellen?

NIKITA. Versteht sich. Mein Väterchen ist doch da, ich will mit ihm plaudern und Tee trinken. *Zu Akulina.* Hast du nun alles 'reingebracht, was wir gekauft haben?

AKULINA. Ob ich alles reingebracht hab'? Was mir gehört, hab' ich genommen, das andre ist im Schlitten. Hier – das ist nicht mein …

Wirft ein Paket auf den Tisch und legt ihre neu gekauften Sachen in den Kasten. Aniutka sieht zu, wie sie die Sachen einordnet. Akim hat den Blick von Nikita abgewandt, er macht sich am Ofen mit seinen Fußlappen und Bastschuhen zu schaffen.

ANISJA *geht mit dem Samowar hinaus.* Der Kasten ist schon so voll – und er muß immer noch kaufen!

NIKITA *sucht nüchtern zu erscheinen.* Sei mir nicht böse, Väterchen. Denkst wohl, ich bin betrunken? Nein, ich bin ganz klar bei Verstände. Trink, sag' ich mir, aber behalt den Kopf oben! Wir können alles miteinander besprechen, Väterchen. Nichts hab' ich vergessen: dein Pferdchen ist draufgegangen, und du brauchst Geld – siehst du, ich weiß alles! Na, darüber läßt sich ja reden. Wir machen's eben. Wenn's um 'ne große Summe ginge, müßten wir ja noch warten, aber die paar Rubel, die sind immer da. So viel haben wir schon noch.

AKIM *hantiert immer noch mit seinen Fußlappen herum.* Ach, Junge, denk' dran, nämlich Hochmut kommt vor dem Falle!

NIKITA. Was heißt Hochmut? Das paßt doch nicht auf mich! Komm, wir wollen jetzt Tee trinken. Kannst immer auf mich rechnen, wenn du mal was brauchst.

AKIM *schüttelt den Kopf.* Ei, ei, ei, ei!

NIKITA. Da, sieh her! *Holt seine Brieftasche hervor, blättert in den Geldscheinen, die darin sind, und nimmt eine Zehnrubelnote heraus.* Nimm, kannst dir dafür ein Pferd kaufen. Ich werde doch meinen Vater nicht im Stiche lassen! Wie darf ich denn das? Nimm schon! Abgemacht, ich geb's gern. *Geht an Akim heran und legt ihm das Geld hin. Akim nimmt es nicht.*

NIKITA *faßt seine Hand.* Nimm, sag' ich, wenn ich's dir gebe, ich geb's wirklich gern.

AKIM. Ich kann's nicht, heißt das, nämlich, von dir nehmen, Lieber, und ich kann jetzt auch, heißt das, nicht mit dir sprechen, weil du nicht klar im Geiste bist, nämlich!

NIKITA. Nimm, sag' ich. Ich lass' dich nicht los! *Drückt Akim das Geld mit Gewalt in die Hand.*

ANISJA *tritt ein und bleibt stehen.* So nimm schon. Er läßt dir sonst keine Ruhe.

AKIM *nimmt kopfschüttelnd das Geld.* Ach, der Branntwein! Er macht den Menschen zum Vieh …

NIKITA. So ist's recht! Gibst du's zurück – schön! Und gibst du's nicht zurück – nun, Gott mit dir! Das ist so meine Art, siehst du! *Erblickt Akulina.* Akulina, zeig doch mal die Geschenke!

AKULINA. Was?

NIKITA. Die Geschenke sollst du zeigen.

AKULINA. Die Geschenke? Warum soll ich die zeigen? Ich hab' sie schon fortgeräumt.

NIKITA. Dann hol' sie wieder vor. Aniutka will sie gern mal sehen. Zeig' sie Aniutka, sag' ich. Gib mal den Schal her.

AKIM. Ä–äh – schlecht kann einem werden, wenn man das sieht. *Kriecht auf den Ofen.*

AKULINA *holt die Sachen heraus und legt sie auf den Tisch.* Da ist der Schal. Was ist da groß zu sehen?

ANIUTKA. Ach, ist der schön! Wenigstens so schön wie der von Stepanida.

AKULINA. Stepanidas Schal! Wie kann man den mit diesem hier vergleichen! *Wird lebhaft und wickelt den Schal auseinander.* Guck' her, wie fein – echt französisch!

ANIUTKA. Und der Kattun – wie hübsch! Maschutka hat ebensolchen, nur etwas heller ist er, und mit blauem Grunde. Der hier ist viel schöner.

NIKITA. Na ja …

Anisja geht ärgerlich nach der Kammer, kehrt mit dem Tischtuch zurück und geht zum Tische.

ANISJA. Was fällt euch ein? Alles hier auszukramen!

NIKITA. Da, sieh mal her!

ANISJA. Was ist denn da groß zu sehen? Als ob ich so was noch nie gesehen hätte! Fort mit den Plunder! *Nimmt den Schal und wirft ihn auf die Erde.*

AKULINA. Na, was wirfst du ihn denn auf die Erde? Wirf deine eigenen Sachen herum! *Hebt den Schal auf.*

NIKITA. Anisja, sieh her!

ANISJA. Was soll ich denn sehen?

NIKITA. Glaubst wohl, ich hab' dich vergessen? Guck her! *Zeigt ihr ein Paket und setzt sich darauf.* Etwas für dich – aber du mußt dir's erst verdienen. Frau, worauf sitz' ich?

ANISJA. Spiel' dich doch nicht auf! Ich fürcht' mich wirklich nicht vor dir. Wem gehört denn das Geld, das du mit deiner dicken Truhe verbringst? Doch nur mir!

AKULINA. Wieso dir? Du wolltest es stehlen, ja, aber 's ist dir nicht gelungen. Geh weg hier! *Will vorübergehen und stößt sie an.*

ANISJA. Na, was stößt du mich denn? Ich will dich stoßen lehren!

AKULINA. Du willst mich stoßen lehren? Weg da, sag' ich. *Dringt auf sie ein.*

NIKITA. Was fällt euch denn ein? Dummes Weibsvolk! *Tritt zwischen sie.*

AKULINA. Wie sie sich mausig macht! Sei ja still! Du denkst wohl, man weiß nichts, hä?

ANISJA. Was weiß man? Sag', was weiß man denn?

AKULINA. Ich weiß eine Geschichte von dir.

ANISJA. Du Dirne, lebst mit 'nem fremden Manne!

AKULINA. Und du hast deinen Mann vergiftet!

ANISJA *stürzt sich auf Akulina.* Du lügst!

NIKITA *hält sie zurück.* Anisja! Nimm dich in acht!

ANISJA. Du drohst mir, du …? Ha ha, ich hab' keine Angst vor dir!

NIKITA. Hinaus mit dir! *Packt Anisja. dreht sie um und stößt sie hinaus.*

ANISJA. Wohin soll ich denn? Ich lass' mich doch nicht aus meinem Hause stoßen!

NIKITA. Hinaus, sag' ich, und daß du mir nicht wieder reinkommst!

ANISJA. Ich geh' nicht! *Nikita stößt sie hinaus; sie hält sich schreiend und weinend an der Tür fest.* Was fällt dir ein? Mich aus meinem eignen Hause zu werfen! Was nimmst du dir heraus, du Schuft? Denkst wohl, es gibt kein Gericht für dich? Wart', das sollst du büßen.

NIKITA. Nun, nun!

ANISJA. Zum Vorsteher geh ich, zur Polizei!

NIKITA. Hinaus, sag' ich. *Stößt sie ganz hinaus.*

ANISJA *hinter der Tür.* Aufhängen tu' ich mich.

NIKITA. Immerzu!

ANIUTKA. O–o–oh! Mein liebes, gutes Mütterchen! *Weint.*

NIKITA. Damit schreckt sie mich nicht, hä hä … *Zu Aniutka.* Was weinst du denn? Sie kommt ja wieder! Geh, sieh mal nach dem Samowar!

Aniutka ab.

AKULINA *räumt ihre Geschenke fort.* Da, wie sie mir die Sachen beschmutzt hat, die Drecksau! Dafür schneid' ich ihr das Mieder entzwei – weiß Gott, das tu' ich!

NIKITA. Red' keinen Unsinn! Ich hab' sie hinausgeworfen, das ist Strafe genug.

AKULINA. Meinen neuen Schal so zuzurichten! Das Schwein! Wär' sie nicht gegangen, ich hätte ihr die Augen ausgekratzt!

NIKITA. Ärgre dich nicht – hast doch keinen Grund dazu! Ja, wenn ich sie liebte!

AKULINA. Die lieben! Ich danke! So 'ne alte Kuh! Hättest sie damals laufen lassen sollen, dann wär' alles das nicht geschehen. Zum Teufel hätt' man sie jagen sollen. Das Haus gehört doch mir, und das Geld ebenfalls. Jetzt spielt sie hier die Wirtin – eine schöne Wirtin, ich danke! Eine Mörderin ist sie! Den Vater hat sie ums Leben gebracht, und mit dir wird sie's ebenso machen.

NIKITA. So 'n Weibermaul läßt sich doch nicht stopfen. Du schwatzt und weißt selbst nicht, was.

AKULINA. Doch weiß ich's! Ich will nicht mehr mit ihr zusammenleben, vom Hofe jag' ich sie! Ich mag sie hier nicht mehr sehen. Die

Wirtin will sie hier sein! Eine Zuchthäuslerin ist sie, aber keine Wirtin.

NIKITA. Laß schon gut sein, kümmre dich nicht um sie. Sieh gar nicht nach ihr hin, richte dich nur immer nach mir. Ich bin der Herr im Hause – was ich will, das tu' ich. Mit ihr bin ich fertig, und dich hab' ich liebgewonnen. Ich liebe, wen ich will. Ich habe hier den Befehl, und sie hat zu gehorchen. Da ist ihr Platz. *Er zeigt unter seine Füße.* Ach, wenn ich doch 'ne Harmonika hätte!

> Kuchen und Grütze
> Schmecken gar fein,
> Wollen mal fröhlich
> Und lustig sein!
> Holt uns der Tod ab –
> Wir sterben voll Mut!
> Kuchen und Grütze,
> Die schmecken gar gut …

Mitritsch kommt herein, zieht sich aus und kriecht auf den Ofen.

MITRITSCH. Haben sich wohl wieder mal gekratzt und geprügelt, die Weibsbilder? Ach, du lieber Gott, barmherziger Nikolaus!

AKIM *sitzt auf dem Ofenrande, langt nach seinen Fußlappen und Bastschuhen und zieht sie an.* Immer kriech hinter, kriech hinter in die Ecke!

MITRITSCH *kriecht in die Ecke.* Das wird wohl hier nie Frieden geben. Ach, du lieber Gott!

NIKITA *zu Akulina.* Hol' mal den Likör, wollen zum Tee davon trinken.

ANIUTKA *tritt ein, zu Akulina.* Schwesterchen, der Samowar wird gleich ausgehen.

NIKITA. Wo ist denn die Mutter?

ANIUTKA. Im Flur steht sie und weint.

NIKITA. Ruf sie und sag' ihr, sie soll den Samowar bringen. Und du hol' das Geschirr, Akulina.

AKULINA. Das Geschirr? Meinetwegen. Richtet zum Tee an.

NIKITA *holt Likör, Kringeln und Sardinen hervor.* Das hab' ich für mich mitgebracht, für die Frau das Garn, dann das Petroleum im Flur. Und hier ist das übrige Geld. Halt! *Nimmt die Rechenmaschine.* Will's gleich mal zusammenzählen. *Legt die Maschine wieder fort.*

Das Weizenmehl achtzig Kopeken, das Fastenöl … dem Vater zehn Rubel … He, Väterchen, komm Tee trinken! *Schweigen. Akim sitzt auf dem Ofen und wickelt seine Fußlappen um. Anisja bringt den Samowar herein.*

ANISJA. Wo soll ich ihn hinstellen?

NIKITA. Stell' ihn auf den Tisch. Na, bist du beim Vorsteher gewesen? Da – kannst mitessen. Nun sei hübsch vernünftig. Setz' dich und trink erst mal. *Schenkt ihr ein Gläschen Likör ein.* Hier ist auch das Geschenk für dich. *Reicht ihr das Päckchen, auf dem er gesessen hat.* Anisja nimmt es schweigend und kopfschüttelnd.

AKIM *steigt vom Ofen herunter und zieht seinen Pelz an, geht dann zum Tische und legt die Zehnernote hin.* Da ist dein Geld, behalt es.

NIKITA *sieht das Geld nicht.* Warum hast du den Pelz angezogen? Wohin willst du denn?

AKIM. Ich geh fort, heißt das, fort, lebt wohl! Christus sei mit euch! *Nimmt Mütze und Leibgurt.*

NIKITA. Nun seh' einer! Wohin willst du denn gehen, so mitten in der Nacht?

AKIM. Ich kann nicht, heißt das, nämlich, in eurem Hause, nämlich, kann ich, heißt das, nicht länger sein. Lebt wohl!

NIKITA. Aber wohin willst du denn – jetzt, wo wir Tee trinken wollen?

AKIM *legt den Leibgurt an.* Ich geh', weil es, heißt das, nicht gut bei dir ist, heißt das, nämlich, nicht gut, Mikischka, in deinem Hause, nämlich, ist's nicht gut. Schlimm lebst du, heißt das, Mikischka, sehr schlimm! Ich geh'!

NIKITA. Ach, rede doch nicht! Setz' dich hin und trink Tee!

ANISJA. Was werden denn die Leute sagen, Väterchen? Wir müssen uns ja schämen! Was hat dich denn so gekränkt?

AKIM. Gekränkt hat mich, nämlich, nichts, gar nichts hat mich gekränkt, heißt das, nur seh' ich, nämlich, daß mein Sohn ins Verderben stürzt, heißt das, mein Sohn nämlich, ins Verderben, heißt das, ins Verderben.

NIKITA. Ins Verderben? Wieso? Das sollst du erst mal beweisen!

AKIM. Ins Verderben, ach, ins Verderben, ganz steckst du schon drin im Verderben! Was hab' ich dir damals, vorm Jahre gesagt?

NIKITA. Was hast du mir nicht alles gesagt!

AKIM. Gesagt hab' ich dir, nämlich, von der Waise, daß du die Waise gekränkt hast, die Waise Marina, heißt das, gekränkt hast.

NIKITA. Ach, davon redest du! Alte Geschichten soll man nicht aufrühren – die Sache ist doch längst vorbei …

AKIM *erregt.* Vorbei? Nein, Bruder, die ist nicht vorbei. Sünde, nämlich, hängt sich an Sünde, zieht sie nach sich, und du, Mikischka, bist tief in Sünde versunken. Versunken, seh' ich, bist du tief in der Sünde – versunken, heißt das, und ganz und gar begraben.

NIKITA. Ach, hör' schon auf. Setz' dich und trink mit uns Tee.

AKIM. Ich kann nicht, heißt das, nämlich, mit dir Tee trinken. Weil mir nämlich von deiner Lasterhaftigkeit übel wird, ganz übel, heißt das. Darum kann ich, heißt das, mit dir keinen Tee trinken, nämlich.

NIKITA. So rede doch nicht! Komm, setz' dich hier an den Tisch!

AKIM. Du bist im Reichtum gefangen, nämlich, wie in einem Netz, in einem Netz, heißt das. Ach, Mikischka, denk' an deine Seele!

NIKITA. Wer gibt dir das Recht, mich in meinem Hause zu schelten? Und überhaupt, warum setzt du mir so zu? Bin ich denn ein kleiner Junge, den du einfach beim Schopfe nehmen kannst? Das war früher einmal, hat aber längst aufgehört.

AKIM. Ja, ja, ich hab' gehört, daß jetzt, nämlich, die Kinder sich an den Vätern vergreifen, sie an den Bärten zerren, heißt das. Aber das ist zum Verderben, zum Verderben, heißt das.

NIKITA *aufgebracht.* Wir leben doch, ohne dich zu brauchen, – und du bist mit einem Anliegen zu uns gekommen.

AKIM. Von dem Gelde sprichst du? Da ist's, dein Geld. Betteln will ich gehen, heißt das, aber von dir, nämlich, nehm' ich nichts, heißt das.

NIKITA. Nun, sei schon still. Ärgre dich nicht, verdirb uns nicht die Laune. *Hält ihn bei der Hand fest.*

AKIM *aufschreiend.* Laß mich los! Ich bleib' nicht! Unterm Zaun will ich lieber übernachten, als in deinem Schmutz. Pfui, Gott verzeih mir's! *Ab.*

NIKITA. Da haben wir's!

AKIM *öffnet nochmals die Tür.* Besinn dich, Nikita! Denk' an deine Seele! Ab.

AKULINA *ordnet die Tassen.* Soll ich eingießen? *Alle schweigen.*

MITRITSCH *brüllt.* Ach, du lieber Gott, sei mir Sünder gnädig! *Alle fahren zusammen.*

NIKITA *streckt sich lang auf die Bank hin.* Ach, ist das langweilig! Akulina, wo ist denn die Harmonika?

AKULINA. Die Harmonika? Was ihm auf einmal in den Kopf kommt! Du hast sie doch zum Ausbessern gegeben! Ich hab' eingegossen, trink!

NIKITA. Ich will nicht. Löscht das Licht aus … Ach, wie ist mir weh ums Herz, so weh! *Weint.*

Vorhang.

VIERTER AUFZUG

Mondheller Abend im Herbst. Das Innere des Hofes. In der Mitte der Hausflur mit dem Vorbau, rechts die warme Stube und das Tor, links die kalte Stube und der Keller. Aus der warmen Stube hört man Stimmengewirr und trunkene Rufe. Die Nachbarin kommt aus dem Hausflur und winkt die Gevatterin zu sich heran.

NACHBARIN. Sag' doch, Gevatterin – warum hat sich denn die Akulina gar nicht gezeigt?

GEVATTERIN. Die Akulina? Ach, die hätte sich schon gezeigt, aber sie hat keine Zeit, sagt man. Ja, da kommen die Leute nun auf die Brautschau, und das arme Mädel liegt in der kalten Stube und muß sich verstecken.

NACHBARIN. Warum denn?

GEVATTERIN. Ach, vom bösen Blick soll's kommen, auf'n Leib ist's ihr gefallen.

NACHBARIN. Was du sagst!

GEVATTERIN. Ja, gewiß doch. *Flüstert ihr etwas ins Ohr.*

NACHBARIN. Nicht möglich! Oh, der Sünde! Und wenn nun die Brautwerber davon Wind bekommen?

GEVATTERIN. I bewahre! Die sind ja alle so betrunken, und dann kommt's ihnen auch hauptsächlich auf die Mitgift an. Wo kriegt denn gleich wieder eine so viel mit? Zwei Pelze, meine Liebe, und sechs Kleider, einen französischen Schal, eine Menge Wäsche und zweihundert Rubel Geld, wie es heißt.

NACHBARIN. Na, an dem Gelde wird der Bräutigam nicht viel Freude haben. Die Schande ist doch zu groß.

GEVATTERIN. Sst… Der Brautwerber kommt. *Sie schweigen und gehen in den Hausflur.*

BRAUTWERBER *allein, kommt aus dem Hausflur, hat das Schlucken.* Eine Hitze ist da drin – bin ganz in Schweiß geraten. Will mich 'n bißchen abkühlen. *Steht schwer atmend da.* Die Sache hier gefällt mir nicht recht… es stimmt etwas nicht … diese Alte …

MATRIONA *kommt aus dem Hausflur.* Ich guck' mir die Augen aus: wo ist denn unser Brautwerber? Und du steckst hier draußen, mein Lieber! Na, nun ist doch alles hübsch in Ordnung, nicht wahr, mein Bester? Alles wie man's nur wünschen kann, Gott sei Dank.

Wirst sehen, ich hab' dir keine Flausen vorgemacht, das ist nu mal nicht meine Art. Ihr könnt Gott danken, wenn ihr sie bekommt. Weit und breit kannst du suchen, bis du wieder so ein Mädel findest.

BRAUTWERBER. Mag sein. Aber was das Geld betrifft, so könnten sie doch noch was drauflegen.

MATRIONA. So rede doch nicht! Sie bekommt eben, was die Eltern ihr ausgesetzt haben. An die dreihundert werden's sein, oder noch was drüber.

BRAUTWERBER. Wir sind ja auch nicht unzufrieden, aber 's ist doch fürs eigne Kind, da will man eben so viel wie möglich herausschlagen.

MATRIONA. Und ich kann dir sagen: wenn ich nicht gewesen wäre, hätten sie eure Werbung überhaupt nicht angenommen. Es war nämlich auch von den Kormilins angefragt worden, aber da bin ich rasch zuvorgekommen. Und was das Geld betrifft, so sag' ich dir die reine Wahrheit, wie ich sie von meinem Sohne gehört habe, – daß nämlich der Verstorbene, Gott hab' ihn selig, bei seinem Tode bestimmt hat, die Witwe soll den Nikita ins Haus nehmen, und Akulina soll das Geld bekommen. Ein anderer hätte daraus vielleicht seinen Nutzen gezogen, aber Nikita gibt alles ab, bis auf den letzten Heller. So schönes Geld – es kann einem fast drum leid tun.

BRAUTWERBER. Es soll ihr aber mehr vermacht sein, sagen die Leute. Dein Söhnchen scheint mir ein Spitzbube.

MATRIONA. Was redest du da! In fremder Hand erscheint das Kleine eben immer größer. Sie bekommt, was ihr zusteht, sag' ich dir, und nun hör' endlich auf zu feilschen. Laß es doch schriftlich machen! Ein solches Mädel – schmuck wie ein Schmetterling!

BRAUTWERBER. Mag sein. Nur war's uns verwunderlich, mir und meiner Frau, daß sie sich gar nicht gezeigt hat. Ist sie am Ende krank?

MATRIONA. Bewahre – die und krank! Weit und breit in der Runde gibt's kein so strammes Mädel wie die. So prall, so glatt – du hast sie ja neulich gesehen! Und arbeiten tut sie für drei. Etwas schwerhörig ist sie, das stimmt. Na, ein kleiner Wurm ist noch keine Schande für 'nen schönen roten Apfel. Und daß sie sich nicht gezeigt hat – das geschah darum, siehst du, weil's ihr jemand angetan hat. Ich weiß auch, wer's war, und warum es geschehen ist: man hatte was davon läuten hören, daß ihr um sie anhalten wolltet, und da hat man sie behext. Ich kenne aber den Gegenzauber. Morgen steht sie wieder auf. Nein, mein Lieber, wegen des Mädels brauchst du dir keine Gedanken zu machen.

BRAUTWERBER. Na, schön – 's ist also abgemacht.

MATRIONA. Das denk' ich doch auch, du kannst jetzt nicht mehr nein sagen. Noch eins: daß du mich nicht vergißt! Ich hab' mir so viel Mühe gegeben, das kannst du doch nicht umsonst verlangen.

WEIBLICHE STIMME *aus dem Hausflur*. Na, fahren wir nun? So komm doch endlich, Iwan.

BRAUTWERBER. Ich komm' schon. *Ab. Sie drängen sich im Hausflur und fahren ab.*

ANIUTKA *kommt aus dem Hausflur gelaufen und winkt Anisja*. Mütterchen!

ANISJA *von dort her*. Was gibt's?

ANIUTKA. Komm her, Mütterchen, sonst hört man uns. *Geht mit ihr nach dem Schuppen zu.*

ANISJA. Was gibt's also? Wo ist Akulina?

ANIUTKA. Nach dem Speicher ist sie gegangen. Ich sag' dir, was sie da anstellt! Ich halt's nicht länger aus, sagt sie, ich muß schreien, ganz laut muß ich schreien. Ich will gleich tot sein, wenn's nicht wahr ist.

ANISJA. Ein Weilchen soll sie noch warten, bis die Gäste fort sind.

ANIUTKA. Ach, Mütterchen, es fällt ihr so schwer. Und so wütend ist sie: sie trinken schon auf meine Heirat, sagt sie, und ich heirate gar nicht. Ich werde sterben, sagt sie. Nicht wahr, Mütterchen, sie wird nicht sterben? Ach, ich hab' solche Angst!

ANISJA. Nein, nein, sie stirbt nicht, hab' keine Angst. Geh jetzt nicht zu ihr hin, bleib in der Stube. *Beide ab.*

MITRITSCH *kommt vom Tor her, nimmt das im Hofe verstreute Heu auf*. Ach, du lieber Gott, heiliger Nikolaus! Die haben ja nicht schlecht geschmort! Die ganze Stube stinkt nach Branntwein, bis in den Hof riecht man's. M–m–m … nein, ich will nicht … hol' der Teufel den verdammten Fusel. Und wie sie mit dem Heu umgegangen sind – da! Nur gewühlt haben die Gäule, nicht gefressen. Das ganze Bund liegt zerstreut herum. M–m–m … dieser Geruch! Steigt einem so in die Nase! Äh, hol' ihn der Teufel! Gähnt, 's ist

Zeit, daß man in die Klappe geht – aber jetzt in die Stube? Nee, das verträgt meine Nase nicht. Verdammter Fuselgeruch! *Man hört einen Wagen abfahren.* Endlich sind sie fort – ach, du lieber Gott, heiliger Nikolaus! Eine Spitzbubenbande – sinnen nur darauf, wie sie sich gegenseitig begaunern können. Alles Schwindel.

NIKITA *tritt in den Hof.* Geh doch schlafen, Mitritsch, ich will das übrige auflesen.

MITRITSCH. Ist mir recht. Gib's den Schafen zu fressen. Na, habt ihr ihnen das Geleit gegeben?

NIKITA. Ja. Ich weiß nicht … was soll nun werden? Die Sache sieht hier nicht gut aus, wie?

MITRITSCH. Ach was! Wozu ist denn das Findelhaus da? Bringt es ruhig hin, man nimmt dort alles auf. Bezahlen ist Nebensache, du gibst, soviel du willst. Und geht sie als Amme, so kriegt sie gar noch Geld dazu. Heutzutage ist das alles sehr einfach.

NIKITA. Hör' mal, Mitritsch, wenn etwa was verlauten sollte: daß du dich nicht verplapperst!

MITRITSCH. Was geht's mich an? Verdeck' die Spuren, so gut du kannst. Äh, wie du nach Fusel riechst! Ich geh' in die Stube. *Entfernt sich gähnend.* Ach, du lieber Gott! *Ab.*

NIKITA *schweigt eine Weile; setzt sich auf den Schlitten.* Da hab' ich mir schön was eingebrockt!

ANISJA *tritt heraus.* Wo steckst du denn?

NIKITA. Hier.

ANISJA. Was sitzt du da herum? 's ist keine Zeit zu verlieren, es muß gleich fortgebracht werden.

NIKITA. Was wollen wir denn damit anfangen?

ANISJA. Das wirst du schon sehen. Tu nur, was ich dich heiße.

NIKITA. Bringt's doch ins Findelhaus!

ANISJA. Trag's hin, wenn du willst. Um die Schweinerei einzurühren, warst du nicht zu faul, aber jetzt, wo du sie wegschaffen sollst, fällt dir das Herz in die Hosen.

NIKITA. Was soll ich denn nun machen?

ANISJA. Geh in den Keller und grab dort ein Loch aus.

NIKITA. Könnt ihr's denn nicht sonstwie …?

ANISJA *ahmt ihn spöttisch nach.* „Nicht sonstwie? Nicht sonstwie?" Es geht eben nicht „sonstwie". Hättest beizeiten überlegen sollen.

Geh jetzt und tu, was man dich heißt.

NIKITA. Ach, hab' ich mir da was eingebrockt!

ANIUTKA *kommt rasch gelaufen.* Mütterchen! Die Großmutter ruft. Die Schwester hat ein kleines Kind gekriegt, so geschrien hat's! Ich will gleich tot sein, wenn's nicht wahr ist.

ANISJA. Schwatzmaul, daß dich der Schlag trifft! Kleine Katzen haben gemiaut. Geh in die Stube und schlaf, sonst will ich dich …

ANIUTKA. Wirklich, liebes Mütterchen, bei Gott …

ANISJA *holt zum Schlage aus.* Mach', daß du fortkommst, sonst gibt's was!

Aniutka läuft fort.

ANISJA *zu Nikita.* Geh, tu, was ich dir sagte, sonst sollst du mal sehen! *Ab.*

NIKITA *allein, schweigt lange.* Sind das Geschichten! Ach, diese Weiber – eine wahre Plage! Hättest beizeiten überlegen sollen, – sagt sie. Wann soll man's denn überlegen – wann? Vorm Jahr hat sich mir die Anisja an den Hals geworfen. Na, ich bin doch schließlich kein Mönch … Wie ihr Mann starb, hab' ich's gut gemacht, hab' sie geheiratet. Da trifft mich kein Vorwurf mehr – so was kommt doch alle Tage vor. Aber diese Pulver – hab' ich sie dazu vielleicht beredet? Hätt' ich's damals gleich gewußt, ich hätte das Luder ja totgeschlagen. Bei Gott, ich hätt's getan! Jetzt hat sie mich zum Mitschuldigen an dieser Schandtat gemacht, die Giftmischerin. So zuwider ist sie mir seither – wie mir's die Mutter erzählte, kriegt' ich einen solchen Ekel vor ihr, einen solchen Ekel, nicht ansehen konnt' ich sie mehr. Und gar mit ihr leben! Na, und da fing eben das zwischen uns an … Das Mädel lief mir nach – was sollt' ich tun? War ich's nicht, war's ein andrer. Auch da kann ich mir keinen Vorwurf machen. Und jetzt – was ist draus geworden! *Sitzt in Nachdenken versunken da.* Dreist sind diese Weiber – was sie sich da ausgedacht haben! Aber ich lasse mich nicht drauf ein.

MATRIONA *kommt eilig heraus, mit einer Laterne und einem Spaten.* Was sitzt du da, wie 'n Huhn auf der Stange? Was hat dich die Frau geheißen? Immer ran an die Arbeit!

NIKITA. Was habt ihr denn eigentlich vor?

MATRIONA. Wir wissen schon, was wir vorhaben, mach' du nur dein Teil fertig!

NIKITA. Auf Abwege wollt ihr mich locken.

MATRIONA. Was, du willst nicht mitmachen? Jetzt, wo es brenzlig wird, möcht' er sich drücken!

NIKITA. Aber es geht doch um eine lebendige Seele! Bedenkt das doch!

MATRIONA. Was heißt lebendige Seele! Die Seele hält sich kaum darin. Wo soll man's denn sonst lassen? Bringst du's nach dem Findelhaus, so stirbt es schließlich auch, und man hat obendrein die Schande. Es kommt herum, und das Mädel bleibt euch auf dem Halse.

NIKITA. Wenn's aber herauskommt?

MATRIONA. Im eignen Hause kann man machen, was man will. Wir richten's schon so ein, daß niemand was merkt, tu nur, was ich dir heiße. Wir Weiber verstehen uns auf so was, aber 's ist immer besser, wenn ein Mann dabei ist. Da, nimm den Spaten, steig runter und mach's dort fertig. Ich leuchte dir.

NIKITA. Was soll ich fertig machen?

MATRIONA. Ein kleines Loch grab aus. Wir bringen's dann herunter und verscharren es flink. Da, sie schreit schon wieder. So geh doch schon! Ich muß zu ihr hin.

NIKITA. Ist's denn tot?

MATRIONA. Freilich ist's tot. Nun heißt es aber eilen, sonst kommen noch Leute. Wie leicht können sie was hören oder sehen – das Pack steckt ja seine Nase überall 'rin. Auch der Polizist ist am Abend hier vorbeigekommen. Da, nimm schon! *Reicht ihm den Spaten.* Steig in den Keller. Grab dort in der Ecke ein Loch aus, die Erde ist locker; dann wirst du's wieder zuschütten. Mütterchen Erde verrät nichts – als hätt's die Kuh weggeleckt, so wird's sein. Nun geh. Geh, mein Junge.

NIKITA. Ihr wollt mich auf Abwege locken. Zum Henker mit euch! Ich geh' meiner Wege – macht ihr, was ihr wollt.

ANISJA *aus der Tür.* Hat er das Loch gegraben?

MATRIONA. Was läufst du denn fort? Wo hast du es gelassen?

ANISJA. Mit 'nem Sack hab' ich's zugedeckt, damit man's nicht hört. Hat er das Loch gegraben?

MATRIONA. Er will nicht.

ANISJA *stürzt wie rasend herbei.* Er will nicht?! Und ins Zuchthaus kommen will er, ja? Wo ihn die Läuse fressen? Gleich geh' ich zur Polizei und sag's! Alles sag' ich, und wenn's mich selber den Hals kostet.

NIKITA *bestürzt.* Was sagst du?

ANISJA. Was ich sage? Alles! Wer hat das Geld genommen? *Nikita schweigt.* Und wer hat ihm Gift gegeben? Ich – aber du hast es gewußt, gewußt, gewußt! Wir waren im Einverständnis!

MATRIONA. Nicht doch! Was sträubst du dich denn so dagegen, Mikischka? Es bleibt dir schließlich nichts übrig, du mußt ran. Geh, mein Junge.

ANISJA. Seht mal den saubern Jungen! Er will nicht! Hast mir genug zugesetzt, das hört jetzt auf. Bist auf mir rumgeritten, wie? Jetzt bin ich an der Reihe. Geh, sag' ich dir, sonst zeig' ich's an ... Da, hier ist der Spaten – und nun geh!

NIKITA. Was denn? So treib doch nicht so! *Nimmt den Spaten, sperrt sich jedoch immer noch.* Wenn ich nicht will, geh' ich nicht.

ANISJA. Du gehst nicht? *Schreit laut.* Heda, Leute! Leute!

MATRIONA *hält ihr den Mund zu.* Was tust du? Bist du verrückt geworden? Er geht ja schon ... Geh, Nikita, geh, mein lieber Junge!

ANISJA. Ich ruf' gleich den Wächter.

NIKITA. So schweig doch. Ach, ist das ein Weib! Macht wenigstens schnell ... 's ist mir jetzt schon eins. *Geht nach dem Keller zu.*

MATRIONA. 's ist eben mal so, mein Junge: hast du dich in Liebeleien eingelassen, so lern' auch die Folgen tragen.

ANISJA *immer noch in Aufregung.* Wie er mir zugesetzt hat mit seiner Trine! Das ist nun vorbei: jetzt bin ich nicht mehr allein die Mörderin – auch er soll jetzt wissen, was das heißt, einen Menschen töten!

MATRIONA. Nun, nun, erhitz' dich nicht zu sehr! Immer hübsch sachte, sachte, mein Schätzchen. Geh nur wieder hin zu ihr, er wird hier schon das Seinige tun. *Folgt Nikita, der in den Keller steigt, mit der Laterne.*

ANISJA. Er soll ihn auch selbst erwürgen, seinen Bankert. *Immer noch erregt.* Wie gräßlich war es mir, als ich damals Piotrs Glieder so zucken sah! Auch er soll das kennenlernen. Und wenn's mich sonst was kostet – das soll er noch kennenlernen !

NIKITA *aus dem Keller.* So leuchte mir doch!

MATRIONA *leuchtet, zu Anisja.* Er gräbt; geh, bring's rasch her!

ANISJA. Gib acht auf ihn, sonst läuft er noch fort, der Schuft. Ich hol's jetzt.

MATRIONA. Vergiß nicht, es zu taufen – oder ich kann's auch machen. Habt ihr ein Kreuzchen da?

ANISJA. Ich werde schon eins finden; ich weiß, wie man tauft. *Ab.*

MATRIONA *für sich, während Nikita im Keller gräbt.* Wie die in Wut geraten ist! Schließlich – recht hat sie ja. Na, nun haben wir die Sache bald im reinen. Das Mädel bleibt ohne Makel, wir bringen sie hübsch unter die Haube, und der Junge kann froh und glücklich weiterleben. Im Hause fehlt es, Gott sei Dank, an nichts, da werden sie auch mich nicht vergessen. Was fingen sie wohl an ohne die Matriona? Die wüßten sich ja gar keinen Rat! *In den Keller.* Na, ist's so weit, mein Junge?

NIKITA *kommt herauf, man sieht seinen Kopf.* Was ist denn das? Warum dauert das so lange? So bringt es doch endlich!

Matriona geht nach der Flurtreppe zu. Anisja kommt vom Flur her mit dem in einen Lappen gewickelten Kinde.

MATRIONA. Hast du's getauft?

ANISJA. Ja. Mit Gewalt mußt ich's ihr fortnehmen – sie wollt' es gar nicht hergeben. *Geht näher und reicht es Nikita.*

NIKITA *nimmt es nicht.* Trag's selbst hinunter.

ANISJA. Da, nimm's, sag' ich dir. *Wirft ihm das Kind zu.*

NIKITA *fängt es auf.* Es lebt ja! Mütterchen, geliebtes – es bewegt sich! Ein lebendes Kind! Was soll ich mit ihm anfangen?

ANISJA *reißt ihm das Kind aus den Händen und wirft es in den Keller.* Erwürg's rasch, dann lebt es nicht mehr. *Stößt Nikita hinunter.* Deine Angelegenheit ist's, drum führ' sie auch zu Ende.

MATRIONA *setzt sich auf die Flurtreppe.* 's wird ihm recht schwer, dem armen Jungen, zu weichherzig ist er. Aber schließlich … 's ist doch auch seine Sünde. *Anisja steht vor dem Keller. Matriona spricht, ihr zugewandt, vor sich hin.* Ei, ei, hat der 'nen Schreck bekommen! Ja, aber schließlich – wenn's ihm auch schwer wird, es muß doch sein! Was bleibt denn sonst übrig? Gott, wenn man's bedenkt – wie sehnen sich manche Leute nach Kindern, und der Himmel versagt sie ihnen, lauter tote kommen zur Welt. Die Frau unsres Popen zum Beispiel. … Und hier ist ein lebendes Kindchen – und man kann's nicht brauchen. *Blickt nach dem Keller.* Nun wird er wohl so weit sein … *Zu Anisja.* Was macht er?

ANISJA *sieht in den Keller.* Ein Brett hat er drübergelegt und sich draufgesetzt. Es scheint, er ist fertig.

MATRIONA. A–ach, ja, ja! Wie gern möcht' man die Sünde meiden, aber 's ist doch mal nicht zu machen!

NIKITA *kommt herauf, zittert an allen Gliedern.* Es lebt noch immer! Ich kann nicht! Es lebt!

ANISJA. Es lebt? Ja, wohin willst du denn da? *Will ihn zurückhalten.*

NIKITA *stürzt sich auf sie.* Fort von hier – oder ich schlag' dich tot! *Er packt sie am Arme; sie reißt sich los; er stürzt ihr, den Spaten schwingend, nach. Matriona wirft sich ihm entgegen und hält ihn zurück. Anisja flüchtet nach der Flurtreppe, Matriona will ihm den Spaten wegnehmen.*

NIKITA *bedroht seine Mutter.* Ich schlag' dich tot! Geh, oder ich schlag' auch dich tot! *Matriona flüchtet zu Anisja auf die Flurtreppe. Nikita bleibt stehen.* Ich schlag' sie tot! Alle schlag' ich tot!

MATRIONA. Das ist nur der Schreck, der aus ihm spricht. Hat nichts zu sagen, das legt sich bald.

NIKITA. Was haben sie da angerichtet? Was haben sie aus mir gemacht? Wie es wimmerte … Wie es unter mir knackte! Was haben sie aus mir gemacht?! … Und es lebt noch immer weiß Gott, es lebt! *Er schweigt und horcht.* Es wimmert … da, wie es wimmert! *Läuft nach dem Keller hin.*

MATRIONA *zu Anisja.* Er geht hin … Er will's wohl verscharren. Nimm die Laterne, mein Junge.

NIKITA *horcht, ohne ihr zu antworten, am Keller.* Man hört nichts. Es kam mir nur so vor. *Geht fort; bleibt stehen.* Wie die Knöchelchen unter mir knackten! Krr … krr … Was haben sie aus mir gemacht! *Horcht wieder.* Jetzt wimmert's wieder weiß Gott, es wimmert! Was ist das? Mütterchen, hör' doch, Mütterchen! *Geht zu Matriona.*

MATRIONA. Was denn, mein Sohn?

NIKITA. Mütterchen, geliebtes, ich kann nicht mehr. Gar nichts mehr kann ich. Mütterchen, geliebtes, erbarm' dich meiner!

MATRIONA. Mein armer Junge! Mußt du einen Schreck bekommen haben! Geh, trink ein Gläschen Branntwein, daß du wieder Mut bekommst.

NIKITA. Mütterchen, geliebtes – es ging mir durch und durch. Was habt ihr aus mir gemacht! Wie die Knöchelchen knackten, und wie es wimmerte … Mütterchen, geliebtes – was habt ihr aus mir gemacht! *Geht beiseite und setzt sich auf den Schlitten.*

MATRIONA. Geh, trink ein Schlückchen, mein Lieber. Das macht nur die Dunkelheit, daß du dich so fürchtest. Laß es erst Tag werden, laß einen, zwei Tage vergehen – und du denkst nicht mehr dran. Und später verheiraten wir das Mädel – und du vergißt die ganze Geschichte. Geh, trink ein Gläschen. Ich will schon selber im Keller zum Rechten sehen.

NIKITA *rafft sich auf.* Ist noch Branntwein da? Vielleicht betäubt er mich. *Ab. Anisja, die während der ganzen Zeit im Eingang zum Hausflur stand, weicht ihm schweigend aus.*

MATRIONA. Geh, geh, mein Liebling, ich will schon selbst hineinkriechen, will's verscharren. Wo hat er denn den Spaten hingeworfen? *Findet den Spaten und steigt halb in den Keller hinunter.* Anisja, leucht' mir doch mal!

ANISJA. Und was ist mit ihm?

MATRIONA. Ach, das ist nur der Schreck, der ihm in die Glieder gefahren ist. Hast ihn auch gar zu grob angefaßt. Laß nur, das gibt sich wieder. Will's schon selbst fertigmachen. Dorthin stell' die Laterne. Ich muß doch sehen können! *Matriona verschwindet im Keller.*

ANISJA *nach der Tür hin, in der Nikita verschwunden ist.* Da hast du die Bescherung! Hast auf breitem Fuße leben wollen – wart' nur, wirst schon sehen, wohin das führt. Dein Stolz wird sich legen.

NIKITA *stürzt aus dem Hausflur hervor und eilt nach dem Keller zu.* Mütterchen – hör' doch, Mütterchen!

MATRIONA *steckt den Kopf zur Kellertür heraus.* Was denn, mein Junge?

NIKITA *horcht.* Verscharr' es nicht, es lebt noch. Hörst du nicht? Es lebt! Da – es wimmert … Da – ganz deutlich hört man's …

MATRIONA. Wie kann's denn wimmern? Du hast es ja ganz plattgedrückt, wie einen Eierkuchen. Das Köpfchen hast du ihm ganz zerquetscht.

NIKITA. Was ist denn das? *Hält sich die Ohren zu.* Es wimmert in einem fort. Verwirkt hab' ich mein Leben – verwirkt! Was haben sie aus mir gemacht ?! … Wohin soll ich fliehen ?! … *Setzt sich auf die Treppe.*

Vorhang.

VARIANTE
ZUM VIERTEN AUFZUG

Nachdem Anisja sich entfernt hat, um das Kind zu holen, kann der Vorhang fallen. Der vierte Aufzug geht dann in einem zweiten Bilde mit der Ausstattung des ersten Aufzugs – Bauernstube – weiter. Aniutka liegt entkleidet unter einem Kaftan auf der Schlafbank. Mitritsch sitzt da und raucht.

MITRITSCH. Wie sie die Stube verstänkert haben, da! Daß sie das Mäuslein beiße! Immer daneben gegossen! Nicht mal der Tabakrauch vertreibt den Geruch. Wie das in die Nase steigt, o Gott! Na, wollen mal schlafen gehen. *Geht an die Lampe heran und will sie auslöschen.*

ANIUTKA *fährt jäh empor, sitzt.* Lösch' doch nicht aus, liebes Großväterchen!

MITRITSCH. Warum nicht?

ANIUTKA. Im Hofe machen sie solchen Lärm. Horcht. Hörst du? Jetzt sind sie wieder in den Speicher gegangen.

MITRITSCH. Was geht dich das an? Laß sie machen, was sie wollen. Leg' dich hin und schlaf. Ich lösch' aus. *Schraubt den Docht herunter.*

ANIUTKA. Großväterchen, Goldner! Lösch' nicht ganz aus! Ein einziges bißchen laß brennen, sonst fürchte ich mich!

MITRITSCH *lacht.* Na, schön, schön. Setzt sich zu ihr. Wovor fürchtest du dich denn?

ANIUTKA. Ach, wegen der Schwester, Großväterchen … Wie sich die quälen muß – immer mit dem Kopf gegen die Lade hat sie gestoßen. *Im Flüsterton.* Ich weiß, sie bekommt ein Kind … es ist schon geboren …

MITRITSCH. Nun seh' einer das Küken – daß dich das Mäuslein beiße! Alles muß sie wissen! Leg' dich hin und schlaf. *Aniutka legte sich hin.* So ist's recht! *Deckt sie zu.* Wirst zeitig alt werden, wenn du zuviel weißt.

ANIUTKA. Und du legst dich auf den Ofen, nicht?

MITRITSCH. Wohin denn sonst? Kleines dummes Ding – alles will sie wissen. *Deckt sie nochmals zu und steht auf, um schlafen zu gehen.* So, jetzt lieg und schlaf! Geht nach dem Ofen.

ANIUTKA. Ein einziges Mal hat's geschrien, und jetzt hört man's nicht mehr.

MITRITSCH. Ach, du lieber Gott, heiliger Nikolaus! ... Was hört man nicht mehr?

ANIUTKA. Na, das Kindchen ...

MITRITSCH. Wenn keins da ist, kann man's doch nicht hören!

ANIUTKA. Ich hab's aber gehört – ich will gleich tot sein, wenn's nicht wahr ist. Ganz fein, so hat's geschrien.

MITRITSCH. Was du schon gehört hast! Hast wohl auch schon vom schwarzen Mann gehört, der solche Mädelchen wie dich in den Sack steckt und durchprügelt?

ANIUTKA. Was für ein schwarzer Mann?

MITRITSCH. Na, eben der schwarze Mann! *Kriecht auf den Ofen.* Wie hübsch warm der Ofen ist! So hab' ich's gern. Ach, du lieber Gott, heiliger Nikolaus!

ANIUTKA. Großväterchen! Wirst du schlafen?

MITRITSCH. Na, meinst du, ich werde singen? *Schweigen.*

ANIUTKA. Großväterchen – ach, Großväterchen, sie graben! Bei Gott, sie graben – hörst du? Ich will gleich tot sein, wenn's nicht wahr ist.

MITRITSCH. Was du für Einfälle hast – sie graben! Wer gräbt denn jetzt in der Nacht? Die Kuh reibt sich an der Wand, und du sagst: sie graben! Schlaf, sag' ich dir, sonst lösch' ich gleich die Lampe aus.

ANIUTKA. Großväterchen, liebes Großväterchen – nur nicht auslöschen! Ich will jetzt ganz still sein, bei Gott, ganz still. Ich hab' ja solche Angst.

MITRITSCH. Angst hat du? Fürcht' dich nicht, dann wirst du keine Angst haben. Warum hast du Angst? Weil du dich eben fürchtest! Bist selber schuld, ja – weil du dich fürchtest, siehst du. Da mußt du natürlich Angst haben. Kleines dummes Ding! *Schweigen.* Eine Grille zirpt.

ANIUTKA *flüstert.* Großväterchen – sag', Großväterchen: schläfst du schon?

MITRITSCH. Was gibt's denn noch?

ANIUTKA. Was für ein schwarzer Mann ist das?

MITRITSCH. Na, so einer eben. Trifft er eine, die nicht schlafen will, so wie du, dann kommt er mit dem Sack und steckt sie rein, mit dem Kopf voran. Und dann hebt er ihr das Hemdchen auf und verhaut sie.

ANIUTKA. Womit haut er denn?

MITRITSCH. Mit 'ner Rute.

ANIUTKA. Aber er sieht sie doch nicht in dem Sacke!

MITRITSCH. Oh, er sieht sie schon.

ANIUTKA. Aber ich werde ihn beißen.

MITRITSCH. Nein, Herzchen, den kannst du nicht beißen.

ANIUTKA *sieht draußen einen Lichtschimmer.* Großväterchen, es kommt jemand! Wer ist da? O Gott, wer ist denn da?

MITRITSCH. Laß doch kommen, wer Lust hat! Was geht's dich an? Die Mutter ist's, glaub' ich.

ANISJA *tritt ein.* Aniutka! *Aniutka stellt sich schlafend.* Mitritsch !

MITRITSCH. Was gibt's?

ANISJA. Warum habt ihr noch Licht? Wir schlafen heute drüben in der kalten Stube.

MITRITSCH. Hab' mich eben erst ausgezogen. Will gleich dunkel machen.

ANISJA *sucht im Kasten und brummt.* Wenn man was braucht, ist's nicht da.

MITRITSCH. Was suchst du denn?

ANISJA. Das Kreuz such' ich, wir müssen's doch taufen. Falls es sterben sollte, stirbt's wenigstens nicht ungetauft. Gott bewahr' uns vor solcher Sünde !

MITRITSCH. Versteht sich, muß alles seine Ordnung haben ... Na, hast du's gefunden?

ANISJA. Ja. *Ab.*

MITRITSCH. Hätt' sonst mein Kreuz gegeben. Ach, du lieber Gott!

ANIUTKA *fährt zitternd empor.* Oh, oh, Großväterchen! Schlaf nur um Christi willen nicht ein, ich hab' solche Angst.

MITRITSCH. Angst hast du? Wovor denn?

ANIUTKA. Es wird wohl sterben, das Kindchen. Tante Arinas Kind ist auch gestorben, das hat auch die Großmutter getauft.

MITRITSCH. Wenn's stirbt, wird's eben begraben.

ANIUTKA. Wenn aber Großmutter Matriona nicht da wäre, bliebe es vielleicht am Leben. Ich hab' ja gehört, was die Großmutter gesagt hat – gleich tot sein will ich, wenn ich's nicht gehört hab'.

MITRITSCH. Was hast du gehört? Schlaf, sag' ich dir. Zieh dir die

Decke übern Kopf und schweig still.

ANIUTKA. Wenn's am Leben bliebe, würde ich's verwarten.

MITRITSCH *brüllt.* Ach, du lieber Gott!

ANIUTKA. Wo werden sie's denn hinbringen?

MITRITSCH. Wo's hingehört, verstanden? Was geht dich das an? Schlaf, sag' ich dir. Wart', wenn die Mutter kommt – die wird's dir schon besorgen! Schweigen.

ANIUTKA. Sag' mal, Großväterchen – und das Mädchen, von dem du mir damals erzähltest, das haben sie also nicht totgemacht?

MITRITSCH. Welches Mädchen? Nun kommt dir das wieder in den Kopf!

ANIUTKA. Wie war's doch gleich, Großväterchen – wie haben sie sie damals gefunden?

MITRITSCH. So haben sie sie gefunden.

ANIUTKA. Und wo haben sie sie gefunden? Sag's doch!

MITRITSCH. Im Hause ihrer Eltern haben sie sie gefunden. Wie die Soldaten ins Dorf kamen und in den Häusern herumstöberten, guck': liegt da mit einemmal dieses Mädelchen in der Stube, auf'm Bauche. Die andern wollten schon zustechen, aber da gab's mir so 'nen Ruck, und ich nahm das Mädchen auf den Arm. Ja, aber wollte sie denn? Ganz schwer macht sie sich, als hätte sie wenigstens zwei Zentner im Leibe, und hält sich mit den Händchen fest, wo sie kann, und läßt gar nicht los. Na, nun streichle ich sie, streichle, streichle – und 'nen Wuschelkopf hat sie, wie'n Igelfell so rauh. Nach und nach wird sie still, und wie ich ihr einen Zwieback eintunke und in den Mund stecke, beißt sie rein: das hat sie gleich verstanden! Was sollte nun aber mit ihr geschehen? Na, wir behielten sie schließlich und fütterten sie, fütterten sie, und sie gewöhnte sich an uns, daß wir sie überall auf dem Marsch mitnahmen – immer lief sie neben uns her. Ein hübsches Mädelchen war's.

ANIUTKA. Aber getauft war sie nicht.

MITRITSCH. Wer soll das wissen? Nicht so richtig, hieß es – es war nämlich ein fremdes Volk.

ANIUTKA. Deutsche also?

MITRITSCH. Ach, was du zusammenschwatzt! Deutsche! Asiaten waren's doch! So ähnlich wie die Juden, und doch keine Juden. So mehr Polen, aber eben Asiaten. Krudeln heißen sie – oder Krugeln. Hab's schon vergessen. Die Kleine nannten wir Saschka. Ein niedliches kleines Ding. Alles hab' ich sonst vergessen, aber dieses Mädelchen, hol's der Henker, das seh' ich noch, als ob's hier vor mir stünde. Sonst hab' ich aus meiner ganzen Soldatenzeit nichts behalten: wie ich die Ruten bekam, und eben dieses Mädelchen. Manchmal hing sie sich mir so an den Hals, ich sollte sie durchaus tragen. Ein Mädelchen, sag' ich dir – was Hübscheres kann man sich nicht denken! Dann ist sie von uns weggekommen, die Frau Hauptmann nahm sie an Kindes Stelle an. Hat's da recht gut gehabt, uns Soldaten aber hat sie recht gefehlt.

ANIUTKA. Ich weiß auch noch, Großväterchen, wie unser Vater gestorben ist. Du warst damals noch nicht bei uns. Er ruft also den Nikita zu sich 'ran und sagt: Verzeih mir, sagt er, Nikita – und er weinte dabei. *Seufzt.* Das war auch so traurig.

MITRITSCH. Will ich gern glauben.

Man hört von draußen ein Geräusch.

ANIUTKA. Großväterchen, hör' doch nur – sie machen wieder solchen Lärm im Keller! Ach, du meine Güte – Großväterchen, sie werden ihm was antun! Totmachen werden sie's – und 's ist doch so klein! Oh, oh! *Zieht die Decke über den Kopf und weint.*

MITRITSCH *horcht hinaus.* Scheinen da wirklich was vorzuhaben, irgend 'ne Niederträchtigkeit, daß sie das Mäuslein beiße! Ein ganz verfluchtes Pack, diese Weiber. Die Männer taugen auch nicht viel, aber die Weiber erst … wie die wilden Tiere, nichts ist ihnen heilig.

ANIUTKA *richtet sich auf.* Großväterchen, hörst du? Großväterchen!

MITRITSCH. Na, was gibt's denn noch?

ANIUTKA. Neulich hat ein Wanderer bei uns übernachtet, der sagte, wenn ein kleines Kind stirbt, so kommt sein Seelchen gleich in den Himmel. Ist das wahr?

MITRITSCH. Schon möglich. Wer kann's wissen? Warum fragst du?

ANIUTKA *weinerlich.* Ich möchte auch lieber sterben.

MITRITSCH. Wirst schon sterben, das geht manchmal sehr rasch.

ANIUTKA. Bis zu zehn Jahren ist man noch ein Kind, da kommt die Seele noch zu Gott. Später wird man verdorben.

MITRITSCH. Und wie man verdorben wird! Wie sollt ihr dummen Dinger nicht verdorben werden? Wer belehrt euch denn? Was seht und hört ihr? Nichts als lauter Gemeinheit. Ich hab' ja auch nicht viel gelernt, 's ist nicht weit her, was ich weiß, aber gegen so ein Bauernweib! Was ist denn so ein Weibsbild vom Dorfe? Ein Haufen Schmutz, weiter nichts. Ganze Millionen davon laufen in Rußland herum, blind wie die Maulwürfe und dumm wie die Sünde. Die Kühe besprechen, und die Kinder unter die Hühnerleiter legen, und andern solchen Hexenkram – das ist alles, was sie verstehen.

ANIUTKA. Mütterchen hat mich auch hingelegt.

MITRITSCH. Will ich gern glauben. Dumm geboren und nichts zugelernt – so seid ihr Weiber nu mal. Werden groß und sterben, und sehen und hören nichts. Der Mann kriegt wenigstens in der Schenke hin und wieder was Vernünftiges zu hören, oder im Gefängnis, wenn er brummen muß, oder, wie ich, beim Militär. Aber das Weib – das hat von Gott und der Welt keine Ahnung. Gott, Gott – ja, im Munde hat sie das Wort, aber daß es auch 'nen Sinn hat, darauf verfällt sie nicht. Wie blinde junge Hunde tappen sie rum, immer mit der Nase in'n Mist … Nur ihre albernen Lieder kennen sie: dideldum, dideldum, aber frag' sie mal, was dideldum: keine Ahnung!

ANIUTKA. Ich kann aber das halbe Vaterunser, Großväterchen!

MITRITSCH. Da kannst du mal was Rechtes! Schließlich, wie soll man von euch auch mehr verlangen? Wer bringt euch denn was bei? Höchstens mal der Bauer, wenn er im Suff mit der Pferdeleine auf euch losschlägt. Wer für euch mal Rechenschaft ablegen soll – ich weiß es wirklich nicht! Für die Rekruten hat der Korporal oder der Feldwebel einzustehen, aber für euch übernimmt kein Mensch die Verantwortung. Eine Herde ohne Hirt, die frech in die Saaten rennt – das seid ihr Weiber, weiß Gott! Eine ganz dumme, überflüssige Bande!

ANIUTKA. Und wie sollen wir denn sein?

MITRITSCH. So sollt ihr sein! … Kriech unter die Decke und schlaf. Ach, du lieber Gott!

Schweigen. Die Grille zirpt.

ANIUTKA *richtet sich jäh auf.* Großväterchen, es schreit jemand. So fürchterlich schreit er! Großväterchen, Goldner, er kommt hierher!

MITRITSCH. Wirst du wohl gleich unterkriechen, Mädel!

Nikita und Matriona kommen herein.

NIKITA. Was haben sie mit mir gemacht! Was haben sie mit mir gemacht!

MATRIONA. Trink ein Schnäpschen, mein Junge, das wird dir gut tun – da! Holt die Flasche hervor und schenkt ihm ein.

NIKITA. Gib her … vielleicht hilft's …

MATRIONA. Leise! Sie schlafen noch nicht. Da, trink.

NIKITA. Warum habt ihr euch das nur ausgedacht! Man hätte es doch wegbringen können.

MATRIONA *flüstert.* Setz' dich und ruh' hier ein Weilchen. Trink noch ein Gläschen und rauche, das bringt dich auf andre Gedanken.

NIKITA. Ach, liebes Mütterchen, mit mir ist's nun aus für immer! Wie's so wimmerte und die Knöchelchen knackten – krr … krr … – da war ich kein Mensch mehr.

MATRIONA. I, was noch! Rede keinen Unsinn! Das macht nur die Nacht, da kommt einen so ein Schauer an. Laß es erst hell werden und zwei, drei Tage vorübergehen, dann denkst du gar nicht mehr dran. *Geht an Nikita heran und legt ihm die Hand auf die Schulter.*

NIKITA. Fort von mir! Was habt ihr mit mir gemacht!

MATRIONA. Aber, Junge, was ist dir denn, sag' mal? … Faßt ihn bei der Hand.

NIKITA. Mach', daß du fortkommst! Ich schlage dich tot! Alles ist mir jetzt gleich. Ich schlage dich tot!

MATRIONA. O je, hat der 'nen Schreck bekommen! Geh, leg' dich hin, mein Junge!

NIKITA. Nirgendhin geh ich! Ich bin verloren … verloren!

MATRIONA *schüttelt den Kopf.* Ach, ach … Ich will's rasch beiseite bringen … Er wird ein Weilchen sitzen, sich beruhigen … *Ab.*

NIKITA *sitzt, das Gesicht mit den Händen bedeckend, da, während Mitritsch und Aniutka sich ganz still verhalten.* Es wimmert – ja, es wimmert, da, da … ganz deutlich hör' ich's … Sie wird's verscharren, ach, sie wird's verscharren! Eilt nach der Tür. Mütterchen, verscharrt's nicht, es lebt!

MATRIONA *kehrt zurück, flüstert.* Was fällt dir ein, um Himmels willen! Du träumst wohl, wie? Wie kann's denn noch leben? Alle Knöchelchen sind ihm doch zerdrückt!

NIKITA. Gib mir noch Branntwein! *Trinkt.*

MATRIONA. Geh, mein Junge. Du wirst hübsch einschlafen, und alles ist vorbei.

NIKITA *steht da und horcht.* Es lebt noch ... Da ... es wimmert schon wieder. Hörst du's nicht? Da!

MATRIONA *flüstert.* Bewahre! Gar nichts hör'ich!

NIKITA. Mütterchen, geliebtes – ich habe mein Leben verwirkt! Was habt ihr mit mir gemacht! Wohin soll ich fliehen? *Läuft aus der Stube hinaus, hinter ihm Matriona.*

ANIUTKA. Großväterchen, Lieber, Guter – sie haben es totgemacht!

MITRITSCH *ärgerlich.* Schlaf, sag'ich dir. Ach, du kleine Kröte, daß dich das Mäuslein beiße! Wart', ich hol' jetzt die Rute! Schlaf endlich, sag' ich.

ANIUTKA. Großväterchen, Goldner – es faßt mich einer an der Schulter, mit den Krallen packt er mich, ach! Großväterchen, Lieber, ich will gleich tot sein ... ich lauf' fort! Großväterchen, Goldner, laß mich zu dir auf den Ofen! Laß mich hinauf, um Gottes willen ... er faßt mich ... faßt mich.... a – ach! *Läuft zum Ofen hin.*

MITRITSCH. Da, wie sie das Kind erschreckt haben – diese Schandweiber! Daß sie das Mäuslein beiße! Na, klettre mal hinter!

ANIUTKA *klettert auf den Ofen.* Geh aber nicht fort, Großväterchen !

MITRITSCH. Wohin sollt' ich denn gehen? Rasch, rasch, kriech hinter! Ach, du lieber Gott, heiliger Nikolaus! Allerseligste Mutter Gottes von Kasan! Wie sie das Kind erschreckt haben! *Deckt sie zu.* So ein dummes, kleines Närrchen ... wirst dich doch nicht fürchten! Luderpack verdammtes, das Mädel so zu erschrecken! Der Henker soll euch holen!

Vorhang.

FÜNFTER AUFZUG

ERSTES BILD

Scheune. Im Vordergrunde ein Getreideschober, links der Dreschboden, rechts der Getreidebansen. Das Tor der Scheune steht offen, der Eingang ist mit Stroh belegt. Im Hintergrunde sieht man den Hof, man hört Gesang und ein Tamburin. Auf dem schmalem Pfade, der an der Scheune entlang nach dem Bauernhause führt, kommen zwei Mädchen daher.

ERSTES MÄDCHEN. Sieh, hier sind sie durchgekommen, brauchten sich nicht mal die Schuhe zu beschmutzen. Und im Dorfe watet man bis an die Knie im Kot! *Sie bleiben stehen und wischen sich die Füße am Stroh ab.*

ERSTES MÄDCHEN *sieht nach dem Stroh.* Ach – wer liegt denn da?

ZWEITES MÄDCHEN *sieht nach derselben Stelle.* Das ist ja Mitritsch, der Knecht hier vom Hofe! Der hat sich aber gehörig betrunken!

ERSTES MÄDCHEN. Er trinkt doch sonst gar nicht?

ZWEITES MÄDCHEN. Scheint heute wieder angefangen zu haben.

ERSTES MÄDCHEN. Guck' doch, er sollte wohl Stroh holen. Mit dem Strick in der Hand ist er eingeschlafen.

ZWEITES MÄDCHEN *horcht.* Sie schmausen immer noch. Haben wohl noch nicht den Elternsegen bekommen. Die Akulina soll gar nicht geweint haben.

ERSTES MÄDCHEN. Meine Mutter sagte, daß sie gar nicht heiraten wollte. Der Stiefvater hat sie gezwungen, sonst hätte sie's im Leben nicht getan. Was man sich alles von ihr erzählt!

MARINA *kommt hinter ihnen her und holt sie ein.* Guten Tag, meine Lieben.

DIE MÄDCHEN. Guten Tag, Tantchen.

MARINA. Wollt ihr auch zur Hochzeit?

ERSTES MÄDCHEN. Nur ein bißchen zusehen.

MARINA. Ruft doch mal meinen Alten heraus, den Semion aus Sujewo. Ihr kennt ihn, nicht wahr?

ERSTES MÄDCHEN. Gewiß, der Bräutigam ist ja wohl mit ihm verwandt?

MARINA. Ganz recht, der Neffe is's von meinem Manne.

ZWEITES MÄDCHEN. Warum gehst du denn nicht selber hin? Bei 'ner Hochzeit ist doch jeder gern zu Gaste.

MARINA. Ich hab' keine Lust, meine Liebe, und dann fehlt's auch an der Zeit. Wir sind nicht zur Hochzeit gekommen, sondern bringen Hafer zur Stadt. Wir hielten nur an, um die Pferde zu füttern, und da haben sie meinen Alten hingebeten.

ERSTES MÄDCHEN. Wo habt ihr denn abgespannt? Bei Feodorytsch?

MARINA. Ja. Ich wart' also hier, und du rufst meinen Mann heraus, nicht wahr? Tu mir den Gefallen, mein Herzchen. Sag' ihm: Marina, deine Frau, läßt dir sagen, du sollst kommen, die andern spannen schon an.

ERSTES MÄDCHEN. Schön, wenn du nicht selbst gehen willst … *Die Mädchen gehen auf dem Pfade nach dem Hofe.* Man hört Gesang und das Tamburin.

MARINA *allein, in Nachdenken versunken.* Ich könnte ja hingehen, aber nein, ich lass' es lieber. Bin ihm nicht begegnet seit der Zeit, da er mich verlassen hat. Zwei Jahre sind's nun bald … Und doch – sehen möcht' ich's mal, wie er mit seiner Anisja lebt. Nicht zum besten, sagen die Leute, zänkisch und grob soll sie sein, wie er selbst sagte, aber das gute Leben hat ihn gelockt, und da ließ er mich sitzen. Nun, Gott sei mit ihm, ich hab' ihm vergeben. Damals war's mir ja recht schwer ums Herz – ach, so schwer und schmerzlich! Jetzt hab' ich's überstanden und vergessen. Aber… sehen möcht' ich ihn noch einmal … *Sieht nach dem Hofe und erblickt Nikita.* Da … da ist er! Was will er denn hier? Haben ihm die Mädchen was gesagt? Daß er so von den Gästen fortläuft … ich will gehen …

Nikita kommt, den Kopf auf die Brust gesenkt, mit den Armen fuchtelnd und vor sich hin murmelnd, näher.

MARINA. Wie finster er guckt!

NIKITA *sieht Marina und erkennt sie.* Marina! Meine Teure! Marinuschka! Was führt dich her?

MARINA. Ich erwarte meinen Mann.

NIKITA. Warum bist du nicht zur Hochzeit gekommen? Hättest dir's angesehen, wie ich lebe, und mich ausgelacht.

MARINA. Warum sollt' ich dich auslachen? Ich will nur meinen Mann holen, weiter nichts.

NIKITA. Ach, Marinuschka! Will sie umarmen.

MARINA *wendet sich unwillig ab.* Laß das, Nikita. Das war einmal und ist längst vorüber. Ich will meinen Mann abholen – er ist doch bei euch, nicht wahr?

NIKITA. Ich soll dich nicht erinnern … an das, was zwischen uns war?

MARINA. Nein. Was vorüber ist, ist vorüber.

NIKITA. Und kehrt niemals wieder?

MARINA. Nein, niemals. Was willst du denn hier? Du bist der Vater der Braut – und läufst fort!

NIKITA *setzt sich ins Stroh.* Was ich hier will … ach, wenn, du alles wüßtest! Schrecklich ist mir zumute, Marina – so schrecklich, daß ich am liebsten gar nichts mehr sehen wollte. Vom Tische bin ich aufgestanden und bin fortgelaufen, nur um die Menschen dort nicht mehr vor Augen zu haben.

MARINA *tritt näher an ihn heran.* Warum denn, Nikita? Was fehlt dir?

NIKITA. Frag' nicht, Marina – mir kann nichts helfen, kein Essen und Trinken und kein Schlaf. So bitter weh ist mir ums Herz, und das Schlimmste, Marinuschka, ist, daß ich ganz einsam bin und keinem von meinem Schmerz etwas sagen kann.

MARINA. Jeder hat seinen Schmerz zu tragen, Nikita. Auch ich hatte meinen Kummer, aber ich hab' mich ausgeweint, hab's überwunden.

NIKITA. Du sprichst von den alten Geschichten. Du hast dich ausgeweint, meine Liebe, mir aber geht's bis dahin …

MARINA. Wie denn, Nikita?

NIKITA. Mein ganzes Leben hab' ich satt, sag' ich dir. Ich bin mir selbst zur Last. Ach, Marina, du hast mich nicht festzuhalten gewußt, hast mich und dich selbst ins Unglück gestürzt. Ist denn das ein Leben?

MARINA *steht weinend da und hält sich am Türpfosten fest.* Ich kann mich nicht beklagen, Nikita, wollte Gott, es ginge allen so wie mir. Ich habe meinem Manne damals alles gesagt, und er hat mir verziehen. Er wirft mir's auch nicht vor – ich kann wirklich nicht klagen. Er ist gut und freundlich gegen mich, und ich halte ihm die Kinder in Ordnung. Er fühlt's mir nach, was ich gelitten habe. Warum sollt' ich also klagen, wenn Gott es doch so gewollt hat? Und wie geht es dir? Du lebst im Reichtum …

NIKITA. Ein schönes Leben! Ich will nur die Hochzeit nicht stören, sonst nähme ich den ersten besten Strick – den hier zum Beispiel *... ergreift den im Stroh liegenden Strick ... und machte ihn da an der Querstange fest.* Dann knüpfte ich eine Schlinge, kletterte auf die Stange, steckte den Kopf durch, und plumps! hinge ich da. So viel ist mir mein Leben wert!

MARINA. Nicht doch, um Christi willen!

NIKITA. Du glaubst wohl, ich scherze? Glaubst, ich sei betrunken? Nein, das bin ich nicht. Auch der Rausch bringt mir kein Vergessen – ewig zehrt der Gram an meinem Herzen. So weit hat er mich gebracht, daß mich gar nichts mehr freut. Ach, Marinuschka, was war das doch für ein Leben – damals, auf der Eisenbahn, als wir beide noch zueinander hielten und uns die Nächte verkürzten ...

MARINA. Rühr' nicht an der verheilten Wunde, Nikita! Ich bin verheiratet, und auch du bist es. Meine Sünde ist mir verziehen, rühr' die alten Geschichten nicht auf!

NIKITA. Wie soll ich meinen Kummer betäuben? Was soll ich dagegen tun?

MARINA. Wie denn? Du hast doch deine Frau, drum halt auch zu ihr und schiel' nicht nach andern. Du hast doch Anisja geliebt, dann liebe sie auch weiter.

NIKITA. Ach, diese Anisja ist für mich wie das Schlingkraut im See – hat mir die Beine umwickelt und zieht mich hinunter.

MARINA. Mag sie sein, wie sie will, – sie ist doch mal deine Frau ... Aber was reden wir so viel: geh lieber zu den Gästen und schick' meinen Mann her.

NIKITA. Ach, wenn du alles wüßtest ...

MARINAS MANN *angetrunken, rot, kommt mit Aniutka vom Hofe her.* Marina! Wirtin! Alte! Bist du da?

NIKITA. Dein Mann kommt. Er ruft dich, geh!

MARINA. Und du – was machst du?

NIKITA. Ich? Ich will hier ein bißchen liegen. *Legt sich ins Stroh.*

MARINAS MANN. Wo steckt sie denn?

ANIUTKA. Da ist sie, Onkelchen, bei der Scheune.

MARINAS MANN. Was stehst du denn hier herum? Komm doch zur Hochzeit! Die Brauteltern lassen dir sagen, du möchtest ihnen die Ehre antun. Die Hochzeit fährt gleich ab, dann gehn auch wir.

MARINA *geht ihrem Manne entgegen.* Ich hab' keine Lust, hinzugehn.

MARINAS MANN. Komm, sag' ich dir. Trinkst ein Gläschen und wünschst dem Schelm Petrunka Glück zu seiner Heirat. Man nimmt es dir übel, wenn du sie nicht begrüßt – komm, wir versäumen ja nichts. *Er umarmt sie und geht schwankend mit ihr ab.*

NIKITA *richtet sich empor und setzt sich aufs Stroh.* Ach, nun ist mir noch weher zumute, da ich sie gesehen habe. Wie glücklich war ich doch mit ihr! Um nichts und wider nichts hab' ich mein Leben vernichtet, meinen Kopf verwirkt. *Legt sich hin.* Wohin soll ich gehen, ach! Öffne dich, Mütterchen Erde, verschling mich!

ANIUTKA *sieht Nikita und eilt auf ihn zu.* Väterchen, hör' doch! Väterchen, hör' doch! Väterchen! Man sucht dich. Alle haben sie schon gesegnet, auch der Taufpate. Ich will gleich tot sein, wenn's nicht wahr ist. Sie sind schon böse, daß du nicht kommst.

NIKITA *für sich.* Wohin soll ich gehen?

ANIUTKA. Wie? Was sagst du, Väterchen?

NIKITA. Nichts sag' ich. Was willst du denn?

ANIUTKA. Komm doch, Väterchen! *Nikita schweigt, Aniutka zieht ihn an der Hand.* Väterchen, komm schon, segne sie. Alle sind schon böse und schelten. Kannst es wirklich glauben.

NIKITA *entzieht ihr heftig die Hand.* Laß mich in Ruhe!

ANIUTKA. Steh doch auf!

NIKITA *droht ihr mit dem Stricke.* Mach', daß du fortkommst, sag' ich. Ich brenn' dir sonst eins auf.

ANIUTKA. Dann schick' ich die Mutter her. *Läuft davon.*

NIKITA *allein, erhebt sich.* Wie kann ich denn hingehen? Wie kann ich das Heiligenbild in die Hand nehmen? Wie kann ich ihr in die Augen schauen? *Legt sich wieder hin.* Wenn doch die Erde sich öffnete, daß ich hineinkriechen könnte! Niemand würde mich sehen, und auch ich sähe niemand. *Erhebt sich wieder.* Nein, ich geh' nicht. Hol' sie der Henker. Ich geh nicht. *Zieht die Stiefel aus und ergreift den Strick; macht in diesen eine Schlinge und legt sie sich um den Hals.* So mach' ich's.

Matriona kommt vom Hofe her. Er sieht sie, nimmt den Strick vom Kopfe und legt sich wieder ins Stroh.

MATRIONA *tritt eilig auf ihn zu.* Nikita – he, Nikita! Da, nicht einen Laut gibt er von sich. Hast dir wohl einen Rausch angetrunken, wie? So komm doch, Nikituschka, komm, mein Lieber. Die Hochzeitsgäste sind schon ungeduldig.

NIKITA. Ach, was habt ihr mit mir gemacht! Ich bin gar kein Mensch mehr.

MATRIONA. Was ist dir denn? Komm, mein Junge, segne sie, wie's Brauch ist, und damit Schluß. Die Leute warten schon.

NIKITA. Wie soll ich sie denn segnen?

MATRIONA. Weißt du's nicht? Dann will ich dir's sagen,

NIKITA. Ich weiß wohl, wie man's macht – aber was ist sie denn, die ich da segnen soll? Was hab' ich aus ihr gemacht?

MATRIONA. Ach, nun fällt dir das wieder ein! Kein Mensch weiß darum, kein Hase, kein Hahn kräht danach. Sie will doch selbst heiraten!

NIKITA. Sie will?

MATRIONA. Mag sein, daß sie's aus Angst tut – aber sie tut's doch. Was bleibt ihr schließlich übrig? Hätt's früher überlegen sollen, jetzt darf sie sich nicht mehr sperren, 's ist doch alles in Ordnung: die Brautwerber haben sie zweimal gesehen, und ihr Geld kriegt sie auch – was wollen sie noch mehr?

NIKITA. Und was ist im Keller?

MATRIONA *lacht*. Was im Keller ist? Sauerkraut, Pilze, Kartoffeln – was sonst? Vergiß das doch endlich!

NIKITA. Ich kann's nicht vergessen. Immer wieder muß ich dran denken, immer wieder hör' ich's. Ach, was habt ihr mit mir gemacht!

MATRIONA. Aber, Junge, nimm endlich Vernunft an!

NIKITA *wendet sich um und liegt mit dem Gesicht zur Erde*. Mütterchen, quäl' mich nicht! Es geht mir schon bis dahin.

MATRIONA. Du mußt sie aber doch segnen! Sie tuscheln schon: der Vater ist mit einemmal weg und kommt nicht wieder – traut sich wohl nicht, sie zu segnen. Zeig' dich bloß nicht ängstlich, sonst kommen sie auf allerhand Vermutungen. Geh immer hübsch die breite Straße, dann hält dich keiner für 'nen Dieb. Fliehst du vor dem Wolfe, so rennst du dem Bären in die Arme. Nur sich nichts merken lassen, mein Junge, und keine Angst zeigen, sonst kommen sie erst recht dahinter.

NIKITA. Ihr habt mich da schön hineingebracht!

MATRIONA. Nun, sei schon vernünftig und komm mit. Gib ihr den Segen, wie's Brauch ist, und alles ist gut.

NIKITA *mit dem Gesicht zur Erde.* Ich krieg's nicht fertig!

MATRIONA *für sich.* Was ist das nur mit ihm? Alles schien in Ordnung, und mit einemmal wird er störrisch. Da ist wieder Hexerei im Spiel! ... Steh auf, Nikita – sieh doch, dort kommt auch Anisja, hat die Gäste allein gelassen.

ANISJA *geputzt, rot im Gesicht, angetrunken.* Nein, ist das schön heute, Mütterchen! So schön, und so anständig! Alle sind so vergnügt ... Wo ist er denn?

MATRIONA. Hier, mein Schätzchen, hier. Hat sich ins Stroh gelegt und liegt da. Er geht nicht.

NIKITA *sieht seine Frau an.* Da, nun hat sie sich auch betrunken ! Wie sie nach Schnaps stinkt! Mit so einer soll ich nun zusammenleben! *Wendet sich mit dem Gesicht zur Erde.* Und wenn's mir an den Kragen geht: ich schlage sie noch mal tot!

ANISJA. Nun seht doch, ins Stroh hat er sich gelegt! Hast wohl ein Räuschchen, wie? *Lacht.* Möcht' mich ein bißchen zu dir legen, aber ich hab' keine Zeit. Komm, ich führ' dich hin. Nein, so eine Hochzeit – die kann sich wirklich sehen lassen. Sogar 'ne Harmonika ist da, und wie hübsch die Frauen singen! Alle sind betrunken – wirklich, so achtbar, so schön!

NIKITA. Was ist so schön?

ANISJA. Die Hochzeit – eine so lustige Hochzeit! Alle sagen es: so eine Hochzeit kommt nicht oft vor, alles so anständig und fein. Komm, wir gehn zusammen ... bin zwar etwas angeheitert, aber ich führ' dich schon hin. *Nimmt ihn bei der Hand.*

NIKITA *entzieht ihr die Hand mit Widerwillen.* Geh voraus, ich komme gleich nach.

ANISJA. Sei nicht so griesgrämig! Nun sind wir doch alle Sorgen los – die Friedensstörerin kommt fort, und wir leben wieder froh und glücklich miteinander. Alles ist so anständig verlaufen, in der schönsten Ordnung. Wie froh ich darüber bin – kann's gar nicht sagen. Als ob ich zum zweitenmal Hochzeit machte. Ei, und wie vergnügt die Gäste sind! Alle haben sich bedankt für die Einladung. Und so vornehme Gäste: Iwan Moseïtsch, und der Herr Wachtmeister, beide haben uns beehrt.

NIKITA. So bleib doch bei ihnen, warum kommst du denn hierher?

ANISJA. Ich muß auch gleich wieder hin, sonst heißt es: Die Gastgeber laufen weg und lassen die Gäste allein. So vornehme Gäste!

NIKITA *erhebt sich und sucht das Stroh von seinen Kleidern ab.* Geht nur, ich komme gleich nach.

MATRIONA. Sieh da, die Nachtigall versteht's besser als die Lerche! Auf mich hat er nicht gehört, und der Frau folgt er gleich! *Matriona und Anisja schicken sich zum Gehen an.* Du kommst doch wirklich?

NIKITA. Gleich komm' ich. Geht nur, ich folge euch sofort. Ich komme und segne sie ... *Die Frauen bleiben stehen.* So geht doch ... ich komme gleich nach. Geht nur. *Die Frauen ab.*

NIKITA *sieht ihnen sinnend nach, setzt sich dann und zieht die Stiefel aus.* So – jetzt folge ich euch! Freilich, freilich ... an der Stange, da könnt ihr mich suchen. Die Schlinge um den Hals und dann ein Sprung – nun mögt ihr mich suchen! Gut, daß ich den Strick hier zur Hand habe! *Versinkt in Nachdenken.* Ach, diese schreckliche Qual – könnt' ich sie doch herausreißen aus der Seele! Aber sie sitzt zu fest, zu tief da drinnen. *Blickt nach dem Hofe.* Sie kommt doch nicht etwa zurück? *Ahmt Anisja nach.* „So schön, so anständig! Ich möchte mich zu dir legen!" Pfui, du gemeines Weib! Wart', bis sie mich von der Querstange da abgeschnitten haben, dann kannst du dich zu mir legen. So, nun mach' ich ein Ende ... *Hebt den Strick auf und zerrt daran.*

MITRITSCH *richtet sich auf, betrunken; läßt den Strick nicht los.* Halt! Ich geb' ihn nicht. Niemandem geb' ich ihn. Ich bring's selber. Wenn ich sage, ich bringe das Stroh, dann bring' ich's auch. Du bist es, Nikita? *Lacht.* Ach, zum Teufel – willst du Stroh holen?

NIKITA. Gib den Strick her.

MITRITSCH. Nein, da kannst du lange warten, die Bauern haben mich nach Stroh geschickt, und so bring' ich's auch ... *Steht auf und beginnt das Stroh zusammenzuraffen, kommt jedoch ins Schwanken, reckt und streckt sich und fällt schließlich hin.* Er ist stärker als ich ... hat mich geworfen, siehst du!

NIKITA. Gib die Leine her.

MITRITSCH. Nein, hab' ich gesagt, und dabei bleibt's. Ach, Mikischka, wie dumm du doch bist! Ein richtiger Dummerjan! *Lacht.* Ich hab' dich ganz gern, aber du bist eben dumm. Guckst mich wohl an, weil ich betrunken bin, hä? Und ich denk': hol' dich der Teufel! Bildest dir wohl ein, ich brauche dich? Ha ha ... Sieh mich mal an: ich bin Unteroff'zier! Sprich's mal nach, du Dummkopf:

Unteroffizier des ersten Leibgrenadierregiments Ihrer Majestät der Kaiserin! Hab' dem Zaren und dem Vaterlande treu und redlich gedient Wer bin ich nun? Ein Soldat, glaubst du wohl? Nein, ich bin kein Soldat, sondern das beklagenswerteste aller Menschenkinder, eine Waise, ein armer Verirrter. Ich hatte geschworen, nie mehr zu trinken, und nun hab' ich doch getrunken … Sag' mal – du glaubst wohl, ich fürcht' mich vor dir? Nein! Ich fürcht' mich vor niemand! Hab' ich getrunken – schön, dann hab' ich getrunken. Zwei Wochen lang werde ich jetzt saufen, was das Zeug hält, alles bis aufs Hemd versauf' ich, die Mütze, den Paß versauf ich, alles, alles. Und keinen Menschen fürcht' ich! Beim Militär haben sie mich mit Ruten geschlagen, um mir das Saufen abzugewöhnen, haben geschlagen, geschlagen, und fragten dann: Na, wirst du noch saufen? Ja, sagt' ich, erst recht. Warum soll ich mich vor ihnen fürchten? So bin ich, siehst du – wie mich eben Gott geschaffen hat! Ich hatt's abgeschworen, zu trinken – und trank auch nicht. Jetzt hab' ich wieder angefangen – und trink' eben. Furcht hab' ich vor keinem Menschen. Weil ich nämlich nicht lüge, sondern immer sage, wie es ist … Warum soll ich die Menschen fürchten? Da habt ihr mich, sag' ich, so bin ich! Ein Pope sagte mir, der Teufel sei der größte Aufschneider. Sobald du erst anfängst zu schwindeln, sagte er, dann wirst du gleich furchtsam, und sowie du erst Furcht hast vor den Menschen, kommt der Kerl mit dem Pferdefuß, packt dich beim Schlafittchen und schleppt dich, wohin er will. Sowie ich aber die Menschenfurcht überwinde, wird mir gleich leichter. Ich spuck' ihm in den Bart: Da, friß es! – und er kann mir nichts anhaben.

NIKITA *bekreuzt sich.* Und ich hätte mich ihm beinahe ergeben! Wirft den Strick fort.

MITRITSCH. Was sagst du?

NIKITA *erhebt sich.* Du sagst, man soll die Menschen nicht fürchten?

MITRITSCH. D i e fürchten? Das wär' so was! Dieses Lumpenpack ! Sieh sie dir mal in der Badestube an! Alle aus einem Teig gebacken. Der eine hat 'nen größeren Bauch, der andere 'nen kleineren, das ist der einzige Unterschied. Und die soll man fürchten? Der Henker mag sie holen!

MATRIONA *kommt vom Hofe her, ruft laut.* Na, kommst du endlich?

NIKITA. Ach! 's ist wohl besser so. Ich komme! *Geht nach dem Hofe zu.*

Vorhang.

ZWEITES BILD

Stube des ersten Aufzugs. Gäste sitzen an den Tischen oder stehen herum. Vorn in der Ecke Akulina mit dem Bräutigam. Auf dem Tische Heiligen-bilder und Brot. Unter den Gästen Marina mit ihrem Manne und der Po-lizeiwachtmeister. Brautkutscher, Brautführer, Heiratsvermittlerin, Mat-riona, Zuschauer. Die Frauen singen Lieder. Anisja traktiert die Gäste mit Branntwein. Der Gesang verstummt.

BRAUTKUTSCHER. Ja, soll denn gefahren werden? Dann ist's aber Zeit! Bis zur Kirche ist's ein ganzes Ende.

BRAUTFÜHRER. Wart' nur, der Stiefvater hat sie noch nicht gesegnet. Wo steckt er denn?

ANISJA. Er kommt schon, gleich ist er da, meine Lieben. Nehmt's nicht übel, trinkt noch ein Gläschen.

HEIRATSVERMITTLERIN. Das dauert ja ewig. Wir warten schon, wer weiß, wie lange.

ANISJA. Jeden Augenblick muß er kommen. Eh' ihr euch's verseht, ist er da. Trinkt, meine Lieben. *Reicht Branntwein herum.* Gleich ist er da. Singt inzwischen noch ein Lied, meine Schönen.

BRAUTKUTSCHER. Haben ja schon alles gesungen, so lange warten wir schon.

Die Weiber singen; mitten im Liede treten Nikita und Akim ein.

NIKITA *hält Akim an der Hand und schiebt ihn vor sich her.* Geh, Väter-chen, du mußt dabei sein.

AKIM. Ich möcht' lieber nicht, heißt das, nämlich …

NIKITA *zu den Weibern.* Seid still, ihr da! *Überschreit die Anwesenden.* Marina, bist du da?

HEIRATSVERMITTLERIN. Geh, nimm das Bild und gib ihnen den Se-gen!

NIKITA. Wart' doch, es eilt nicht. *Sieht sich um.* Akulina, bist du da?

HEIRATSVERMITTLERIN. Warum rufst du denn alle beim Namen auf?

114

Wie sonderbar er ist…

ANISJA. O Gott, er hat ja keine Stiefel an!

NIKITA. Väterchen, bist du da! Blick' her zu mir! Rechtgläubige Gemeinde, ihr alle seid nun da, und ich bin mitten unter euch – seht, hier bin ich! *Sinkt auf die Knie.*

ANISJA. Nikituschka, was tust du? O ich armes, armes Weib!

HEIRATSVERMITTLERIN. Jetzt wird's aber lustig!

MATRIONA. Ich sag's ja: er hat zuviel von dem Franzö'schen getrunken! So nimm doch Vernunft an! Was tust du? *Sie wollen ihn aufheben, er achtet jedoch auf niemand und sieht nur vor sich hin.*

NIKITA. Rechtgläubige Gemeinde! Ich bin schuldig, ich will Buße tun.

MATRIONA *zerrt ihn an der Schulter.* Was fällt dir ein? Bist du toll geworden? Er hat den Verstand verloren, meine Lieben, man muß ihn wegbringen.

NIKITA *schüttelt sie von sich ab.* Laß mich! Und du, Väterchen, hör' zu. Zuerst kommst du, Marina – sieh her! *Neigt sich bis zur Erde vor ihr und richtet sich wieder empor.* Ich bin schuldig vor dir – hab' dir die Heirat versprochen und dich verführt. Betrogen hab' ich dich, und dich verlassen – verzeih' mir um Christi willen! *Neigt sich wieder bis zur Erde vor ihr.*

ANISJA. Was schwatzt er da? Das gehört doch gar nicht hierher, kein Mensch fragt nach den alten Geschichten. Steh auf, hörst du? Benimm dich anständig!

MATRIONA. Er ist wohl gar behext? Ach du meine Güte! Wie ist denn das gekommen? Richtig verdreht hat man ihm den Kopf! So steh doch auf, schwatz' kein dummes Zeug. *Sucht ihn emporzuziehen.*

NIKITA *schüttelt den Kopf.* Rühr' mich nicht an! Vergib mir, Marina. Schwer gefehlt hab' ich gegen dich, vergib mir um Christi willen. *Marina hält die Hände vors Gesicht; sie schweigt.*

ANISJA. Steh auf, sag' ich – schickt sich denn das, wie? Diesen Schmutz aufzurühren! Schämen solltest du dich, davon auch nur zu reden. Ach, ich armes Weib – ist er denn toll geworden?

NIKITA *stößt sie von sich, wendet sich zu Akulina.* Zu dir spreche ich jetzt, Akulina. Höre es, rechtgläubige Gemeinde: ich bin ein großer Sünder! Auch vor dir bin ich schuldig, Akulina. Dein Vater ist nicht auf natürliche Art gestorben – er ist vergiftet worden.

ANISJA *schreit auf.* Ach, ich armes Weib! Was sagt er?

MATRIONA. Er ist nicht bei Troste! Führt ihn doch fort von hier!

Die Gäste kommen näher und wollen ihn wegführen.

AKIM *wehrt sie mit den Händen ab.* Laßt ihn! Laßt ihn reden, heißt das, meine Lieben!

NIKITA. Ich hab'ihn vergiftet, Akulina. Vergib mir um Christi willen!

AKULINA *springt auf.* Er lügt ja! Ich weiß, wer's getan hat.

HEIRATSVERMITTLERIN. Was mischst du dich ein? Bleib doch sitzen!

AKIM. O Gott! Welche Sünde, welche Sünde!

WACHTMEISTER. Nehmt ihn fest! Schickt den Gemeindevorsteher her und Leute als Zeugen! Ich muß ein Protokoll aufnehmen. Du, hör' mal – steh auf und tritt hierher!

AKIM *zum Wachtmeister.* Laßt ihn mal, heißt das, du mit den blanken Knöpfen, nämlich – laß ihn weiterreden, heißt das, nämlich …

WACHTMEISTER *zu Akim.* Steck deine Nase nicht 'rein, Alter, hörst du? Ich muß das Protokoll aufnehmen.

AKIM. Was du sagst! … Und ich sag': laß ihn, heißt das, und red' jetzt von keinem Protokoll. Hier geschieht Gottes Werk, nämlich. … ein Mensch tut Buße, und du, heißt das, sprichst vom Protokoll. …

WACHTMEISTER. Holt den Gemeindevorsteher!

AKIM. Sobald Gottes Werk sich vollzogen hat, heißt das, magst auch du tun, nämlich, was deines Amtes ist.

NIKITA. Noch eine andre Sünde hab' ich an dir begangen, Akulina: ich habe dich verführt. Vergib mir um Christi willen! *Neigt sich vor ihr bis zur Erde.*

AKULINA *verläßt ihren Platz am Tische und tritt vor.* Laßt mich, ich will nicht heiraten. Nur weil er mich's geheißen hat, sagt' ich „ja" – jetzt aber tu' ich's nicht.

WACHTMEISTER. Wiederhole, was du gesagt hast.

NIKITA. Warten Sie, Herr Wachtmeister, lassen Sie mich ausreden.

AKIM *feierlich.* Sprich, mein geliebter Sohn, sag' alles heraus – es wird dir leichter werden. Tu' Buße vor Gott und fürchte die Menschen nicht. Gott ist's, Gott, der hier wirkt – auf ihn allein höre!

NIKITA. Den Vater hab' ich vergiftet, ich Schurke, und die Tochter ins Unglück gestürzt. Statt ihr Beschützer zu sein, hab' ich sie zugrunde gerichtet samt ihrem kleinen Kinde.

AKULINA. Das ist wahr, ist wahr.

NIKITA. Im Keller hab' ich ihr Kind totgedrückt, mit einem Brett. Ich saß auf ihm … und drückte … und die Knöchelchen knackten so. *Weint.* Und dann hab' ich's vergraben. Ich tat es, ich ganz allein.

AKULINA. Er lügt! Ich hab's ihn geheißen …

NIKITA. Versuche nicht, mich zu retten. Ich fürchte jetzt niemand mehr! Vergib mir, rechtgläubige Gemeinde! *Neigt sich bis zur Erde.*

Schweigen.

WACHTMEISTER. Bindet ihn! Mit eurer Hochzeit ist's ja nun doch nichts mehr. *Leute mit Gurten treten näher.*

NIKITA. Wartet, ich lauf' euch nicht fort… *Neigt sich vor dem Vater bis zur Erde.* Väterchen, Geliebter! Vergib auch du mir ruchlosem Sünder. Als ich diesen Weg des Lasters betrat, warntest du mich gleich. Steckt erst die Kralle in der Schlinge, sagtest du, dann ist auch das Vögelchen verloren. Ich hörte nicht auf dich – und nun ist's gekommen, wie du sagtest. Vergib mir um Christi willen!

AKIM *feierlich.* Gott wird dir vergeben, mein lieber, teurer Sohn. *Umarmt ihn.* Hast mit dir selbst kein Erbarmen gehabt, drum wird er sich deiner erbarmen. Gott nämlich, Gott! …

Der Gemeindevorsteher tritt ein.

GEMEINDEVORSTEHER. Besondere Zeugen hab' ich nicht mehr mitgebracht – es sind ja schon genug Leute hier.

Nikita wird gebunden.

AKULINA *tritt an Nikitas Seite.* Verhöre auch mich, ich werde die Wahrheit sagen.

NIKITA *ist bereits gebunden.* Es gibt nichts zu verhören. Ich bin der einzige Schuldige. Ich hab's getan und nehme die Strafe auf mich. Führt mich ab, weiter hab' ich nichts zu sagen.

Vorhang.

1886

Leo N. Tolstoj
Die Früchte der Bildung

Lustspiel in vier Aufzügen

Übersetzt von
Raphael Löwenfeld

Verlegt bei Eugen Diederichs in Jena 1905

Die Früchte der Bildung

Lustspiel in vier Aufzügen[1]

PERSONEN

(Die mit Akzent versehene Silbe ist zu betonen.
Anmerkung des Herausgebers [R. L.])

LEONÍD FJÓDOROWITSCH SWJESDÍNZEW, Leutnant der Garde-Kavallerie a.D.,
Besitzer von 24.000 Morgen in verschiedenen Provinzen. Ein rüsti-
ger Mann von etwa sechzig Jahren, verbindlicher, liebenswürdiger
Gentleman. Er ist Anhänger des Spiritismus und hat ein Vergnügen
daran, andere durch seine Erzählungen in Erstaunen zu setzen.

ÁNNA PÁWLOWNA SWJESDÍNZEW, seine Gattin, eine üppige, gern jugend-
lich erscheinende Dame, sehr bedacht auf die Beobachtung der gesellschaftlichen Formen; sie schätzt ihren Gatten gering, hat blindes
Vertrauen zu ihrem Arzte. Eine leicht erregbare Dame.

BETSY, ihre Tochter, ein zwanzigjähriges junges Mädchen aus der großen Welt. Sie läßt sich in ihren Manieren gehen, ahmt den Männern
nach, trägt ein Pincenez, kokettiert und lacht viel. Sie spricht sehr
schnell und sehr deutlich, indem sie die Lippen wie eine Ausiände-
rin stark bewegt.

WASSÍLIJ LEONÍDYTSCH, ihr Sohn, fünfundzwanzig Jahr alt, Dr. juris, ohne Berufstätigkeit, Mitglied des Radfahrervereins, des Rennvereins
und der Gesellschaft zur Züchtung von Windhunden. Ein junger
Mann von vortrefflicher Gesundheit und unerschütterlichem Selbst-
bewußtsein. Er spricht laut und abgerissen. Er ist bald vollkommen
ernst, beinahe düster, bald ausgelassen heiter und lacht laut.

---

[1] Leo N. TOLSTOJ: *Die Früchte der Bildung*. Lustspiel in vier Aufzügen. Übersetzt
von Raphael Löwenfeld. Leipzig: Eugen Diederichs 1905. [172 Seiten] – Anmerkung von R. Löwenfeld zu dieser Ausgabe ebd.: „Die vorliegende Übertragung
gibt den Wortlaut des Originals vollständig wieder. Für die Bühne hat der Übersetzer eine besondere Bearbeitung geliefert, die sich in den Aufführungen des
Berliner Residenztheaters gut bewährt hat. – Das Recht der Aufführung der hier
folgenden Übersetzung und der Bühnenbearbeitung ist ausschließlich durch die
Verlagsfirma A. Entsch in Berlin NW. 6 zu erwerben."

ALEXÉJ WLADÍMIROWITSCH KRUGOßWJÉTLOW, Professor. Ein Gelehrter, fünfzig Jahr alt, mit ruhigen, verbindlich-selbstbewußten Umgangsformen und einer ebensolchen langsamen, singenden Sprechweise. Er hört sich gern sprechen. Andersdenkende behandelt er mit freundlicher Geringschätzung. Er raucht stark. Ein hagerer, beweglicher Mann.

DER ARZT, ein vierzigjähriger, gesunder, wohlbeleibter Mann mit rotem Gesicht. Laut und derb. Er lächelt stets selbstzufrieden.

MÁRJA KONSTANTÍNOWNA, ein zwanzigjähriges Mädchen, früher Zögling des Konservatoriums, jetzt Musiklehrerin, trägt Stirnlöckchen, geht in übertrieben moderner Toilette, hat eine schmeichlerische Art und ist von schüchternem Wesen.

PETRÍSCHTSCHEW, achtundzwanzigjährig, Philologe, Dr., er sucht eine Tätigkeit; Mitglied derselben Vereine wie Wassilij Leonidytsch, außerdem noch des Vereins zur Veranstaltung von Bällen in Promenadenkleidern; kahlköpfig, lebhaft in Bewegung und Rede, sehr höflich.

DIE BARONIN, eine vornehme Dame von etwa fünfzig Jahren, sie bewegt sich schwerfällig und spricht eintönig.

DIE FÜRSTIN, eine Weltdame, Gast im Hause.

DIE PRINZESSIN (Tochter der Fürstin), ein junges Mädchen aus der großen Welt, launenhaft und nervös. Gast im Hause.

DIE GRÄFIN, eine altfränkische Dame, die sich kaum bewegen kann, mit falschen Locken und Zähnen.

GROßMANN, brünett, von jüdischem Typus, sehr lebhaft, nervös, spricht sehr laut.

EINE DICKE DAME, Márja Wassíljewna Tolbúchin, eine sehr vornehme, reiche, gutmütige Dame, mit allen berühmten Leuten der Vergangenheit und Gegenwart bekannt. Sie ist sehr dick, spricht hastig, um die andern mundtot zu machen. Sie raucht.

BARON KLINGEN (Kokó), Dr. der Petersburger Universität, Kammerjunker, bei einer Botschaft angestellt. Höchst korrekt, daher voll Seelenruhe und stillvergnügt.

EINE DAME.

EINE GUTSBESITZERIN (stumme Person).

SSACHÁTOW, Ssergéj Iwánowitsch, etwa fünfzigjährig, Ministerialdirektor a. D. Ein eleganter Herr von vielseitiger europäischer Bildung. Er ist ohne Beschäftigung und interessiert sich für alles. Seine Haltung ist würdevoll, sogar ein wenig abweisend.

FJÓDOR IWÁNYTSCH, Kammerdiener, nahe an sechzig. Ein gebildeter und nach Bildung strebender Mann, der im Gebrauch des Pincenez und des Taschentuchs, das er stets langsam auseinanderfaltet, zu viel tut. Er interessiert sich auch für die Politik. Ein vernünftiger und guter Mensch.

GRIGÓRIJ, Lakai, achtundzwanzigjährig, ein hübscher Mensch, ausschweifend, mißgünstig und frech.

JAKOB, vierzigjährig, Hausverwalter, ein übereifriger, gutmütiger Mensch, der sich gern um die Familienangelegenheiten der Bauern kümmert.

SSEMJÓN, Küchenjunge. Ein gesunder, frischer Bauernbursche von 20 Jahren, hellblond, noch bartlos, ruhig, freundlich lächelnd.

DER KUTSCHER, fünfunddreißigjährig. Ein Geck, trägt nur einen Schnurbart, grob und kurz angebunden.

DER ALTE KOCH, fünfundvierzig Jahr alt, mit struppigem Haar, unrasiert, mit aufgedunsenem, gelblichem Gesicht und zitternden Händen; er trägt einen zerrissenen Nanking-Sommermantel, schmutzige Hosen und zerfetzte Schuhe; er spricht heiser und bringt die Worte schwer und stoßweise hervor.

DIE KÖCHIN, etwa dreißig Jahr alt, mißvergnügt, hat den Mund auf dem rechten Fleck.

DER HAUSMEISTER, ein ausgedienter Soldat.

TÁNJA, Stubenmädchen, etwa neunzehn Jahr alt, ein energisches, kräftiges, lustiges, schnell die Stimmung wechselndes Mädchen. In Augenblicken starker freudiger Erregung quietscht sie.

ERSTER BAUER, sechzigjährig, früher Dorfältester, glaubt den Verkehr mit Herren zu kennen und hört sich gern sprechen.

ZWEITER BAUER, fünfundvierzigjährig, Besitzer, derb und geradezu; er macht nicht gern viel Worte. Ssemjons Vater.

DRITTER BAUER, siebzigjährig, trägt Bastschuhe, nervös, unruhig, immer in Eile, er ist schüchtern und sucht durch Worte seine Schüchternheit zu betäuben.

ERSTER WAGENLAKAI DER GRÄFIN. Ein alter Mann von altem Schlage, voll Stolz auf seine Stellung.

ZWEITER WAGENLAKAI. Ein gesunder, derber Riesenkerl.

EIN LADENDIENER, in blauer ärmelloser Jacke. Hat ein wohlgepflegtes rotes Gesicht. Er spricht energisch, eindringlich und deutlich.

Die Handlung spielt in der Hauptstadt,
im Hause der Swjesdinzews.

ERSTER AUFZUG

Die Bühne stellt das Vorzimmer eines reichen Hauses in Moskau dar. Drei Türen: Außentür, Tür zu Leonid Fjodorowitschs Arbeitszimmer und zu Wassilij Leonidytschs Zimmer. Eine Treppe führt hinauf in die Wohnzimmer; hinter der Treppe ein Durchgang zum Büffet.

1. Auftritt

GRIGORIJ (*ein junger, hübscher Lakai; er betrachtet sich im Spiegel und macht sich schön*)

GRIGORIJ: Schad' um den Schnurrbart. Ein Lakai, meint die Herrschaft, darf keinen Schnurrbart haben. Und warum? Damit alle Welt weiß, du bist Lakai! Man könnte ja leicht das liebe Söhnchen ausstechen. Na, den! Auch ohne Schnauzer kann ich mich noch mit dem messen … (*Er betrachtet sich lächelnd im Spiegel*) Und wie viele Mädchen laufen mir nach? Aber keine gefällt mir so wie diese Tanja. Nur ein Stubenmädchen! Nn– ja! Aber doch hübscher als das gnädige Fräulein. (*Er lächelt*) Und lieb ist sie! (*Horcht*) Sie kommt! (*Er lächelt*) Wie sie mit den Absätzen klappert … Ha!

2. Auftritt

GRIGORIJ und TANJA (*mit Pelzjacke und Stiefeletten*)

GRIGORIJ: Ergebenster Diener, Fräulein Tatjana!

TANJA: Wie, immer vor dem Spiegel? Sie glauben wohl, Sie sind sehr hübsch?

GRIGORIJ: Bin ich etwa nicht nett?

TANJA: So so, nicht hübsch, nicht häßlich, so 'n Mittelding. Warum hängt hier alles so voller Pelze?

GRIGORIJ: Ich werde sofort aufräumen, mein Fräulein. (*Er nimmt einen Pelz herunter, legt ihn Tanja um und umfaßt sie dabei*) Tanja, was ich Dir sagen wollte …

TANJA: Gehen Sie mir! Was fällt Ihnen denn ein? (*Sie reißt sich erzürnt los*) Lassen Sie mich in Ruhe, sag' ich!

GRIGORIJ (*sich umsehend*): Aber einen Kuß!

TANJA: Was fällt Ihnen denn eigentlich ein? Ich will Ihnen einen solchen Kuß geben … (*Sie holt mit der Hand aus*)

WASSILIJ (*klingelt hinter der Bühne und ruft dann*): Grigorij!

TANJA: Sehen Sie! Gehen Sie hinein, der Herr ruft!

GRIGORIJ: Er kann warten, er hat eben erst die Augen geöffnet. Sag' doch, warum liebst Du mich nicht?

TANJA: Was reden Sie da von Lieben! Ich liebe niemand!

Grigorij: Nicht wahr! Ssemjon liebst Du! Das ist der rechte, der Küchenjunge mit den roten Tatzen!

TANJA: Mag er sein, wie er will, Sie sind doch eifersüchtig auf ihn!

WASSILIJ (*hinter der Bühne*): Grigorij!!

GRIGORIJ: Kannst warten! … Es verlohnt, auf den eifersüchtig zu sein! Dazu hast Du Deine Bildung, um mit dem anzubandeln? Wenn Du mich liebtest, das wäre 'ne Sache … Tanja …

TANJA (*zornig und streng*): 's hat gar keinen Zweck, sage ich Ihnen.

WASSILIJ (*hinter der Bühne*): Grigorij!!!

GRIGORIJ: Sie sind furchtbar streng.

WASSILIJ (*hinter der Bühne, hartnäckig, gleichmäßig, aus voller Kraft rufend*): Grigorij, Grigorij, Grigorij!

(*Tanja und Grigorij lachen*)

GRIGORIJ: Wenn Sie wüßten, was für Mädchen mir gut waren!

(*Es klingelt*)

TANJA: Nun gehen Sie schon zum Herrn, und lassen Sie mich in Ruhe.

GRIGORIJ: Ich sehe, Du bist dumm. Ich bin doch nicht Ssemjon.

TANJA: Ssemjon denkt an Heiraten und nicht an Dummheiten.

3. Auftritt

GRIGORIJ, TANJA und GESCHÄFTSDIENER (*bringt einen großen Karton mit einem Kleide*)

DIENER: Schönen guten Morgen!

GRIGORIJ: Guten Tag! Von wem?

DIENER: Von Burdir, das Kleid, und hier einen Brief für die gnädige Frau.

TANJA (*nimmt den Brief*): Nehmen Sie hier Platz, ich werde ihn abgeben. (*Ab*)

4. Auftritt

GRIGORIJ, DIENER und WASSILIJ LEONIDYTSCH (*erscheint in Hemdsärmeln und Pantoffeln in der Tür*)

WASSILIJ: Grigorij!
GRIGORIJ: Zu Befehl!
WASSILIJ: Grigorij, bist Du denn taub?
GRIGORIJ: Ich bin den Augenblick gekommen.
WASSILIJ: Warm' Wasser und Tee!
GRIGORIJ: Ssemjon wird's gleich bringen.
WASSILIJ: Und was ist das? Von Bourdier?
DIENER: Zu Befehl, gnädiger Herr!
(*Wassilij Leonidytsch und Grigorij ab. – Es klingelt*)

5. Auftritt
GESCHÄFTSDIENER und TANJA (kommt herein und öffnet die Tür)
TANJA (*zum Diener*): Warten Sie!
DIENER: Ich warte schon.

6. Auftritt
DIENER, TANJA und SSACHATOW (tritt ein)
TANJA: Verzeihen Sie, der Lakai ist diesen Augenblick fortgegangen.
    Aber bitte, treten Sie näher. Gestatten Sie. (*Sie nimmt den Pelz ab*)
SSACHATOW (*sich zurechtmachend*): Ist Leonid Fjodorowitsch zu Hause? Schon aufgestanden?
(*Es klingelt*)
TANJA: Gewiß. Schon lange!

7. Auftritt
DIESELBEN. Der ARZT (tritt ein)
ARZT (*sich nach dem Lakai umsehend. Er bemerkt Ssachatow, verbindlich*):
    Ah, ich habe die Ehre!
SSACHATOW (*genau hinsehend*): Der Doktor, wenn ich nicht irre?
ARZT: Und ich habe geglaubt, Sie sind im Ausland. Kommen Sie zu
    Leonid Fjodorowitsch ?
SSACHATOW: Ja. Und Sie? Ist etwa jemand krank?
ARZT (*lächelnd*): Nun, krank gerade nicht, aber Sie wissen doch, mit
    den Damen hat man seine Not! Bis drei Uhr sitzt sie jeden Tag
    am Kartentisch und trinkt auch gern ein Gläschen. Und so ist sie
    nun fett und dick, ist auch nicht mehr die Jüngste …
SSACHATOW: Sagen Sie auch Anna Pawlowna Ihre Diagnose so rund
    heraus? Das würde ihr kaum gefallen, denk' ich.

124

ARZT (*lachend*): Was, habe ich nicht recht? Alles mögliche treiben sie, dann gibt's Störung der Verdauungsorgane, Druck auf die Leber, Nervenleiden – die Bescherung ist da; dann heißt's zurechtflicken. Man hat seine Not mit ihnen! (*Er lächelt*) Und Sie? Sie sind ja wohl auch Spiritist, nicht wahr?

SSACHATOW: Ich? Nein, ich bin nicht auch Spiritist … Herr Doktor, ich habe die Ehre! (*Er will gehen, der Arzt halt ihn zurück*)

ARZT: Nicht doch, ich leugne ja auch nicht völlig den Spiritismus. Wenn ein Mann wie Krugoßwjetow sich der Sache widmet. Wie wäre es auch möglich? Ein Professor, eine europäische Berühmtheit. Etwas muß doch daran sein. Ich hätte gern einmal zugesehen; aber ich habe keine rechte Zeit, man ist beschäftigt.

SSACHATOW: Ja, ich glaub's gern. – Leben Sie wohl! (*Entfernt sich mit leichtem Gruß*)

ARZT (*zu Tanja*): Schon aufgestanden?

TANJA: Sie sind im Schlafzimmer. Bitte, gehen Sie nur hinein.

(*Ssachatow und der Arzt gehen durch verschiedene Türen ab*)

8. Auftritt

GESCHÄFTSDIENER, TANJA und der KAMMERDIENER, FJODOR IWANYTSCH (tritt ein mit einer Zeitung in der Hand)

KAMMERDIENER (*zum Diener*): Was wünschen Sie?

DIENER: Das Kleid von Burdir und ein Brief. Die Herrschaft hieß mich warten.

KAMMERDIENER: Ah, von Bourdier! (*Zu Tanja*) Wer ist eben hier gewesen?

TANJA: Herr Ssachatow und der Doktor. Sie haben hier ein Weilchen gestanden und geplaudert, nur vom Spirituismus.

KAMMERDIENER (*verbessernd*): Vom Spiritismus.

TANJA: Ich sage ja vom Spirituismus. Haben Sie schon gehört, Fjodor Iwanytsch, wie gut alles das letzte Mal gelungen ist? (*Sie lacht*) Es hat geklopft, und die Sachen sind durch die Luft geflogen.

KAMMERDIENER: Woher weißt Du das?

TANJA: Das gnädige Fräulein hat es gesagt.

9. Auftritt

TANJA, KAMMERDIENER, DIENER und der Hausverwalter JAKOB (eilig eintretend, mit einem Glase Tee)

JAKOB (*zum Diener*): Guten Tag!

DIENER (*finster*): Guten Tag!

(*Jakob klopft an Wassilij Leonidytschs Tür*)

10. Auftritt

DIESELBEN und GRIGORIJ

GRIGORIJ: Gib her.

JAKOB: Die Gläser von gestern sind noch immer nicht zurück, auch das Tablett vom jungen Herrn. Ich bin doch verantwortlich dafür.

GRIGORIJ: Das Tablett liegt bei ihm voll von Zigaretten.

JAKOB: So legen Sie die wo anders hin. Man forderts doch von mir!

GRIGORIJ: Ich bring's schon, ich bring's schon!

JAKOB: Ich bring's schon – ja, wo ist es? Gerade, wenn man es braucht, hat man's nicht.

GRIGORIJ: Ich sag' Dir ja, ich bring's. Mach' nicht solchen Lärm!

JAKOB: Sie haben gut reden, aber ich – zum drittenmal heißt's Tee reichen, Frühstück vorbereiten. Ewig hin und her, so geht's Tag für Tag. Wer im Haus tut mehr als ich? Und immer gibt's was auszusetzen.

GRIGORIJ: Wo gibt's einen tüchtigeren Menschen? Wahrhaftig, sehr tüchtig!

TANJA: In Ihren Augen gibt es nur einen, der tüchtig ist, Sie …

GRIGORIJ (*zu Tanja*): Dich hat niemand gefragt! (*Ab*)

11. Auftritt

TANJA, JAKOB, KAMMERDIENER und DIENER

JAKOB: Na, es macht nichts, ich bin nicht beleidigt. Fräulein Tatjana, hat die gnädige Frau gar nichts gesagt wegen gestern?

TANJA: Wegen der Lampe?

JAKOB: Wie war es nur möglich, daß sie mir aus der Hand fiel! Gott mag's wissen. Ich wollte sie gerade abwischen, ich faßte sie nur an, – pautz, lag sie unten … Lauter kleine Stückchen. Ich habe immer Unglück! Grigorij Michajlitsch hat leicht reden, er steht allein da, aber wenn man Familie hat, da heißt's die Gedanken zusammen haben, das will ernährt sein. Mir ist keine Arbeit zu viel. Sie hat also kein Wort gesagt? Gott sei Dank! Wieviel Löffelchen haben Sie, Fjodor Iwanytsch, eins oder zwei?

KAMMERDIENER: Eins, eins. (*Liest die Zeitung*) (*Jakob ab*)

12. Auftritt

TANJA, KAMMERDIENER und DIENER. (Man hört klingeln) GRIGORIJ (mit einem Tablett) und der Hausmeister (treten ein)

HAUSMEISTER (*zu Grigorij*): Melden Sie dem Herrn, es sind Bauern aus dem Dorfe da.

GRIGORIJ (*zeigt auf den Kammerdiener*): Meld's dem Kammerdiener, ich habe keine Zeit. (*Ab*)

13. Auftritt

TANJA, KAMMERDIENER, HAUSMEISTER und DIENER

TANJA: Woher sind die Bauern?

HAUSMEISTER: Aus der Gegend von Kursk, glaube ich.

TANJA (*quietscht*): Sie sind's … Das ist Ssemjons Vater wegen des Landes. Ich gehe ihnen entgegen. (*Läuft fort*)

14. Auftritt

KAMMERDIENER, HAUSMEISTER und DIENER

HAUSMEISTER: Was soll geschehen? Soll ich sie einlassen, oder was? Sie sagen – sie kämen wegen des Landes, der Herr weiß schon.

KAMMERDIENER: Ja, wegen des Ankaufs von Land. Es ist richtig. Er hat jetzt Besuch. Geh', sag', sie sollen warten.

HAUSMEISTER: Wo sollen sie denn warten?

KAMMERDIENER: Sie sollen auf dem Hofe warten, ich lasse sie rufen. (*Hausmeister ab*)

15. Auftritt

KAMMMERDIENER, TANJA, (ihr folgen) DREI BAUERN, GRIGORIJ und DIENER

TANJA: Rechts. Hier, hier!

KAMMERDIENER: Ich habe Dir doch gesagt, nicht hier hereinbringen!

GRIGORIJ: Ja, ja, sie ist wie Quecksilber.

TANJA: Tut ja nichts, Fjodor Iwanytsch, sie werden hier in der Ecke stehen.

KAMMERDIENER: Sie werden alles schmutzig machen.

TANJA: Sie haben die Füße abgerieben, und ich werde wieder aufwischen. (*Zu den Bauern*) Stellt Euch hierher.

(*Die Bauern treten ein. in Bündeln tragen sie als Gastgeschenke Weizen-brot, Eier, Handtücher; sie suchen das Heiligenbild in der Ecke. Sie be-kreuzigen sich auf die Treppe zu, verneigen sich vor dem Kammerdie-ner und stellen sich steif an die Wand*)

GRIGORIJ (*zum Kammerdiener*): Fjodor Iwanytsch! Die Leute sagen, Stiefeletten kann nur Pironne machen, sieh'Dir 'mal diesen seine Stiefel an! (*Er zeigt auf den dritten Bauern in Bastschuhen*)

KAMMERDIENER: Sie müssen immer über die Menschen lachen. (*Gri-gorij ab*)

16. Auftritt

TANJA, KAMMMERDIENER, die DREI BAUERN und DIENER

KAMMERDIENER (*erhebt sich und geht zu den drei Bauern*): Ihr seid also aus Kursk, Ihr seid wegen des Landkaufs gekommen.

ERSTER BAUER: So ist es, Herr! Das heißt, sozusagen, um den Ankauf des Landes abzuschließen, sind wir da. Wenn man es dem Herrn melden könnte!

KAMMERDIENER: Ja, ja, weiß schon, weiß schon. Wartet hier, ich will's gleich melden. (*Ab*)

17. Auftritt

TANJA und die DREI BAUERN. WASSILIJ LEONIDYTSCH (hinter der Bühne).
(*Die Bauern sehen sich um, sie wissen nicht, was sie mit den Gastgeschen-ken anfangen sollen*)

ERSTER BAUER: Wie nennt man es doch, das … Ich weiß nicht, wie es heißt, wo man es 'rauf legt, wie sich's gehört, daß es ein Ansehen hat. Einen Teller oder was?

TANJA: Gleich, gleich. Gebt nur her, inzwischen kann's hier liegen. (*Sie legt die Sachen auf die Polsterbank*)

ERSTER BAUER: Was für ein Amt hat, sozusagen, der Herr, der uns angesprochen hat?

TANJA: Das ist der Kammerdiener.

ERSTER BAUER: Ganz einfach, Kammermann. Das heißt so viel, wie immer bei dem Herrn. (*Zu Tanja*) Und Sie, sozusagen, sind auch von der Bedienung?

TANJA: Ich bin das Zimmermädchen. Ich bin ja auch aus Demjan. Ich kenne Euch ja, und Euch auch, nur diesen Landsmann kenne ich nicht. (*Sie zeigt auf den dritten Bauern*)

DRITTER BAUER: Die hast Du erkannt, und mich hast Du nicht erkannt?

TANJA: Seid Ihr Jefim Antónytsch?

ERSTER BAUER: Wiriklich!

TANJA: Und Ihr seid Ssemjons Vater, Sáchar Trifónytsch?

ZWEITER BAUER: Richtig!

DRITTER BAUER: Und ich, sagen wir, Mitrij Tschilikin. Kennst Du mich jetzt?

TANJA: Nun kenn' ich Euch auch.

ZWEITER BAUER: Und wem gehörst Du wohl an?

TANJA: Ich bin die Tochter von Aksinja, der Soldatenfrau, eine Waise.

ERSTER UND DRITTER BAUER (*erstaunt*): 'm, 'm?!

ZWEITER BAUER: Nicht umsonst heißt's: Kauf' dir ein Schwein, kleid' es in Seide ein, dann wird es fein.

ERSTER BAUER: Wiriklich. Gerade so, genau wie eine Mamsell.

DRITTER BAUER: Wie das kommt. Lieber Gott!

WASSILIJ LEONIDYTSCH (*hinter der Bühne. Er klingelt, dann ruft er*): Grigorij! Grigorij!

ERSTER BAUER: Wer regt sich denn so auf, sozusagen?

TANJA: Das ist der junge Herr.

DRITTER BAUER: Du lieber Gott, ich hab's bald gesagt, lieber draußen warten, bis wir 'rankommen. (*Pause*)

ZWEITER BAUER: Dich also will der Ssemjon zur Frau nehmen?

TANJA: Hat er geschrieben?

(*Sie versteckt sich hinter der Schürze*)

ZWEITER BAUER: Freilich, er hat geschrieben! Er ist nicht gescheit! Der Junge, sehe ich, ist ein feiner Herr geworden.

TANJA (*lebhaft*): Er ist gar kein feiner Herr geworden. Soll ich ihn herschicken?

ZWEITER BAUER: Wozu herschicken? Das hat Zeit. Wir sehen uns schon noch!

(*Man hört WASSILIJ LEONIDYTSCHS verzweifelte Rufe:* Grigorij! Hol' Dich der Teufel!)

18. Auftritt

DIESELBEN. (*Aus der Tür tritt WASSILIJ LEONIDYTSCH in Hemdsärmeln. Er setzt das Pincenez auf*)

WASSILIJ: Ist das Haus ausgestorben?

TANJA: Er ist nicht da, Wassilij Leonidytsch. Ich schick' ihn sofort her. (*Sie geht auf die Tür zu*)

WASSILIJ: Ich höre doch hier sprechen. Was sind das für Vogelscheuchen? Was? Hm?

TANJA: Das sind Bauersleute aus einem Kursker Dorfe, Wassilij Leonidytsch.

WASSILIJ (*auf den Diener zeigend*): Und der dort? Ah, ja, von Bourdier (*die Bauern verneigen sich*). (*Wassilij Leonidytsch schenkt ihnen keine Aufmerksamkeit. Grigorij kommt Tanja an der Tür entgegen. Tanja bleibt*)

19. Auftritt

DIESELBEN und GRIGORIJ

WASSILIJ: Hab' ich Dir nicht gesagt, die anderen Schuhe. Die kann ich nicht tragen!

GRIGORIJ: Die anderen stehen auch dort.

WASSILIJ: Wo dort?

GRIGORIJ: Nun, auch dort.

WASSILIJ: Du lügst!

GRIGORIJ: Sie werden's ja sehen.

(*Wassilij Leonidytsch und Grigorij ab*)

20. Auftritt

TANJA, DIE DREI BAUERN und DIENER

DRITTER BAUER: Vielleicht ist jetzt nicht die rechte Zeit, sag' ich, wir können in die Herberge gehen und dort warten.

TANJA: Nein, nicht doch, wartet nur. Ich bring' Euch gleich Schüsseln zu Euren Geschenken. (*Ab*)

21. Auftritt

DIESELBEN, SSACHATOW, LEONID FJODOROWITSCH, ihnen folgt der KAMMERDIENER. (*Die Bauern nehmen die Gastgeschenke und stellen sich in Positur*)

LEONID (*zu den Bauern*): Im Augenblick, im Augenblick, wartet nur – (*Auf den Diener zeigend*) Wer ist das?

DIENER: Von Burdir.

LEONID: Ah, von Bourdier.

SSACHATOW (*lächelnd*): Ich leugne es nicht gerade; aber Sie werden zugeben, daß unsereiner, der all' das nicht gesehen hat, was Sie erzählen, als Uneingeweihter, schwerlich daran glauben kann.

LEONID: Sie sagen: Ich kann's nicht glauben. Wir verlangen ja gar keinen Glauben. Wir verlangen Prüfung. Ist es möglich, daß ich an diesen Ring nicht glaube? Und den Ring habe ich von dort.

SSACHATOW: Was heißt von dort? Von wo?

LEONID: Aus jener Welt. Ja.

SSACHATOW (*lächelnd*): Höchst interessant, höchst interessant!

LEONID: Nun schön, Sie glauben, ich bin leicht begeistert, ich sehe in meiner Phantasie, was nicht ist; aber Alexej Wladimirowitsch Krugoßwjetlow! Der ist doch wahrhaftig nicht der erste beste, er ist Professor – und der erkennt es auch an. Und, er steht nicht vereinzelt da. Und Crookes? und Wallace?

SSACHATOW: Nun ja, ich leugne nicht. Ich sage nur, es ist höchst interessant. Ich möchte auch gern wissen, wie Krugoßwjetlow es erklärt.

LEONID: Er hat seine eigene Theorie! Aber kommen Sie doch heute Abend her, er wird sicher hier sein. Erst kommt Großmann … Wissen Sie, der bekannte Gedankenleser.

SSACHATOW: Gehört habe ich von ihm; aber ich habe ihn nie gesehen.

LEONID: Kommen Sie also her. Erst Großmann, dann Kaptschitsch und unsere ganze mediumistische Seance … (*Zum Kammerdiener*) Ist der Bote von Kaptschitsch noch nicht zurück?

KAMMERDIENER: Er ist noch nicht da.

SSACHATOW: Wie erfahre ich es also?

LEONID: Kommen Sie nur, auf alle Fälle kommen Sie. Wenn auch Kaptschitsch nicht dabei ist, wir finden schon unser Medium. Marja Ignatjewna ist ein Medium; zwar kein so gutes wie Kaptschitsch, aber immerhin …

22. Auftritt

DIESELBEN und TANJA. (Sie tritt ein mit den Tellern für die Gastgeschenke und hört dem Gespräche zu)

SSACHATOW (*lächelnd*): Ja, ja. Aber sagen Sie mir eins: wie kommt es, daß die Medien immer aus der sogenannten gebildeten Sphäre sind? Kaptschitsch, Marja Ignatjewna. Wenn das eine besondere Kraft ist, so müßte sie in allen Schichten des Volkes zu finden sein, auch bei den Bauern.

LEONID: Das ist auch der Fall. Es ist sehr häufig der Fall. Bei uns im Hause ist ein Bauer, und der ist ein Medium. In diesen Tagen riefen wir ihn während der Sitzung. Das Sofa sollte fortgerückt werden, und wir dachten nicht weiter an ihn. Er muß dann wohl eingeschlafen sein. Nun stellen Sie sich vor. Unsere Sitzung ging schon zu Ende, Kaptschitsch erwachte; plötzlich bemerken wir, in der anderen Ecke des Zimmers, da, wo der Bauer sitzt, beginnen mediumistische Erscheinungen: der Tisch setzt sich in Bewegung und geht.

TANJA (*beiseite*): Weil ich unter dem Tisch hervorkroch.

LEONID: Offenbar ist er auch ein Medium. Um so mehr, als er Hume sehr ähnlich sieht. Erinnern Sie sich Humes? – Des Blonden, mit dem harmlosen Gesicht?

SSACHATOW (*achselzuckend*): Nun ja. Das ist sehr interessant. Sehen Sie, mit dem müssen Sie Ihre Versuche machen.

LEONID: Das wollen wir auch tun. Und er ist nicht der einzige. Medien gibt es ohne Zahl. Wir kennen sie bloß nicht. Es ist erst einige Tage her, da hat eine kranke, alte Frau eine Mauer von der Stelle gerückt.

SSACHATOW: Eine Mauer von der Stelle gerückt?

LEONID: Ja, ja. Sie lag zu Bett und hatte gar keine Ahnung davon, daß sie ein Medium ist. Sie stützte sich mit der Hand gegen die Wand, und die Wand rückte von der Stelle.

SSACHATOW: Und fiel nicht ein?

LEONID: Und fiel nicht ein.

SSACHATOW: Seltsam! Ich komme also heut Abend!

LEONID: Kommen Sie nur, kommen Sie nur! Die Sitzung findet in jedem Falle statt.

(*Ssachatow nimmt seinen Überrock. Leonid Fjodorowitsch begleitet ihn zur Tür*)

23. Auftritt

DIESELBEN außer SSACHATOW

DIENER (*zu Tanja*): Melden Sie mich doch der gnädigen Frau! Ich kann doch hier nicht über Nacht bleiben!

TANJA: Warten Sie nur. Die gnädige Frau und das Fräulein wollen ausfahren, sie müssen bald hier vorbeikommen. (*Ab*)

24. Auftritt

DIESELBEN außer TANJA

LEONID (*geht zu den Bauern heran, sie verneigen sich vor ihm und über-reichen die Gastgeschenke*): Das solltet Ihr Nicht!

ERSTER BAUER (*lächelnd*): Das ist unsere erste Pflicht. Das hat auch die Gemeinde uns aufgetragen.

ZWEITER BAUER: Das ist schon so hergebracht.

DRITTER BAUER: Es lohnt nicht so viel Worte! Wir sind sehr zufrieden … Wie unsere Väter, sag' ich, Euren Vätern, sag' ich, gedient haben, so wünschen auch wir von ganzem Herzen, nicht daß wir wollten …

(*er verneigt sich*)

LEONID: Was also? Was wünscht Ihr eigentlich? Erster Bauer: Wir wollen nämlich zu Ew. Gnaden.

25. Auftritt

DIESELBEN und PETRISCHTSCHEW (schnell eintretend, im grauen Mantel)

PETRISCHTSCHEW: Ist Wassilij Leonidytsch schon aufgestanden? (*Er erblickt Leonid Fjodorowitsch und grüßt ihn mit einem Kopfnicken*)

LEONID: Sie wollen meinen Sohn sprechen?

PETRISCHTSCHEW: Ich? – Ja, ich wollte einen Augenblick zu Wowó!

LEONID: Bitte, gehen Sie hier durch.

(*Petrischtschew legt den Mantel ab und geht schnell ab*)

26. Auftritt

DIESELBEN außer PETRISCHTSCHEW

LEONID (*zu den Bauern*): Nun gut. Was wollt Ihr also?

ZWEITER BAUER: Nehmen Sie doch die Geschenke an.

ERSTER BAUER (*lächelnd*): Nämlich die Gaben vom Dorf.

DRITTER BAUER: Und ohne viel Worte – es lohnt nicht! Wir wünschen Ihnen alles Gute, wie einem Vater. Ohne viel Worte!

LEONID: Nun, gut … Fjodor, nimm!

KAMMERDIENER: Schön, gebt her (*er nimmt die Geschenke*).

LEONID: Was ist also Euer Anliegen?

ERSTER BAUER: Wir kommen zu Ew. Gnaden.

LEONID: Das sehe ich, daß Ihr zu mir kommt; aber was wünscht Ihr?

ERSTER BAUER: Wir wollen den Kauf zu Ende führen. Es handelt sich …

LEONID: Wie, kauft Ihr das Land, oder wie?

ERSTER BAUER: Wiriklich, so ist es. Es handelt sich … Das heißt, das Land zu unserem Eigentum erwerben. Und die Gemeinde hat uns so zu sagen Vollmacht gegeben, durch die Reichsbank, wie es nämlich Sitte ist, zu gehen und eine Stempelmarke mit dem vorgeschriebenen Preis zuzulegen.

LEONID: Das heißt, Ihr wünscht das Land zu kaufen durch die Vermittelung der Bank, nicht wahr, oder wie?

ERSTER BAUER: So ist es, wie Sie uns im Sommer den Vorschlag gemacht haben. Es handelt sich nämlich im ganzen um die Summe von 32.864 Rubel, wenn das Land unser Eigentum werden soll.

LEONID: Gut, wie aber mit der Zahlung?

ERSTER BAUER: Und die Zahlung, schlägt die Gemeinde vor, wie im Sommer abgesprochen war, in Raten zu teilen und bare Anzahlung, wie es im Gesetz geschrieben ist, 4000 Rubel auf einen Tisch.

ZWEITER BAUER: Die 4000 Rubel bar Geld nämlich gleich, und die übrigen bleiben auf später.

DRITTER BAUER (faltet inzwischen das Geld – Papiergeld – auseinander): Sie können glauben, wir verpfänden uns persönlich, und das wird schon nicht sein, daß … und sag' ich, so oder so, oder das, sag' ich … alles was recht ist.

LEONID: Ich habe Euch doch geschrieben, ich bin nur einverstanden, wenn Ihr das ganze Geld zusammenhabt.

ERSTER BAUER: Ja wiriklich, besser wär's schon; aber es ist nämlich unmöglich.

LEONID: Was soll also geschehen?

ERSTER BAUER: Die Gemeinde hat gehofft, so zu sagen, wie Sie im Sommer vorgeschlagen haben, in Raten zu zahlen …

LEONID: Das war im vorigen Jahr; damals war ich damit einverstanden, aber jetzt kann ich nicht …

ZWEITER BAUER: Das geht doch nicht! Sie haben uns Hoffnungen gemacht, wir haben das Schriftstück aufgesetzt und das Geld gesammelt.

DRITTER BAUER: Haben Sie Erbarmen, Herr! Unser Land ist klein kaum eine Henne – von Vieh will ich gar nicht reden – kaum eine Henne, sag' ich, kann man draus halten. (Er verneigt sich) Versündige Dich nicht, Herr (er verneigt sich).

LEONID: Es ist wohl wahr, daß ich im vorigen Jahr auf Raten einging, aber die Verhältnisse … es geht jetzt schwer.

ZWEITER BAUER: Wir brauchen das Land, um unser Leben zu fristen.

ERSTER BAUER: Wiriklich, ohne das Land muß unser Leben verfallen und zugrunde gehen.

DRITTER BAUER (*verneigt sich*): Herr! Das Land ist klein, kaum eine Henne – von Vieh will ich gar nicht reden – kaum eine Henne, sag' ich, kann man drauf halten. Herr! Haben Sie Erbarmen! Nehmen Sie das Geld, Herr!

LEONID (*hat inzwischen das Papier angesehen*): Ich begreife Euch, ich möchte Euch selbst gern helfen. Wartet hier. Ich will Euch in einer halben Stunde Antwort geben. Fjodor, sage, daß niemand vorgelassen wird.

KAMMERDIENER: Sehr wohl, gnädiger Herr.

(*Leonid Fjodorowitsch ab*)

27. Auftritt

DIESELBEN *außer* LEONID FJODOROWITSCH. (*Die Bauern sind niedergeschlagen*)

ZWEITER BAUER: Schöne Geschichte! Das Ganze, sagt er, geben. Ja, woher nehmen?

ERSTER BAUER: Wenn er uns im Sommer nicht Hoffnung gemacht hätte. So haben wir geglaubt, wiriklich, es wird so sein, wie wir im Sommer abgesprochen haben.

DRITTER BAUER: Du lieber Gott! Und ich habe schon das Geld herausgeholt. (*Er wickelt das Geld wieder ein*) Was machen wir jetzt?

KAMMERDIENER: Welche Angelegenheit hat Euch denn eigentlich hergeführt?

ERSTER BAUER: Unsere Angelegenheit, lieber Herr, hängt so zu sagen damit zusammen: Er hat uns im Sommer den Vorschlag gemacht, in Raten zu zahlen, die Gemeinde ging auch auf die Sache ein und hat uns bevollmächtigt; und jetzt schlägt er so zu sagen vor, daß wir die ganze Summe bar zahlen. Na, und das ist ganz unmöglich.

KAMMERDIENER: Wie viel Geld habt Ihr?

ERSTER BAUER: Zur Anzahlung 4000 Rubel, heißt das, in Summa.

KAMMERDIENER: Je nun! Strengt Euch an, sammelt mehr.

ERSTER BAUER: Wir sind schon von Haus zu Haus gegangen. Die

Leute haben ja kein Hirn im Kopfe, Herr.

ZWEITER BAUER: Wo nichts ist, hat der Kaiser sein Recht verloren.

DRITTER BAUER: Wir möchten ja von ganzem Herzen; aber wir haben auch das schon mit Hängen und Würgen zusammenbringen müssen.

28. Auftritt

DIESELBEN, WASSILIJ LEONIDYTSCH und PETRISCHTSCHEW (in der Tür, beide mit Zigaretten)

WASSILIJ: Ich habe schon gesagt, ich werde mich bemühen. Ich werde mich bemühen, soviel in meinen Kräften steht. Nun?

PETRISCHTSCHEW: Bedenke nur, wenn Du es nicht herausbekommst, so weiß der Teufel, wie faul das noch werden kann!

WASSILIJ: Ich habe einmal gesagt, ich werde mich bemühen, und dann tu' ich es auch. Na also!

PETRISCHTSCHEW: Schon gut. Ich sage nur, Du mußt es unbedingt schaffen. Ich warte. (*Ab, die Tür hinter sich schließend*)

29. Auftritt

DIESELBEN, außer PETRISCHTSCHEW

WASSILIJ (*mit einer Handbewegung*): Weiß der Teufel, was das ist.

(*Die Bauern verneigen sich*)

WASSILIJ (*sieht den Geschäftsdiener. Zum Kammerdiener*): Warum fertigen Sie den von Bourdier nicht ab? Er ist wohl schon ganz und gar bei uns einquartiert? Sehen Sie nur, er ist eingeschlafen. Na?

KAMMERDIENER: Der Brief ist schon hineingegeben, die gnädige Frau meinten, er soll warten, bis gnädige Frau kommen.

WASSILIJ (*sieht zu den Bauern hinüber und betrachtet gierig das Geld*): Ah, was ist das? Geld? Für wen? Geld für uns? (*Zum Kammerdiener*) Was sind das für Leute?

KAMMERDIENER: Es sind Landleute aus der Gegend von Kursk, sie wollen Land kaufen.

WASSILIJ: Nun, und ist der Verkauf schon abgeschlossen?

KAMMERDIENER: Nein, man ist noch nicht einig. Sie knausern sehr.

WASSILIJ: So? Man muß ihnen zureden. (*Zu den Bauern*) Nun sagt, kauft Ihr, hm?

ERSTER BAUER: Wiriklich, wir schlagen vor, es soll so sein, daß wir als unser Eigentum Land besitzen.

WASSILIJ: Dann dürft Ihr nicht knausern. Hört, Ihr wißt, wie nötig der Bauer Land braucht! Hm? Sehr nötig.

ERSTER BAUER: Wiriklich, Land ist für den Bauern die wichtigste Sache. Das ist richtig.

WASSILIJ: So dürft Ihr also nicht knausern. Denn was bedeutet Land? Auf dem Lande kann man Weizen in Beeten säen, seht Ihr. Dreihundert Pud kann man bekommen, das Pud einen Rubel, macht dreihundert Rubel. Hm? … Und Münze erst, sag' ich Euch, kann man tausend Rubel aus einem Morgen herausschlagen!

ERSTER BAUER: Wiriklich, ganz wahrhaftig, alle Produkte kann man ins Leben rufen, wer Verständnis davon hat.

WASSILIJ: Also unbedingt Münze. Ich habe ja das studiert, das steht in den Büchern gedruckt. Ich will es Euch zeigen. Hm?

ERSTER BAUER: Wiriklich, alles das lernt man aus den Büchern besser. Gescheit muß der Mensch sein.

WASSILIJ: Kauft also, knausert nicht, und gebt das Geld. (*Zum Kammerdiener*) Wo ist Papa?

KAMMERDIENER: In seinem Zimmer. Der gnädige Herr haben gewünscht, jetzt nicht gestört zu werden.

WASSILIJ: Was, er fragt wohl die Geister, ob er das Land verkaufen soll oder nicht. Hm?

KAMMERDIENER: Das kann ich nicht sagen. Ich weiß, daß der gnädige Herr unschlüssig fortgingen.

WASSILIJ: Was meinst Du, Fjodor Iwanytsch, hat er Geld? Hm?

KAMMERDIENER: Das weiß ich nicht. Kaum. Warum wollen Sie das wissen? Sie haben doch vorige Woche einen hübschen Batzen bekommen.

WASSILIJ: Den habe ich doch für die Hunde ausgegeben. Und jetzt, Du weißt doch: unser neuer Verein, Petrischtschew ist gewählt, und ich habe von Petrischtschew Geld genommen, und jetzt muß ich für ihn und für mich einzahlen. Hm?

KAMMERDIENER: Von welchem neuen Verein sprechen Sie? Vom Radfahrerverein?

WASSILIJ: Nein, ich will's Dir gleich sagen: ein ganz neuer Verein. Ein sehr ernster Verein, sag' ich Dir. Und weißt Du, wer der Vorsitzende ist? Hm?

KAMMERDIENER: Was ist das aber für ein neuer Verein?

WASSILIJ: Verein zur Züchtung altrussischer zottiger Rassenhunde.

Hm? Und ich sage Dir: heute ist die erste Sitzung und Festessen. Und ich habe kein Geld! Ich will zu ihm! Ich will's versuchen! (*Ab durch die Tür*)

30. Auftritt

Die BAUERN, der KAMMERDIENER und der GESCHÄFTSDIENER

ERSTER BAUER (*zum Kammerdiener*): Wer mag das wohl sein, Herr?

KAMMERDIENER (*lächelnd*): Der junge Herr.

DRITTER BAUER: Der Haussohn, so zu sagen. Du lieber Gott! (*Er steckt das Geld weg*) Man muß es zur rechten Zeit wegtun, wie ich sehe.

ERSTER BAUER: Und uns hat man gesagt, daß er beim Militär dient, in der Kavallerie, so zu sagen.

KAMMERDIENER: Nein, er ist als einziger Sohn von der Militärpflicht befreit.

DRITTER BAUER: Zur Ernährung der Eltern, sagen wir, zu Hause gelassen. Das ist so Rechtens.

ZWEITER BAUER (*nickt mit dem Kopfe*): D e r wird sie schon ernähren. Kein Wort zu verlieren.

DRITTER BAUER: Du lieber Gott!

31. Auftritt

KAMMERDIENER, drei BAUERN, Wassilij LEONIDYTSCH, (ihm folgt, an der Tür zurückbleibend) LEONID FJODOROWITSCH

WASSILIJ: Immer dieselbe Geschichte. Wahrhaftig merkwürdig. Erst heißt es, warum hast Du keinerlei Tätigkeit – und wenn ich dann einen Wirkungskreis gefunden habe und tätig bin – wenn ein ernster Verein begründet wird, zu einem edlen Zweck, dann sind lumpige 300 Rubel zuviel …

LEONID: Wenn ich sage, ich kann nicht, so kann ich nicht. Ich hab' es nicht.

WASSILIJ: Sie haben doch Land verkauft.

LEONID: Erstens habe ich nichts verkauft, und vor allem – laß mich in Ruhe. Du hast doch schon gehört, daß ich keine Zeit habe. (*Er schlägt die Tür zu*)

32. Auftritt

DIESELBEN außer LEONID FJODOROWITSCH

KAMMERDIENER: Ich habe es Ihnen gleich gesagt, es ist jetzt nicht die richtige Zeit.

WASSILIJ: Angenehme Situation, sag' ich Dir, hm? Ich geh' zur Mama, meine letzte Rettung. Das heißt, sich mit seinem Spiritismus verrückt machen und alle anderen vergessen. (*Er geht die Treppe hinauf*)

(*Kammerdiener setzt sich und nimmt die Zeitung zur Hand*)

33. Auftritt

DIESELBEN. (*Von oben kommen*) BETSY und MARJA KONSTANTINOWNA. (*Ihnen folgt*) GRIGORIJ

BETSY: Ist der Wagen bereit?

GRIGORIJ: Er fährt eben vor.

BETSY (*zu Marja Konstantinowna*): Gehen wir, gehen wir. Ich habe gesehen, daß er es war.

MARJA: Welcher er?

BETSY: Sie wissen doch sehr gut. Petrischtschew.

MARJA: Wo ist er denn aber?

BETSY: Er steckt bei Wowó. Sie sollen es bald sehen.

MARJA: Und wenn er's nun nicht ist?

(*Die Bauern und der Geschäftsdiener verneigen sich*)

BETSY (*zum Geschäftsdiener*): Ah, Sie bringen das Kleid von Bourdier.

DIENER: Ja, gnädiges Fräulein. Befehlen Sie, mich abzufertigen.

BETSY: Ich weiß nicht. Das ist Mamas Sache.

DIENER: Darüber weiß ich nichts. Ich habe Befehl abzuliefern und Geld zu empfangen.

BETSY: Warten Sie also.

MARJA: Ist das immer wieder das Kostüm zu der Charade?

BETSY: Ja, ein entzückendes Kostüm. Und Mama nimmt es nicht ab und will es nicht bezahlen.

MARJA: Und warum?

BETSY: Da müssen Sie Mama fragen. Fünfhundert Rubel für Wowós Hunde bezahlen, das ist nicht zu viel, und hundert Rubel für ein Kleid ist zu viel. Ich kann doch nicht als Vogelscheuche auftreten! (*Auf die Bauern zeigend*) Und wer sind die Leute?

GRIGORIJ: Bauern. Land, glaube ich, wollen sie kaufen.

BETSY: Ich habe geglaubt, Jäger. Sind Sie nicht Jäger?

ERSTER BAUER: Gewiß nicht, Gnädige. Wir sind zu Leonid Fjodorowitsch gekommen von wegen des Abschlusses der Verkaufsakte des Landes.

BETSY: Wie denn, zu Wowó sollten doch Jäger kommen? Sind Sie auch gewiß keine Jäger? (*Die Bauern schweigen*) Wie dumm sie sind! (*Sie nähert sich der Tür*) Wowó! (*Sie lacht*)

MARJA: Wir sind ihm doch eben begegnet.

BETSY: Das war gescheit von Ihnen! ... Wowó, bist Du drin?

34. Auftritt
DIESELBEN und PETRISCHTSCHEW

PETRISCHTSCHEW: Wowó ist nicht da; aber ich bin bereit, an seiner Stelle alles zu tun, was gewünscht wird. Ich grüße Sie! Ich grüße Sie, Marja Konstantinowna!

(*Er schüttelt erst Betsy kräftig und lange die Hand,
dann Marja Konstantinowna*)

ZWEITER BAUER: Sieh nur, als ob er Wasser pumpte.

BETSY: Vertreten können Sie ihn nicht, aber immer besser als nichts. (*Sie lacht*) Was für Geschäfte haben Sie mit Wowó?

PETRISCHTSCHEW: Geschäfte? Finanzgeschäfte, das heißt, unsere Geschäfte sind – Fi! und gleichzeitig Nanzgeschäfte, und außerdem Finanzgeschäfte.

BETSY: Was bedeutet eigentlich Nanzgeschäfte?

PETRISCHTSCHEW: Schöne Frage! Das ist ja eben die Kunst, daß es nichts bedeutet!

BETSY: Nun, das war vorbeigeschossen, stark vorbeigeschossen. (*Sie lachen*)

PETRISCHTSCHEW: Man kann doch unmöglich immer ins Schwarze treffen. Das ist eine Art Lotterie. Eine Niete, noch eine Niete, und dann auch 'mal der Hauptgewinn.

(*Kammerdiener ab in Leonid Fjodorowitschs Arbeitszimmer*)

35. Auftritt
DIESELBEN außer FJODOR IWANYTSCH

BETSY: Das war nun 'mal vorbeigeschossen. Sagen Sie, waren Sie gestern bei Mergassows?

PETRISCHTSCHEW: Nicht bei mère Gassow, vielmehr bei père Gassow, und auch nicht bei père Gassow, sondern bei fils Gassow.

BETSY: Können Sie denn diese Wortwitzeleien gar nicht lassen? Das ist ein Erbübel. – Waren auch Zigeuner dort? (*Sie lacht*)

PETRISCHTSCHEW (*singt*): „Um die Brust ein buntes Wams – Goldnen Kamm im Haar."

BETSY: Glückliche Menschen! Und wir haben uns bei Fofó gelangweilt.

PETRISCHTSCHEW (*weiter singend*).- „Und versprach ihr süßes Mündchen – Mir …" Wie geht es doch weiter? Marja Konstantinowna, wie geht es doch weiter?

MARJA: „Mir ein holdes Schäferstündchen …"

PETRISCHTSCHEW: Wie? Wie? Marja Konstantinowna? (*Er lacht*)

BETSY: Cessez, vous devenez impossible !

PETRISCHTSCHEW: J'ai cessé, j'ai bébé, j'ai dédé ...

BETSY: Ich sehe nur ein Mittel, mich von Ihren Witzen zu befreien – ich muß Sie singen lassen. Kommen Sie mit mir nach Wowós Zimmer, er hat auch eine Gitarre. Kommen Sie, Marja Konstantinowna, kommen Sie!

(*Betsy, Marja Konstantinowna und Petrischtschew gehen ab in Wassilij Leonidytschz Zimmer*)

36. Auftritt

GRIGORIJ, die DREI BAUERN und der DIENER

ERSTER BAUER: Wem gehören die an?

GRIGORIJ: Die eine ist das gnädige Fräulein, die andere – das Fräulein, sie gibt Musikunterricht.

ERSTER BAUER: Sie beschäftigt sich, heißt das, mit Studieren. Und wie akkurat sie ist. Wie gemalt.

ZWEITER BAUER: Warum verheiratet man sie nicht? Das Alter hat sie wohl schon?

GRIGORIJ: Du meinst wohl, wie bei Euch, mit fünfzehn Jahren?

ERSTER BAUER: Und der junge Mensch dort ist, so zu sagen, Musikant?

GRIGORIJ (*spöttisch nachahmend*): Musikant! … Ihr versteht rein gar nichts!

ERSTER BAUER: Wiriklich wahr, das ist unsere Dummheit, unsere Unbildung, heißt das.

DRITTER BAUER: Du lieber Gott!

(*Man hört aus Wassilij Leonidytschs Zimmer Zigeunerlieder zur Gitarre singen*)

37. Auftritt

GRIGORIJ, die DREI BAUERN, der DIENER, SSEMJON (*tritt ein, ihm folgt*) TANJA. (*Tanja beobachtet das Zusammentreffen von Vater und Sohn*)

GRIGORIJ (*zu Ssemjon*): Wo kommst Du her?

SSEMJON: Ich war bei Herrn Kaptschitsch.

GRIGORIJ: Nun, wie steht's?

SSEMJON: Er befahl mündlich auszurichten, er kann heute unmöglich kommen.

GRIGORIJ: Gut, ich werd' es melden. (*Ab*)

38. Auftritt

DIESELBEN *außer* GRIGORIJ

SSEMJON (*zum Vater*) Willkommen, Väterchen! Onkel Jefim, Onkel Mitrij – schönen Gruß! Ist alles gesund zu Hause?

ZWEITER BAUER: Willkommen, Ssemjon!

ERSTER BAUER: Willkommen, Bruderherz!

DRITTER BAUER: Willkommen, Junge. Geht's gut?

SSEMJON (*freundlich*): Nun, Väterchen, wollen wir gehen und Tee trinken?

ZWEITER BAUER: Warte, laß uns erst fertig sein. Siehst Du denn nicht, wir sind jetzt beschäftigt.

SSEMJOU: Gut also, so werde ich an der Tür warten. (*Er geht*)

TANJA (*läuft ihm nach*): Warum hast Du kein Wort gesagt?

SSEMJON: Wie kann ich hier reden, vor allen Leuten? Nur Geduld, sitzen wir erst beim Tee, dann will ich reden. (*Ab*)

39. Auftritt

DIESELBEN, *außer* SSEMJON. FJODOR IWANYTSCH (*tritt ein und setzt sich mit einer Zeitung ans Fenster*)

ERSTER BAUER: Nun, lieber Herr, wie steht es mit unserem Geschäft?

FJODOR: Geduldet Euch, er kommt gleich, er ist bald fertig.

TANJA (*zu Fjodor Iwanytsch*): Woher wissen Sie, Fjodor Iwanytsch, daß er bald fertig ist?

FJODOR: O, das weiß ich, wenn die Fragen zu Ende sind, dann liest er sich laut Frage und Antwort vor.

TANJA: Ist es denn wirklich wahr, daß man durch ein Tellerchen mit den Geistern sprechen kann?

FJODOR: Das möcht' ich meinen.

TANJA: Sie sprechen doch nicht in Worten?

FJODOR: In Buchstaben. Bei welchem Buchstaben es Halt macht, das merkt er sich.

TANJA: Und in der Siance? ...

40. Auftritt

DIESELBEN und LEONID FJODOROWITSCH

LEONID: Nun, meine lieben Freunde, ich kann nicht. Ich hätte es sehr gern getan; aber ich kann unmöglich. Wenn Ihr die ganze Summe habt, dann ist's was anderes.

ERSTER BAUER: Ja, wiriklich, besser wär's ja. Aber wir kleinen Leute können's nicht schaffen, es ist ganz unmöglich.

LEONID: Ich kann nicht, ich kann's um keinen Preis. Hier habt Ihr Euer Papier. Ich kann nicht unterschreiben.

DRITTER BAUER: Erbarmt Euch, Herr, habt Mitleid!

ZWEITER BAUER: Wie kann man so tun, eine Kränkung ist das.

LEONID: Eine Kränkung, liebe Leute, ist das nicht. Ich habe Euch damals im Sommer gesagt: wollt Ihr, abgemacht. Ihr habt nicht wollen, jetzt kann ich nicht.

DRITTER BAUER: Herr! Hab' Erbarmen! Wie soll man da leben? Unser Land ist klein, kaum eine Henne – von Vieh gar nicht zu reden – kaum eine Henne, sag' ich, kann man da halten.

(*Leonid Fjodorowitsch geht und bleibt in der Tür stehen*)

41. Auftritt

DIESELBEN, die GNÄDIGE FRAU und der ARZT (kommen die Treppe herunter. Ihnen folgt) WASSILIJ LEONIDYTSCH (in heiterer angeregter Stimmung, er steckt Geld in seine Brieftasche)

GNÄDIGE FRAU (*eng geschnürt, im Hut*): Einnehmen also?

ARZT: Wenn die Erscheinungen sich wiederholen, unbedingt einnehmen. Vor allem aber – führen Sie ein vernünftigeres Leben. Wie wollen Sie, daß dicker Sirup durch ein dünnes Haarröhrchen hindurchgehen soll, wenn man das Röhrchen noch zusammenpreßt? Unmöglich! So auch die Speiseröhre! Das ist doch ganz einfach.

GNÄDIGE FRAU: Ja, schön, schön.

ARZT: Schön, sagen Sie, und es bleibt alles beim alten. So geht es nicht, gnädige Frau, so geht es nicht. Nun, leben Sie wohl.

GNÄDIGE FRAU: Nicht leben Sie wohl, sondern auf Wiedersehen! Ich erwarte Sie jedenfalls zum Abend,- ohne Sie kann ich mich nicht entschließen.

ARZT: Gut, gut. Wenn ich Zeit habe, komme ich heran. (*Ab*)

42. Auftritt

DIESELBEN außer dem ARZT

GNÄDIGE FRAU (*die Bauern bemerkend*): Was soll das sein? Was ist das? Was sind das für Leute? (*Die Bauern verneigen sich*)

FJODOR: Das sind Landleute aus der Kursker Gegend, sie sind zum Herrn gekommen, Land kaufen.

GNÄDIGE FRAU: Das sehe ich, daß es Landleute sind; aber wer hat sie hereingelassen?

FJODOR: Leonid Fjodorowitsch haben es befohlen! Sie haben soeben mit ihnen über den Verkauf des Landes gesprochen.

GNÄDIGE FRAU: Was für ein Verkauf? Wir brauchen gar nicht zu verkaufen. Und vorallem – wie kann man Menschen von der Straße ins Haus hereinlassen! Wie kann man Menschen von der Straße hereinlassen. Man läßt nicht Leute ins Haus, die, Gott weiß wo, die Nacht zugebracht haben … (*Sie wird immer erregter*) In den Kleidern, Mein' ich, steckt jedes Fältchen voll Bazillen: Scharlachbazillen, Pockenbazillen, Diphtheritisbazillen! Sie sind doch aus dem Kurskischen, aus der Provinz Kursk, wo die Diphtheritis epidemisch ist! … Doktor, Doktor! Rufen Sie den Doktor zurück! (*Leonid Fjodorowitsch ab, er schließt die Tür hinter sich.*)

Grigorij geht dem Arzte nach)

43. Auftritt

DIESELBEN außer LEONID FJODOROWITSCH und GRIGORIJ

WASSILIJ (*bläst den Zigarrenrauch auf die Bauern*): Beruhige Dich, Mama, wenn Du es wünschest, rauche ich sie so an, daß alle Bazillen kaput gehen. Da, sieh.

(*Die gnädige Frau schweigt beharrlich, sie erwartet die Rückkehr des Arztes*)

WASSILIJ (*zu den Bauern*): Züchtet Ihr Schweine? Das ist ein einträgliches Geschäft.

ERSTER BAUER: Wiriklich, manchmal treiben wir auch Schweinewirtschaft.

WASSILIJ: Solche … I–u, I–u.
(*Er grunzt wie ein Ferkel*)
GNÄDIGE FRAU: Wowó, Wowó! Hör' auf!
WASSILIJ: Gutes Ferkelchen? Hm?
ERSTER BAUER: Wiriklich, ein gutes Ferkelchen.
GNÄDIGE FRAU: Wowó, hör' auf, sag' ich Dir!
ZWEITER BAUER: Was soll das?
DRITTER BAUER: Ich hab' gleich gesagt, wir sollen inzwischen in unser Kartier gehen.

44. Auftritt
DIESELBEN, der ARZT und GRIGORIJ
ARZT: Was gibt's wieder? Was ist los?
GNÄDIGE FRAU: Sie sagen doch immer, man soll sich nicht aufregen. Wie soll man nun hier ruhig bleiben? Ich besuche meine Schwester volle zwei Monate nicht und hüte mich vor jedem zweifelhaften Gast. Plötzlich finde ich hier Leute aus Kursk – geradewegs aus Kursk, wo die Diphtheritis grassiert – mitten in meinem Hause!
ARZT: Meinen Sie diese famosen Leute da?
GNÄDIGE FRAU: Gewiß, geradewegs aus der Diphtheritisgegend!
ARZT: Ja, wenn sie aus der Diphtheritisgegend sind, so ist es freilich unvorsichtig; aber man braucht sich doch nicht so darüber aufzuregen.
GNÄDIGE FRAU: Sie raten doch selbst immer Vorsicht an?!
ARZT: Nun ja, ja; aber man braucht sich doch nicht so darüber aufzuregen.
GNÄDIGE FRAU: Wie können Sie das sagen? Eine vollständige Desinfektion ist nun nötig.
ARZT: Nicht doch, wozu vollständig, das ist zu teuer, das kostet dreihundert Rubel und darüber. Ich will es ihnen schlecht und recht machen. Nehmen Sie auf eine große Flasche Wasser …
GNÄDIGE FRAU: Abgekochtes?
ARZT: Ganz gleich. Abgekochtes ist besser… Also auf eine Flasche Wasser einen Eßlöffel Salizylsäure, und lassen Sie alles, was sie auch nur berührt haben, waschen, und sie selbst, diese Gestalten, müssen selbstverständlich hinaus. Das genügt. Dann haben Sie nichts zu fürchten. Von dieser Mischung sprengen Sie mit Hilfe

des Zerstäubers zwei, drei Glas in die Luft; Sie werden sehen, dann ist alles gut. Jede Gefahr vorüber!

GNÄDIGE FRAU: Wo ist Tanja? Tanja soll kommen!

45. Auftritt

DIESELBEN und TANJA

TANJA: Was wünschen die gnädige Frau?

GNÄDIGE FRAU: Kennst Du die große Flasche im Garderobenzimmer?

TANJA: Mit der man gestern die Waschfrau besprengt hat?

GNÄDIGE FRAU: Ja, die; welche denn sonst? Nimm also diese Flasche, wasche erst die Stelle, wo die da stehen, mit Seife, dann …

TANJA: Schön, ich weiß schon.

GNÄDIGE FRAU: Dann nimm den Zerstäuber … Übrigens, ich mache es selbst, wenn ich zurückkomme.

ARZT: Machen Sie das nur, und seien sie ganz unbesorgt. Auf Wiedersehen also, zum Abend. (*Ab*)

46. Auftritt

DIESELBEN außer dem ARZT

GNÄDIGE FRAU: Und mit diesen hinaus, hinaus, daß keine Spur von ihnen übrig bleibt. Hinaus, hinaus! Geht, was glotzt Ihr?

ERSTER BAUER: Wiriklich, in unserer Dummheit, man hat uns gesagt …

GRIGORIJ (*die Bauern hinausgeleitend*): Nu, nu, geht, geht.

ZWEITER BAUER: Laß mich nur mein Tuch nehmen!

DRITTER BAUER: Du lieber Gott! Ich hab' es gleich gesagt – wir sollen in unserem Kartier warten. (*Grigorij stößt ihn hinaus*)

47. Auftritt

GNÄDIGE FRAU, GRIGORIJ, FJODOR IWANYTSCH, TANJA, WASSILIJ LEONIDYTSCH und DIENER

DIENER (*der wiederholt den Versuch gemacht hat, zu Worte zu kommen*): Bekomme ich Antwort?

GNÄDIGE FRAU: Ah, der von Bourdier? (*Zornig*) Es gibt keine Antwort, es gibt keine Antwort, nehmen Sie das wieder zurück. Ich habe ihr gesagt, ich habe ein solches Kostüm nicht bestellt und erlaube nicht, daß meine Tochter es trägt.

DIENER: Ich weiß nichts. Ich bin hergeschickt worden.

GNÄDIGE FRAU: Gehen Sie nur, gehen Sie, und nehmen Sie es wieder zurück. Ich komme selbst hin.

WASSILIJ (*feierlich*): Herr Botschafter von Bourdier, gehen Sie!

DIENER: Das hätten Sie längst sagen können. Nun sitz' ich fünf Stunden hier!

WASSILIJ: Gesandter von Bourdier, gehen Sie!

GNÄDIGE FRAU: So hör' doch auf, ich bitte Dich!

(*Diener ab*)

48. Auftritt

DIESELBEN außer dem DIENER

GNÄDIGE FRAU: Betsy! Wo steckt sie? Immer läßt sie einen warten.

WASSILIJ (*schreit aus vollem Halse*): Betsy! Petrischtschew! Kommt doch schneller, schneller, schneller! He?

49. Auftritt

DIESELBEN, PETRISCHTSCHEW, BETSY und MARJA KONSTANTINOWNA

GNÄDIGE FRAU: Immer muß man auf Dich warten.

BETSY: Im Gegenteil, ich warte auf Dich.

(*Petrischtschew grüßt nur durch Kopfnicken und küßt
der gnädigen Frau die Hand*)

GNÄDIGE FRAU: Guten Tag! (*Zu Betsy*) Du mußt immer antworten!

BETSY: Wenn Du nicht bei Laune bist, Mama, fahre ich lieber nicht mit.

GNÄDIGE FRAU: Fahren wir oder fahren wir nicht?

BETSY: Fahren wir also, was denn sonst?

GNÄDIGE FRAU: Hast Du gesehen, was der von Bourdier gebracht hat?

BETSY: Ich hab' es gesehen und habe mich sehr darüber gefreut. Ich habe das Kostüm bestellt und werde es tragen, wenn es erst bezahlt ist.

GNÄDIGE FRAU: Ich werde es nicht bezahlen und werde nicht gestatten, ein unanständiges Kostüm zu tragen.

BETSY: Seit wann ist es unanständig? Bis jetzt war es anständig, mit einemmal hat Dich die Prüderie angewandelt.

GNÄDIGE FRAU: Gar keine Prüderie; wenn die ganze Taille umgearbeitet wird, dann geht es.

BETSY: Mama, das ist wahrhaftig unmöglich.

GNÄDIGE FRAU: Nun, mach' Dich schon fertig.

(*Sie setzen sich*)

(*Grigorij zieht ihnen Überschuhe an*)

WASSILIJ: Marja Konstantinowna, sehen Sie, wie leer das Vorzimmer geworden ist?

MARJA: Wie meinen Sie das? (*Sie lacht schon vorher*)

WASSILIJ: Der von Bourdier ist fort. Hm? Gut?

(*Er lacht laut*)

GNÄDIGE FRAU: Fahren wir also. (*Sie geht zur Tür und kehrt sofort wieder zurück*) Tanja!

TANJA: Was wünschen die gnädige Frau?

GNÄDIGE FRAU: Daß sich Fifka in meiner Abwesenheit nicht erkälte. Wenn er bitten sollte, hinaus, unbedingt das gelbe Mäntelchen umgeben. Er ist nicht ganz wohl.

TANJA: Schön, gnädige Frau.

(*Gnädige Frau, Betsy, Marja Konstantinowna, Grigorij ab*)

50. Auftritt

PETRISCHTSCHEW, WASSILIJ LEONIDYTSCH, TANJA und FJODOR IWANYTSCH

PETRISCHTSCHEW: Na, wie steht's? Hast Du was erreicht?

WASSILIJ: Ich sage Dir, es hat Mühe gekostet. Erst machte ich mich an meinen Erzeuger – er brüllte los und gab mir den Laufpaß. Also, zu Muttern – die kriegt' ich 'rum. Hier sitzt's. (*Er klopft auf die Tasche*) Wenn ich mir etwas vorgenommen habe, da hilft gar nichts … Eiserne Klammern! Hin? Und heute bringt man doch noch meine Wolfstöter.

(*Petrischtschew und Wassilij nehmen ihre Überzieher und gehen ab. Tanja folgt ihnen*)

51. Auftritt

Fjodor Iwanytsch (allein)

FJODOR: Immer Mißhelligkeiten. Warum können sie denn nicht in Frieden leben. Ja, man muß zugeben, das junge Geschlecht – ist doch was anderes. Und die Herrschaft der Frauen? Erst wäre Leonid Fjodorowitsch gern für die Bauern gewesen, dann sah er, daß sie in Ekstase war und schlug die Tür zu. Ein selten guter

Mensch! Ja, selten gut! … Was ist das? Tanja bringt sie wieder her.

52. Auftritt

FJODOR IWANYTSCH, TANJA und die DREI BAUERN

TANJA: Kommt nur, kommt nur, gute Freunde, tut nichts.

FJODOR: Wozu hast Du sie wieder hergebracht?

TANJA: Ich bitte Sie, lieber Fjodor Iwanytsch, wir müssen doch etwas für sie tun. Und ich wasche schon alles zusammen auf.

FJODOR: Die Sache wird doch nicht werden. Ich sehe schon.

ERSTER BAUER: Wie, lieber Herr, sollen wir unsere Sache ins Werk setzen? Wenn Ew. Gnaden sich ein wenig bemühen wollen, wir können schon zum Lohn für Ihre Mühe von der Gemeinde uns reichlich dankbar erweisen.

DRITTER BAUER: Tun Sie was für uns, liebster Herr, wir können nicht leben. Unser Land ist klein, kaum eine Henne – von Vieh gar nicht zu reden – kaum eine Henne, sag' ich, kann man halten. (*Sie verneigen sich*)

FJODOR: Ihr tut mir wirklich leid; aber ich kann Euch nicht raten, guter Freund. Ich begreife ja sehr gut. Aber er hat doch nein gesagt. Wie soll es jetzt werden? Auch die gnädige Frau ist dagegen. Wird nichts zu machen sein. Hört, gebt mir das Schriftstück, ich will zu ihm gehen, ich will versuchen, ich will ihn bitten. (*Ab*)

53. Auftritt

TANJA und die DREI BAUERN (*sie seufzen*)

TANJA: Nun sagt mir, gute Freunde, wie verhält es sich mit Eurer Angelegenheit?

ERSTER BAUER: Wir brauchen nur die Unterschrift mit eigener Hand.

TANJA: Der Herr soll das Schriftstück unterzeichnen, ja?

ERSTER BAUER: Nur eigenhändig unterschreiben und das Geld nehmen, und die Sache ist fertig.

DRITTER BAUER: Wenn er nur schreiben wollte: Ich will, nämlich, wie die Bauern wollen. Das ist die ganze Sache. Er nimmt, unterschreibt und – Sand drauf!

TANJA: Nur unterschreiben? Der Herr soll nur auf das Schriftstück seinen Namen setzen?

(*Sie sinnt nach*)

ERSTER BAUER: Wiriklich, nur davon hängt das Geschäft ab. Hat er unterschrieben, heißt das, dann gibt's gar nichts mehr.

TANJA: Wartet nur, was Fjodor Iwanytsch bringt. Kann er den Herrn nicht überreden, dann will ich's mit einer List versuchen.

ZWEITER BAUER: Du willst ihn herumbekommen?

TANJA: Ich will's versuchen.

DRITTER BAUER: Ei, Mädel, Du willst was für uns tun? Setze nur die Sache durch, und wir verpflichten uns, sag' ich, Dich das ganze Leben auf Gemeindekosten zu erhalten. Was denkst Du!

ERSTER BAUER: Wenn Du so eine Sache durchführst, kann man Dich wiriklich in Gold einfassen.

ZWEITER BAUER: Das weiß Gott!

TANJA: Bestimmt verspreche ich's nicht. Man pflegt zu sagen: ein Versuch ist erlaubt, und …

ERSTER BAUER: Und eine Frage steht frei. Wiriklich wahr!

54. Auftritt

DIESELBEN und FJODOR IWANYTSCH

FJODOR: Nein, gute Freunde, nichts zu machen. Er hat nein gesagt und bleibt bei nein. Nehmt Euer Schriftstück und geht nach Hause.

ERSTER BAUER (*nimmt das Schriftstück, zu Tanja*): So müssen wir schon auf Dich, sozusagen, unsere Hoffnung setzen.

TANJA: Gleich, gleich. Ihr geht und wartet draußen, ich komme sofort zu Euch und sage Euch, was geschehen soll.

(*Die Bauern ab*)

55. Auftritt

FJODOR IWANYTSCH und TANJA

TANJA: Fjodor Iwanytsch, mein Lieber, melden Sie dem Herrn, er möchte zu mir herauskommen. Ich habe mit ihm ein Wörtchen zu reden.

FJODOR: Was sind das für Neuigkeiten?

TANJA: Es muß sein, Fjodor Iwanytsch. Melden Sie nur, bitte, es ist nichts Schlimmes, bei Gott!

FJODOR: Was kann das nur sein?

TANJA: Ein kleines Geheimnis. Ich verrate es Ihnen später. Sagen Sie's nur dem Herrn.

FJODOR (*lächelnd*): Ich verstehe nicht, was Du irn Schilde führst! Aber gut, ich will's sagen, ich will's sagen. (*Ab*)

56. Auftritt
TANJA (allein)

TANJA: Bei Gott, es muß gelingen. Er hat doch selbst gesagt, Ssemjon besitzt die Kraft, und ich weiß doch, wie alles zu machen ist. Damals hat niemand Verdacht gehabt. Jetzt will ich es Ssemjon beibringen. Und gelingt es nicht – kein Unglück. Ist das was Unrechtes?

57. Auftritt
TANJA, LEONID FJODOROWITSCH, später FJODOR IWANYTSCH

LEONID (*lächelnd*): Eine sonderbare Bittstellerin! Worum handelt es sich?

TANJA: Ein kleines Geheimnis, Leonid Fjodorowitsch. Gestatten Sie mir, es ihnen unter vier Augen zu sagen.

LEONID: Was kann das sein? Fjodor, gehe einen Augenblick hinaus.

58. Auftritt
LEONID FJODOROWITSCH und TANJA

TANJA: In Ihrem Hause, Leonid Fjodorowitsch, bin ich von Kindesbeinen aufgewachsen, ich bin Ihnen dankbar für alles und will offen zu Ihnen sprechen, wie zu meinem leiblichen Vater. Ssemjon, der in Ihrem Hause ist, will mich heiraten.

LEONID: Ei, sieh mal!

TANJA: Ich spreche mit Ihnen so offen, wie mit Gott. Ich habe niemand, mit dem ich mich beraten kann; ich bin eine Waise.

LEONID: Warum denn nicht? Er ist doch ein braver Junge.

TANJA: Das gewiß, er wäre schon ganz nett, nur eins ist mir zweifelhaft. Und ich wollte Sie fragen, es steckt etwas in ihm, ich verstehe es nicht recht … Wenn es nur nichts Schlimmes wäre.

LEONID: Was, ist er ein Trinker?

TANJA: Nein, Gott bewahre! Aber ich weiß, es gibt einen Spirituismus …

LEONID: Das weißt Du?

TANJA: Wie sollte ich nicht? Ich verstehe das sehr gut. Andere verstehen vielleicht in ihrer Unbildung nicht …

LEONID: Was also?

TANJA: Ich bin um Ssemjon besorgt. Bei ihm kommt es vor –

LEONID: Was kommt vor?

TANJA: So etwas wie Spiri… tuismus. Fragen Sie nur die Leute. Sobald er am Tisch einschlummert, gleich beginnt der Tisch zu zittern und knarrt: tuk, tuk, tuk! Alle Leute haben es gehört.

LEONID: Genau dasselbe, was ich heute früh Ssergej Iwanowitsch gesagt habe. Und?

TANJA: Und … wann war es doch? Ja, Mittwoch. Wir setzten uns gerade zum Mittagessen. Kaum hat er sich an den Tisch gesetzt, da kommt der Löffel ihm von selbst in die Hand gesprungen – hops!

LEONID: Ah, das ist interessant! Hops – in die Hand? Wie, war er eingeschlafen?

TANJA: Das habe ich nicht mehr beobachtet. Aber ich glaube, er war eingeschlafen.

LEONID: Nun, und?

TANJA: Nun, ich bin besorgt und wollte Sie fragen, ob daraus nicht ein Schaden entstehen kann? Ein ganzes Leben mit jemandem beisammen sein, wenn so etwas in ihm steckt.

LEONID (*lächelnd*): Nicht doch, fürchte Dich nicht, dabei ist nichts Schlimmes. Das bedeutet nur, daß er ein Medium ist, ganz einfach ein Medium. Ich wußte schon lange, daß er ein Medium ist.

TANJA: Merkwürdig … Und ich habe solche Furcht gehabt!

LEONID: Nicht doch, fürchte Dich nicht, das tut nichts. (*Zu sich selber*) Vortrefflich. Kaptschitsch kommt nicht, so können wir noch heute mit ihm Versuche machen … Nicht doch, fürchte Dich nicht, mein Kind, er wird ein guter Mann sein und alles … Das ist eine besondere Kraft; alle Menschen besitzen sie. Nur ist sie in dem einen schwächer, in dem andern stärker.

TANJA: Ich danke Ihnen von Herzen. Ich werde jetzt nicht mehr daran denken. Und ich habe Furcht gehabt … Das macht unsere Unwissenheit!

LEONID: Nein, nein, fürchte Dich nicht … Fjodor!

59. Auftritt

DIESELBEN und FJODOR IWANYTSCH

LEONID: Ich gehe aus. Für den Abend alles zur Sitzung vorbereiten.

FJODOR: Herr Kaptschitsch kommen doch heute nicht.

LEONID: Tut nichts, das ist gleich. (*Er zieht seinen Mantel an*) Wir machen eine Probesitzung mit unserem eigenen Medium.

(*Ab. Fjodor Iwanytsch begleitet ihn hinaus*)

60. Auftritt

TANJA (allein)

TANJA: Er hat's geglaubt, er hat's geglaubt. (*Sie quietscht und hüpft*) Wahrhaftigen Gott, er hat's geglaubt! Ein wahres Wunder. (*Sie quietscht*) Jetzt muß es gelingen, wenn nur Ssemjon nicht Angst bekommt.

61. Auftritt

TANJA und FJODOR IWANYTSCH (kommt zurück)

FJODOR: Nun, wie? hast Du Dein Geheimnis erzählt?

TANJA: Gewiß. Ich entdecke es Ihnen auch, aber erst später. Aber ich habe auch an Sie eine Bitte, Fjodor Iwanytsch.

FJODOR: Was kann das für eine Bitte sein?

TANJA (*verschämt*): Sie sind immer gegen mich wie ein zweiter Vater. Ich will offen zu Ihnen sprechen, wie zu Gott.

FJODOR: Schmeichle nur nicht, sag' gerade heraus, was Du willst.

TANJA: Was ich will? Ich will – Ssemjon will mich heiraten.

FJODOR: Das ist's! Darum bemerke ich auch …

TANJA: Warum soll ich's verhehlen? Ich bin ein Waisenkind, und Sie wissen, wie es hier in den städtischen Verhältnissen ist: jeder macht sich an ein Mädchen heran; selbst der Grigorij Michajlytsch, ich habe keine Ruhe vor ihm. Auch der … wissen Sie? Sie tun, als wär' ich ein lebloses Wesen, als wär' ich nur zu ihrem Vergnügen da …

FJODOR: Kluges Mädchen, brav! Nun, was also?

TANJA: Ssemjon hat an seinen Vater geschrieben, und nun hat er mich gesehen, der Vater nämlich, gleich sagt er: er ist ein feiner Herr geworden! Der Sohn nämlich. Fjodor Iwanytsch! (*Sie verneigt sich*) Vertreten Sie an mir Vaterstelle. Sprechen Sie mit dem Alten, mit Ssemjons Vater. Ich will die Landleute in die Küche führen, dann kommen Sie hinein und sprechen mit dem Alten.

FJODOR (*lächelnd*): Das heißt, ich soll dein Freiwerber sein? – Gut, das kann geschehen.

TANJA: Liebster, bester Fjodor Iwanytsch, vertreten Sie die Stelle meines leiblichen Vaters, und ich will mein ganzes Leben für Sie beten.

FJODOR: Gut, gut, ich komme. Ein Mann, ein Wort. (*Er nimmt die Zeitung zur Hand*)

TANJA: Sie werden mir ein zweiter Vater sein.

FJODOR: Gut, gut.

TANJA: Ich darf also hoffen ... (*Ab*)

62. Auftritt

FJODOR IWANYTSCH (*allein*)

FJODOR (*schüttelt den Kopf*): Ein zutunliches braves Kind! Wieviel solcher gehen unter, traurig! Ein einziges Mal gefehlt – dann geht's von einer Hand in die andere ... Kein Mensch zieht sie aus dem Sumpf. Wie elend ist es der herzigen Natascha ergangen ... Sie war auch brav, sie hatte auch eine Mutter, die sie gehegt und gepflegt hat, die sie großgezogen hat ... (*Er nimmt die Zeitung zur Hand*) Na, wie steht's mit unserem Ferdinand, wie wird er sich herauswinden ...

(*Der Vorhang fällt*)

ZWEITER AUFZUG

Die Bühne zeigt das Innere der Leuteküche. Die Bauern sitzen in Hemds-ärmeln und schweißtriefend am Tisch und trinken Tee. Fjodor Jwa- nytsch sitzt an der anderen Seite der Bühne und raucht eine Zigarre. Auf dem Ofen liegt der alte Koch; während der ersten vier Auftritte sieht man ihn nicht.

1. Auftritt
Die DREI BAUERN und FJODOR IWANYTSCH

FJODOR: Mein Rat ist, laß ihm seinen Willen. Wenn er es wünscht und sie auch, laß sie doch. Das Mädchen ist brav und ehrlich. Daß sie sich gern putzt, braucht Dir keinen Kummer zu machen. Das ist mal so in der Stadt, es geht nicht anders. Und das Mäd-chen ist gescheit.

ZWEITER BAUER: Nun, wenn er durchaus will. Er soll sie ja heiraten, nicht ich. Aber sie ist schon zu fein. Wie soll man die in eine Bau-ernstube bringen? Die Schwiegermutter wird sie nicht einmal streicheln dürfen.

FJODOR: Das hat nichts mit der Feinheit zu tun, guter Freund, son-dern mit dem Charakter. Hat sie einen guten Charakter, dann ist sie auch gehorsam und ehrerbietig.

ZWEITER BAUER: Ich will's schon zugeben, wenn sich der Junge mal das Mädchen in den Kopf gesetzt hat. Es ist auch schlimm, eine heiraten, die man nicht liebt! Ich will mich mit meiner Alten be-raten, und dann – in Gottes Namen!

FJODOR: Nun, so schlag' ein.

ZWEITER BAUER: Es muß wohl Bestimmung sein.

ERSTER BAUER: Was Du für Glück hast, Sachar! Kommt hierher, um ein Geschäft abzumachen, und schau! – holt sich 'ne Prinzessin zur Schwiegertochter. Nun müssen wir's nur noch begießen, heißt das, dann hat's seine Richtigkeit.

FJODOR: Das ist gar nicht nötig.

(Unbehagliches Schweigen)

FJODOR: Seht, ich habe Verständnis für das Leben der Bauern. Ich denke selbst daran, müßt Ihr wissen, ein Stückchen Land zu kaufen. Ich möchte mir ein Häuschen bauen und wirtschaften. Vielleicht gar in Euerer Gegend.

ZWEITER BAUER: Das ist sehr hübsch!

ERSTER BAUER: Wiriklich, mit etwas Geld kann man sich auf dem Lande jedes Vergnügen verschaffen.

DRITTER BAUER: Was ist da zu reden! Auf dem Lande, sag' ich, ist's alleweil freier; ganz anders als in der Stadt.

FJODOR: Wie, nehmt Ihr mich in Euere Gemeinde auf, wenn ich mich bei Euch ankaufe?

ZWEITER BAUER: Warum sollen wir Sie nicht aufnehmen? Ihr trinkt mit den Ältesten und seid aufgenommen.

ERSTER BAUER: Ja, Ihr eröffnet einen Schank, sozusagen, oder ein Speisehaus. Das gibt ein Leben, daß man gar nicht zu sterben braucht. Du spielst den Herrn und fragst nach niemand.

FJODOR: Das wird sich schon finden. Man will ja nur auf seine alten Tage ein ruhiges Leben führen. Ich habe ja auch hier ein gutes Leben, es wird mir auch nicht leicht fortzugehen: Leonid Fjodorowitsch ist ja ein selten guter Mensch.

ERSTER BAUER: Das ist wiriklich wahr. Aber was behandelt er unser Geschäft so? Soll's schon so bleiben, ohne Ergebnis?

FJODOR: Er möchte gern!

ZWEITER BAUER: Er fürchtet gewiß seine Frau.

FJODOR: Er fürchtet sie nicht, aber sie ist auch nicht einverstanden.

DRITTER BAUER: Wenn Du Dich verwenden wolltest, Väterchen, wie sollen wir sonst leben? Unser Land ist klein …

FJODOR: Sehen wir erst zu, was Tatjana mit ihren Bemühungen erreichen wird. Sie hat's doch in die Hand genommen.

DRITTER BAUER (*trinkt Tee*): Väterchen, erbarm Dich. Unser Land ist klein, kaum eine Henne – von Vieh will ich gar nicht sagen – kaum eine Henne, sag' ich, kann man drauf halten.

FJODOR: Ja, wenn es von mir abhinge. (*Zum zweiten Bauern*) Es bleibt also dabei, guter Freund, wir beide sind also jetzt Schwägersleute. Die Sache mit Tanja ist abgemacht?

ZWEITER BAUER: Wenn ich's schon mal gesagt habe, nehm' ich's auch unbegossen nicht zurück. Wenn nur unsere Sache gelingen möchte.

2. Auftritt

DIESELBEN. Die KÖCHIN (tritt ein, wirft einen Blick auf den Ofen, macht Zeichen und beginnt sofort lebhaft mit Fjodor Iwanytsch zu sprechen)

KÖCHIN: Eben hat man Ssemjon aus der Herrschaftsküche 'raufgeholt; der Herr und der, der mit ihm zitiert, der Kahlkopf, haben ihn auf den Stuhl gesetzt und haben ihm befohlen, an Stelle von Kaptschitsch mitzumachen.

FJODOR: Was lügst Du?

KÖCHIN: Wahrhaftig! Eben hat's Jakob der Tanja erzählt.

FJODOR: Merkwürdig!

3. Auftritt

DIESELBEN und der KUTSCHER

FJODOR: Was willst Du?

KUTSCHER (*zu Fjodor Iwanytsch*): Sagen Sie der Herrschaft, daß ich nicht in den Dienst gekommen bin, um mit den Hunden zusammen zu hausen. Das tu', wer will, ich hab' keine Lust, mit Hunden zusammen zu hausen.

FJODOR: Mit was für Hunden?

KUTSCHER: Wassilij Leonidytsch hat uns drei Köter in die Kutscherstube geschickt. Sie haben alles vollgesudelt und heulen, und anrühren darf man sie nicht – sie beißen los. Wütige Bestien! sie können einen im Handumdrehen auffressen. Und doch möchte ich ihnen mit einem Knüppel die Beine zerschlagen.

FJODOR: Wann war denn das?

KUTSCHER: Heut' hat man sie gebracht, aus der Ausstellung, teure Rattenhunde, oder wie sie sonst heißen. Entweder die Hunde müssen aus der Kutscherstube oder die Kutscher. Das sagen Sie der Herrschaft.

FJODOR: Ja, das ist auch keine Ordnung. Ich will 'raufgehen und fragen.

KUTSCHER: Sie können hier herunter, zur Lukerja. Was?

KÖCHIN (*wütend*): Hier essen Menschen, und Du willst die Köter hier einsperren? Es ist auch so schon …

KUTSCHER: Und bei mir sind Röcke, Decken, Geschirr. Und Reinlichkeit wird verlangt. Vielleicht in die Hausknechtstube?

FJODOR: Ich muß mit Wassilij Leonidytsch sprechen.

KUTSCHER (*ärgerlich*): Mag er sich die Köter an den Hals hängen und

157

mit ihnen herumlaufen, er kutschiert ja auch gern den ganzen Tag herum. Den Hektor hat er in Grund und Boden verdorben. Und was war das für ein Pferd! … Ach, ein Leben.

(*Ab, mit der Tür schlagend*)

4. Auftritt

DIESELBEN außer dem KUTSCHER

FJODOR: Ja, schlechte Ordnung, schlechte Ordnung. (*Zu den Bauern*) Es bleibt also dabei. Inzwischen lebt wohl, gute Freunde!

BAUERN: Gott befohlen.

(*Fjodor Iwanytsch ab*)

5. Auftritt

DIESELBEN außer FJODOR IWANYTSCH. (*Sobald sich Fjodor Iwanytsch entfernt, läßt sich vom Ofen her Stöhnen vernehmen*)

ZWEITER BAUER: Ein feiner Herr, wie ein Janaral!

KÖCHIN: Nichts zu reden! Sein besonderes Zimmer, freie Wäsche von der Herrschaft, seinen Tee, seinen Zucker – alles hat er von der Herrschaft, und Essen vom herrschaftlichen Tisch.

DER ALTE KOCH: Den Teufel auch – wie soll's ihm nicht gut gehen? Er stiehlt wie ein Rabe!

ZWEITER BAUER: Was ist das für einer, – der da auf dem Ofen?

KÖCHIN: So – ein oller Mensch. (*Pause*)

ERSTER BAUER: Auch bei Euch habe ich vorhin essen sehen, müssen reiche Leute sein.

KÖCHIN: Wir haben keinen Grund zu klagen. Sie ist darin nicht knauserig, am Sonntag Weißbrot, in der Fastenzeit Fisch an den Feiertagen, und wer will, braucht gar nicht zu fasten.

ZWEITER BAUER: Frißt denn jemand anderes an Fasttagen?

KÖCHIN: I, das tun alle. Nur der Kutscher (*nicht der, der hier war, sondern der alte*) und Ssemjon, und ich, und die Wirtschafterin, wir fasten, alle anderen fressen Fleisch.

ZWEITER BAUER: Und er selbst?

KÖCHIN: I, da kommt Ihr schön an! Der weiß kaum noch, daß es einen Fasttag gibt.

DRITTER BAUER: Du lieber Gott!

ERSTER BAUER: Das ist so bei den Herrschaften, das lernen sie aus den Büchern. Da haben sie die Klugheit her.

DRITTER BAUER: Die haben, denk' ich, jeden Tag Weizenbrot?

KÖCHIN: Ach, Weizenbrot! Sie machen sich viel aus Deinem Weizenbrot! Da müßtest Du 'mal sehen, was die essen! Was da alles auf den Tisch kommt!

ERSTER BAUER: Was die Herrschaften essen, das – weiß man ja – ist leicht wie Luft!

KÖCHIN: Schön! Luft, – na, sie hauen ordentlich ein!

ERSTER BAUER: Mit Appekit, heißt das.

KÖCHIN: Weil sie dazu trinken. Diese süßen Weine, Schnäpse, brausende Getränke, zu jedem Gericht ein besonderes. – Essen und trinken, und essen und wieder trinken …

ERSTER BAUER: Das ist schon so berechnet, damit man desto mehr essen kann.

KÖCHIN: Ja, sie hauen gut ein, daß Gott erbarm. Bei ihnen ist es nicht so: hinsetzen, abessen, sich bekreuzen und aufstehen – die essen ununterbrochen.

ZWEITER BAUER: Wie die Schweine – mit den Beinen in die Krippe. (*die Bauern lachen*)

KÖCHIN: Kaum öffnen sie, Gott sei's gedankt, die Augen, gleich heißt's: Ssamowar, Tee, Kaffee, Schikolade. Haben Sie zwei Ssamowars ausgetrunken, – bring' den dritten! Dann gleich Frühstück, gleich Mittag und dann gleich wieder Kaffee; kaum haben sie sich den Magen vollgeladen – sofort wieder Tee; da gibt's allerlei Zubiß: Konfekt, Pfefferkuchen – 's hat gar kein Ende. Wenn sie ins Bett gehen, essen sie noch.

DRITTER BAUER: Ja, so ist's. (*Lacht*)

ERSTER und ZWEITER BAUER: Was lachst Du?

DRITTER BAUER: Ich möchte auch gern 'mal einen Tag so leben.

ZWEITER BAUER: Wann machen sie eigentlich ihre Arbeit?

KÖCHIN: Was haben die für Arbeit? Karten, Klavier – das ist ihre ganze Arbeit. Das Fräulein, wenn sie nur die Augen öffnet, gleich rennt sie zur; Klavier und haut drauf los! Und die andere, die Lehrerin, die bei uns im Hause ist, steht schon da und wartet, ob das Klavier nicht bald frei wird; ist die eine durch, schwapp – stürzt die andre drauf los. Manchmal stellt man auch zwei Klaviere auf, an jedes setzen sich zweie, und dann dudeln die vier auf einmal los. Sie dudeln Euch, daß man's bis hier unten hört.

DRITTER BAUER: Ach, Du lieber Gott!

KÖCHIN: Das ist ihre Arbeit: Klavier und Karten. Wenn sie zusammenkommen, gleich heißt's Karten, Wein, Zigaretten, und das geht so die ganze Nacht. Kaum sind sie aufgestanden, fängt das Essen wieder von vorne an.

6. Auftritt

DIESELBEN und SSEMJON

SSEMJON: Gesegnete Mahlzeit!

ERSTER BAUER: Bitte, setz' Dich zu uns.

SSEMJON (*kommt an den Tisch*): Danke recht schön.

(*Der erste Bauer gießt ihm Tee ein*)

ZWEITER BAUER: Wo bist Du gewesen?

SSEMJON: Oben bin ich gewesen.

ZWEITER BAUER: Na, was gibt's da oben.

SSEMJON: Ich versteh' nichts davon. Ich weiß nicht, wie ich Dir das sagen soll.

ZWEITER BAUER: Na, was machen sie denn aber?

SSEMJON: Ich weiß wirklich nicht, wie ich das sagen soll. Eine Kraft haben sie in mir versucht. Ich verstehe aber nichts davon. Tatjana sagt: mach' nur, so werden wir unseren Bauern, sagt sie, das Land verschaffen, wirst sehen, er gibt's her.

ZWEITER BAUER: Wie will sie das fertig bringen?

SSEMJON: Ich versteh' sie nicht, sie will's nicht sagen. Mach' nur, sagt sie, wie ich Dich heiße.

ZWEITER BAUER: Was machen?

SSEMJON: Vorläufig gar nichts. Auf einen Stuhl haben sie mich gesetzt, das Licht ausgelöscht, und dann mußt' ich schlafen. Und Tatjana versteckte sich ganz in der Nähe. Die andern können sie nicht sehen, aber ich sehe sie.

ZWEITER BAUER: Wozu soll das gut sein?

SSEMJON: Das weiß Gott, ich versteh's nicht.

ERSTER BAUER: Gewiß – so zum Zeitvertreib.

ZWEITER BAUER: Ich seh schon, wir beide werden daraus nicht klug. Sag' lieber, hast Du schon viel von Deinem Geld genommen?

SSEMJON: Ich hab' gar nichts genommen. Ich hab' noch alles gut beim Herrn, 28 Rubel müssen's sein.

ZWEITER BAUER: So ist's recht. Und wenn wir, mit Gottes Hilfe, mit dem Kauf zu Rande kommen, nehme ich Dich mit nach Hause, mein Junge.

SSEMJON: Mit Vergnügen komm' ich.

ZWEITER BAUER: Du bist, denk' ich, ein feiner Herr geworden; Du wirst keine Feldarbeit machen wollen?

SSEMJON: Feldarbeit? Auf der Stelle. Mähen, ackern, ich kann's so gut wie einer.

ERSTER BAUER: Nach dem Stadtleben wird's Dich nicht zurücklocken, sozusagen.

SSEMJON: Ei was, es läßt sich auch auf dem Lande leben.

ERSTER BAUER: Onkel Mitrij lauert schon auf Deine Stelle, auf das feine Leben.

SSEMJON: Na, Onkel Mitrij wird's schon satt bekommen. Von weitem sieht sich's leicht an, dann aber heißt's Hände und Füße rühren. Weißt nicht, wo Dir der Kopf steht.

KÖCHIN: Ach, Onkel Mitrij, wenn Du erst 'mal ihre Bälle sehen möchtest! Du möchtest die Augen aufreißen!

DRITTER BAUER: Da hören sie gar nicht auf zu essen!

KÖCHIN: Was fällt Dir ein? Das muß man sehen, wie's da zugeht! Mich hat Fjodor Iwanytsch 'mal mitgenommen. Was hab' ich da gesehen! Damen – der ganze Saal voll! Und alle geputzt, geputzt, das kann man sich gar nicht vorstellen. Und nackt bis hierher und die Arme nackt.

DRITTER BAUER: Du lieber Gott!

ZWEITER BAUER: Pfui, gemein!

ERSTER BAUER: Das Klema, heißt das, erlaubt das.

KÖCHIN: Ich hab' Augen gemacht, Gevatter. Was soll das heißen? – alle mit bloßem Körper. Willst Du's glauben, Alte, unsere gnädige Frau – Enkel hat sie, mußt Du wissen – auch nackt.

DRITTER BAUER: Du lieber Gott!

KÖCHIN: Und dann: wie die Musik einsetzt und losspielt, gehen die Herren jeder zu seiner, fassen sie um und dann geht's los, im Kreis herum.

ZWEITER BAUER: Auch die Alten?

KÖCHIN: Auch die Alten.

SSEMJON: Nein, die Alten bleiben sitzen.

KÖCHIN: Das sagst Du; ich hab's selbst gesehen.

SSEMJON: Es ist aber nicht wahr.

DER ALTE KOCH (*steckt den Kopf hervor, heiser*): Das ist Polka-Masurka. Eh, Du bist dumm, Du weißt das nicht. Sie tanzen so …

KÖCHIN: Du, Tänzer, halt hübsch den Mund, weißt Du. Pst! Es kommt jemand.

7. Auftritt

DIESELBEN und GRIGORIJ. (Der alte Koch versteckt sich schnell)

GRIGORIJ (*zur Köchin*): Gib Sauerkraut!

KÖCHIN: Eben bin ich aus dem Keller gekommen, gleich soll ich wieder 'runterklettern. Für wen?

GRIGORIJ: Für die jungen Damen Kaltschale. Schnell! Schick' Ssemjon damit herauf, ich weiß nicht, wo ich zuerst hin soll.

KÖCHIN: Erst essen sie sich mit dem süßen Zeug so voll, daß nichts mehr 'reingeht, dann kriegen sie Appetit auf Sauerkraut.

ERSTER BAUER: Zur Reinigung, heißt das.

KÖCHIN: Nu ja, wird der Platz frei, wird wieder gestopft.

(*Sie nimmt eine Schüssel und geht ab*)

8. Auftritt

DIESELBEN außer der KÖCHIN

GRIGORIJ (*zu den Bauern*): Seh' einer: die haben sich's hier bequem gemacht. Nehmt Euch in acht! Wenn's die gnädige Frau erfährt, die macht Euch ein Donnerwetter, noch schöner als heute morgen. (*Lacht und geht ab*)

9. Auftritt

Die DREI BAUERN, SSEMJON und der ALTE KOCH (auf dem Ofen)

ERSTER BAUER: Wiriklich, sie hat vorhin ein schönes Hagelwetter losgelassen – Gott steh' uns bei.

ZWEITER BAUER: Gewiß, erst war er für uns, dann, wie er gesehen hat, daß sie das Dach vom Hause reißt, hat er die Tür zugeschmissen. Kannst mir gestohlen werden, denkt er.

DRITTER BAUER (*mit einer Handbewegung*): In der ganzen Welt dieselbe Geschichte. Auch meine Alte, sag' ich Dir, wenn die die Wut kriegt, – Gott behüte! Dann gehe ich schon von selbst aus dem Haus. Hol' sie der und jener! bin schon froh, wenn sie nicht mit dem Feuerhaken losschlägt. Du lieber Gott!

10. Auftritt

DIESELBEN und JAKOB (kommt eilig mit einem Rezept)

JAKOB: Ssemjon, lauf in die Apotheke, schnell, hol' die Pulver für die gnädige Frau.

SSEMJON: Er hat mir doch befohlen, hier zu bleiben.

JAKOB: Du hast Zeit. Du kommst erst nach dem Tee heran … Gesegnete Mahlzeit!

ERSTER BAUER: Bitte, Platz zu nehmen.

(Ssemjon ab)

11. Auftritt

DIESELBEN außer SSEMJON

JAKOB: Ich habe keine Zeit; na, zur Gesellschaft ein Täßchen!

ERSTER BAUER: Wir sprechen gerade davon, wie Ihre Gnädige vorhin hochmütig gewesen ist.

JAKOB: O, die ist ein Hitzkopf – Gott bewahr' mich. Ein Hitzkopf, die kann außer sich geraten. Manchmal weint sie auch vor Wut.

ERSTER BAUER: Was ich, sozusagen, fragen wollte: Sie hat vorhin immer von Parzillen gesprochen. Parzillen, Parzillen, sagt sie, haben die Leute ins Haus gebracht. Wozu braucht man eigentlich diese Parzillen.

JAKOB: Ah, Du meinst die Pazillen. Das ist so eine Art Käferchen, von diesen, sagen sie, sollen alle Krankheiten kommen. Ja, und Ihr sollt solche haben, sagen sie. Man hat auch schon die Stelle, wo Ihr gestanden habt, gewaschen und gewaschen, gesprengt und gesprengt. Es gibt so eine Medizin, von der krepieren sie, diese Käferchen.

ZWEITER BAUER: Aber wo haben wir sie eigentlich an uns, diese Käferchen?

JAKOB *(trinkt Tee)*: Sie sind so, so klein, sprechen die Leute, daß man sie auch mit Gläsern nicht sieht.

ZWEITER BAUER: Woher weiß sie da, daß ich welche an mir habe? Sie hat vielleicht mehr von diesem Schweinezeug als ich?

JAKOB: Da mußt Du sie schon selber fragen.

ZWEITER BAUER: Und ich meine, das ist alles leeres Geschwätz.

JAKOB: Ja, leeres Geschwätz; die Dokters müssen doch was erfinden, wofür sollte man ihnen sonst das viele Geld zahlen? Zu uns

163

kommt er jeden Tag gefahren. Kommt rein, sagt was – gleich kriegt er zehn Rubel.

ZWEITER BAUER: Nicht möglich! ...

JAKOB: Einen gibt's sogar, der kriegt hundert.

ERSTER BAUER: Was? hundert?

JAKOB: Hundert? hundert, sagst Du? – tausend muß man ihm geben, wenn er aufs Land kommt. Gibst Du tausend, sagt er, gut, gibst Du nicht – krepier'!

DRITTER BAUER: Du lieber Gott!

ZWEITER BAUER: Wie, weiß er denn so einen Heilspruch?

JAKOB: Es muß doch sein. Früher war ich bei einem General in der Nähe von Moskau, ein böser, stolzer Herr, der General, furchtbar! Einmal wird sein Töchterchen krank. Gleich holt man den. Tausend Rubel – und ich komme ... Sie werden einig, und der Doktor kommt. Dann hat man ihm etwas nicht recht gemacht. Da hättet Ihr 'mal sehen sollen, wie der nicht auf den General losfährt. I ! sagt er, das ist der Respekt? Schön, kurier' Dein Kind selber! – Was denkt Ihr? Der General vergaß seinen Stolz und schmeichelte ihm, wie er nur konnte: Väterchen! verlaß uns nur nicht!

ERSTER BAUER: Und die tausend Rubel hat er bekommen ?

JAKOB: Was denkst Du denn? ...

ZWEITER BAUER: Unsinnig viel Geld! Was könnten wir Bauern mit so viel Geld alles anfangen!

DRITTER BAUER: Und ich denk', das ist alles Unsinn. Als ich mir damals das Bein wundschwitzte, kuriert und kuriert hab' ich, fünf Rubel verkuriert. Da hörte ich auf zu kurieren – und das Bein war gesund.

(*Der Koch auf dem Ofen hustet*)

JAKOB: Wieder da, Freundchen!

ERSTER BAUER: Was ist das für einer?

JAKOB: Er war Koch bei unserm Herrn, er kommt zu Lukerja.

ERSTER BAUER: Küchenmeister, heißt das. Was, wohnt der hier?

JAKOB: Nei–ei–ein! ... Er darf nicht hier sein. Er wohnt gar nicht: einen Tag hier, den anderen dort. Hat er einen Dreier, geht er ins Nachtasyl, hat er sein Geld vertrunken, kommt er hierher.

ZWEITER BAUER: Wie hat er nur so werden können?

JAKOB: So, heruntergekommen. Und was war das für ein Mensch –

ein Herr! Eine goldene Uhr hat er getragen, vierzig Rubel Monatsgeld hat er bekommen, und jetzt – lange wär' er Hungers gestorben, wenn die Lukerja nicht wäre.

12. Auftritt

DIESELBEN und die KÖCHIN (mit Sauerkraut)

JAKOB (*zu Lukerja*): Wie ich sehe, ist der Alte wieder hier.

KÖCHIN: Wo soll er denn bleiben? Soll er draußen erfrieren?

DRITTER BAUER: Was der Branntwein tut! Ja, der Branntwein …

(*Er schnalzt mit der Zunge zum Zeichen des Mitgefühls*)

ZWEITER BAUER: Es ist eine bekannte Sache: ist der Mensch fest, ist er fester als Stein; ist er schwach, ist er schwächer als Wasser.

DER ALTE KOCH (*steigt vom Ofen herunter, er zittert an Händen und Füßen*): Lukerja, hör', gib mir ein Gläschen.

KÖCHIN: Wo kriechst Du hin? Solch ein Glas will ich Dir geben! …

DER ALTE KOCH: Fürchtest Du denn nicht vor Gott? Ich sterbe! Gute Leute, einen Fünfer!

KÖCHIN: Hör', mach', daß Du auf den Ofen kommst.

DER ALTE KOCH: Köchin! Ein Hal … Gl … Gläschen. Um Christi willen, hörst Du, verstehst Du mich – in Christi Namen bitt' ich Dich.

KÖCHIN: Geh, geh! Tee kannst Du haben!

DER ALTE KOCH: Dein Tee, Dein Tee! Ein fades Getränk, hat keine Kraft. Nur ein Tröpfchen … Branntwein… Lukerja!

DRITTER BAUER: Ach, Freundchen, wie er sich abquält!

ZWEITER BAUER: Gib ihm doch, was liegt daran?

KÖCHIN (*greift nach dem Küchenschrank und gießt ein Gläschen ein*): Da, nimm! Mehr gibt's nicht!

DER ALTE KOCH (*greift danach und trinkt zitternd*): Lukerja, Köchin! Ich trink', und Du mußt wissen …

KÖCHIN: Nu, nu, schwatz' nicht! Kriech' auf den Ofen und muckse nicht!

(*Der alte Koch kriecht gehorsam auf den Ofen,
hört aber nicht auf vor sich hin zu brummen*)

ZWEITER BAUER: Was es heißt, wenn der Mensch schwach ist.

ERSTER BAUER: Wiriklich – menschliche Schwachheit.

DRITTER BAUER: Was ist da zu sagen.

(*Der alte Koch streckt sich aus und brummt immer noch*) (*Pause*)

ZWEITER BAUER: Was ich noch fragen wollte: Das Mädchen hier bei Euch im Hause, die aus unserer Gegend, Arinjas Mädchen, wie steht's mit der? Was für ein Leben führt sie? – heißt das, ist sie anständig?

JAKOB: Ein braves Mädchen, man kann ihr nur Gutes nachsagen.

KÖCHIN: Ich will Dir die Wahrheit sagen, Gevatter, ich kenn' die Sache hier durch und durch: willst Du Tatjana für Deinen Sohn nehmen – schnell, eh' sie zu schanden wird; denn das bleibt nicht aus.

JAKOB: Ja, das ist wirklich wahr. Im Sommer war bei uns ein Mädchen, Natalia, sie war gut und brav, und die ist um ein Nichts zugrunde gegangen, ärger als der da …

(Er zeigt auf den Koch)

KÖCHIN: Hier gehen von unsereinem Tausende zugrunde – ganze Dörfer voll. Jeden lockt die leichte Arbeit und das gute Essen … Und bei dem guten Essen – siehst – kommt so'n Mädel schnell unter die Räder. Und liegt sie unten, da fragt kein Mensch mehr nach ihr. Nur schnell fort – eine frische an ihre Stelle. So war's mit der lieben Natascha: sie war unter die Räder gekommen – gleich haben sie sie fortgejagt. Geboren hat sie und ist krank geworden, letzten Frühling ist sie im Spital gestorben. Und was war das für ein Mädchen!

DRITTER BAUER: Du lieber Gott! Schwache Geschöpfe. Man muß sie bedauern.

DER ALTE KOCH: Ja, die einen bedauern; das Gezücht! (Er läßt die Beine vom Ofen herabhängen) Dreißig Jahr hab' ich an der heißen Platte gebraten; dann hat man mich nicht mehr brauchen können, – krepier', wie'n Hund! … Die einen bedauern! …

ERSTER BAUER: Wiriklich wahr, so ist es in der Welt!

ZWEITER BAUER: So lang' sie essen und trinken, bist Du ihr Goldmensch. Haben sie genug gegessen, genug getrunken, scher' Dich Deiner Wege, Schmierfink!

DRITTER BAUER: Du lieber Gott!

DER ALTE KOCH: Du weißt viel. Was heißt: Szotjé a la bomong? Was heißt: Bavassari? Was ich alles gekonnt hab'! Denk' Dir! Der Kaiser hat meiner Hände Werk gegessen. Jetzt braucht mich das Gezücht nicht mehr! Aber mich kriegen sie nicht unter!

KÖCHIN: Nu, nu, ist der ins Schwatzen gekommen. Daß Dich …!

Kriech' in Deinen Winkel, daß man Dich nicht sieht. Wenn Fjodor Iwanytsch kommt oder sonst jemand, jagen sie Dich aus dem Haus und mich dazu.

(*Pause*)

JAKOB: Kennt Ihr auch meine Gegend, Wosnjessenskoje?

ZWEITER BAUER: Gewiß, kennen wir sie, siebzehn Werst von uns, mehr ist es nicht, und durch den Fluß noch weniger. Was treibst Du, hast Du Land in Pacht?

JAKOB: Mein Bruder ist Pächter, und ich schicke ihm. Wenn ich auch hier bin, ich höre nicht auf, an die Heimat zu denken.

ERSTER BAUER: Wiriklich.

ZWEITER BAUER: Anissim ist also Dein Bruder. Jakob: Gewiß, mein leiblicher Bruder. Am andern Ende …

ZWEITER BAUER: O, ich weiß – das dritte Haus.

13. Auftritt

DIESELBEN und TANJA

TANJA: Jakob Iwanytsch! Was machen Sie sich's hier bequem? Sie werden gerufen!

JAKOB: Sofort! Was gibt's.

TANJA: Fifka bellt! Er will Essen haben. Und sie ist wütend auf Sie: was für ein schlechter Kerl, sagt sie, er hat kein Mitgefühl, sagt sie, es ist längst Zeit, dem Hunde Mittag zu geben, und er kommt nicht! … (*Sie lacht*)

JAKOB (*will gehen*): O, ist sie böse? Wenn's nur keinen Krach gibt!

KÖCHIN (*zu Jakob*): Nehmen Sie doch das Sauerkraut mit.

JAKOB: Gib her, gib her.

(*Er nimmt das Sauerkraut und geht ab*)

14. Auftritt

DIESELBEN außer JAKOB

ERSTER BAUER: Wer soll jetzt Mittag essen?

TANJA: Der Hund. Ihr Hund … (*Sie setzt sich zu ihnen und nimmt die Teekanne*) Ist noch Tee drin ? – sonst hab' ich noch welchen mitgebracht. (*Sie schüttet Tee ein*)

ZWEITER BAUER: Der Hund soll Mittag essen?

TANJA: Was denkst Du? Für den wird ein besonderes Kotelett

gemacht, das darf nicht zu fett sein. Ich wasche für ihn die Wäsche, für den Hund.

DRITTER BAUER: Du lieber Gott!

TANJA: Wie der Herr, der für den Hund ein Begräbnis veranstaltet hat.

ZWEITER BAUER: Was ist das für eine Geschichte.

TANJA: Hört zu – ein Mann hat's erzählt – sein Hund war krepiert, der Hund eines Herrn nämlich. Mitten im Winter fährt er hinaus, ihn zu begraben; begräbt ihn und fährt zurück und weint. Der Herr. Es war ein gesunder Frost, dem Kutscher tropft die Nase, und er wischt sich ab … Gebt Eure Gläser! (*Sie gießt Tee ein.*) Es tropft und tropft, und er wischt sich immer wieder. Der Herr sieht das: „Kutscher, sagt er, warum weinst Du?" Und der Kutscher sagt: „Wie, sollt ich nicht weinen, gnädiger Herr? Was war das für ein Hund!" (*Sie lacht*)

ZWEITER BAUER: Und bei sich denkt er wohl: Wenn Du selbst krepiert wärst, hätt' ich auch nicht geweint … (*Er lacht*)

DER ALTE KOCH (*vom Ofen her*) Das ist richtig, das ist recht!

TANJA: Schön. Der Herr kommt nach Hause, gleich geht er zur Frau: „Wie gut unser Kutscher ist," sagt er, „den ganzen Weg hat er geweint, – so leid tut ihm mein Ami." Laß ihn rufen … „Da, sollst auch Schnaps haben, und hier zur Belohnung – einen Rubel." Sie ist ebenso und ärgert sich, wenn Jakob für ihren Hund kein Herz hat.

(*Die Bauern lachen*)

ERSTER BAUER: Sehr schön!

ZWEITER BAUER: Sieh 'mal her!

DRITTER BAUER: Ei, Mädchen, Du hast Witz!

TANJA (*gießt noch Tee ein*): Trinkt noch! … Ja, so ist's, man denkt, das Leben ist so gut, und dabei ist es ekelhaft, ihnen allen Schmutz nachzuräumen. Pfui! Auf dem Lande ist's besser.

(*Die Bauern kehren die Tassen, die sie umgekippt hatten, wieder um*)

TANJA (*gießt ein*): Trinkt, bekomm's Euch gut, Jefim Antonytsch! Ich gieß' Euch ein, Mitrij Wlassjewitsch!

DRITTER BAUER: Na, gieß' ein, gieß' ein.

ERSTER BAUER: Nun sag', Schlauköpfchen, geht unsere Sache vorwärts?

TANJA: O sie geht …

ERSTER BAUER: Ssemjon hat erzählt …

TANJA (*schnell*): Hat erzählt?

ZWEITER BAUER: Man versteht ihn aber nicht.

TANJA: Ich kann jetzt gar nichts sagen, aber ich will's schon machen, ich will's schon machen. Seht Ihr – hier ist auch Eure Schrift! (*Sie zeigt das Schriftstück unter der Schürze*) Wenn nur der eine Streich gelingt … (*Sie quietscht*) I, das wär' fein!

ZWEITER BAUER: Pass' nur auf, daß Du das Papier nicht verlierst. Das hat auch Geld gekostet.

TANJA: Seid unbesorgt. Die Hauptsache ist doch, daß er unterschreibt?

DRITTER BAUER: Was denn sonst? Die Unterschrift, und – die Sache ist gemacht. (*Er kippt die Tasse um*) Genug.

TANJA (*zu sich selber*): Er unterschreibt, Ihr sollt sehen, er unterschreibt. Trinkt noch! (*Sie gießt ein*)

ERSTER BAUER: Setze nur den Abschluß des Verkaufs durch, dann können wir Dich auf Gemeindekosten verheiraten. (*Er lehnt den Tee ab*)

TANJA (*gießt ein und reicht zu*): Trinkt!

DRITTER BAUER: Führ's nur durch! Und wir verheiraten Dich, sag' ich, und zu Deiner Hochzeit komm' ich tanzen. Wenn ich auch in meinem ganzen Leben nicht getanzt habe, da tanz' ich doch!

TANJA (*lacht*): Das, hoff' ich, wird wahr. (*Pause*)

ZWEITER BAUER (*Tanja betrachtend*): Ja, das ist alles schön und gut; aber Du taugst nicht zu Bauernarbeit.

TANJA: Ich nicht taugen? Was, glaubt Ihr, ich habe keine Kraft? Da müßtet Ihr 'mal sehen, wie ich die gnädige Frau zusammenziehe; das macht leicht kein Bauer besser.

ZWEITER BAUER: Wo ziehst Du sie denn zusammen?

TANJA: Es ist so aus Fischbein gemacht, wie ein Jäckchen, bis hierher. Und mit Schnüren zieht man's zusammen, wie beim Anspannen, man muß sogar in die Hände spucken.

ZWEITER BAUER: Du schnürst sie also fest zusammen, heißt das?

TANJA: Ja, ja, ich schnür' sie fest zusammen. Und mit dem Fuß kann man sich doch bei ihr nicht anstemmen. (*Sie lacht.*)

ZWEITER BAUER: Warum aber ziehst Du sie zusammen?

TANJA: So, darum.

ZWEITER BAUER: Wie, hat sie ein Gelübde getan, oder was?

TANJA: Nicht doch, zur Schönheit.

ERSTER BAUER: Den Wanst, heißt das, zieht man ihr zusammen, daß sie schön aussieht.

TANJA: Man zieht und zieht, bis ihr die Augen hervortreten, und sie sagt noch: „Mehr". Blasen zieht man sich an die Hände. Und da sagt Ihr, ich hab' keine Kraft.

(*Die Bauern lachen und wackeln mit den Köpfen*)

TANJA: Aber ich bin ins Schwatzen gekommen.

(*Sie läuft lachend davon*)

DRITTER BAUER: Das nenn' ich ein Mädel, die hat Witz!

ERSTER BAUER: Und wie akkurat sie ist!

ZWEITER BAUER: Glaub' schon.

15. Auftritt

Die DREI BAUERN, die KÖCHIN, der ALTE KOCH (auf dem Ofen), SSACHA-TOW und WASSILIJ LEONIDYTSCH (kommen. Ssachatow hat ein Teelöffel-chen in der' Hand)

WASSILIJ: Nicht gerade ein Mittag, sondern ein déjeuner dinatoire. Und ich sage Ihnen, es war ein exquisites Frühstück: Schinken vom Ferkel – was Wunderbares! Bei Rouillet speist man vortreff-lich. Ich komme eben von dort. (*Er bemerkt die Bauern*) Und die Bauern sind wieder hier?

SSACHATOW: Ja, ja, das ist alles sehr schön; aber wir sind hierher ge-kommen, um den Gegenstand zu verstecken. Wo versteckt man ihn?

WASSILIJ: Verzeihung, einen Augenblick. (*Zur Köchin*) Wo sind denn die Hunde?

KÖCHIN: In der Kutscherstube sind die Hunde. Kann man sie denn ins Leutezimmer lassen?

WASSILIJ: Ah, in der Kutscherstube? Nun, gut.

SSACHATOW: Ich warte.

WASSLLIJ: Verzeihung, Verzeihung. Was, also? Verstecken? Wissen Sie was, Sergej Iwanowitsch? Einem von diesem Bauern in die Tasche. Sagen wir, dem hier. Du, hör' 'mal. Wo hast Du Deine Tasche?

DRITTER BAUER: Was willst Du von meiner Tasche? Sieh' 'mal an, die Tasche will er! Ich hab' Geld in der Tasche.

SSACHATOW: Nun, wo hast Du Dein Beutelchen?

DRITTER BAUER: Was willst Du mit dem Beutel?

KÖCHIN: Was fällt Dir ein? Das ist ja der junge Herr.

WASSILIJ (*lacht*): Wissen Sie, warum er so erschrocken ist? Ich will's Ihnen gleich sagen: er hat ein Heidengeld in der Tasche. Hm?

SSACHATOW: Ja, ja, ich begreife. Also: Sie plaudern mit ihnen, und ich lege ihn inzwischen unbemerkt hier in diesen Beutel, – damit sie selbst nichts wissen und ihm nicht zeigen können. Plaudern Sie mit ihnen.

WASSILIJ: Sofort, sofort. Nun, wie ist's, Kinderchen, kauft Ihr das Land? Hm?

ERSTER BAUER: Wir, wir wollen von ganzem Herzen. Aber die Sache kommt nicht vom Fleck.

WASSILIJ: Ihr dürft eben nicht knausern. Land ist ein wichtiges Ding. Ich hab' Euch schon gesagt – Münze müßt' ihr pflanzen. Ihr könnt auch noch Tabak pflanzen.

ERSTER BAUER: Ja, wiriklich, alle Producte kann man.

DRITTER BAUER: Und Du, Väterchen, leg' nur ein Wort für uns ein. Wie sollen wir leben? Das Land ist klein – nicht einmal eine Henne, sag' ich, kann man da halten.

SSACHATOW (*hat den Löffel in den Beutel des dritten Bauern gelegt*): C'est fait. Fertig. Gehen wir. (*Ab*)

WASSILIJ: Aber daß Ihr mir nicht knausert, hört Ihr? Für jetzt lebt wohl. (*Ab*)

16. Auftritt

Die DREI BAUERN, die KÖCHIN und der alte KOCH (auf dem Ofen)

DRITTER BAUER: Ich hab' gleich gesagt: ins Kartier. Für einen Zehner, sag' ich, hätten wir jeder wohnen können und hätten wenigstens unsre Ruhe gehabt, hier, Gott erbarm' sich. Gib Dein Geld her, sagt er. Was soll das heißen?

ZWEITER BAUER: Er hat gewiß getrunken. (*Die Bauern kippen die Tassen um, erheben sich und bekreuzen sich*)

ERSTER BAUER: Denke doch, wie klug er das gesagt hat, von der Münze, die wir säen sollen? Das muß man verstehen.

ZWEITER BAUER: Münze säen, als ob das so ginge. Versuch Du doch 'mal, bieg' Du nur Deinen Buckel krumm – dann wird Dir die Münze schon vergehen … Dank' schön, junger Herr. Nun sag', Schlauköpfchen, wo sollen wir hier schlafen?

KÖCHIN: Legt Euch – einer auf den Ofen, die anderen jeder auf eine Bank.

DRITTER BAUER: Christus, mein Heiland. (*Er betet*)

ERSTER BAUER: Geb' uns Gott Glück zu unserem Geschäft! (*Er legt sich hin*) Morgen Nachmittag könnten wir mit der Bahn fort, Dienstag sind wir zu Hause.

ZWEITER BAUER: Werden Sie das Licht auslöschen?

KÖCHIN: Das Licht löschen? Sie kommen ja alle gelaufen: der will das, der andere jenes … Aber Ihr legt Euch nur hin, ich will herunterschrauben.

ZWEITER BAUER: Wie soll man auf dem kleinen Stückchen Land auskommen? Seit Weihnachten muß ich schon Getreide kaufen, Und das Haferstroh geht aus. So könnt' ich vier Morgen dazu nehmen, wenn der Ssemjon mit nach Hause kommt.

ERSTER BAUER: Du hast Frau und Kind. Da hat's keine Not! Du kannst das Land leicht bearbeiten, wenn Du's nur bekommst. Wenn nur unser Geschäft glücklich enden möchte!

DRITTER BAUER: Wir müssen die heilige Jungfrau bitten. Vielleicht erbarmt sie sich.

17. Auftritt

(*Stille; Seufzer. Dann hört man Tritte, Stimmen, die Tür öffnet sich sperrangelweit und herein stürzen*) Großmann (*mit verbundenen Augen*), SSACHATOW, (*den* GROßMANN *an der Hand hält*), *der* PROFESSOR *und der* ARZT, *die* DICKE DAME *und* LEONID FJODOROWITSCH, BETSY *und* PETRISCHTSCHEW, WASSILIJ LEONIDYTSCH *und* MARJA KONSTANTINOWNA, *die* GNÄDIGE FRAU *und die* BARONIN, FJODOR IWANYTSCH *und* TANJA. *Die* DREI BAUERN, *die* KÖCHIN *und der alte* KOCH (*unsichtbar. Die Bauern springen auf. – Großmann kommt mit schnellen Schritten herein und bleibt stehen*)

DIE DICKE DAME: Seien Sie unbesorgt, ich will genau beobachten, ich hab's übernommen, zu beobachten, und werde meine Pflicht aufs strengste erfüllen. Sergej Iwanytsch, führen Sie ihn nicht?

SSACHATOW: Nicht doch.

DIE DICKE DAME: Führen Sie ihn nicht, aber folgen Sie ihm willig. (*Zu Leonid Fjodorowitsch*) Ich kenne diese Experimente. Ich habe sie selbst gemacht. Ich fühle ein Zucken, und in demselben Augenblick …

LEONID: Verzeihen Sie, aber ich muß Sie bitten, vollkommene Ruhe zu bewahren.

DIE DICKE DAME: O ja, ich begreife das sehr gut. Ich habe das an mir selbst erfahren. Sobald die Aufmerksamkeit abgezogen wurde, konnte ich nicht mehr …

LEONID: Sch, sch …

(Sie gehen umher, suchen in der Nähe des ersten und zweiten Bauern und nähern sich dem dritten. – Großmann stolpert über die Bank)

BARONIN: Mais dites-moi, on le paye?

GNÄDIGE FRAU: Je ne saurais vous dire.

BARONIN: Mais c'est un monsieur?

GNÄDIGE FRAU: Oh! oui.

BARONIN: Ça tient du miraculeux. N'est-ce pas? Comment est-ce qu'il trouve?

GNÄDIGE FRAU: Je ne saurais vous dire. Mon mari vous l'expliquera. *(Sie bemerkt die Bauern und sieht sich nach der Köchin um)* Pardon. Was ist das?

(Die Baronin nähert sich der Gruppe)

GNÄDIGE FRAU *(zur Köchin)*: Wer hat die Bauern eingelassen?

KÖCHIN: Jakob hat sie hierhergebracht.

GNÄDIGE FRAU: Wer hat Jakob das geheißen?

KÖCHIN: Das weiß ich nicht. Fjodor Iwanytsch haben sie gesehen.

GNÄDIGE FRAU: Leonid!

(Leonid Fjodorowitsch hört nicht, er ist mit Suchen beschäftigt und zischt um Ruhe)

GNÄDIGE FRAU: Fjodor Iwanytsch! Was soll das heißen? Haben Sie nicht gesehen, daß ich das ganze Vorzimmer desinfiziert habe, und jetzt haben Sie mir die ganze Küche angesteckt, das Schwarzbrot, den Kwaß …

FJODOR: Ich habe geglaubt, hier ist es nicht gefährlich. Und die Leute sind in Geschäften hier. Sie kommen weit her, aus meiner Heimat.

GNÄDIGE FRAU: Das ist's ja eben, aus der Kursker-Gegend, wo die Menschen wie die Fliegen an Diphtheritis hinsterben, und vor allem – ich habe befohlen, daß sie nicht im Hause bleiben … Habe ich's befohlen oder nicht? … *(Sie nähert sich den andern, die sich um die Bauern gedrängt haben)* Vorsicht! Rührt sie nicht an; sie sind alle von der Diphtheritis angesteckt!

(Niemand hört auf sie; sie tritt mit Würde zur Seite,
bleibt unbeweglich stehen und wartet)

PETRISCHTSCHEW (*atmet hörbar durch die Nase*): Diphtheritis? weiß
nicht; aber irgend ein Ansteckungsstoff ist in der Luft. Spüren Sie
nichts?

BETSY: Schwatzen Sie doch nicht! Wowó, in welchem Beutel?

WASSILIJ: In dem da, in dem da! Er kommt näher, immer näher.

PETRISCHTSCHEW: Was spüren Sie? Geisterbesuch oder Bazillenge-
ruch?

BETSY: Hier sind Ihre Zigaretten einmal am Platz. – Rauchen Sie, rauchen Sie, mehr in meiner Nähe.

(Petrischtschew beugt sich vor und beräuchert sie)

WASSILIJ: Er findet's, sag' ich Euch. Hm?

GROßMANN (*betrachtet erregt den dritten Bauern*): Hier, hier. Ich fühle,
es ist hier.

DIE DICKE DAME: Fühlen Sie ein Zucken?

(Großmann beugt sich zu dem Beutel nieder und zieht den Löffel hervor)

ALLE: Bravo! (*Allgemeines Entzücken*)

WASSILIJ: Ah! Siehst Du, wo unser Löffelchen gesteckt hat! (*Zum Bauern*) So einer bist Du?

DRITTER BAUER: Was für einer bin ich? Ich hab' Dein Löffelchen nicht
genommen. Was regiert der Mensch? Ich habe nichts genommen,
ich habe nichts genommen, mein Gewissen ist rein. Und er darf
alles! Ich hab's gleich gesehen, er hat nichts Gutes gewollt. Den
Beutel her, sagt er. Ich habe nichts genommen, Christus ist mein
Zeuge, ich habe nichts genommen.

(Die jungen Leute umringen ihn und lachen)

LEONID (*böse auf seinen Sohn*): Immer und immer Dummheiten! (*Zum
dritten Bauern*) Beruhigt Euch nur, lieber Freund. Wir wissen, daß
Ihr nichts genommen habt. Es war ein Experiment.

GROßMANN (*nimmt die Binde ab und tut, als ob er zu sich käme*): Wasser,
wenn ich bitten darf … Haben Sie die Güte. (*Alle sind um ihn beschäftigt*)

WASSILIJ: Gehen wir in die Kutscherstube. Ich will Ihnen zeigen, was
ich dort für einen Rüden habe. Epâtant! Was?

BETSY: Was für ein häßliches Wort. Man sagt doch Hund.

WASSILIJ: Nein, das geht nicht. Ich kann doch von Dir nicht sagen:
was ist Betsy für ein epâtanter Mensch! Ich muß doch sagen:

Mädchen! So ist's auch hier. Hm? Marja Konstantinowna, habe ich nicht recht? Gut gesagt? (*Er lacht*)

MARJA: Gehen wir.

(*Marja Konstantinowna, Betsy, Petrischtschew und Wassilij Leonidytsch ab*)

18. Auftritt

DIESELBEN, außer BETSY, MARJA KONSTANTINOWNA, PETRISCHTSCHEW *und* WASSILIJ LEONIDYTSCH

DIE DICKE DAME (*zu Großmann*): Nun? Wie geht's? Haben Sie sich erholt? (*Großmann antwortet nicht. Zu Ssachatow*) Sergej Iwanowitsch, haben Sie nicht ein Zucken gefühlt?

SSACHATOW: Ich habe gar nichts gefühlt. Aber es war schön, es war schön. Vollkommen gelungen.

BARONIN: Admirable! Ça ne le fait pas souffrir?

LEONID: Pas le moins du monde.

PROFESSOR (*zu Großmann*): Wollen Sie mir gestatten. (*Er reicht dem Arzt ein Thermometer*) Bei Beginn des Experiments waren 37 und 2. (*Zum Arzt*) Nicht wahr? Seien Sie so freundlich, prüfen Sie den Puls. Ein Verlust ist unvermeidlich.

ARZT (*zu Großmann*): Bitte, Herr Großmann, gestatten Sie mir Ihren Puls. Prüfen wir, prüfen wir.

(*Er zieht seine Uhr heraus und faßt ihn bei der Hand*)

DIE DICKE DAME (*zu Großmann*): Verzeihen Sie. Der Zustand, in dem Sie sich befunden haben, kann doch nicht als Schlaf bezeichnet werden?

GROßMANN (*müde*): Eine Art Hypnose.

SSACHATOW: Man muß das also so auffassen, daß Sie sich selbst hypnotisiert haben?

GROßMANN: Und warum nicht? Hypnose entsteht nicht nur durch Assoziation, durch das Ertönen eines Tamtams, wie zum Beispiel bei Charcot, sondern durch den bloßen Eintritt in die hypnogene Zone.

SSACHATOW: Nehmen wir an, es ist so, so bleibt es doch immer wünschenswert genauer zu definieren, was Hypnose ist?

PROFESSOR: Hypnose ist die Erscheinung der Umwandlung einer Kraft in die andere.

GROßMANN: Charcot definiert es anders.

SSACHATOW: Verzeihen Sie, verzeihen Sie. Das ist Ihre Definition; aber Liebault hat mir selbst gesagt ...

ARZT (*den Puls loslassend*): Gut, gut, Und jetzt die Temperatur.

DIE DICKE DAME (*sich einmischend*): Nein, verzeihen Sie! Ich stimme Alexej Wladimirowitsch zu. Ich will Ihnen den besten Beweis geben. Als ich nach meiner Krankheit bewußtlos dalag, überkam mich das Bedürfnis zu sprechen. Ich bin im allgemeinen schweigsam; aber da überkam mich das Bedürfnis zu sprechen und zu sprechen, und ich habe so gesprochen, sprachen die Leute, daß alle erstaunt waren. (*Zu Ssachatow*) Ich glaube übrigens, ich habe Sie unterbrochen?

SSACHATOW (*würdevoll*): Nicht im mindesten. Bitte, bitte.

ARZT: Puls 82, die Temperatur ist um 0,3 gestiegen.

PROFESSOR: Da haben Sie den Beweis. So mußte es sein. (*Er zieht ein Taschenbuch heraus und schreibt ein*) 82, richtig? Und 37 und 5? So bald die Hypnose eintritt, zeigt sich unbedingt eine beschleunigte Herztätigkeit.

ARZT: Ich kann als Arzt bezeugen, daß Ihre Vorhersage vollkommen eingetroffen ist.

PROFESSOR (*zu Ssachatow*): Sie meinten also? ...

SSACHATOW: Ich wollte sagen: Liebault hat mir persönlich gesagt, daß die Hypnose nur ein besonderer seelischer Zustand ist, der die Eindrucksfähigkeit erhöht.

PROFESSOR: Schon richtig. Aber die Hauptsache ist doch das Gesetz der Äquivalenz.

GROẞMANN: Außerdem ist Liebault für mich gar keine Autorität; Charcot aber hat die vielseitigsten Forschungen angestellt und nachgewiesen, daß die Hypnose,die durch einen Schlag, durch ein Trauma hervorgerufen ...

(*Zusammen:*)

SSACHATOW: Ich bestreite ja Charcots Ergebnisse gar nicht. Ich kenne ihn auch; ich sage nur, was mir Liebault gesagt hat ...

GROẞMANN (*erregt*): In der Salpetrière sind 3000 Kranke, und ich habe dort einen ganzen Kursus durchgemacht.

PROFESSOR: Verzeihen Sie, meine Herren. Nicht darum handelt es sich.

DIE DICKE DAME (*sich einmischend*): Ich will es Ihnen in zwei Worten klar machen. Als mein Mann krank war, haben ihn alle Ärzte aufgegeben …

LEONID: Aber gehen wir zurück ins Haus. Gnädige Baronin, wenn ich bitten darf.

(*Sie gehen ab, indem sie alle zusammen sprechen,
einer dem andern in die Rede fallend*)

19. Auftritt

*Die DREI BAUERN, KÖCHIN, FJODOR IWANYTSCH, TANJA, der alte KOCH
(auf dem Ofen), LEONID FJODOROWITSCH und GNÄDIGE FRAU*

GNÄDIGE FRAU (*sie hält Leonid Fjodorowitsch am Ärmel zurück*): Wie oft habe ich Sie gebeten, im Hause keine Anordnungen zu treffen? Sie kennen nichts, als Ihre Dummheiten. Und die Verantwortung trage ich. Sie werden alle anstecken.

LEONID: Wer? Was? Ich verstehe kein Wort.

GNÄDIGE FRAU: Wie? Leute, die an der Diphtheritis leiden, übernachten in der Küche, die in tausend Beziehungen zum Hause steht.

LEONID: Aber ich …

GNÄDIGE FRAU: Was ich?

LEONID: Aber ich weiß von gar nichts.

GNÄDIGE FRAU: Sie sollten's aber wissen, wenn Sie Familienvater sein wollen. So etwas tut man nicht.

LEONID: Ich dachte ja nicht … Ich dachte …

GNÄDIGE FRAU: Ekelhaft, solches Gerede mit anzuhören!

(*Leonid Fjodorowitsch schweigt*)

GNÄDIGE FRAU (*zu Fjodor Iwanytsch*): Sofort hinaus! Ich will sie in meiner Küche nicht sehen! Das ist entsetzlich, kein Mensch gehorcht, alles mir zum Trotz … Ich jage sie zu einer Tür hinaus; sie lassen sie zur andern wieder herein. (*Sie redet sich immer mehr in Zorn hinein und beginnt zu weinen*) Alles mir zum zumTrotz! Alles mir zum Trotz! Und bei meiner Krankheit! Doktor! Doktor! … Auch der ist fort!

(*Sie schluchzt auf und geht ab. Ihr folgt Leonid Fjodorowitsch*)

20. Auftritt

*Die DREI BAUERN, TANJA, FJODOR IWANYTSCH, KÖCHIN und der alte
KOCH (auf dem Ofen) (Lebendes Bild. Alle stehen einige Zeit hindurch*

schweigend da)

DRITTER BAUER: Na, Gott hab' sie selig! Es fehlt nicht viel, und sie stecken einen in die Polizei. In meinem ganzen Leben habe ich noch nicht mit den Gerichten zu tun gehabt. Gehen wir ins Kartier, Kinder.

FJODOR (*zu Tanja*): Was soll nun werden?

TANJA: Nur ruhig, Fjodor Iwanytsch. Bringen Sie sie in die Kutscherstube.

FJODOR: In die Kutscherstube? Das ist ja unmöglich! Der Kutscher hat sich so schon beklagt, daß sie von Hunden vollsteckt.

TANJA: Also in die Dienerstube.

FJODOR: Und wenn man's erfährt?

TANJA: Das erfährt kein Mensch. Seien Sie unbesorgt. Wir können sie doch mitten in der Nacht nicht fortjagen! Sie finden ja den Weg gar nicht.

FJODOR: Nun, mach' was Du willst, nur daß sie mir nicht hierbleiben. (*Ab*)

21. Auftritt

Die DREI BAUERN, TANJA, KÖCHIN und der alte KOCH. (Die Bauern nehmen ihre Beutel auf)

DER ALTE KOCH: Ach dies verfluchte Gezücht! Zu wohl ist ihnen! Gezücht!

KÖCHIN: Schweig' Du doch wenigstens! Dank Gott, daß sie Dich nicht gesehen haben.

TANJA: Kommt also mit in die Dienerstube, gute Freunde.

ERSTER BAUER: Na, und unser Geschäft? Wie steht's, sozusagen, mit der eigenhändigen Unterschrift? Sag', dürfen wir hoffen?

TANJA: In einer Stunde wissen wir alles.

ZWEITER BAUER: Wird's Dir auch gelingen?

TANJA (*lacht*): Wie Gott will.

(*Der Vorhang fällt*)

178

DRITTER AUFZUG

Die Handlung spielt am Abend desselben Tages, im kleinen Empfangszimmer, wo Leonid Fjodorowitsch seine Experimente zu machen pflegt.

1. Auftritt

Leonid Fjodorowitsch und der Professor

LEONID: Wie meinen Sie, riskiert man die Sitzung mit unserm neuen Medium?

PROFESSOR: Unter allen Umständen. Das Medium ist zweifellos stark. Vor allem aber ist es erwünscht, daß unsere mediumistische Sitzung heute stattfindet, und zwar mit denselben Personen. Unter allen Umständen muß Großmann auf die mediumistische Kraft reagieren, und so wird Zusammenhang und Einheit der Erscheinungen noch einleuchtender sein. Sie werden sich überzeugen, wenn das Medium so stark sein wird, wie vorhin, muß Großmann in vibrierende Bewegung geraten.

LEONID: Da will ich also Sseinjon holen lassen und die Teilnehmer einladen.

PROFESSOR: Ja, ja, ich will mir nur einige Notizen machen. (*Er zieht ein Taschenbuch hervor und schreibt*)

2. Auftritt

Dieselben und Ssachatow

SSACHATOW: Drin bei Anna Pawlowna sitzen sie am Kartentisch. Ich als Strohmann … und außerdem als wißbegieriger Zuschauer melde mich bei Ihnen … Wie, findet die Sitzung statt?

LEONID: Gewiß, ganz gewiß!

SSACHATOW: Was, ohne die mediumistische Kraft des Herrn Kaptschitsch?

LEONID: Vous avez la main heureuse. Denken Sie sich, der Bauer, von dem ich Ihnen erzählt habe, entpuppt sich als ein unzweifelhaftes Medium.

SSACHATOW: Merkwürdig! O, das ist außerordentlich interessant.

LEONID: Vollkommen, er hat sich als ein Medium von ungewöhnlicher Stärke erwiesen.

SSACHATOW (*ungläubig*): Merkwürdig!

LEONID: Und nun stellt sich heraus, daß sie's in der Leutestube schon lange beobachtet haben. Er setzt sich an den Teller, und der Löffel springt ihm von selber in die Hand. (*Zum Professor*) Haben Sie das schon gehört?

PROFESSOR: Nein, das habe ich noch nie gehört.

SSACHATOW (*zum Professor*): Aber Sie geben doch die Möglichkeit solcher Erscheinungen zu?

PROFESSOR: Welcher Erscheinungen?

SSACHATOW: Nun, im allgemeinen, spiritistischer, mediumistischer und überhaupt übernatürlicher Erscheinungen.

PROFESSOR: Die Frage ist: Was nennen wir übernatürlich? Als – nicht ein Lebewesen, der Mensch, sondern ein Stück Stein einen Nagel an sich zog, wie faßte die Beobachtung diese Erscheinung auf, als eine natürliche oder übernatürliche?

SSACHATOW: Ja, schon wahr; aber solche Erscheinungen, wie die Anziehung des Magneten, wiederholen sich immer.

PROFESSOR: Ganz so ist es hier. Die Erscheinung wiederholt sich, und wir suchen sie zu erforschen. Noch mehr: wir suchen die erforschten Erscheinungen unter die, allen übrigen Erscheinungen gemeinsamen Gesetze zu bringen. Die Erscheinungen stellen sich doch nur deshalb als übernatürliche dar, weil man die Ursachen der Erscheinungen dem Medium selbst zuschreibt. Aber das ist falsch. Die Erscheinungen bringt nicht das Medium hervor, sondern eine geistige Kraft durch das Mittel des Mediums, und das ist ein großer Unterschied. Die Lösung der Frage liegt – in dem Gesetz der Äquivalenz.

SSACHATOW: Ja, schon wahr, aber …

3. Auftritt

DIESELBEN und TANJA (tritt ein und stellt sich hinter die Portiere)

LEONID: Aber eines müssen Sie wissen. Wie bei Hume und Kaptschitsch, so darf man auch jetzt bei diesem Medium im voraus auf nichts zählen. Es kann mißlingen, es kann aber ebensogut eine vollständige Materialisation sein.

SSACHATOW: Sogar eine Materialisation? Worin soll diese Materialisation bestehen?

LEONID: Darin, daß ein Verstorbener erscheint: Ihr Vater, Ihr Großvater, daß er Sie bei der Hand nimmt, Ihnen etwas gibt; oder daß jemand plötzlich in die Luft steigt, wie das letzte Mal bei uns Alexej Wladimirowitsch.

PROFESSOR: Recht, recht. Die Hauptsache aber bleibt: die Erklärung der Erscheinungen und ihre Einordnung in die allgemeinen Gesetze.

4. Auftritt

DIESELBEN und die DICKE DAME

DIE DICKE DAME: Anna Pawlowna hat mir erlaubt, zu Ihnen herüberzugehen.

LEONID: Bitte ergebenst.

DIE DICKE DAME: Aber wie müde Großmann doch geworden ist! Die Tasse hat er kaum halten können. Haben Sie beobachtet, wie bleich er (*zum Professor*) in dem Augenblick wurde, wo er in die Nähe kam. Ich habe es sofort bemerkt und habe es zuerst Anna Pawlowna gesagt.

PROFESSOR: Ohne Zweifel, der Verlust an Lebenskraft.

DIE DICKE DAME: Ich sage auch, man darf damit keinen Mißbrauch treiben. Denken Sie sich, einer Bekannten von mir, Wjerotschka Konschina – Sie kennen sie ja – hat der Hypnotiseur suggeriert, sie solle aufhören zu rauchen, da bekam sie Rückenschmerzen.

PROFESSOR (*will sprechen*): Die Höhe der Temperatur und der Puls weisen offenbar auf …

DIE DICKE DAME: Einen Augenblick, gestatten Sie. Ich sage ihr: immer besser rauchen, als so an den Nerven leiden. Versteht sich, ist Rauchen schädlich, und auch ich möchte es mir gern abgewöhnen; aber was wollen Sie, es geht nicht. Ich habe einmal zwei Wochen nicht geraucht, dann hielt ich es nicht mehr aus.

PROFESSOR (*versucht wieder zu sprechen*): Weisen unzweifelhaft … auf …

DIE DICKE DAME: Aber nein, gestatten Sie. Nur zwei Worte. Sie meinen: ein Verlust an Kräften? Und ich wollte sagen, als ich mit der Post fuhr … Die Wege waren damals entsetzlich, Sie können sich der Zeit nicht erinnern, und ich habe die Beobachtung gemacht, sagen Sie, was Sie wollen, unsere Nervosität kommt nur von der Eisenbahn. Ich kann zum Beispiel auf der Reise nicht schlafen. – Schlagen Sie mich tot, ich schlafe nicht ein.

PROFESSOR (*will wieder beginnen, aber die dicke Dame läßt ihn nicht zu Worte kommen*): Der Verlust an Kraft ...

SSACHATOW (*lächelnd*): Ja, ja.

(*Leonid klingelt*)

DIE DICKE DAME: Ich schließe eine, zwei, drei Nächte kein Auge, und trotz alledem schlafe ich nicht ein.

5. Auftritt

DIESELBEN und GRIGORIJ

LEONID: Sagen Sie, bitte, Fjodor, er solle alles für die Sitzung vorbereiten, und rufen Sie Ssemjon hierher; Ssemjon, den Küchenjungen. Verstanden?

GRIGORIJ: Zu Befehl! (*Ab*)

6. Auftritt

LEONID FJODOROWITSCH, der PROFESSOR, *die* DICKE DAME *und* TANJA (*versteckt*)

PROFESSOR (*zu Ssachatow*): Die Höhe der Temperatur und der Puls haben auf einen Verlust an Lebenskraft hingewiesen. Ganz so wird es bei den mediumistischen Erscheinungen sein. Das Gesetz von der Erhaltung der Kraft ...

DIE DICKE DAME: Ja, ja. Ich wollte nur noch sagen, wie sehr ich mich freue, daß ein einfacher Bauer sich als Medium erwiesen hat. Das ist wundervoll. Ich habe immer gesagt, die Slavophilen ...

LEONID: Gehen wir indessen ins Vorderzimmer.

DIE DICKE DAME: Gestatten Sie, zwei Worte ... Die Slavophilen haben recht; aber ich hab' es meinem Manne immer gesagt, man darf in keiner Sache übertreiben. Immer die goldene Mittelstraße. Wie kann man behaupten, im Volke sei alles gut, wenn ich mit eigenen Augen gesehen habe ...

LEONID: Wollen Sie sich, bitte, ins Vorderzimmer bemühen.

DIE DICKE DAME: Solch ein Bengel, und trinkt schon. Ich habe ihn auf der Stelle ausgescholten; er war mir später dankbar. Sie sind – wie die Kinder, und Kinder brauchen – ich hab' es immer gesagt – Kinder brauchen Liebe und Strenge.

(*Alle plaudernd ab*)

7. Auftritt

TANJA (allein, kommt aus ihrem Versteck hinter der Tür)

TANJA: Ach, wenn es nur gelingen möchte!

(Sie bindet Zwirnsfäden an)

8. Auftritt

Tanja und Betsy (eilig eintretend)

BETSY: Papa nicht da? *(Tanja ansehend)* Was treibst Du hier?

TANJA: Ich, ich bin nur so vorübergekommen, gnädiges Fräulein, ich wollte … Ich bin hereingekommen *(verwirrt)*.

BETSY: Hier soll doch bald die Sitzung stattfinden. *(Sie bemerkt, daß Tanja die Fäden zurückzieht, heftet ihren Blick auf sie und bricht plötzlich in lautes Lachen aus)* Tanja! Du machst also alles? Jetzt leugne es nicht mehr, das vorige Mal warst Du es auch? Du, Du?

TANJA: Gnädiges Fräulein, liebstes bestes Fräulein!

BETSY *(entzückt)*: Ach, das ist ausgezeichnet! Das hätte ich nicht geglaubt! Aber wozu machst Du das?

TANJA: Liebes gnädiges Fräulein, verraten Sie mich nicht!

BETSY: Aber gewiß nicht, verlaß Dich drauf! Es macht mir eine unbändige Freude! Aber wie machst Du das?

TANJA: Ich mache es so: ich verstecke mich und dann, wenn das Licht ausgelöscht ist, schleich' ich mich hervor und mache alles.

BETSY *(auf einen Faden zeigend)*: Und wozu ist das? Halt, sag' mir's nicht, ich weiß schon, Du ziehst …

TANJA: Lisawjeta Leonidowna, süßes liebes Fräulein, ich will ganz offen gegen Sie sein. Bis jetzt war es nur Scherz, heut' aber hab' ich eine wichtige Sache vor.

BETSY: Was, wie? Eine wichtige Sache?

TANJA: Sie wissen doch, es sind Bauern gekommen, die Land kaufen wollen, und Ihr Papa will Ihnen nicht verkaufen, er hat das Schriftstück nicht unterzeichnet und hat es ihnen zurückgegeben. Fjodor Iwanytsch sagt, die Geister haben es ihm verboten. So kam mir der Gedanke.

BETSY: Du bist aber ein schlaues Ding! Mache nur, mache nur. Aber wie willst Du's machen?

TANJA: Ich habe es mir so zurechtgelegt: wenn sie das Licht löschen, sofort beginne ich zu klopfen, Sachen zu schleudern, mit dem Faden um ihre Köpfe herumzuarbeiten, und zum Schluß kommt das Schriftstück von oben herunter – ich habe es bei mir – und lasse es auf den Tisch fallen.

BETSY: Und was soll dann sein?

TANJA: Was dann sein soll? Alle erstaunen; das Schriftstück haben doch die Bauern gehabt, und plötzlich ist es hier. Jetzt aber befehle ich …

BETSY: Ssemjon ist doch heute das Medium!

TANJA: Ich befehle ihm also … (*Sie kann vor Lachen nicht weiter sprechen*) Ich befehle ihm also, jeden, der gerade in der Nähe ist, zu würgen. Nur Ihren Papa nicht – das wird er nicht wagen – die anderen mag er solange würgen, bis unterschrieben ist.

BETSY (*lacht*): Aber so wird's doch nicht gemacht, das Medium selbst tut doch nichts.

TANJA: Das ist ganz gleich, vielleicht gelingt es auch so.

9. Auftritt

TANJA und FJODOR IWANYTSCH. BETSY (macht Tanja Zeichen und geht)

FJODOR: Was treibst Du hier?

TANJA: Ich komme zu Ihnen, lieber Fjodor Iwanytsch.

FJODOR: Was willst Du denn?

TANJA: Ich komme wegen meiner Sache, um die ich gebeten habe.

FJODOR: Deine Werbung ist angenommen, sie haben eingeschlagen. Nur begossen ist es noch nicht.

TANJA (*quietscht*): Ist das wirklich wahr?

FJODOR: Wenn ich's Dir sage. Er meint: Ich will mich mit meiner Alten beraten, dann sollen sie meinen Segen haben.

TANJA: Das hat er gesagt? (*Sie quietscht*) Ach, liebster bester Fjodor Iwanytsch, mein lebelang will ich für Sie beten.

FJODOR: Laß nur, laß nur. Jetzt ist dazu keine Zeit. Ich soll ausräumen für die Sitzung.

TANJA: Ich will Ihnen helfen. Was soll aufgeräumt werden?

FJODOR: Was? – Hier der Tisch – mitten ins Zimmer, Stühle, die Gitarre, die Harmonika. Die Lampe wird nicht gebraucht – Lichte.

TANJA (*sie hilft Fjodor Iwanytsch alles ordnen*): So also. Die Gitarre hierher, das Tintenfaß hier. (*Sie stellt es hin*) So?

FJODOR: Wollen sie denn aber wirklich Ssemjon auf diesen Platz setzen?

TANJA: Es muß wohl sein. Sie haben ihn doch schon immer herge-
setzt.

FJODOR: Erstaunlich! (*Er setzt das Pincenez auf*) Ist er denn sauber?

TANJA: Wie soll ich das wissen?

FJODOR: Weißt Du was …?

TANJA: Was, Fjodor Iwanytsch?

FJODOR: Geh, hole die Nagelbürste und Tridasse-Seife, kannst sie
auch von mir nehmen … Schneide ihm die Krallen ab und wasche ihn fein säuberlich.

TANJA: Er wird sich selbst waschen.

FJODOR: So sage es ihm wenigstens und befiel ihm auch reine Wäsche anzulegen.

TANJA: Schön, Fjodor Iwanytsch. (*Ab*)

10. Auftritt

FJODOR IWANYTSCH (allein, setzt sich in den Stuhl)

FJODOR: Gelehrt sind sie, sehr gelehrt, Alexej Wladimirowitsch zum
Beispiel. Professor ist er, und doch kommt er mir manchmal gar
nicht richtig vor. Der rohe Aberglaube im Volk, der wird be-
kämpft, der Glaube an Kobolde, Zauberer, Hexen … Und doch,
wenn man näher hinsieht, ist es derselbe Aberglaube. Ist es denn
möglich, daß die Seelen Verstorbener sprechen, Gitarre spielen?
Entweder machen sie sich gegenseitig zum Narren oder jeder
macht sich selbst zum Narren. Auch die Geschichte mit Ssemjon
will mir nicht in den Kopf. (*Er betrachtet das Album*) Da ist auch
ihr spiritistisches Album. Ist es möglich, frag ich, daß man einen
Geist photographiert?! Was für ein Bild! Ein Türke und Leonid
Fjodorowitsch Arm in Arm. Sonderbare Schwachheit des Menschen!

11. Auftritt

FJODOR IWANYTSCH und LEONID FJODOROWITSCH

LEONID (*eintretend*): Nun, fertig?

FJODOR (*er erhebt sich langsam*): Fertig. (*Langsam*) Ich weiß nur nicht,
ob Ihr neues Medium Sie nicht blamieren wird, Fjodor Fjodorowitsch?

LEONID: Nein doch, Alexej Wladimirowitsch und ich haben schon
mit ihm experimentiert. Ein außerordentlich starkes Medium!

FJODOR: Das verstehe ich ja nicht. Aber, ist er auch sauber? Sie haben wohl nicht daran gedacht, ihm zu sagen, daß er sich die Hände wasche, und das geht doch nicht.

LEONID: Die Hände? Ach ja. Meinst Du, sie sind unsauber, Fjodor Iwanytsch?

FJODOR: Freilich, ein Bauer! Und es sind Damen dabei, auch Marja Wassiljewna.

LEONID: Nun, gut.

FJODOR: Ich wollte Ihnen auch noch melden: Timofej, der Kutscher, war da und hat sich beklagt, er weiß sich vor Schmutz nicht zu lassen, wegen der Hunde.

LEONID (*der die Gegenstände auf dem Tische in Ordnung stellt, zerstreut*): Was für Hunde?

FJODOR: Wassilij Leonidytsch hat man heute drei Windhunde gebracht, die hat man in die Kutscherstube gesteckt.

LEONID (*ärgerlich*): Sag's der gnädigen Frau; wie sie befehlen wird; ich habe keine Zeit.

FJODOR: Sie kennen doch ihre Leidenschaft ...

LEONID: Sie soll machen, was sie will. Von dem Jungen habe ich nichts als Unannehmlichkeiten ... ich habe auch keine Zeit.

12. Auftritt

DIESELBEN und SSEMJON (in einer ärmellosen Jacke tritt ein und lächelt)

SSEMJON: Der gnädige Herr haben befohlen?

LEONID: Ja, ja. Zeig' Deine Hände. Schön, sehr schön. Mach' also ganz wie vorhin, mein Sohn, setz' Dich und überlasse Dich Deinen Gefühlen. Und denke an gar nichts.

SSEMJON: Was sollt' ich denken? Je mehr man denkt, desto schlechter.

LEONID: Ganz recht, ganz recht. Je schwächer das Bewußtsein, desto größer die Kraft. Denke nicht und überlasse Dich der Stimmung. Hast Du Neigung zu schlafen – schlafe, hast Du Neigung zu gehen – gehe; verstehst Du?

SSEMJON: Was ist da zu verstehen? Schlauheit braucht's hier nicht.

LEONID: Die Hauptsache ist – laß Dich nicht irre machen. Du kannst selbst leicht in Erstaunen geraten. Du mußt wissen, wie wir leben, so lebt neben uns eine nie geschaute Welt der Geister.

FJODOR (*verbessernd*): Unsichtbare Wesen, verstehst Du?

SSEMJON (*lacht*): Was ist da zu verstehen? Wie Sie das sagen, ist die Sache sehr einfach.

LEONID: Du kannst in die Luft steigen oder noch etwas anderes, habe nur keine Angst.

SSEMJON: Warum Angst haben? Das tut ja nichts!

LEONID: Gut, so will ich gehen und alle rufen. Ist alles fertig?

FJODOR: Ich denke, es ist fertig.

LEONID: Und die Schiefertafeln?

FJODOR: Sind unten, ich hole sie sofort. (*Ab*)

13. Auftritt
LEONID FJODOROWITSCH und SSEMJON

LEONID: Nun, so ist's gut. Laß Dich also nicht irre machen und beweg' Dich recht frei.

SSEMJON: Vielleicht die Jacke ausziehen. Dann kann ich mich freier bewegen.

LEONID: Die Jacke? – Nein, nein, das ist nicht nötig. (*Ab*)

14. Auftritt
SSEMJON (allein)

SSEMJON: Wieder heißt sie mich das alles machen, und sie wird wieder ihre Sachen schleudern. Daß sie gar keine Furcht hat!

15. Auftritt
SSEMJON und TANJA (tritt ein, sie ist ohne Schuhe, ihr Kleid hat die Farbe der Tapeten. Ssemjon lacht)

TANJA (*zischt*): Schsch! … Sie können es hören! Klebe diese Streichhölzer hier an die Finger, wie vorhin. (*Er befestigt sie*) Sag', weißt Du noch alles?

SSEMJON (*biegt die Finger ein*): Ganz zuerst die Hölzchen naß machen. Durch die Luft fuchteln – eins. Zwei – mit den Zähnen klappern, so … Nummer drei habe ich vergessen.

TANJA: Und drei ist das Allerwichtigste. Vergiß nicht: wenn das Papier auf den Tisch fällt – ich werde noch mit der Klingel ein Zeichen geben – sofort machst Du mit den Armen so … weiter auseinander, und packst zu. Jeden, der in der Nähe sitzt, packst Du. Und hast Du ihn gepackt, dann drückst Du ihn (*lacht*), ob Herr, ob Dame – Du hast nur eins zu tun – zu drücken und wieder zu drücken, und nicht loslassen, als ob Du im Schlafe wärest, und knirsche mit den Zähnen oder brülle, sieh, so ... (*Sie brüllt*) Und wenn ich die Gitarre spiele, dann tust Du, als ob Du erwachen wolltest, reckst Dich, weißt Du, so. Dann wachst Du auf ... Weißt Du alles?

SSEMJON: Jetzt weiß ich alles; aber es ist furchtbar zum Lachen.

TANJA: Du darfst aber nicht lachen. Lachst Du aber einmal, das ist noch kein Unglück. Sie denken, es war im Schlaf. Aber eins, schlafe nur nicht in Wirklichkeit ein, wenn sie das Licht auslöschen.

SSEMJON: Unbesorgt, ich will mich in die Ohren kneifen.

TANJA: Paß also gut auf, Ssemotschka, mein Schätzchen. Mache nur alles und habe keine Furcht. Er muß unterschreiben, Du sollst sehen. Sie kommen ... (*Sie kriecht unter das Sofa*)

16. Auftritt

SSEMJON und TANJA. *Es treten ein:* GROßMANN, *der* PROFESSOR, LEONID FJODOROWITSCH, *die* DICKE DAME, *der* ARZT, SSACHATOW, *die* GNÄDIGE FRAU. (*SSEMJON steht an der Tür*)

LEONID: Alle Ungläubigen sind feierlich geladen! Obgleich unser Medium neu und sozusagen ein Gelegenheitsmedium ist, erwarte ich doch heute sehr bemerkenswerte Manifestationen.

SSACHATOW: Höchst, höchst interessant.

DIE DICKE DAME (*auf Ssemjon deutend*): Mais il est très bien.

GNÄDIGE FRAU: Gott, für einen Küchenjungen, ja, aber ...

SSACHATOW: Die Frauen glauben nie an die Leistungen ihrer Männer. Sie erkennen es überhaupt nicht an!

GNÄDIGE FRAU: Selbstverständlich nicht. In Kaptschitsch – das gebe ich zu – steckt etwas besonderes; aber Gott weiß, was das ist!

DIE DICKE DAME: Nicht doch, verzeihen Sie, Anna Pawlowna, die Frage läßt sich nicht so einfach lösen. Als ich noch Mädchen war, hatte ich einen merkwürdigen Traum. Sie wissen, es gibt Träume, bei denen man nicht weiß, wann sie anfangen, wann sie aufhören, und einen solchen Traum habe ich gehabt ...

17. Auftritt

DIESELBEN. WASSILIJ LEONIDYTSCH *und* PETRISCHTSCHEW (*treten ein*)

DIE DICKE DAME: Und durch diesen Traum ward mir vieles offenbart. Heutzutage leugnen diese jungen Leute (*sie zeigt auf Petrischtschew und Wassilij Leonidytsch*) auch alles.

WASSILIJ: Ich keineswegs, sag' ich Ihnen, ich leugne nichts. Hm?

18. Auftritt

DIESELBEN. BETSY und MARJA KONSTANTINOWNA (treten ein und beginnen ein Gespräch mit PETRISCHTSCHEW)

DIE DICKE DAME: Wie kann man das Übernatürliche leugnen? Es sei unvereinbar mit dem menschlichen Verstande, sagt man. Der Verstand kann aber dumm sein, wie ist's dann? Waren nicht in der Gartenstraße jeden Abend Geistererscheinungen? Sie haben's doch gehört? Der Sohn meiner Tante – wie sagt man doch jetzt für Cousin? … ich vergesse diese neuen Ausdrücke immer, – drei Nächte hintereinander ist er hingegangen und hat doch nichts gesehen, darum sage ich auch …

LEONID: Wer von den Herrschaften bleibt also hier?

DIE DICKE DAME: Ich, ich!

SSACHATOW: Ich!

GNÄDIGE FRAU (*zum Arzt*): Bleiben Sie wirklich da?

ARZT: Ja, man muß doch wenigstens einmal mit ansehen, was Alexej Wladimirowitsch daran findet. Leugnen ohne Gegenbeweis darf man auch nicht.

GNÄDIGE FRAU: Also entschieden die Behandlung heute Abend wieder ausnehmen!

ARZT: Wen aufnehmen? … Ach so, wieder die Pulver nehmen. Ja, nehmen Sie sie nur. Ja, ja, nehmen Sie sie. Ich komme auch heran.

GNÄDIGE FRAU: Bitte darum. (*Laut*) Wenn Sie fertig sind, messieurs et mesdames, lade ich Sie auf mein Zimmer, um sich von der Emotion zu erholen, wir können auch unser Spiel zu Ende bringen.

DIE DICKE DAME: Unbedingt.

SSACHATOW: Ja, ja!

(*Die gnädige Frau ab*)

19. Auftritt

DIESELBEN außer der GNÄDIGEN FRAU

BETSY (*zu Petrischtschew*): Ich sage Ihnen, bleiben Sie. Ich verspreche Ihnen Außerordentliches. Wollen Sie mit mir wetten?

MARJA: Glauben Sie denn daran?

BETSY: Heute glaube ich.

MARJA (*zu Petrischtschew*): Und glauben Sie?

PETRISCHTSCHEW: „Nie glaub'ich, nie glaub' ich arglistiger Verhei-
ßung." Nun ja, wenn das gnädige Fräulein befehlen …

WASSILIJ: Bleiben wir, Marja Konstantinowna. Hm? Ich will was loslassen, épâtant !

MARJA: Nein, Sie dürfen mich nicht zum Lachen bringen. Sie wissen
doch, ich kann's nicht unterdrücken.

WASSILIJ (*laut*): Ich – bleibe!

LEONID (*streng*): Ich bitte aber die Herrschaften, die hier bleiben, die
Sache nicht ins Lächerliche zu ziehen. Es ist ein ernstes Werk.
Petrischtschew: Hörst Du? Gut, bleiben wir also. Wowó, setz'
Dich hierher; aber paß auf, daß Du keine Angst bekommst.

BETSY: Ja, Ihr lacht, Ihr werdet schon sehen, was kommt.

WASSILIJ: Und wenn es tatsächlich kommt. Das kann schlimm werden! Hm?

PETRISCHTSCHEW (*zittert*): Au, au, was ich für Furcht habe. Marja
Konstantinowna, ich habe Furcht! … Die Füße zittern mir!

BETSY (*lacht*): Still doch.

(*Alle nehmen Platz*)

LEONID: Nehmen Sie Platz, nehmen Sie Platz. Nimm Platz, Ssemjon!

SSEMJON: Zu Befehl, gnädiger Herr!

(*Er setzt sich auf den Stuhlrand*)

LEONID: Setz' Dich ordentlich.

PROFESSOR: Setzen Sie sich regelrecht in die Mitte des Stuhles, vollkommen ungezwungen.

(*Er setzt Ssemjon zurecht*)

(*Betsy, Marja Konstantinowna, Wassilij Leonidytsch lachen*)

LEONID (*mit erhobener Stimme*): Ich bitte die Herrschaften, die hier
bleiben wollen, keinen Scherz zu treiben und unser Werk ernst
zu nehmen. Es kann schlimme Folgen haben. Wowó, hörst Du?
Wenn Du nicht ruhig sitzen willst, geh' hinaus.

WASSILIJ: Ruhig!

(*Er verbirgt sich hinter dem Rücken der dicken Dame*)

LEONID: Alexej Wladimirowitsch, schläfern Sie ihn ein.

PROFESSOR: Nein, warum ich, wenn Anton Borissowitsch da ist? Er
hat bedeutend mehr Übung und bedeutend mehr Kraft. Anton
Borissowitsch!

GROßMANN: Meine Damen und Herren! Ich bin nicht eigentlich Spiritist. Ich habe nur Forschungen auf dem Gebiete der Hypnose angestellt. Allerdings habe ich die Hypnose in allen bekannten Erscheinungsformen studiert. Aber das, was man mit Spiritismus bezeichnet, ist mir vollkommen unbekannt. Von der Einschläferung des Subjekts kann ich die mir bekannten hypnotischen Erscheinungen erwarten: Lethargie, Abulie, Anästhesie, Analgie, Katalepsie und Suggestionen mannigfachster Art. Hier aber bieten sich der Forschung nicht diese Erscheinungen dar, sondern andere, und darum wäre es erwünscht zu hören, welcher Art die zu erwartenden Erscheinungen sind, und welche wissenschaftliche Bedeutung sie beanspruchen.

SSACHATOW: Ich schließe mich vollkommen der Ansicht des Herrn Großmann an. Eine solche Erläuterung wäre sehr, sehr interessant.

LEONID (*zum Professor*): Ich hoffe, Alexej Wladimirowitsch, Sie werden uns gern eine kurze Erläuterung geben.

PROFESSOR: Gern; wenn es gewünscht wird, bin ich zu der Erläuterung bereit. (*Zum Arzt*) Und Sie haben die Güte, die Temperatur und den Puls zu messen. Meine Erläuterung wird, wie nicht anders möglich, flüchtig und kurz sein.

LEONID: Ja, kurz, kurz …

ARZT: Gleich. (*Er zieht das Thermometer hervor und reicht es ihm*) Nun, edler Jüngling! …

(*Er legt das Thermometer ein*)

SSEMJON: Zu Befehl!

PROFESSOR (*er erhebt sich und wendet sich zu der dicken Dame, dann setzt er sich*): Meine Damen und Herren! Die Erscheinung, die wir erforschen sollen, wird gewöhnlich von der einen Seite als etwas Neues, von der anderen als etwas über die natürlichen Verhältnisse Hinausgehendes dargestellt. Weder das eine noch das andere ist zutreffend. Diese Erscheinung ist nicht neu, sondern so alt wie die Welt, und auch nicht übernatürlich, sie unterliegt vielmehr ganz denselben ewigen Gesetzen, denen alles Geschaffene unterliegt. Man definiert diese Erscheinung gewöhnlich als den Verkehr mit der Geisterwelt. Diese Definition ist nicht genau. Nach dieser Definition wird die Geisterwelt der Welt der Erscheinungen gegenübergestellt, aber ohne jede Berechtigung.

Ein solcher Gegensatz besteht nicht. Beide Welten berühren sich so nah, daß es ganz unmöglich ist, die Grenzlinie zu ziehen, die die eine Welt von der anderen scheidet. Wir sagen: Der Stoff besteht aus Molekülen ...

PETRISCHTSCHEW: Langweiliger Stoff! (*Flüstern, Lachen*)

PROFESSOR (*hält inne, dann fährt er fort*): Die Molekülen – aus Atomen, die Atome aber haben keine Ausdehnung und sind im wesentlichen nichts anderes als die Punkte, wo die Kräfte einsetzen. Das heißt, um es mit äußerster Genauigkeit auszudrücken, nicht die Kräfte, sondern die Energie – eben die Energie, die gerade so einzig und unzerstörbar ist wie die Materie. Aber wie die Materie nur eine, ihre Formen aber mannigfache sind, so auch die Energie. Bis in die jüngste Zeit kannten wir nur vier Formen der Energie, die sich eine in die andere umsetzen konnten. Wir kannten die dynamische, die thermische, die elektrische und die chemische Energie. Aber die vier Formen der Energie erschöpfen bei weitem nicht die ganze Mannigfaltigkeit ihrer Erscheinungen. Die Erscheinungsformen der Energie sind vielfältig, und eine von diesen neuen wenig gekannten Formen der Energie ist die, die wir hier erforschen sollen. Ich spreche von der Energie des Mediumismus. (*Wieder Flüstern und Lachen aus der Ecke, wo die jungen Leute sitzen*)

PROFESSOR (*hält inne, sieht streng umher und fährt fort*): Die mediumistische Energie ist der Menschheit von alters her bekannt: Prophezeiungen, Ahnungen, Visionen und viele andere Erscheinungen sind nichts anderes als Äußerungen der mediumistischen Energie. Die Erscheinungen, die sie hervorbringt, sind von alters her bekannt. Aber die Energie selbst ist bis in die jüngste Zeit hinein nicht anerkannt worden, weil man die Sphäre nicht anerkannte, deren Schwingungen die mediumistischen Erscheinungen erzeugen. Wie die Erscheinungen des Lichts unerklärbar waren, solange man das Vorhandensein eines unwägbaren Stoffes, des Äthers, nicht anerkannte, ganz so waren für uns die mediumistischen Erscheinungen ein Geheimnis, ehe man die nunmehr unzweifelhafte Wahrheit anerkannte, daß zwischen den Bestandteilen des Äthers ein anderer noch feinerer, unwägbarer Stoff sich befindet, der dem Gesetz der drei Dimensionen nicht unterliegt ...

(*Wiederum Flüstern, Lachen und Quietschen*)

PROFESSOR (*sieht sich wieder streng um*): Und so wie die mathematischen Berechnungen unwiderleglich das Vorhandensein eines unwägbaren Äthers bestätigt haben, der die Erscheinungen des Lichts und der Elektrizität erzeugt, ganz so hat eine glänzende Reihe der zuverlässigsten Experimente des genialen Herrmann, Schmidts und Joseph Schmatzhofens unzweifelhaft das Vorhandensein d e s Stoffes bestätigt, der das Weltall erfüllt und als der geistige Äther bezeichnet werden kann.

DIE DICKE DAME: Ja, jetzt ist es mir klar. Wie dankbar …

LEONID: Ja; aber ist es nicht möglich, Alexej Wladimirowitsch, sich ein wenig … kürzer zu fassen?

PROFESSOR (*ohne zu antworten*) So sind uns durch eine Reihe streng wissenschaftlicher Experimente und Forschungen, wie ich die Ehre hatte, Ihnen vorzutragen, die Gesetze der mediumistischen Erscheinungen aufgehellt worden. Diese Experimente haben uns darüber aufgeklärt, daß die Versenkung gewisser Personen in einen hypnotischen Zustand, der sich von dem gewöhnlichen Schlafe nur dadurch unterscheidet, daß bei der Versenkung in diesen Schlaf die physiologische Tätigkeit nicht nur nicht herabsinkt, sondern sich immer steigert, wie wir das eben gesehen haben, – es hat sich herausgestellt, sage ich, daß die Versenkung eines beliebigen Subjekts in diesen Zustand notwendigerweise gewisse Störungen in dem geistigen Äther hervorruft, Störungen, denjenigen vollkommen gleich, die die Versenkung eines harten Körpers in einen flüssigen hervorruft. Diese Störungen nun sind das, was wir mediumistische Erscheinungen nennen …

(*Lachen, Flüstern*)

SSACHATOW: Das ist vollkommen richtig und klar. Aber gestatten Sie eine Frage: wenn, wie Sie zu sagen belieben, die Einschläferung des Mediums Störungen des geistigen Äthers hervorruft, warum äußern sich diese Störungen, wie dies bei spiritistischen Sitzungen gewissermaßen als selbstverständlich angenommen wird, immer in Manifestationen verstorbener Personen?

PROFESSOR: Das kommt daher, daß die Bestandteile dieses geistigen Äthers nichts anderes sind, als Seelen Lebendiger, Verstorbener und Ungeborener, so daß jede Erschütterung dieses geistigen Äthers notwendig die bekannte Bewegung seiner Bestandteile hervorruft. Diese Bestandteile sind aber nichts anderes als die Seelen der Menschen, die durch diese Bewegung miteinander in Verkehr treten.

DIE DICKE DAME (*zu Ssachatow*): Was ist da schwer zu verstehen? Das ist so einfach … Ich danke Ihnen, ich danke Ihnen sehr!

LEONID: Nun, glaube ich, ist alles klar und wir können ans Werk schreiten.

ARZT: Der Bursche befindet sich ganz normal. Temperatur 37 und 2, Puls 74.

PROFESSOR (*zieht sein Taschenbuch hervor und trägt ein*): Zur Bestätigung dessen, was ich die Ehre hatte vorzutragen, kann der Umstand dienen, daß die Einschläferung des Mediums unzweifelhaft, wie wir sofort sehen werden, eine Erhöhung der Temperatur und des Pulses hervorrufen wird, ganz wie bei der Hypnose.

LEONID: Ja, ja, verzeihen Sie, bitte, ich wollte Sergej Iwanytsch nur antworten auf seine Frage: woher wir wissen, daß die Seelen der Verstorbenen mit uns in Verkehr treten. Das erkennen wir daran, daß der erscheinende Geist uns gerade heraus sagt, – ganz einfach, wie ich das jetzt sage – uns gerade heraus sagt, wer er ist, und warum er gekommen ist, und wo er weilt, und ob es ihm gut ergeht. In der letzten Sitzung kam der Spanier Don Castillos und sagte uns alles. Er sagte uns, wer er ist, wann er gestorben ist, daß er Qualen erdulde, weil er an der Inquisition teilgehabt hat. Mehr noch, er erzählte uns, was mit ihm in eben der Stunde vorging, wo er mit uns sprach, und zwar mußte er in derselben Stunde, in der er mit uns sprach, für die Erde neugeboren werden, und darum mußte er das Gespräch, das eben begonnen war, unterbrechen. Aber Sie werden ja mit eigenen Augen sehen …

DIE DICKE DAME (*unterbrechend*): Ach, wie interessant! Vielleicht ist der Spanier bei uns im Hause geboren worden und ist jetzt ein Kind.

LEONID: Sehr möglich!

PROFESSOR: Ich denke, es ist Zeit anzufangen.

LEONID: Ich wollte nur sagen …

PROFESSOR: Es ist schon spät.

LEONID: Gut also. Gehen wir ans Werk. Anton Borissowitsch, wollen Sie die Güte haben, das Medium in Schlaf zu versenken.

GROßMANN: Wie wünschen Sie, daß ich das Subjekt einschläfere? Es sind verschiedene Arten in Gebrauch. Braids Methode, das ägyptische Symbol, die Methode Charcots.

LEONID (*zum Professor*): Das ist ganz gleich, denk' ich.

PROFESSOR: Ganz nach Belieben.

GROßMANN: Dann will ich meine Methode anwenden, die ich in Odessa demonstriert habe.

LEONID: Bitte!

(*Großmann macht über Ssemjon Handbewegungen. – Ssemjon schließt die Augen und reckt sich*)

GROßMANN (*beobachtend*): Er schläft ein, er schläft. Ein auffallend schnelles Eintreten der Hypnose. Das Subjekt ist offenbar schon in dem anästhetischen Zustand. Ein merkwürdig, ein außerordentlich eindrucksfähiges Subjekt, man könnte mit ihm interessante Experimente vornehmen! … (*Er setzt sich, steht auf und setzt sich wieder*) Jetzt könnte man ihm die Hände durchstechen. Wenn Sie wünschen …

PROFESSOR (*zu Leonid Fjodorowitsch*): Bemerken Sie, wie der Schlaf des Mediums auf Großmann einwirkt? Er beginnt zu vibrieren.

LEONID: Ja, ja. Kann man jetzt das Licht löschen?

SSACHATOW: Aber wozu ist Dunkelheit nötig?

PROFESSOR: Dunkelheit? – Die Dunkelheit gehört zu den Vorbedingungen, unter welchen die mediumistische Energie in die Erscheinung tritt, so wie eine bestimmte Temperatur die Vorbedingung gewisser Äußerungen der chemischen oder dynamischen Energie ist.

LEONID: Auch nicht immer. Vielen, auch mir, sind sie bei Licht, auch bei Tageslicht, erschienen.

PROFESSOR (*unterbrechend*): Kann man auslöschen?

LEONID: Ja, ja. (*Er löscht die Lichte*) Meine Herrschaften, nun bitte ich aufzupassen.

(*Tanja kriecht unter dem Sofa hervor und hascht nach dem Faden, den sie an den Armleuchter angebunden hat*)

PETRISCHTSCHEW: Nein, hat mir der Spanier gefallen. Wie er mitten im Gespräch kopfüber … wie man zu sagen pflegt, piquer une tête.

BETSY: Warten Sie nur und sehen Sie zu, was kommen wird.

PETRISCHTSCHEW: Ich fürchte nur das eine, Wowó könnte losgrunzen.

WASSILIJ: Wollen Sie? Ich lege los …

LEONID: Meine Herrschaften, ich bitte nicht zu plaudern!

(*Stille. – Ssemjon beleckt einen Finger, streicht mit ihm über die Handknö-chel und fuchtelt in der Luft umher*)

LEONID: Es leuchtet! Sehen Sie, wie es leuchtet? Ssachatow: Es leuchtet! Ja, ja, ich sehe; aber gestatten Sie …

DIE DICKE DAME: Wo, wo? Ach, ich hab' es nicht gesehen! Da ist es. Ach! …

PROFESSOR (*flüstert Leonid Fjodorowitsch zu und zeigt auf Großmann, der sich hin und her bewegt*): Beobachten Sie, wie er vibriert. Eine doppelte Kraft.

(*Wieder erscheint das Leuchten*)

LEONID (*zum Professor*): Das ist er!

SSACHATOW: Wer?

LEONID: Der Grieche Nikolaus. Das ist sein Leuchten. Nicht wahr, Alexej Wladimirowitsch?

SSACHATOW: Der Grieche Nikolaus, wer ist das?

PROFESSOR: Ein Grieche, der zur Zeit Konstantins in Byzanz Mönch war und uns in der letzten Zeit oft besucht hat.

DIE DICKE DAME: Wo ist er denn, wo ist er denn? Ich sehe nichts.

LEONID: Man kann ihn auch nicht sehen. Alerej Wladimirowitsch, er ist gegen Sie immer besonders freundlich. Befragen Sie ihn.

PROFESSOR (*mit eigentümlicher Stimme*): Nikolaus! Bist Du's?

(*Tanja klopft zweimal an die Wand*)

LEONID (*freudig*): Er ist's! Er ist's!

DIE DICKE DAME: Hu, hu! Ich gehe fort!

SSACHATOW: Warum aber nehmen wir an, daß er es ist?

LEONID: Er hat zweimal geklopft. Das ist eine bejahende Antwort; sonst hätte er geschwiegen. (*Pause. Unterdrücktes Lachen in der Ecke der jungen Leute. Tanja läßt einen Lampenschirm, einen Bleistift und einen Tintenwischer auf den Tisch fallen*)

LEONID (*flüsternd*): Geben Sie acht, meine Herrschaften, der Lampen-schirm. Noch etwas. Ein Bleistift! Alexej Wladimirowitsch, ein Bleistift.

PROFESSOR: Recht, recht. Ich beobachte beide, ihn und Großmann. Haben Sie gesehen?

(*Großmann erhebt sich und betrachtet die Gegenstände, die auf den Tisch gefallen sind*)

SSACHATOW: Verzeihen Sie, verzeihen Sie. Ich möchte mich gern überzeugen, ob alles dies nicht von dem Medium selbst gemacht wird?

LEONID: Meinen Sie? So setzen Sie sich daneben und halten Sie ihm beide Hände fest. Aber seien Sie überzeugt, er schläft.

SSACHATOW (*will hingehen, berührt mit dem Kopf den Faden, den Tanja herunterläßt, und knickt erschreckt zusammen*): Ja … a … a! Sonderbar, sonderbar!

(*Er geht weiter, faßt Ssemjon am Ellbogen. Ssemjon brüllt*)

PROFESSOR (*zu Leonid Fjodorowitsch*): Hören Sie, wie Großmanns Nähe einwirkt? Eine neue Erscheinung, das muß notiert werden.

(*Er läuft hinaus und notiert, dann kommt er zurück*)

LEONID: Ja … aber wir dürfen Nikolaus nicht ohne Antwort lassen, wir müssen anfangen …

GROßMANN (*erhebt sich, tritt zu Ssemjon heran, hebt seine Hand in die Höhe und läßt sie wieder sinken*): Jetzt wäre es interessant eine Kontraktur hervorzurufen. Das Subjekt ist in vollständiger Hypnose.

PROFESSOR (*zu Leonid Fjodorowitsch*): Sehen Sie, sehen Sie?

GROßMANN: Wenn Sie wünschen …

ARZT: Bitte, lieber Freund, lassen Sie Alexej Wladimirowitsch machen, die Sache wird jetzt ernst.

PROFESSOR: Lassen Sie ihn. Er spricht schon aus dem Schlaf.

DIE DICKE DAME: Wie froh bin ich jetzt daß ich mich entschlossen habe, hier zu bleiben. Ich fürchte mich, aber trotzdem bin ich froh; denn ich habe meinem Manne immer gesagt …

LEONID: Ich bitte um Ruhe.

(*Tanja führt den Faden über den Kopf der dicken Dame*)

DIE DICKE DAME: Au!

LEONID: Was ist, was ist?

DIE DICKE DAME: Er hat mich bei den Haaren gefaßt.

LEONID (*flüsternd*): Fürchten Sie nichts, reichen Sie ihm die Hand. Seine Hand ist immer kalt; aber ich habe das gern.

DIE DICKE DAME (*verbirgt ihre Hände*): Um nichts in der Welt!

SSACHATOW: Ja, sonderbar, sonderbar!

LEONID: Er ist hier und wünscht mit uns in Verkehr zu treten. Wer will ihn befragen?

SSACHATOW: Gestatten Sie, daß ich frage.

PROFESSOR: Haben Sie die Güte.

SSACHATOW: Glaube ich, oder glaube ich nicht?

(*Tanja klopft zweimal*)

PROFESSOR: Eine bejahende Antwort.

SSACHATOW: Gestatten Sie, daß ich weiter frage. Habe ich einen Zehnrubelschein in der Tasche? (*Tanja klopft viele Mal und führt den Faden über Ssachatows Kopf*)

SSACHATOW: Ah! …

(*Er faßt nach dem Faden und zerreißt ihn*)

PROFESSOR: Ich möchte die Anwesenden bitten, keine unbestimmten oder scherzhaften Fragen zu stellen. Es ist ihm unangenehm.

SSACHATOW: Aber nein, verzeihen Sie, ich habe einen Faden in der Hand.

LEONID: Einen Faden? Halten Sie ihn fest. Das kommt oft vor; nicht bloß Zwirnsfäden, sondern auch Seidenschnüre aus den ältesten Zeiten.

SSACHATOW: Nein, aber wo kommt der Faden her?

(*Tanja wirft ihn mit einem Kissen*)

SSACHATOW: Verzeihen Sie, verzeihen Sie, mich hat etwas Weiches auf den Kopf getroffen. Gestatten Sie ein Licht – hier geht etwas …

PROFESSOR: Wir müssen Sie bitten, die Manifestationen nicht zu stören.

DIE DICKE DAME: Um Gottes willen, stören Sie nicht. Ich möchte auch gern fragen; darf man?

LEONID: Gewiß, gewiß. Fragen Sie.

DIE DICKE DAME: Ich möchte ihn über meinen Magen befragen. Darf man das? Ich möchte fragen, was ich einnehmen soll: Akonit oder Belladonna?

(*Pause. Flüstern in der Ecke der jungen Leute; plötzlich schreit Wassilij Leonidytsch wie ein Säugling: ua, ua! Lachen. Die Mädchen und Petrischtschew halten sich Mund und Nase zu und rennen schnaufend hinaus*)

DIE DICKE DAME: Ach, gewiß ist auch der Mönch wieder geboren?

LEONID (*wütend, im Zorn flüsternd*): Du machst auch nichts als Dummheiten. Wenn Du Dich nicht anständig betragen kannst, dann mach', daß Du hinauskommst!

(*Wassilij Leonidytsch ab*)

20. Auftritt

LEONID FJODOROWITSCH, der PROFESSOR, die DICKE DAME, SSACHATOW, GROßMANN, ARZT, SSEMJON und TANJA (Dunkelheit. Pause)

DIE DICKE DAME: Ach, wie schade! Nun kann man keine Fragen mehr stellen. Er ist geboren.

LEONID: Aber nein doch. Das sind Wowós Dummheiten. Er ist da. Fragen Sie nur.

PROFESSOR: Das kommt häufig vor; solche Späße und Spötteleien sind ganz gewöhnliche Erscheinungen. Ich vermute, er ist noch hier. Übrigens können wir ja fragen. Leonid Fjodorowitsch, wollen Sie?

LEONID: Nein, bitte, Sie. Das hat mich verstimmt. Wie unangenehm! Diese Taktlosigkeit! …

PROFESSOR: Gut, gut also. Nikolaus! Bist Du noch da?

(Tanja klopft zweimal und schlägt an die Glocke. – Ssemjon beginnt zu brüllen und mit den Händen durch die Luft zu fuchteln. Er packt Ssachatow und den Professor und würgt sie)

PROFESSOR: Welch unerwartete Manifestation! Eine Einwirkung auf das Medium selber. Das ist noch nicht dagewesen. Leonid Fjodorowitsch, wollen Sie beobachten, ich fühle mich nicht wohl. Er würgt mich. Behalten Sie auch Großmann im Auge! Jetzt gilt es scharf aufzupassen.

(Tanja wirft das Schriftstück der Bauern auf den Tisch)

LEONID: Es ist etwas auf den Tisch gefallen.

PROFESSOR: Sehen Sie nach, was es ist.

LEONID: Ein Papier! Ein gefalteter Bogen Papier.

(Tanja wirft ein Reisetintenfaß)

LEONID: Ein Tintenfaß!

(Tanja wirst eine Feder)

LEONID: Eine Feder!

(Ssemjon brüllt und würgt)

PROFESSOR *(gewürgt)*: Verzeihen Sie, verzeihen Sie, eine völlig neue Erscheinung, nicht die erzeugte mediumistische Energie ist in Wirksamkeit, sondern das Medium selbst. Öffnen Sie doch das Tintenfaß und legen Sie die Feder auf das Papier, er wird schreiben wollen, er wird schreiben wollen.

(Tanja schleicht sich hinter Leonid Fjodorowitsch und schlägt ihn mit der Gitarre auf den Kopf)

LEONID: Er hat mich auf den Kopf geschlagen! (*Er sieht auf den Tisch*) Die Feder schreibt noch nicht, und das Papier ist noch zusammengefaltet.

PROFESSOR: Sehen Sie nach, was das Papier enthält. Schnell, schnell. Offenbar erzeugt die doppelte Kraft von ihm und Großmann Störungen.

LEONID (*geht mit dem Parier zur Tür hinaus und kommt gleich wieder*): Ganz außerordentlich! Dieses Papier ist der Vertrag mit den Landleuten, den ich heute früh nicht unterschreiben wollte, und den ich den Landleuten zurückgegeben habe. Wahrscheinlich will er, daß ich ihn unterschreibe.

PROFESSOR: Versteht sich! versteht sich! Fragen Sie ihn doch.

LEONID: Nikolaus! Wünschest Du …

(*Tanja klopft zweimal*)

PROFESSOR: Hören Sie? Offenbar, offenbar!

(*Leonid Fjodorowitsch nimmt die Feder und geht hinaus. – Tanja klopft, spielt Gitarre und Harmonika und kriecht wieder unter das Sofa. – Leonid Fjodorowitsch kommt zurück. – Ssemjon reckt und räuspert sich*)

LEONID: Er erwacht. Man kann die Lichte wieder anzünden.

PROFESSOR (*hastig*): Doktor, Doktor, bitte, die Temperatur und den Puls. Sie werden sehen, die Zunahme wird sich gleich herausstellen.

LEONID (*zündet die Lichte an*): Wie nun, meine ungläubigen Herrschaften?

ARZT (*tritt zu Ssemjon heran und setzt das Thermometer ein*): Nun, edler Jüngling! Gut geschlafen? Setz' das ein und reich' mir Deine Hand.

(*Er sieht auf die Uhr*)

SSACHATOW (*zieht die Achseln in die Höhe*): Ich kann bestätigen, daß das Medium unmöglich alles gemacht haben kann, was hier vorgegangen ist. Aber der Faden? … Ich möchte nur eine Erklärung für diesen Faden haben.

LEONID: Der Faden, der Faden! Es hat doch weit ernstere Erscheinungen gegeben.

SSACHATOW: Ich weiß nicht. Für alle Fälle – je réserve mon opinion.

DIE DICKE DAME (*zu Ssachatow*): Nicht doch, wie können Sie sagen: je réserve mon opinion? Und der Knabe mit den Flügeln? Haben Sie den nicht gesehen? Erst glaubte ich, es sei nur ein Schein, dann aber wurde es klar, klar, wie leibhaftig.

SSACHATOW: Ich kann nur sagen, was ich gesehen habe. Das habe ich nicht gesehen, nein.

DIE DICKE DAME: Wie ist das möglich! Es war doch ganz klar zu sehen. Und von links beugte sich noch der Mönch im schwarzen Gewande zu ihm nieder …

SSACHATOW (*geht fort*): Welche Übertreibung!

DIE DICKE DAME (*sich an den Arzt wendend*): Sie hätten ihn sehen müssen. Er stieg auf Ihrer Seite empor.

(*Der Arzt zählt, ohne auf sie zu hören, die Pulsschläge weiter*)

DIE DICKE DAME (*zu Großmann*): Und ein Leuchten, ein Leuchten ging von ihm aus, besonders um sein Antlitz. Und seine Züge so mild, so zart, etwas Überirdisches!

(*Sie lächelt selbst zärtlich*)

GROẞMANN: Ich habe ein phosphoreszierendes Leuchten gesehen, ich habe gesehen, daß Gegenstände den Ort wechselten; aber weiter habe ich nichts gesehen.

DIE DICKE DAME (*zu Großmann*): Aber ich bitte Sie! Das sagen Sie so. Das kommt, weil Sie, die Gelehrten aus Charcots Schule, an ein Leben im Jenseits nicht glauben. Mir aber kann jetzt niemand, niemand in der Welt ein zukünftiges Leben ausreden.

(*Großmann geht von ihr fort*)

DIE DICKE DAME: Nein, nein, sagen Sie, was Sie wollen, das war eine der glücklichsten Stunden meines Lebens. Als ich Sarasate hörte, und diese … Ja! (*Niemand hört ihr zu. Sie geht auf Ssemjon zu*) Nun, sage Du mir, mein Sohn, was Du empfunden hast? Hat es Dich sehr gequält?

SSEMJON (*lacht*): Gewiß.

DIE DICKE DAME: Aber immerhin aushalten kann man's?

SSEMJON: Gewiß. (*Zu Leonid Fjodorowitsch*) Soll ich jetzt gehen?

LEONID: Geh, geh.

ARZT (*zum Professor*): Der Puls ist wie vorhin; aber die Temperatur hat abgenommen.

PROFESSOR: Abgenommen? (*Er denkt nach und findet es plötzlich*) So mußte es auch sein, – es mußte eine Abnahme eintreten! Die beiden Energien mußten, da sie einander kreuzten, eine Art Interferenz erzeugen. Ja, ja.

(Sie sprechen im Abgehen alle durcheinander:)

LEONID: Mir tut nur das eine leid, daß es zu keiner völligen Materialisation gekommen ist. Aber immerhin … meine Herrschaften, ich bitte ins Vorderzimmer.

DIE DICKE DAME: Was mich besonders frappiert hat, war, wie er mit den Flügeln schlug, und man sehen konnte, wie er emporstieg.

GROßMANN (*zu Ssachatow*): Wenn man sich nur an die Hypnose hielte, könnte man vollkommene Epilepsie hervorrufen. Der Erfolg könnte ein vollständiger sein.

SSACHATOW: Interessant, aber nicht unbedingt überzeugend! Das ist alles, was ich sagen kann.

21. Auftritt

LEONID FJODOROWITSCH (mit dem Schriftstück), FJODOR IWANYTSCH (tritt ein)

LEONID: Fjodor, es war eine Sitzung – wunderbar! Es stellt sich heraus, ich muß auf die Bedingungen der Landleute eingehen.

FJODOR: Nicht möglich!

LEONID: Sicherlich! (*Er zeigt das Schriftstück*) Denke Dir, das Schriftstück, das ich ihnen zurückgegeben habe, erscheint plötzlich auf dem Tisch. Ich habe es unterschrieben.

FJODOR: Wie ist das hierhergekommen?

LEONID: Es war da. (*Ab*)

(Fjodor Iwanytsch folgt ihm)

22. Auftritt

TANJA (allein, sie kriecht unter dem Sofa hervor und lacht)

TANJA: Du meine liebe Seele! Kinder, Kinder, was habe ich für Angst ausgestanden, wie er nach dem Faden haschte. (*Sie quietscht*) Aber – es ist gelungen – er hat unterschrieben.

23. Auftritt

TANJA und GRIGORIJ

GRIGORIJ: Du hast sie also zum Narren gehalten?

TANJA: Was kümmert das Sie?

GRIGORIJ: Ei, denkst Du, die gnädige Frau wird Dich dafür loben? Nein, da irrst Du sehr, jetzt habe ich Dich. Ich erzähle Deine

Spitzbübereien, wenn Du nicht tust, wie ich will.

TANJA: Ich tue nicht, wie Sie wollen, und sie können mir nicht so viel (*Gebärde*) anhaben.

(*Der Vorhang fällt*)

VIERTER AUFZUG

Die Bühne stellt, wie im ersten Aufzuge, das Vorzimmer dar.

1. Auftritt

Zwei WAGENLAKAIEN *in Livree,* FJODOR IWANYTSCH *und* GRIGORIJ

ERSTER LAKAI (*mit grauem Backenbart*): Sie sind heute die dritten. Ein
    Glück, daß die Empfangstage alle in einer Gegend liegen. Bei
    Ihnen war's früher Donnerstag.

FJODOR: Jetzt ist es auf den Sonnabend verlegt, damit alle an einem
    Tage feien: Golowkins, Grade von Grabe …

ZWEITER LAKAI: Bei Schtscherbakows ist es fein; wenn da Ball ist,
    werden auch die Lakaien bewirtet.

2. Auftritt

DIESELBEN. (*Die Treppe herab kommen die*) FÜRSTIN *und die* PRINZESSIN,
BETSY (*begleitet sie zur Tür. Die Fürstin blickt in ein Notizbüchlein, sieht
auf die Uhr und setzt sich auf die Truhe*), GRIGORIJ (*zieht ihr die Überschuhe an*)

DIE PRINZEß: Nein, Du mußt wirklich kommen. Wenn Du absagst,
    sagt auch Dodo ab, – und dann wird gar nichts daraus.

BETSY: Ich weiß nicht. Zu Schubins muß ich unbedingt. Dann ist
    Probe.

DIE PRINZEß: Du kommst noch zur rechten Zeit. Nein, Du mußt wirk-
    lich kommen. Ne nous fais pas faux bond. Fédja und Koko sind
    auch da.

BETSY: J'en ai par dessus la tête de votre Coco.

DIE PRINZEß: Ich glaubte, ich würde ihn hier finden. Ordinairement il
    est d'une exactitude …

BETSY: Er kommt sicher noch.

DIE PRINZEß: Immer wenn ich ihn mit Dir zusammensehe, glaube
    ich, er muß eben seinen Antrag gemacht haben, oder er ist eben
    im Begriff ihn zu machen.

BETSY: Ja, das werde ich wohl doch zu überstehen haben. Sehr un-
    angenehm!

DIE PRINZEß: Armer Koko! Er ist so verliebt.

BETSY: Cessez, les gens.

(*Die Prinzessin setzt sich aus die Causeuse und spricht im Flüsterton. – Grigorij zieht ihr die Überschuhe an*)

DIE PRINZEß: Also heute Abend.

BETSY: Ich will sehen.

FÜRSTIN: Sagen Sie also Ihrem Papa, ich glaube an nichts; aber ich komme, sein neues Medium mit anzusehen. Er soll mir nur Nachricht geben. Leben Sie wohl, ma toute belle.

(*Küßt sie und geht mit der Prinzeß ab*)

(*Betsy ab nach oben*)

3. Auftritt

 Die beiden LAKAIEN, FJODOR IWANYTSCH und GRIGORIJ

GRIGORIJ: Den alten Weibern ziehe ich nicht gern die Schuhe an. Sie können sich nicht biegen, können nicht über den Leib weg sehen und treten immer daneben; ganz anders bei den jungen – es ist schon ein Vergnügen, solch ein Füßchen in der Hand zu halten.

ZWEITER LAKAI: Der möchte sich die Füße wählen!

ERSTER LAKAI: Unsereiner kann nicht viel wählen.

GRIGORIJ: Warum sollen wir nicht wählen, sind wir keine Menschen? Sie glauben, wir verstehen es nicht; wie sie eben ins Plaudern kamen und zu mir herübersahen, gleich hieß es: le schang!

ZWEITER LAKAI: Und was heißt das?

GRIGORIJ: Das heißt: sprich nicht, er kann es verstehen. Bei Tisch ebenso; aber ich verstehe. Ihr sagt: es ist ein Unterschied, – ich sag' Euch, 's ist kein Unterschied!

ERSTER LAKAI: Ein großer Unterschied, man muß das verstehen.

GRIGORIJ: Gar kein Unterschied. Heute bin ich Lakai, und morgen kann ich vielleicht ein so gutes Leben haben, wie sie. Auch Lakaien werden geheiratet, das ist schon dagewesen! Ich will mir eine Zigarette anzünden. (*Ab*)

4. Auftritt

DIESELBEN außer GRIGORIJ

ZWEITER LAKAI: Der junge Mensch ist sehr vorlaut.

FJODOR: Ein eitler Bursche, taugt nicht zur Bedienung; er war früher im Geschäft, – da ist er verdorben worden. Ich riet auch von ihm ab; aber die gnädige Frau hat Gefallen an ihm gefunden – er nimmt sich auf dem Wagen stattlich aus.

ERSTER LAKAI: Ich wünschte ihm, er wäre bei unserem Grafen; der würde ihm den Standpunkt klar machen. O! der hat solche Windbeutel gerade gern. Bist Du Lakai, sei Lakai, tue, was Deine Pflicht ist; dieser Hochmut gehört sich nicht.

5. Auftritt

DIESELBEN, PETRISCHTSCHEW (kommt eilig die Treppe herunter und zieht eine Zigarette hervor), Koko Klingen (tritt ein, er trägt ein Pincenez und geht ihm entgegen)

PETRISCHTSCHEW *(in Gedanken versunken)*: Ja, ja. Mein erstes ist „Ka". Karo. Mein Ganzes ... Ja, ja. Ah, Kokochen-Karochen! Woher?

KLINGEN: Von Schtscherbakows. Du hast immer Dummheiten ...

PETRISCHTSCHEW: O nein, hör' zu, eine Scharade. Mein erstes ist „Ka", mein zweites ist roh, mein Ganzes ist, wo sich die Füchse Gute Nacht sagen.

KLINGEN: Ich weiß nicht, ich weiß nicht. Ich habe auch gar keine Zeit.

PETRISCHTSCHEW: Wo willst Du denn noch hin?

KLINGEN: Wohin? Zu Iwins, dort ist Chorprobe. Dann zu Schubins, dann zur Bilderrätselprobe. Du mußt doch auch dort sein?

PETRISCHTSCHEW: Gewiß, ich bin unbedingt da. Zur C h o r p r o b e und zur S c h m o r p r o b e. Bis jetzt war ich nur der Wilde, jetzt spiele ich den Wilden und den General.

KLINGEN: Sag', wie war's in der gestrigen Sitzung?

PETRISCHTSCHEW: Zum Totlachen. Ein Bauer war da; aber das Schönste war – alles spielte im Dunkeln. Wowó plärrte wie ein Kind, der Professor erklärte die Geheimnisse der Natur, und Marja Wassiljewna erklärte die geheimnisvolle Erklärung des Professors. Zum Schwachlachen! Schade, daß Du nicht dabei warst.

KLINGEN: Ich ängstige mich, mon cher. Du verstehst alles ins Scherzhafte zu ziehen, und mir kommt's immer so vor, wenn ich das Geringste sage, gleich wird es so gedreht, als hätte ich einen förmlichen Antrag gemacht. Et ça ne m'arrange pas du tout, du tout.

PETRISCHTSCHEW: Stell' Du einen Antrag an das hohe Haus, das hat gar nichts zu bedeuten. Komme doch auch zu Wowó heran, wir gehen dann zusammen zur Pommidorprobe.

KLINGEN: Ich begreife gar nicht, wie Du mit diesem Dummkopf

verkehren kannst. Er ist wirklich zu dumm – ein rechter Stiefel!

PETRISCHTSCHEW: Ich habe ihn nun einmal lieb. Ich liebe Wowó; aber – mit „jener sonderbaren Liebe", „zu ihm wird immerdar den Weg der Wandrer ziehen …"

(Ab in Wassilij Leonidytschs Zimmer)

6. Auftritt

Die beiden LAKAIEN, FJODOR IWANYTSCH und KOKO KLINGEN. BETSY begleitet eine Dame zur Tür (Koko grüßt bedeutsam)

BETSY *(schüttelt ihm seitwärts die Hand, zur Dame)*: Sie kennen sich nicht?

DAME: Nein.

BETSY: Baron Klingen! Wieso sind Sie gestern nicht dabei gewesen?

KLINGEN: Es war mir unmöglich, – ich habe nicht die Zeit gefunden.

BETSY: Schade, es war hochinteressant. *(Sie lacht)* Sie hätten nur sehen sollen, was es für manifestations gab. Wie steht's mit unserem Bilderrätsel, geht's vorwärts?

KLINGEN: O ja! Die Strophen für die zweite Silbe sind fertig; Nickel hat sie gemacht, und ich hab' sie in Musik gesetzt.

BETSY: Wie gehen sie? Lassen sie hören.

KLINGEN: Einen Augenblick, verzeihen Sie! … Ja! Der Ritter singt Nana zu: *(Er singt)*
„Wie die blühende Natur
Nahe mir die Hoffnung bringt …
Nana, Nana, na, na, na!"

DAME: Die zweite ist also na, und wie ist die erste?

KLINGEN: Die erste ist Are – der Name einer Wilden.

BETSY: Are, müssen Sie wissen, ist eine Wilde, die den Gegenstand ihrer Liebe fressen will … *(Sie lacht)* Sie schweift voll Sehnsucht umher und singt:
Ach, wie mich zieht

KLINGEN *(einfallend)*: Mein Appetit …

BETSY *(unterbricht)*: Wen soll ich essen?
Es fliehen die Stunden.

KLINGEN: Hab' niemand gefunden …

BETSY: O, wen soll ich essen …

KLINGEN: Auf schäumenden Wogen

BETSY: Da kommen gezogen

Zwei arme Gen'rale.

KLINGEN: Wir sind zwei Gen'rale,
Vom Schicksal verraten,
Nun sollen wir braten
Den Wilden zum Mahle.
    Dann kehrt der Refrain wieder:
Nun sollen wir braten
Den Wilden zum Ma–a–ahle.

DAME: Charmant!

BETSY: Was für Unsinn!

KLINGEN: Darin liegt ja eben das Schöne!

DAME: Wer spielt aber die Are?

BETSY: Ich. Ich habe mir ein Kostüm dazu gemacht, und nun sagt die Mama: „Es ist unanständig". Und es ist nicht eine Spur unanständiger als ein Ballkleid. (*Zu Fjodor Iwanytsch*) Was, ist der von Bourdier da?

FJODOR: Er ist da, er sitzt in der Küche.

DAME: Und wie wird die „Arena" dargestellt?

BETSY: Sie werden schon sehen. Ich will Ihnen nicht das Vergnügen verderben. Au revoir.

DAME: Leben Sie wohl!

(*Sie verbeugen sich gegenseitig. Die Dame ab*)

BETSY (*zu Klingen*): Kommen Sie mit zur Mama.

(*Betsy und Koko Klingen gehen die Treppe hinauf*)

7. Auftritt

FJODOR IWANYTSCH, die beiden LAKAIEN und JAKOB (kommt aus dem Büffet, ein Brett mit Tee und Braten in der Hand; er geht keuchend durch das Vorzimmer)

JAKOB (*zu den Lakaien*): Ergebener Diener, ergebener Diener!

(*Die Lakaien grüßen*)

JAKOB (*zu Fjodor Iwanytsch*): Wenn Sie doch Grigorij Michajlytsch wenigstens befehlen wollten, mit anzugreifen. Ich bin müde vom Anrichten. (*Ab*)

8. Auftritt

DIESELBEN außer JAKOB

ERSTER LAKAI: An dem haben Sie einen eifrigen Menschen.

FJODOR: Ein braver Bursche, aber die gnädige Frau findet an ihm keinen Gefallen, – er stellt zu wenig vor, meint sie. Und gestern hat man ihn noch angeschwärzt, er soll die Bauern in die Küche gelassen haben. Wenn sie ihm nur nicht kündigt! Und der Bursche ist brav.

ZWEITER LAKAI: Was für Bauern?

FJODOR: Aus unserem Dorf in Kursk sind sie gekommen; sie wollen Land kaufen, in der Nacht war's, noch dazu Landsleute. Einer ist der Vater des Küchenjungen. Man hat sie also in die Küche geführt. Nun war gerade Gedankenlesen; die Herrschaften versteckten in der Nähe einen Gegenstand, kamen alle herunter, die gnädige Frau sah sie – und das Unglück war fertig! Wie, sagt sie, die Leute können verseucht sein, und Ihr laßt sie in die Küche! … Sie hat eine furchtbare Angst vor Ansteckung.

9. Auftritt
DIESELBEN und GRIGORIJ

FJODOR: Gehen Sie, Grigorij, helfen Sie Jakob Iwanytsch; ich will allein hier bleiben. Er kann aber nicht allein fertig werden.

GRIGORIJ: Ungeschickt ist er, darum wird er nicht fertig. (*Ab*)

10. Auftritt
DIESELBEN außer GRIGORIJ

ERSTER LAKAI: Was ist das jetzt wieder für eine neue Mode – diese Ansteckung! … Auch die Ihrige fürchtet sich?

FJODOR: Wie vor dem Feuer! Bei uns hat man jetzt gar nichts anderes zu tun, als zu räuchern, zu scheuern, zu sprengen.

ERSTER LAKAI: Darum kommt mir auch die Luft hier so drückend vor. (*Lebhaft*) Es ist unglaublich, welche Sünden von dieser Ansteckung kommen. Scheußlich ist es! Als ob es keinen Gott gäbe! Bei der Schwester unseres Herrn, der Fürstin Mossolow, lag die Tochter im Sterben. Und was geschah? Weder Vater noch Mutter gingen in das Zimmer hinein, um den letzten Abschied von ihr zu nehmen. Die Tochter weinte, sie rief sie herein zum Abschied – sie kamen nicht! Der Doktor hatte eine ansteckende Krankheit herausgefunden. Und es waren doch Menschen bei ihr im Zimmer, ihr Mädchen und die Wärterin, und es ist ihnen gar nichts geschehen, beide sind ganz gesund geblieben.

11. Auftritt

DIESELBEN, WASSILIJ LEONIDYTSCH und PETRISCHTSCHEW (treten, Zigaretten rauchend, aus der Tür)

PETRISCHTSCHEW: So komm' doch mit, ich will nur bei Kokochen-Karochen anklopfen.

WASSILIJ: Ein Tölpel, Dein Kokochen! Ich sage Dir, ich kann den Menschen nicht leiden. Ein eitler Geselle, eine echte Kellnernatur! Den ganzen Tag nichts, als sich herumtreiben. Hm?

PETRISCHTSCHEW: Warte also, ich will mich aber doch verabschieden.

WASSILIJ: Schön. Ich gehe nach den Hunden sehen, in die Kutscherstube. Der eine Rüde ist so wütig; der Kutscher sagt, er hätte ihn bald aufgefressen. Hm?

PETRISCHTSCHEW: Wer wen gefressen. Der Kutscher soll den Rüden aufgefressen haben?

WASSILIJ: Du ewig mit …

(Er nimmt seinen Mantel und geht ab)

PETRISCHTSCHEW *(nachsinnend)*: Ma–kin–tosh, Karo–li–na. Ja, richtig.
(Ab über die Treppe)

12. Auftritt

Die zwei LAKAIEN, FJODOR IWANYTSCH und JAKOB (rennt bei Beginn und bei Schluß des Auftritts über die Bühne)

FJODOR *(zu Jakob)*: Was gibt's?

JAKOB: Die Butterbrötchen sind ausgegangen! Ich habe bald gesagt … *(Ab)*

ZWEITER LAKAI: Dann ist auch noch unser junges Herrchen krank geworden. Sofort wurde er mit der Kinderfrau ins Gasthaus geschickt, und dort ist er gestorben, auch ohne die Mutter.

ERSTER LAKAI: Daß sie keine Furcht vor der Sünde haben! Vor Gott gibt es kein Entfliehen.

FJODOR: Das denk' ich auch.

(Jakob läuft mit Butterbrötchen die Treppe hinauf)

ERSTER LAKAI: Und dann bedenken Sie doch, wenn man jetzt vor allen Menschen Furcht haben soll, müßte man sich in seine vier Wände einschließen und da festsitzen, wie im Gefängnis.

13. Auftritt

DIESELBEN und TANJA, dann JAKOB

TANJA (*grüßt die Lakaien*): Guten Tag!

(*Die Lakaien verbeugen sich*)

TANJA: Fjodor Iwanytsch, ich möchte mit Ihnen gern ein Wörtchen reden.

FJODOR: Nun, was gibt's?

TANJA: Sie sind wieder da, Fjodor Iwanytsch, die Bauern …

FJODOR: Was wollen sie denn? Das Schriftstück habe ich ja Ssemjon gegeben.

TANJA: Das Schriftstück habe ich ihnen gegeben, und wie dankbar sie sind, ich kann es Ihnen gar nicht sagen. Jetzt bitten sie nur noch, man möchte das Geld in Empfang nehmen.

FJODOR: Wo sind sie denn eigentlich?

TANJA: Hier am Eingang stehen sie.

FJODOR: Gut also, ich will's sagen.

TANJA: Ich habe aber noch eine Bitte an Sie, bester Fjodor Iwanytsch.

FJODOR: Was noch?

TANJA: Sehen Sie, Fjodor Iwanytsch, ich mag nicht mehr hier bleiben. Bitten Sie, daß man mir meine Entlassung gibt.

(*Jakob kommt eilig herein*)

FJODOR (*zu Jakob*): Was willst Du?

JAKOB: Noch einen Ssamowar und Apfelsinen.

FJODOR: Frag' die Wirtschafterin.

(*Jakob eilig ab*)

FJODOR: Und warum das?

TANJA: Sie wissen ja! Meine Sache steht jetzt so …

JAKOB (*eilig hereinkommend*): Die Apfelsinen reichen nicht.

FJODOR: Warte auf, soviel da sind.

(*Jakob eilig ab*)

FJODOR: Du hast eine schlechte Zeit gewählt: Du siehst, welche Unruhe …

TANJA: Sie wissen doch selbst am besten, Fjodor Iwanytsch, die Unruhe hat hier nie ein Ende. Da kann man lange warten – sie wissen es ja am besten, – und meine Sache ist fürs ganze Leben … Bester Fjodor Iwanytsch, Sie waren so gut gegen mich, seien Sie mir ein rechter Vater; finden Sie doch ein Viertelstündchen, und sagen Sie es. Sonst wird sie noch böse und gibt mir mein Buch nicht.

FJODOR: Warum brennt es denn so?

TANJA: Ich bitte Sie so, Fjodor Iwanytsch. Die Sache ist jetzt in Ordnung ... ich möchte noch zu meiner Mutter, zu meiner Patin, und dies und jenes vorbereiten. Und gleich nach Ostern ist Hochzeit. Sagen Sie's doch, bitte, bitte, bester Fjodor Iwanytsch.

FJODOR: Laß mich jetzt, hier ist nicht der Ort.

14. Auftritt

Ein alter Herr kommt die Treppe herunter und geht stumm mit dem zweiten Lakai ab. TANJA *ab.* FJODOR IWANYTSCH, ERSTER LAKAI *und* JAKOB *(kommt)*

JAKOB: Das ist wahrhaftig kränkend! Jetzt will sie mich fortschicken, Fjodor Iwanytsch. Du zerschlägst alles, sagt sie, vernachlässigst Fifka, Du hast auch gegen meinen Befehl die Bauern in die Küche gelassen. Und Sie wissen doch am besten, ich habe keine Ahnung von der ganzen Geschichte. Tatjana sagt zu mir: führ' sie in die Küche; kann ich wissen, wer es befohlen hat?

FJODOR: Wie, das hat sie gesagt?

JAKOB: Diesen Augenblick hat sie's gesagt. Legen Sie doch ein Wort für mich ein, Fjodor Iwanytsch! Kaum geht es Frau und Kindern ein bißchen besser, gleich heißt es wieder, such' Dir eine andere Stelle, weiß Gott, wann man eine findet. Tun Sie's doch, Fjodor Iwanytsch!

15. Auftritt

FJODOR IWANYTSCH, ERSTER LAKAI *und die* GNÄDIGE FRAU *begleiten eine* ALTE GRÄFIN *mit falschen Haaren und falschen Zähnen hinaus (Der erste Lakai gibt der Gräfin den Mantel um)*

GNÄDIGE FRAU: Unbedingt, gewiß. Ich bin tief gerührt.

GRÄFIN: Wenn meine Gesundheit es erlaubte, würde ich häufiger zu Ihnen kommen.

GNÄDIGE FRAU: Ich sage Ihnen, nehmen Sie Peter Petrowitsch! Er ist ein wenig geradezu, aber kein Mensch versteht so zu beruhigen; es ist alles bei ihm so einfach, so klar.

GRÄFIN: Nein doch, ich bin schon so gewöhnt.

GNÄDIGE FRAU: Vorsicht.

GRÄFIN: Merci, mille fois merci.

16. Auftritt

DIESELBEN und GRIGORIJ (er kommt zerzaust, aufgeregt aus dem Büfett gerannt). Im Hintergrunde ist Ssemjon sichtbar

SSEMJON: Du lauf' ihr nicht nach!

GRIGORIJ: Ich will Dich lehren, Schuft, – schlagen! Du sollst sehen, elender Kerl!

GNÄDIGE FRAU: Was soll das heißen? Glaubt Ihr, Ihr seid in der Schenke?

GRIGORIJ: Ich halt' es nicht aus mit diesem rohen Bauernlümmel.

GNÄDIGE FRAU (*ärgerlich*): Sie sind verrückt, sehen Sie denn nicht? (*Zur Gräfin*) Merci, mille fois merci. A mardi!

(*Gräfin und erster Lakai ab*)

17. Auftritt

FJODOR IWANYTSCH, die GNÄDIGE FRAU, GRIGORIJ und SSEMJON

GNÄDIGE FRAU (*zu Grigorij*): Was ist geschehen?

GRIGORIJ: Wenn ich auch nur Lakai bin, ich habe doch meinen Stolz und lasse mich nicht von jedem Bauern anrühren.

GNÄDIGE FRAU: Was ist denn aber geschehen?

GRIGORIJ: Ihr Ssemjon bildet sich was ein, weil er mit den Herrschaften in einem Zimmer gesessen hat. Schlagen möcht' er.

GNÄDIGE FRAU: Was heißt das, warum?

GRIGORIJ: Gott weiß weshalb.

GNÄDIGE FRAU (*zu Ssemjon*): Was soll das eigentlich heißen?

SSEMJON: Warum läuft er ihr immer nach?

GNÄDIGE FRAU: Was hat es also bei Euch gegeben?

SSEMJON (*lächelnd*): So, er faßt Tanja, das Stubenmädchen, immer an, und sie will das nicht. Da hab' ich ihn so … ganz, ganz leise mit der Hand beiseite geschoben.

GRIGORIJ: Schön beiseite geschoben, er hätte mir bald die Rippen zerbrochen. Und den Frack hat er mir zerrissen. Und was sagt er? Wie gestern, sagt er, ist die Kraft über mich gekommen. Und dabei würgt er mich.

GNÄDIGE FRAU (*zu Ssemjon*): Wie kannst Du es wagen, Dich in meinem Hause zu schlagen?

FJODOR: Gestatten Sie mir ein Wort, Anna Pawlowna. Sie müssen wissen, Ssemjon hat eine Neigung zu Tanja, und jetzt sind sie verlobt, Grigorij aber, – ich muß schon die Wahrheit sagen –

handelt nicht schön, nicht anständig. Und Ssemjon, mein' ich, war dadurch gekränkt.

GRIGORIJ: Ganz anders; nur aus Wut, weil ich ihre Spitzbübereien aufgedeckt habe.

GNÄDIGE FRAU: Was für Spitzbübereien?

GRIGORIJ: In der séance. Alle die Kunststücke von gestern hat Tanja gemacht, nicht Ssemjon. Ich habe mit eigenen Augen gesehen, wie sie unter dem Sofa hervorgekrochen ist.

GNÄDIGE FRAU: Was heißt das, unter dem Sofa hervorgekrochen?

GRIGORIJ: Ich gebe mein Ehrenwort daraus. Sie hatte auch das Schriftstück bei sich und hat es auf den Tisch geworfen. Ohne sie wäre das Schriftstück nicht unterzeichnet und das Land den Bauern nicht verkauft worden.

GNÄDIGE FRAU: Das haben Sie selber gesehen?

GRIGORIJ: Mit eigenen Augen. Lassen Sie sie nur rufen, sie wird nicht leugnen.

GNÄDIGE FRAU: Rufen Sie sie.

(*Grigorij ab*)

18. Auftritt

DIESELBEN außer GRIGORIJ. Hinter der Bühne Lärm, die Stimme des HAUSMEISTERS: „Es geht nicht, es geht nicht!" Der Hausmeister wird sichtbar; an ihm vorbei drängen die DREI BAUERN herein. Zuerst der zweite Bauer; der dritte Bauer strauchelt, fällt und faßt sich an die Nase.

HAUSMEISTER: Es geht nicht; fort!

ZWEITER BAUER: Ach was, es ist kein Unglück. Wollen wir denn was Böses? Wir wollen ja nur das Geld zahlen.

ERSTER BAUER: Wiriklich, jetzt ist mit der Unterschrift von eigener Hand das Geschäft fertig, und wir wollten nur das Geld bringen und unsern Dank.

GNÄDIGE FRAU: Wartet nur noch mit Eurem Dank, es ist alles Betrug gewesen. Die Sache ist noch nicht erledigt. Der Kauf ist noch nicht abgeschlossen. Leonid! Rufen Sie Leonid Fjodorowitsch her.

(*Hausmeister ab*)

19. Auftritt

DIESELBEN. LEONID FJODOROWITSCH (kommt; da er die gnädige Frau und die Bauern bemerkt, will er sich zurückziehen)

GNÄDIGE FRAU: Nein, nein, bitte hierher! Ich habe Ihnen gesagt, man verkauft kein Land auf Kredit, und alle haben es Ihnen gesagt. Und Sie lassen sich betrügen wie der größte Dummkopf.

LEONID: Womit betrügen? Ich verstehe nicht, von welchem Betrug Du redest.

GNÄDIGE FRAU: Sie sollten sich schämen! Graues Haar haben Sie, und lassen sich wie ein Schulbube betrügen und zum Narren halten. Für Ihren Sohn geizen Sie mit lumpigen 300 Rubeln, wo es sich um seine gesellschaftliche Stellung handelt, und sie selbst lassen sich, wie ein dummer Junge, mit Tausenden übers Ohr hauen.

LEONID: Ich bitte Dich, Annette, beruhige Dich.

ERSTER BAUER: Wir kommen nur, heißt das, die Summe zu zahlen …

DRITTER BAUER (*zieht das Geld hervor*): Fertige uns doch ab, um Christi willen!

GNÄDIGE FRAU: Wartet noch, wartet noch.

20. Auftritt

DIESELBEN, GRIGORIJ und TANJA

GNÄDIGE FRAU (*streng zu Tanja*): Bist Du gestern Abend während der Sitzung im kleinen Empfangszimmer gewesen?

(*Tanja seufzt, sieht sich nach Fjodor Iwanytsch, Leonid Fjodorowitsch und Ssemjon um*)

GRIGORIJ: Hier helfen keine Winkelzüge, ich habe selbst gesehen …

GNÄDIGE FRAU: Sag', bist Du dort gewesen? Ich weiß alles, gestehe. Es geschieht Dir nichts. Ich will nur den da (*sie zeigt auf Leonid Fjodorowitsch*), den Herrn entlarven … Du hast das Schriftstück auf den Tisch geworfen?

TANJA: Ich weiß nicht, was ich sagen soll. Ich frage nur, ob Sie mir nicht meine Entlassung geben können?

GNÄDIGE FRAU (*zu Leonid Fjodorowitsch*): Da sehen Sie doch, daß man Sie zum Narren hält.

21. Auftritt

Dieselben. BETSY (*tritt bei Beginn des Auftritts ein und bleibt unbemerkt stehen*)

TANJA: Geben Sie mir meine Entlassung, Anna Pawlowna!

GNÄDIGE FRAU: Nein, mein Kind! Du hast vielleicht einen Schaden von vielen Tausenden angerichtet. Jetzt ist Land verkauft, das nicht verkauft werden durfte.

TANJA: Entlassen Sie mich, Anna Pawlowna.

GNÄDIGE FRAU: Nein, Du sollst Rede stehen. Solche Streiche macht man nicht. Ich werde die Sache dem Friedensrichter übergeben.

BETSY (*hervortretend*): Entlassen Sie sie, Mama. Wenn Sie sie aber verklagen wollen, müssen Sie mich mitverklagen, – wir haben gestern alles zusammen gemacht.

GNÄDIGE FRAU: Wenn Du schon dabei warst, hat auch nichts Gutes herauskommen können.

22. Auftritt

DIESELBEN und der PROFESSOR

PROFESSOR: Guten Tag, Anna Pawlowna! Guten Tag, gnädiges Fräulein! Ihnen, Leonid Fjodorowitsch, habe ich den Bericht über den dreizehnten Spiritualistenkongreß in Chicago mitgebracht. Eine wundervolle Rede von Schmidt.

LEONID: Ah, sehr interessant!

GNÄDIGE FRAU: Ich kann Ihnen etwas viel Interessanteres erzählen. Es stellt sich heraus, daß Sie und mein Mann von diesem dummen Ding da zum Narren gehalten wurden. Betsy sagt, sie sei schuld; aber nur um mich zu kränken. In Wirklichkeit hat Euch ein dummes Ding, das nicht lesen und schreiben kann, zum Narren gehalten, und Ihr glaubt daran! Euere mediumistischen Erscheinungen von gestern sind reine Einbildung (*auf Tanja zeigend*), die da hat alles gemacht.

PROFESSOR (*ablegend*): Wie, das heißt?

GNÄDIGE FRAU: Ja, das heißt, sie hat im Dunkeln die Gitarre gespielt, sie hat meinen Mann auf den Kopf geschlagen, sie hat alle Euere Dummheiten gemacht, und eben hat sie es eingestanden.

PROFESSOR (*lächelnd*): Und was beweist das also?

GNÄDIGE FRAU: Das beweist, daß Euer Mediumismus – purer Unsinn ist! Das beweist es!

PROFESSOR: Weil dieses Mädchen die Absicht hatte zu betrügen, darum soll der Mediumismus – purer Unsinn sein, wie Sie sich auszudrücken belieben? (*Lächelnd*) Sonderbare Folgerung! Wohl möglich, daß das Mädchen die Absicht hatte zu betrügen, das kommt öfter vor; möglich auch, daß sie etwas gemacht hat, aber das, was sie gemacht hat, hat sie gemacht, und was die Äußerung der mediumistischen Energie war, war die Äußerung der mediumistischen Energie. Es ist sogar sehr wahrscheinlich, daß das, was dieses Mädchen gemacht hat, die Äußerung der mediumistischen Energie hervorgerufen, sozusagen sollizitiert hat, ihr die bestimmte Form gegeben hat.

GNÄDIGE FRAU: Wieder eine Vorlesung! …

PROFESSOR (*streng*): Sie sagen, Anna Pawlowna, dieses Mädchen, vielleicht auch diese liebenswürdige junge Dame, hätte etwas gemacht; aber das Leuchten, das wir alle gesehen haben, die Abnahme der Temperatur in dem einen, die Zunahme in dem anderen Falle, Großmanns Erregung und vibrierende Bewegung, – wie, soll das auch das Mädchen gemacht haben? Und das sind Tatsachen, Anna Pawlowna, Tatsachen! Nein, Anna Pawlowna, es gibt Dinge, die man sorgfältig prüfen und gründlich verstehen muß, bevor man darüber spricht, viel zu ernste Dinge, viel zu ernste …

LEONID: Und das Kind, das Marja Wassiljewna deutlich, deutlich gesehen hat! Und ich habe es auch gesehen … Das kann doch nicht das Mädchen gemacht haben?

GNÄDIGE FRAU: Sie glauben, Gott weiß, wie gescheit zu sein, und Sie sind – ein Narr!

LEONID: Ich gehe. Alexej Wladimirowitsch, kommen Sie mit auf mein Zimmer.

(*Ab in das Arbeitszimmer*)

PROFESSOR (*zuckt die Achseln und folgt ihm*): O, o, wie weit sind wir noch hinter Europa zurück!

23. Auftritt

Die GNÄDIGE FRAU, *die* DREI BAUERN, FJODOR IWANYTSCH, TANJA, BETSY, GRIGORIJ, SSEMJON *und* JAKOB

GNÄDIGE FRAU (*Leonid Fjodorowitsch nachrufend*) Lässt sich betrügen wie ein Narr und will es nicht sehen. (*Zu Jakob*) Was willst Du?

JAKOB: Wieviel Gedecke befehlen die gnädige Frau?

GNÄDIGE FRAU: Wieviel Gedecke? Fjodor Iwanytsch, lassen Sie sich von ihm das Silber übergeben! Auf der Stelle hinaus! Er ist an allem schuld. Dieser Mensch bringt mich noch ins Grab. Gestern hätte er beinahe das Hündchen verhungern lassen, das ihm nichts getan hat. Das war ihm nicht genug; bringt er mir gestern die verpesteten Bauern in die Küche, und nun sind sie wieder hier. Er ist an allem schuld. Hinaus, auf der Stelle hinaus! Rechnen Sie mit ihm ab, rechnen Sie mit ihm ab! (*Zu Ssemjon*) Und wenn Du Dir noch einmal erlaubst, in meinem Hause Lärm zu machen, werde ich Dich lehren, elender Bauer!

ZWEITER BAUER: Gut, wenn er ein elender Bauer ist, dann brauchen Sie ihn nicht zu halten, rechnen Sie mit ihm ab, und fertig!

GNÄDIGE FRAU (*während sie ihm zuhört, sieht sie den dritten Bauern fest an*): Seht 'mal an! Der einen Ausschlag auf der Nase, einen Ausschlag! Er ist krank, ein Seuchenherd!! Habe ich nicht schon gestern gesagt, man soll sie nicht hereinlassen, und nun sind sie wieder hier. Jagt sie hinaus!

FJODOR: Wie, sollen wir nicht das Geld abnehmen?

GNÄDIGE FRAU: Das Geld? Das Geld nimm, die Leute aber, besonders dieser Kranke, hinaus, gleich auf der Stelle hinaus! Er ist von Kopf bis Fuß aussätzig.

DRITTER BAUER: Ganz ohne Grund, Mütterchen, so wahr Gott lebt, ganz ohne Grund. Frag' nur, sag' ich, die meinige. Ich soll aussätzig sein? Wie Glas so glatt bin ich.

GNÄDIGE FRAU: Er schwatzt noch? … Hinaus, hinaus! Alles mir zum Trotz! Nein, ich kann nicht mehr, ich kann nicht mehr! Lassen Sie den Doktor holen.

(*Sie läuft schluchzend hinaus*)

(*Jakob und Grigori ab*)

24. Auftritt

DIESELBEN, *außer der* GNÄDIGEN FRAU, JAKOB *und* GRIGORIJ.

TANJA (*zu Betsy*): Liebes, gnädiges Fräulein, was soll nun aus mir werden?

BETSY: Sei nur ruhig, ganz ruhig. Fahre mit ihnen, ich will schon machen. (*Ab*)

25. Auftritt

FJODOR IWANYTSCH, die DREI BAUERN, TANJA und der HAUSMEISTER.

ERSTER BAUER: Wie steht es also jetzt, Herr, mit der Zahlung?

ZWEITER BAUER: Fertige Du uns ab.

DRITTER BAUER (*sich unruhig mit dem Gelds hin und her bewegend*): Das hätte ich wissen sollen, in meinem Leben hätte ich es nicht übernommen. So was bringt einen mehr herunter als ein böses Fieber.

FJODOR (*zum Hausmeister*): Führe sie auf mein Zimmer, dort ist die Rechenmaschine. Dort will ich auch das Geld in Empfang nehmen. Geht, geht.

HAUSMEISTER: Kommt, kommt!

FJODOR: Und bedankt Euch bei Tanja! Ohne sie hättet Ihr das Land nicht bekommen.

ERSTER BAUER: Wiriklich, wie sie's versprochen hat, hat sie's auch durchgeführt.

DRITTER BAUER: Sie hat uns zu Menschen gemacht. Was wäre sonst aus uns geworden? Das Land ist klein, nicht eine Henne, sag' ich – von Vieh gar nicht zu reden – kann man halten. Leb' wohl, kluges Mädchen! Bist Du erst im Dorf, komm' zu mir Honig essen.

ZWEITER BAUER: Laß mich nur nach Hause kommen, gleich gehe ich an die Hochzeit und braue Bier. Komme nur bald!

TANJA: Ich komme, ich komme! (*Quietscht*) Ssemjon! Jetzt wird's erst schön werden!

(*Die Bauern ab*)

26. Auftritt

FJODOR IWANYTSCH, TANJA und SSEMJON

FJODOR: Geht mit Gott. Und vergiß nicht, Tanja, wenn Du Dein eigenes Heim hast, komme ich zu Dir zu Gast. Wirst Du mich aufnehmen?

TANJA: Mein lieber, guter Fjodor Iwanytsch, wie den leiblichen Vater wollen wir Dich aufnehmen. (*Sie umhalst und küßt ihn*)

(*Der Vorhang fällt.*)

[1889-1890]

Tolstoi-Porträt des Jahres 1884 von
Nikolai N. Gay | Николай Николаевич Ге (1831-1894)

commons.wikimedia.org

Das Licht leuchtet in der Finsternis

Drama in vier Aufzügen[1]

PERSONEN

NIKOLAI IWANOWITSCH SARYNZEW

MARIA IWANOWNA SARYNZEWA, seine Gattin

LJUBA, ihre Tochter

STEFAN, ihr Sohn

WANJA, ihr Sohn

MISSI, ihre Tochter

KLEINE KINDER SARYNZEWS

ALEXANDER MICHAILOWITSCH STARKOWSKI, Ljubas Verlobter

MITROFAN JERMILYTSCH, Wanjas Hauslehrer

GOUVERNANTE bei Sarynzews

ALEXANDRA IWANOWNA KOCHOWZEWA, Frau Sarynzews Schwester

PETER SEMJONOWITSCH KOCHOWZEW, deren Gatte

LISA, beider Tochter

FÜRSTIN TSCHEREMSCHANOWA

BORIS, ihr Sohn

TONJA, ihre Tochter

JÜNGERE TOCHTER der Fürstin

WASSILI NIKANOROWITSCH, junger Priester

KINDERWÄRTERIN – bei Sarynzews

DIENER – bei Sarynzews

IWAN SJABREM, ein Bauer

MALASCHKA, seine Tochter

Sein WEIB

PETER, ein Bauer

Der DORFPOLIZIST

PATER GERASSIM, Bischof

Ein NOTAR

Ein TISCHLER

Ein GENERAL

ADJUTANT DES GENERALS

Ein OBERST

---

[1] Leo N. TOLSTOI: *Das Licht leuchtet in der Finsternis*. Drama in vier Aufzügen. Aus dem Russischen übertragen und eingeleitet von Adolf Heß. (= Reclams Universalbibliothek Nr 5434). Leipzig: Reclam 1912. [96 Seiten].

Ein REGIMENTSSCHREIBER
POSTEN
ZWEI ESKORTESOLDATEN
Ein GENDARMERIEOFFIZIER
SCHREIBER
REGIMENTSGEISTLICHER
Im Lazarett in der Abteilung für Geisteskranke:
    OBERARZT
    UNTERARZT
    Mehrere WÄRTER
    Ein KRANKER OFFIZIER
KLAVIERSPIELER
BAUERN. BÄUERINNEN. STUDENTEN. DAMEN. TANZENDE PAARE.

ERSTER AUFZUG

Bedeckte Veranda eines vornehmen Landhauses.
Vor der Veranda der Garten, Lawn-Tennis- und Krocketplatz. Die Kinder
spielen mit der Gouvernante Krocket. Auf der Veranda sitzen MARIA IWA-
NOWNA SARYNZEW, *mit vierzig Jahren hübsch, elegant; ihre Schwester*
ALEXANDRA IWANOWNA KOCHOWZEW, *fünfundvierzig Jahre alt, korpu-*
lent, energisch, dumm; und deren Gatte, PETER SEMJONOWITSCH KOCH-
OWZEW, *ein dicker, aufgedunsener Herr im Sommeranzug und Pincenez.*
Auf dem gedeckten Tisch ein Samowar und Kaffeegeschirr. Man trinkt Kaf-
fee; PETER SEMJONOWITSCH *raucht.*

Erster Auftritt
MARIA IWANOWNA, ALEXANDRA IWANOWNA
und PETER SEMJONOWITSCH.

ALEXANDRA IWANOWNA. Wenn du nicht meine Schwester, sondern
    eine fremde Person wärest und Nikolai Iwanowitsch nicht dein
    Mann, sondern irgendein Bekannter, so würde ich seine Hand-
    lungsweise originell und nett finden und ihn vielleicht sogar da-
    rin bestärken. Da ich aber sehe, daß dein Gatte Narrheiten treibt,
    direkt Narrheiten, muß ich dir meine Meinung sagen. Ihm, dei-
    nem Gatten, werde ich sie ebenfalls sagen. Angst habe ich nicht.
MARIA IWANOWNA. Das kränkt mich durchaus nicht; ich sehe es ja

selbst ein. Glaubte nur nicht, daß die Sache so wichtig sei.

ALEXANDRA. Ja, du glaubst es nicht; ich sage dir aber, wenn du den Dingen ihren Lauf läßt, kommt ihr noch an den Bettelstab. So, wie er es treibt!

PETER SEMJONOWITSCH. Bettelstab! Bei ihrem Vermögen!

ALEXANDRA. Jawohl: Bettelstab. Und du, mein Lieber, unterbrich mich bitte nicht. Für dich ist natürlich alles gut, was Männer tun …

SEMJONOWITSCH. Ich weiß ja gar nicht, ich sage nur …

ALEXANDRA. Du weißt eben nie, was du sagst. Wenn ihr Männer einmal anfangt, Dummheiten zu machen, gibt es kein Halten mehr. Ich sage nur, ich an deiner Stelle würde das nicht erlauben. Würde dem schon einen Riegel vorschieben. Was soll denn das heißen! Ein Mann, Familienvater, beschäftigt sich mit gar nichts, gibt alles weg und spielt nach rechts und links den Großmütigen. Ich weiß schon, wie das endet. Wir können davon ein Lied mitsingen.

SEMJONOWITSCH (*zu Maria*). So klären Sie mich doch endlich einmal darüber auf, Maria, was diese neue Richtung bedeutet? Liberalismus: Selbstverwaltung, Verfassung, Schulen, Lesehallen und was daran bimmelt und bammelt – das verstehe ich. Auch die Sozialisten mit ihren Streiks und Achtstundentag sind mir noch begreiflich. Aber das hier? Was ist das eigentlich? Erklären Sie es mir.

MARIA. Er hat Ihnen gestern ja selbst die Erklärung gegeben.

SEMJONOWITSCH. Offen gesagt, habe ich ihn nicht verstanden. Evangelium, Bergpredigt; die Kirche sei überflüssig … Wie soll man denn da seine Andacht verrichten und alles?

MARIA. Das ist es ja eben, daß er alles zerstört und nichts Neues an die Stelle setzt.

SEMJONOWITSCH. Wie hat es eigentlich angefangen?

MARIA. Im vorigen Jahr. Mit dem Tode seiner Schwester. Er hatte sie sehr lieb, und ihr Tod wirkte derart auf ihn, daß er ganz tiefsinnig wurde, stets vom Sterben sprach und schließlich, wie Sie wissen, selbst erkrankte. Dann, nach dem Typhus, war er wie umgewandelt.

ALEXANDRA. Er war doch aber im Frühjahr bei uns in Moskau so lieb und nett. Spielte Karten, genau wie andere …

MARIA. Und war doch schon ganz anders …

SEMJONOWITSCH. Ja, aber wie denn eigentlich?

MARIA. Vollkommen gleichgültig gegen seine Familie und dabei von dieser fixen Idee besessen. Ich meine das Evangelium. Er las tagelang darin, schlief nachts nicht, stand auf, um zu lesen, machte sich Notizen und Auszüge, fuhr dann zu Bischöfen und Mönchen und disputierte mit ihnen.

ALEXANDRA. Geht er denn zum Abendmahl?

MARIA. Seit unserer Verheiratung, also seit fünfundzwanzig Jahren, war er nicht hingegangen. Dann nahm er es einmal im Kloster, erklärte aber hinterher sofort, es sei nicht nötig und der Kirchenbesuch überflüssig.

ALEXANDRA. Ich sage ja, keine Spur von Konsequenz.

MARIA. Noch vor einem Monat hat er keinen Gottesdienst versäumt, alle Fastentage streng gehalten – und dann ist auf einmal alles überflüssig. Da red' einer mit ihm.

ALEXANDRA. Ich habe mit ihm gesprochen und werde es tun.

SEMJONOWITSCH. Aber das alles ist doch nicht so schlimm …

ALEXANDRA. Für dich ist nichts schlimm, weil ihr Männer keine Religion habt.

SEMJONOWITSCH. So laß mich doch ausreden. Ich meine, daß es darauf doch nicht ankommt. Wenn er die Kirche verwirft, was soll ihm dann das Evangelium?

MARIA. Er sagt, man müsse nach dem Evangelium, nach der Bergpredigt leben, alles hingeben.

SEMJONOWITSCH. Wie soll man denn aber leben, wenn man alles hingibt?

ALEXANDRA. Und wo hat er in der Bergpredigt dieses *Shake hands* mit den Dienstboten gefunden? Da steht wohl: Selig sind die Sanftmütigen; von Händedrücken steht aber nichts da.

MARIA. Natürlich hat er sich wieder hinreißen lassen, wie das stets bei ihm der Fall ist, und wie er sich eine Zeitlang von der Musik, Jagd, von seiner Schule hinreißen ließ. Aber mein Los wird dadurch nicht leichter.

SEMJONOWITSCH. Wozu ist er denn wieder in die Stadt gefahren?

MARIA. Das hat er mir nicht gesagt; ich weiß aber, daß es wegen des Holzfrevels ist; die Bauern haben widerrechtlich bei uns Holz geschlagen.

SEMJONOWITSCH. In dem selbstangelegten Tannenwald?

MARIA. Ja. Man hat die Täter auch zu Geld- und Gefängnisstrafe verurteilt, und heute kommt, wie er mir sagte, die Sache im Plenum vor dem Friedensrichter zur Verhandlung. Ich nehme an, daß er deswegen hingefahren ist.

ALEXANDRA. Er wird ihnen alles verzeihen, und morgen kommen sie dann und schlagen unseren Park nieder.

MARIA. Ja, so fängt die Sache an. Alle Apfelbäume haben sie umgeknickt und den ganzen Rasen zertreten – er sagt ihnen nichts.

SEMJONOWITSCH. Sonderbar.

ALEXANDRA. Eben deswegen mein' ich: es kann nicht so bleiben. Wenn das so fortgeht, bringt er alles durch. Meiner Ansicht nach bist du als Mutter verpflichtet, deine Maßnahmen zu treffen.

MARIA. Was kann ich dagegen tun?

ALEXANDRA. Du? Ihn zurückhalten, sagen, daß es nicht so weitergeht. Du hast Kinder! Was bekommen die für ein Beispiel!

MARIA. Gewiß ist es schwer; aber ich ertrage alles in der Hoffnung, daß es vergehen wird, wie die früheren Schwärmereien.

ALEXANDRA. Sehr schön, aber es heißt: hilf dir selbst, so hilft dir Gott. Man muß ihm zu verstehen geben, daß er nicht allein in der Welt ist, und daß man so nicht leben kann.

MARIA. Das Schlimmste ist, daß er sich nicht mehr um die Kinder kümmert. Ich muß alles allein besorgen. Dabei habe ich das Kleine und die Älteren, Mädchen und Knaben, die Aufsicht und Leitung verlangen. Alles fällt mir zu. Früher ein so zärtlicher, besorgter Vater – jetzt ist ihm alles gleich. Ich sagte ihm gestern, daß Wanja nicht lernt und sicher wieder durchs Examen fällt; da meinte er, es wäre viel besser, wenn er das Gymnasium ganz verließe.

SEMJONOWITSCH. Was soll er denn anfangen?

MARIA. Nichts. Das ist ja das Schreckliche, daß er alles verurteilt, selbst aber nicht sagt, was man tun soll.

SEMJONOWITSCH. Sonderbar, sehr sonderbar.

ALEXANDRA. Wieso sonderbar? Ist doch die gewöhnliche Art der Männer: alles zu verurteilen und selbst nichts zu tun.

MARIA. Stefan hat jetzt sein Studium beendet und muß sich für eine Karriere entscheiden – der Vater sagt ihm nichts. Anfangs wollte er in eine Ministerialkanzlei eintreten, aber Nikolai Iwanowitsch meinte, das sei eine überflüssige Tätigkeit; dann wollte der Junge zur Garde – das verwarf der Vater gänzlich. Schließlich fragt er ihn: was soll ich denn eigentlich anfangen? Etwa pflügen? Da antwortet Nikolai Iwanowitsch: warum nicht pflügen? Das ist weit nützlicher als in der Kanzlei hocken. Also was soll er tun? Kommt natürlich zu mir, und ich muß die Entscheidung treffen. Dabei hat er als Vater alles in Händen.

ALEXANDRA. Das muß man ihm offen sagen.

MARIA. Gewiß; und ich werde es auch tun.

ALEXANDRA. Sag ihm direkt, du erträgst es nicht länger. Du tätest deine Pflicht, also müsse er die seinige erfüllen, oder dir alles abtreten.

MARIA. Ach, das ist so peinlich.

ALEXANDRA. Wenn du willst, sage ich es ihm; ich nehme kein Blatt vor den Mund.

EIN JUNGER PRIESTER (*tritt verlegen und aufgeregt mit einem Buche in der Hand ein; er begrüßt alle durch Händedruck*).

Zweiter Auftritt.

DIE VORIGEN und der junge PRIESTER.

PRIESTER. Ich wollte nämlich zu Nikolai Iwanowitsch, um ihm das Buch zurückzubringen.

MARIA. Er ist in die Stadt gefahren, kommt aber bald zurück.

ALEXANDRA. Was haben Sie denn für ein Buch?

PRIESTER. Ein Werk von Renan. „Das Leben Jesu" nämlich.

SEMJONOWITSCH. Nun sieh einer! Solche Bücher lesen Sie!

PRIESTER (*zündet sich in der Verlegenheit eine Zigarette an*). Nikolai Iwanowitsch hat es mir zur Durchsicht gegeben.

ALEXANDRA (*verächtlich*). So, so, Nikolai Iwanowitsch hat es Ihnen zur Durchsicht gegeben. Sind Sie denn mit Nikolai Iwanowitsch und diesem Herrn Renan einer Meinung?

PRIESTER. Natürlich bin ich das nicht. Wenn es der Fall wäre, wäre ich nämlich kein Diener der Kirche mehr.

ALEXANDRA. Wenn Sie ein treuer Diener der Kirche sind, weshalb überzeugen Sie dann Nikolai Iwanowitsch nicht?

PRIESTER. In diesen Dingen kann nämlich jeder seine eigenen Gedanken haben, und Nikolai Iwanowitsch hat in mancher Hinsicht recht. In der Hauptsache aber, bezüglich der Kirche, hat er sozusagen unrecht.

ALEXANDRA (*verächtlich*). In welcher Hinsicht hat denn Nikolai Iwanowitsch recht? Etwa, daß man nach der Bergpredigt sein Vermögen an Fremde geben und die eigene Familie betteln lassen soll?

PRIESTER. Die Kirche heiligt sozusagen die Familie, und die Kirchenväter haben sie gesegnet; die höhere Vollkommenheit fordert aber doch sozusagen Verzicht auf irdische Güter.

ALEXANDRA. Gewiß, Glaubensstreiter haben so gehandelt: einfache Sterbliche aber, denke ich, müssen so handeln, wie es sich für brave Christen geziemt.

PRIESTER. Niemand kann wissen, wozu er berufen ist.

ALEXANDRA. Sie sind natürlich verheiratet?

PRIESTER. Gewiß.

ALEXANDRA. Und haben Kinder?

PRIESTER. Zwei.

ALEXANDRA. Warum verzichten Sie denn nicht auf die irdischen Güter? rauchen sogar Zigaretten?

PRIESTER. Aus Schwäche, Unwürdigkeit sozusagen.

ALEXANDRA. Ja, ich sehe, anstatt Nikolai Iwanowitsch zur Vernunft zu bringen, bestärken Sie ihn in seiner Torheit. Muß Ihnen offen sagen, das ist nicht hübsch.

WÄRTERIN (*tritt ein*).

Dritter Auftritt

DIE VORIGEN. WÄRTERIN.

WÄRTERIN. Hören gnädige Frau denn nicht? Der Kleine schreit, will die Brust haben.

MARIA. Ich komme, komme schon. (*Steht auf und geht ab.*)

Vierter Auftritt

DIE VORIGEN ohne Wärterin und Maria Iwanowna.

ALEXANDRA. Sie tut mir schrecklich leid, die Schwester. Ich sehe, wie sie sich quält. Wahrhaftig keine Kleinigkeit, solch einen Hausstand zu führen. Sieben Kinder, eins noch an der Brust; dazu er mit seinen „Ideen". Mir scheint wirklich bisweilen, daß er hier nicht ganz richtig ist. (*Sie deutet auf die Stirn. Zum Priester.*) Ich frage Sie: was haben Sie da eigentlich für eine neue Religion entdeckt?

PRIESTER. Ich verstehe nicht ganz …

ALEXANDRA. Hören Sie doch auf mit Ihren Spiegelfechtereien! Sie verstehen sehr gut, was ich meine.

PRIESTER. Erlauben Sie …

ALEXANDRA. Ich frage, was das für eine Religion ist, aus der hervorgeht, daß man allen Bauern die Hand drücken, ihnen den Wald überlassen und Geld zum Schnaps geben, die eigene Familie aber im Stich lassen muß?

PRIESTER. Davon weiß ich nichts …

ALEXANDRA. Er sagt, das sei Christentum. Sie sind Priester der rechtgläubigen christlichen Kirche, also müssen Sie unbedingt Bescheid wissen, ob das Christentum zum Diebstahl treibt.

PRIESTER. Aber ich kann doch …

ALEXANDRA. Wozu sind Sie denn Priester, tragen langes Haar und ein Talar?

PRIESTER. Danach werden wir nicht gefragt …

ALEXANDRA. Wieso nicht gefragt? Ich frage doch aber. Er sagte mir gestern, im Evangelium stände: So dich einer bittet, dem gib. In welchem Sinne ist das zu verstehen?

PRIESTER. Ich denke, ganz wörtlich.

ALEXANDRA. Ich denke aber: nicht. Uns hat man gelehrt, jedem sei das Seine von Gott bestimmt.

PRIESTER. Natürlich, indessen …

ALEXANDRA. Man merkt ganz deutlich, daß Sie tatsächlich, wie man mir gesagt, auf seiner Seite sind. Und ich muß Ihnen offen gestehen, daß ich das für unrecht halte. Wenn irgendeine Lehrerin oder ein unreifer Junge seine Gedanken nachredet, so ist das begreiflich; Sie in Ihrem Amt müßten aber bedenken, welche Verantwortung auf Ihnen ruht.

PRIESTER. Ich bemühe mich …

ALEXANDRA. Was ist das für eine Religion, wenn er nicht zur Kirche geht und die Sakramente nicht anerkennt! Und Sie, statt ihn zur Vernunft zu bringen, lesen Renan mit ihm und legen das Evangelium auf Ihre Art aus.

PRIESTER (*erregt*). Darauf weiß ich nichts zu erwidern. Bin sozusagen einfach sprachlos.

ALEXANDRA. Ich sollte nur Bischof sein, dann würde ich Ihnen das Renan-Lesen und Zigarettenrauchen schon austreiben!

SEMJONOWITSCH. Um Himmels willen hör auf! Was nimmst du dir da heraus!

ALEXANDRA. Bitte keine Zurechtweisung! Batjuschka ist mir sicher nicht böse, daß ich offen meine Meinung gesagt habe. Im Gegenteil, es wäre schlimm, wenn ich hinter dem Berge hielte. Habe ich recht?

PRIESTER. Verzeihen Sie, wenn ich mich nicht richtig ausgedrückt habe; verzeihen Sie bitte.

(*Ungemütliches Schweigen.*)

LJUBA und LISA (*kommen. LJUBA, Maria Iwanownas Tochter, ein zwanzigjähriges, hübsches, energisches Mädchen; LISA, Alexandra Iwanownas Tochter, ist etwas älter. Beide tragen Kopftücher und Körbe, um Pilze zu sammeln. Ljuba begrüßt die Tante und den Onkel, Lisa Vater und Mutter, sowie den Priester*).

Fünfter Auftritt.

DIE VORIGEN. LJUBA und LISA.

LJUBA. Wo ist denn Mama?

ALEXANDRA. Eben fortgegangen, um den Kleinen zu nähren.

SEMJONOWITSCH. Seht mal zu, daß ihr recht viel Pilze bringt. Ein Mädchen hat heute herrliche weiße gebracht. Ich würde euch begleiten, aber es ist so heiß.

LISA. Komm doch mit, Papa.

ALEXANDRA. Geh nur, geh; du wirst sonst zu dick.

SEMJONOWITSCH. Also meinetwegen. Will nur Zigaretten holen. (*Er geht ab.*)

Sechster Auftritt.

DIE VORIGEN ohne Peter Semjonowitsch.

ALEXANDRA. Wo steckt denn das junge Volk?

LJUBA. Stefan ist per Rad zur Station; Mitrofan Jermilytsch begleitet Papa in die Stadt; die Kleinen spielen Krocket, und Wanja jagt mit den Hunden herum.

ALEXANDRA. Hat Stefan sich nun für etwas entschieden?

LJUBA. Ja, er will als Freiwilliger dienen. Hat selbst ein Gesuch eingereicht. Gestern ist er schrecklich frech gegen Papa geworden.

ALEXANDRA. Na ja, leicht hat er es auch nicht. Schließlich reißt jedem einmal die Geduld. Will jetzt anfangen zu leben, und da sagt man ihm: geh pflügen.

LJUBA. So hat Papa es ihm nicht gesagt. Er sagte …

ALEXANDRA. Ganz egal. Jedenfalls beginnt jetzt sein Leben, und was er auch unternimmt, alles wird ihm zuwider gemacht. Aber da ist er selbst.

PRIESTER (*tritt beiseite, öffnet sein Buch und liest*).

STEFAN (*fährt auf dem Rade vor*).

Siebenter Auftritt.

DIE VORIGEN. STEFAN.

ALEXANDRA. Wie der Wolf in der Fabel … Eben war von dir die Rede. Ljuba sagt, du hättest dich mit dem Vater gezankt.

STEFAN. Absolut nicht. Nichts Besonderes. Er sagte mir seine Meinung, ich ihm meine. Ich bin nicht schuld daran, daß unsere Ansichten nicht übereinstimmen. Ljuba versteht gar nichts und will über alles mitsprechen.

ALEXANDRA. Was ist denn nun herausgekommen?

STEFAN. Ich weiß nicht, was Papa beschlossen hat; fürchte, er ist sich selbst nicht klar darüber. Ich für meine Person habe beschlossen, als Einjähriger bei der Garde einzutreten. Hier wird aus allem so viel Wesens gemacht; dabei ist die Sache ganz einfach. Mein Studium habe ich beendet und muß nun meiner Dienstpflicht genügen. In der Linie unter betrunkenen, rohen Offizieren ist das kein Vergnügen, deswegen diene ich bei der Garde, wo ich Freunde habe.

ALEXANDRA. Schön. Warum ist denn aber dein Papa dagegen?

STEFAN. Ach der! Der steht jetzt ganz im Banne seiner fixen Idee und sieht nur, was er sehen will. Er sagt, der Militärdienst sei der abscheulichste von allen; deshalb dürfe man nicht dienen, und deswegen gibt er mir kein Geld.

LISA. Stefan, das hat er nicht gesagt! Ich war doch dabei! Er hat gesagt, wenn man schon nicht anders könnte, sollte man wenigstens bis zur Aushebung warten. Durch den Eintritt als Freiwilliger aber zeige man, daß man diesen Dienst selbst wähle.

STEFAN. Schließlich soll ich doch dienen und nicht er. Er hat ja selbst gedient.

LISA. Gewiß. Er sagt aber auch gar nicht, daß er dir kein Geld geben will, sondern, daß er nicht an einer Sache teilnehmen kann, die gegen seine Überzeugung geht.

STEFAN. Es handelt sich hier nicht um Überzeugungen, sondern um den Dienst, und damit basta!

LISA. Und ich sage nur, was ich gehört habe.

STEFAN. Ist ja ganz klar, daß du immer auf Papas Seite bist. Tante, du weißt auch, daß Lisa stets Papa die Stange hält.

LISA. Alles, was recht ist! …

ALEXANDRA. Für mich nichts Neues, daß Lisa stets alle Dummheiten mitmacht. Sie wittert förmlich, wo eine Dummheit aushängt.

WANJA (*kommt, von Hunden begleitet, in roter Bluse, ein Telegramm in der Hand schwingend*).

Achter Auftritt.
DIE VORIGEN. WANJA.

WANJA (*zu Ljuba*). Rat mal, wer da kommt.

LJUBA. Wie kann ich das raten! Gib her. (*Sie streckt die Hand nach dem Telegramm aus. Wanja gibt es ihr nicht.*)

WANJA. Ich geb' es nicht und sage es nicht. Der, bei dem du immer so rot wirst.

LJUBA. Dummheit, von wem ist das Telegramm?

WANJA. O, wie sie rot wird, wie sie rot wird! Tante Aline, ist sie nicht ganz rot geworden?

LJUBA. Ach, laß die Dummheiten. Von wem ist es? Tante Aline, von wem ist das Telegramm?

ALEXANDRA. Von Tscheremschanows.

LJUBA. Ach so!

WANJA. Na, siehst du wohl: ach so! Und bei wem wirst du immer rot?

LJUBA. Tante, zeig bitte. (*Sie liest.*) „Mit Schnellzug, drei Personen, Tscheremschanows". Also die Fürstin, Boris und Tonja. Das freut mich aber wirklich.

WANJA. Es freut sie aber wirklich! Stefan, sieh mal, wie sie rot geworden ist.

STEFAN. Hör doch endlich auf; immer ein und dasselbe.

WANJA. Jawohl, das sagst du nur, weil du selbst in Tonja verkeilt bist. Da müßt ihr beide schon losen, denn das geht doch nicht, daß die Schwester den Bruder nimmt und der Bruder die Schwester.

STEFAN. Laß dein dummes Geschwätz. Wie oft hat man dir gesagt, du sollst nicht überall deinen Senf dazu geben!

LISA. Mit dem Schnellzug müssen sie bald hier sein.

LJUBA. Gewiß. Also gehen wir nicht zum Pilzsammeln.

SEMJONOWITSCH (*kommt mit Zigaretten*).

Neunter Auftritt.
DIE VORIGEN und PETER SEMJONOWITSCH.

LJUBA. Onkel Peter, wir gehen nicht.

SEMJONOWITSCH. Was ist denn los?

LJUBA. Tscheremschanows kommen bald. Laß uns lieber eine Partie Tennis spielen. Stefan, machst du mit?

STEFAN. Meinetwegen.

LJUBA. Ich spiele mit Wanja gegen dich und Lisa. Wollt ihr? Also ich hole die Bälle und die Jungens. (*Sie geht ab.*)

Zehnter Auftritt.
DIE VORIGEN ohne Ljuba.

SEMJONOWITSCH. Das nennt man: versetzt.

PRIESTER (*will gehen*). Ich habe die Ehre.

ALEXANDRA. Nein, warten Sie, Batjuschka; ich möchte mit Ihnen sprechen. Auch muß Nikolai Iwanowitsch gleich kommen.

PRIESTER (*setzt sich wieder und zündet sich eine Zigarette an*). Es dauert vielleicht noch lange.

ALEXANDRA. Eben kommt jemand angefahren – das muß er sein.

SEMJONOWITSCH. Was für eine Tscheremschanow ist das eigentlich? Die geborene Golizyn?

ALEXANDRA. Nun ja, die mit ihrer Tante in Rom lebte.

SEMJONOWITSCH. Wird mir ein Vergnügen sein. Haben uns seit Rom nicht wiedergesehen. Ach, die schönen Duette! Wie reizend sie sang! Hat ja wohl zwei Kinder, nicht wahr?

ALEXANDRA. Ja; mit denen kommt sie.

SEMJONOWITSCH. Ich wußte gar nicht, daß sie und Sarynzews so intim sind.

ALEXANDRA. Intim nicht. Sie waren voriges Jahr zusammen im Ausland; und es kommt mir vor, als ob die Fürstin für ihren Sohn

Absichten auf Ljuba hat. Sie ist eine ganz Gerissene. Spekuliert auf eine große Mitgift.

SEMJONOWITSCH. Tscheremschanows waren doch selbst reich?

ALEXANDRA. Das war einmal. Der Fürst lebt ja noch, hat aber alles durchgebracht und vertrunken. Sie hat dann an höchster Stelle eine Eingabe gemacht und wenigstens den Rest des Vermögens gerettet. Der Mann hat sie verlassen, dafür aber den Kindern eine ausgezeichnete Erziehung gegeben. Die Gerechtigkeit muß man ihm lassen. Die Tochter ist sehr musikalisch; der Sohn hat die Universität absolviert und ist ein lieber Bursche. Ich fürchte nur, unsere Hausfrau wird von den Gästen jetzt nicht sehr erbaut sein. Aber da ist ja Nikolai!

NIKOLAI (*tritt auf*).

Elfter Auftritt.

DIE VORIGEN mit NIKOLAI IWANOWITSCH.

NIKOLAI. Guten Tag, Aline und Peter Semjonowitsch. (*Zum Priester.*) Ach, Wassili Nikanorowitsch! (*Er begrüßt ihn.*)

ALEXANDRA. Kaffee ist noch da. Soll ich dir eingießen? Er ist etwas abgekühlt, aber man kann ihn wärmen. (*Sie klingelt.*)

NIKOLAI. Nein, danke. Ich habe schon getrunken. Wo ist meine Frau?

ALEXANDRA. Sie nährt das Kind.

NIKOLAI. Fühlt sie sich wohl?

ALEXANDRA. Es geht. Na, hast du deine Angelegenheiten erledigt?

NIKOLAI. Ja. Übrigens, wenn noch Tee oder Kaffee da ist, gib her. (*Zum Priester.*) Haben Sie das Buch mitgebracht? Es gelesen? Ich habe während der ganzen Reise an Sie gedacht.

Ein DIENER (*tritt ein*).

Zwölfter Auftritt.

DIE VORIGEN und ein DIENER, der Nikolai Iwanowitsch begrüßt. Dieser reicht ihm die Hand. Alexandra Iwanowna tauscht achselzuckend mit ihrem Manne Blicke.

ALEXANDRA. Wärmen Sie bitte den Samowar.

NIKOLAI. Ach das ist nicht nötig, Aline. Wenn ich trinken will, trinke ich so.

Dreizehnter Auftritt.

DIE VORIGEN. MISSI.

MISSI (*die den Vater vom Krocketplatz erblickt hat, kommt auf ihn zuge-laufen und wirft sich ihm um den Hals*). Papa, du sollst mitkommen!

NIKOLAI (*sie streichelnd*). Sofort, sofort, laß mich nur erst trinken. Geh spielen, ich komme sofort.

MISSI (*geht ab*).

Vierzehnter Auftritt.

Die Vorigen ohne Missi.

ALEXANDRA. Nun, sind die Bauern schuldig?

NIKOLAI (*setzt sich an den Tisch, trinkt hastig Tee und ißt etwas dazu*).

ALEXANDRA. Sind sie verurteilt?

NIKOLAI. Gewiß sind sie verurteilt; haben ja alles zugegeben. (*Zum Priester.*) Ich habe mir gedacht, daß Renan Sie nicht überzeugen würde …

ALEXANDRA. Du bist aber mit dem Urteil nicht einverstanden?

NIKOLAI (*ärgerlich*). Natürlich nicht. (*Zum Priester.*) Für Sie handelt es sich nicht um die Gottheit Christi und nicht um die Geschichte des Christentums, sondern um die Kirche …

ALEXANDRA. Was heißt das: die Bauern geben ihre Schuld zu, und du widerlegst ihre Aussagen? Sie haben das Holz wohl nicht ge-stohlen, sondern einfach genommen?

NIKOLAI (*beginnt wieder mit dem Geistlichen zu reden, wendet sich dann aber energisch an Alexandra Iwanowna*). Liebe Aline, laß mich end-lich mit deinen Sticheleien und Anspielungen in Ruhe.

ALEXANDRA. Aber ich habe doch gar nicht …

NIKOLAI. Wenn du ernstlich wissen willst, weshalb ich wegen des Holzes, das sie nötig hatten, mit den Bauern nicht prozessieren kann …

ALEXANDRA. Vielleicht haben sie diesen Samowar auch nötig …

NIKOLAI. Also, wenn du wirklich wissen willst, weshalb ich es nicht zulassen kann, daß diese Leute ins Gefängnis wandern, weil sie in dem Walde, der als meiner gilt, zehn Bäume gefällt haben …

ALEXANDRA. Er g i l t nicht als deiner, er i s t es!

SEMJONOWITSCH. Schon wieder Streit!

NIKOLAI. Ja, selbst wenn es, was ich nie zugeben kann, mein von al-len anerkanntes Eigentum ist, so besitze ich neunhundert Morgen Wald, auf jeden Morgen kommen zirka fünfhundert Bäume, macht vierhundertfünfzigtausend Bäume, nicht wahr? Zehn von diesen, das heißt ein Fünfundvierzigtausendstel, haben sie gefällt. Nun frage ich: lohnt es sich, darf man wegen solcher Lappalie jemanden von seiner Familie losreißen und ins Gefängnis werfen?

STEFAN. Ja; wenn sie aber wegen dieses einen Fünfundvierzigtausendstel nicht bestraft werden, hauen sie die übrigen vierundvierzigtausendneunhundertneunundneunzig   Fünfundvierzigtausendstel auch bald um!

NIKOLAI. Ich sage das nur der Tante. Tatsächlich habe ich gar kein Recht auf diesen Wald. Der Grund und Boden gehört allen gemeinsam, kann also nicht Eigentum eines einzelnen sein. Wir haben auf diesen Grund und Boden keine Arbeit verwandt.

STEFAN. Du hast ihn doch aber in Stand gehalten, bewachen lassen …

NIKOLAI. Wie habe ich denn das gemacht? Hab' doch nicht selbst die Arbeit getan … Aber das läßt sich nicht beweisen. Wenn jemand nicht fühlt, wie schändlich es ist, einen andern zu ruinieren …

STEFAN. Das tut ja niemand.

NIKOLAI. Genau so, wie man jemandem, der sich nicht schämt, ohne eigene Tätigkeit die Arbeit anderer zu benutzen, das nicht beweisen kann. Und die ganze Nationalökonomie, die du auf der Universität studiert hast, ist nur dazu da, um die sozialen Zustände, in denen wir leben, zu rechtfertigen.

STEFAN. Im Gegenteil: die Wissenschaft beseitigt alle vorgefaßten Meinungen.

NIKOLAI. Übrigens lege ich darauf nicht viel Wert. Für mich ist wichtig, zu wissen, daß ich an Stelle der Bauern genau so gehandelt hätte und verzweifeln würde, wenn man mich dafür ins Gefängnis würfe. Da ich nun gegen andere so handeln muß, wie ich selbst behandelt werden möchte, kann ich sie unmöglich schuldig sprechen, sondern muß alles tun, was ich kann, um sie frei zu bekommen.

(*Alle gleichzeitig:*)

SEMJONOWITSCH. Wenn das richtig ist, darf man überhaupt nichts besitzen.

ALEXANDRA. Dann ist Stehlen weit vorteilhafter als Arbeiten.

STEFAN. Du gehst nie auf meine Argumente ein. Ich sage, wer Aufwendungen für einen Gegenstand macht, erwirkt dadurch ein Anrecht auf seine Benutzung

NIKOLAI (*lächelnd*). Ich weiß nicht, wem ich zuerst antworten soll. (*Zu Peter Semjonowitsch.*) Man darf auch nichts besitzen.

ALEXANDRA. Wenn man nichts besitzen darf, darf man auch keine Kleidung, kein Brot haben, sondern muß alles hingeben und darf überhaupt nicht leben.

NIKOLAI. Man darf auch nicht so leben wie wir jetzt.

STEFAN. Das heißt, den Tod vorziehen. Folglich taugt diese Lehre nicht für das Leben.

NIKOLAI. Im Gegenteil: sie gilt nur für das Leben. Ja, man muß alles hingeben. Das heißt, nicht den Wald, den man nicht benutzt und niemals sieht, sondern Kleidung und Nahrung muß man hingeben.

ALEXANDRA. Auch die der Kinder?

NIKOLAI. Auch die. Und nicht nur Kleidung und Nahrung muß man hingeben, sondern sich selbst. Darin besteht die ganze Lehre Christi. Alle Kraft muß man darauf verwenden, sich völlig hinzugeben.

STEFAN. Das heißt mit anderen Worten: sterben.

NIKOLAI. Wenn du für deine Freunde stirbst, so ist das schön für dich wie für sie. Freilich ist der Mensch nicht nur Geist, sondern Geist im Fleische. Das Fleisch aber, der Körper, trachtet danach, für sich zu leben, während der aufgeklärte Geist für Gott, für andere lebt. Unser aller Leben ist kein tierisches, sondern es liegt auf der Mittellinie, und je näher es dem göttlichen kommt, um so besser ist es. Deswegen müssen wir möglichst nach Gott trachten; der Leib sorgt schon für sich selbst.

STEFAN. Wozu denn aber die Mittellinie? Wenn schon solches Leben gut ist, muß man eben alles hingeben und sterben.

NIKOLAI. Gewiß; das ist sehr schön. Bemüh dich, trachte danach, so wird dir wohl sein und andern.

ALEXANDRA. Nein, das ist unklar, durchaus nicht einfach, sondern an den Haaren herbeigezogen.

NIKOLAI. Was soll ich dazu sagen. Mit Worten läßt sich das nicht erklären. Übrigens – genug davon.

STEFAN. Ja, wirklich genug. Ich verstehe es auch nicht. (*Er geht ab.*)

Fünfzehnter Auftritt.

DIE VORIGEN ohne Stefan.

NIKOLAI (*zum Priester*). Also, welchen Eindruck hat das Buch auf Sie gemacht?

PRIESTER (*erregt*). Wie soll ich sagen: die historische Seite ist genügend berücksichtigt, aber ganz zuverlässig, völlig überzeugend wirkt das Ganze nicht, weil das Material nicht genügt. Die Göttlichkeit oder Nichtgöttlichkeit Christi kann man historisch nicht beweisen; es gibt nur einen unwiderleglichen Beweis ...

(*Während der Unterhaltung entfernen sich zunächst die Damen, dann auch Peter Semjonowitsch. Es bleiben nur der Priester und Nikolai Iwanowitsch.*)

NIKOLAI. Sie meinen die Kirche?

PRIESTER. Nun gewiß doch, die Kirche, das Zeugnis zuverlässiger, heiliger Männer.

NIKOLAI. Allerdings wäre es schön, wenn solch eine sündlose Gemeinschaft existierte, der man glauben könnte. Sogar sehr wünschenswert. Daß etwas wünschenswert ist, beweist aber noch nicht, daß es existiert.

PRIESTER. Ich denke doch, gerade das beweist es. Gott konnte seine Gebote nicht der Möglichkeit aussetzen, daß sie verdreht, entstellt, falsch gedeutet wurden, sondern mußte eine Hüterin seiner Wahrheiten einsetzen, die dafür sorgte, daß sie rein erhalten blieben.

NIKOLAI. Schön. In diesem Falle müssen Sie aber nicht nur die Wahrheiten selbst, sondern auch die Daseinsberechtigung ihrer Hüterin beweisen.

PRIESTER. Daran muß man eben glauben.

NIKOLAI. Gewiß muß man glauben; ohne Glauben kommt man nicht aus. Aber nicht an das muß man glauben, was andere einem sagen, sondern an das, was die eigenen Gedanken, die eigene Vernunft einem zeigen ... Dahin gehört der Glaube an Gott, an ein wahres, ewiges Leben.

PRIESTER. Die Vernunft kann trügerisch sein; jeder hat seine eigene Vernunft.

NIKOLAI (*leidenschaftlich*). Das ist eine schreckliche Gotteslästerung! Nur dieses eine heilige Werkzeug zur Erkenntnis der Wahrheit, das einzige, das uns alle vereinigen kann, hat Gott uns gegeben.

Und dabei glauben wir nicht daran!

PRIESTER. Wie kann man auch, wo so viele Meinungsverschiedenheiten existieren.

NIKOLAI. Wo sind die! Daß zweimal zwei vier ist; daß man einem anderen nicht zufügen darf, was man sich selbst nicht wünscht; daß alles in der Welt eine Ursache hat und ähnliche Wahrheiten anerkennen wir alle, weil sie mit unserer Vernunft übereinstimmen. Daß aber Gott sich auf dem Berge Sinai Moses geoffenbart, daß Buddha auf einem Sonnenstrahl davongeflogen, oder Mohammed gen Himmel gefahren und Christus ebenfalls – in diesen und ähnlichen Dingen sind wir alle verschiedener Meinung.

PRIESTER. Nein, die in der Wahrheit sind, sind nicht verschiedener Meinung. Wir sind alle eins in dem einen Glauben an Gott, Christus.

NIKOLAI. Nicht einmal darin sind wir einig. Und dann: warum soll ich Euch mehr glauben als einem buddhistischen Lama? Nur, weil ich in Eurem Glauben geboren bin?

(*Streit zwischen den Tennisspielern. Eine Stimme ruft*: „Out!" – „Nein, nicht out!" WANJA: „Ich hab' es gesehen!" – *Während der Unterhaltung räumt ein Diener den Tisch auf und bringt wieder Tee und Kaffee.*)

NIKOLAI. Sie sagen: die Kirche führt die Einigung herbei. Im Gegenteil: die schrecklichste Zwietracht ist stets von der Kirche ausgegangen. „Wie oft wollte ich euch sammeln, wie eine Henne die Küchlein …"

PRIESTER. Das war vor Christus; Christus aber hat alle versammelt.

NIKOLAI. Wohl hat Christus alle versammelt, wir aber haben sie wieder zerstreut, weil wir ihn verkehrt verstanden haben. Er hat alle Kirchen zerstört.

PRIESTER. Wie stimmt dazu das: „Sag es der Kirche."

NIKOLAI. Es kommt nicht auf Worte an. Diese Worte sagen übrigens gar nichts über die Kirche. Ausschlaggebend ist der Geist einer Lehre. Die Lehre Christi ist für die ganze Welt bestimmt, schließt alle Bekenntnisse in sich und läßt keine Sonderheiten, nichts Ausschließliches zu; keine Auferstehung, keine Gottheit Christi, keine Sakramente – nichts, was die Menschen voneinander trennt.

PRIESTER. Das ist denn doch wohl nur Ihre Auslegung der christlichen Lehre. Diese Lehre selbst aber fußt durchaus auf der Gottheit und Auferstehung.

NIKOLAI. Das ist ja gerade das Schreckliche an den Kirchen. Eben dadurch säen sie Zwietracht, daß sie im Besitz der vollen, unzweifelhaften, unfehlbaren Wahrheit zu sein behaupten. „Uns und dem Heiligen Geist hat es gefallen" … Das begann schon bei der ersten Versammlung der Apostel. Seit der Zeit trat man mit der Behauptung auf, im Besitz der völligen, ausschließlichen Wahrheit zu sein. Wenn ich nämlich sage, es gibt einen Gott, einen Ursprung der Welt, werden alle mir beipflichten. Dieses Bekenntnis vereint uns. Wenn ich aber sage, es gibt einen Gott Brahma, oder einen Gott der Juden, oder eine Dreieinigkeit – so bewirkt eine solche Gottheit Zwietracht. Die Menschen trachten nach Vereinigung und gebrauchen, um sie herbeizuführen, alle möglichen Mittel. Vergessen aber das eine, Unzweifelhafte: Streben nach Wahrheit. In der Art, wie wenn Menschen, die in einem ungeheuren Gebäude, in das das Licht von oben in die Mitte fällt, sich vereinigen wollen, und nun in den Ecken sich versammeln, anstatt alle zusammen zum Licht zu wandeln, wo sie ohne viel Nachdenken vereint werden.

PRIESTER. Wie kann man aber das Volk ohne ganz bestimmte – nun sagen wir: Wahrheiten leiten?

NIKOLAI. Das ist wieder das Schreckliche. Wir, jeder von uns muß selbst seine Seele retten, selbst Gottes Werk tun; statt dessen bemühen wir uns, andere zu retten und zu unterweisen. Und was bringen wir ihnen bei? Es ist fürchterlich, daran zu denken. Jetzt, am Ende des neunzehnten Jahrhunderts, lehren wir, Gott hätte die Welt in sechs Tagen geschaffen, dann die Sintflut geschickt, alle Tiere in die Arche gesperrt, und alle Dummheiten und Garstigkeiten des Alten Testamentes. Dann, Christus habe geboten, alle mit Wasser zu taufen oder an den Unsinn und das Abscheuliche einer Erlösung zu glauben, ohne die niemand selig werden könne, und sei dann in den Himmel geflogen und säße dort, im Himmel, der nicht existiert, zur Rechten des Vaters. Wir haben uns an all diese Dinge gewöhnt, sie sind aber schrecklich. Ein frisches, für alles Gute und die Wahrheit empfängliches Kind fragt uns, was die Welt sei und welche Gesetze sie regierten? und anstatt ihm die überlieferte Lehre der Liebe und Wahrheit mitzuteilen, geben wir uns alle erdenkliche Mühe, den schrecklichsten Unsinn einzutrichtern. Das ist fürchterlich. Das ist das schlimmste Verbrechen, das es gibt. Und wir und Sie, samt Ihrer Kirche, begehen ununterbrochen dieses Verbrechen. Verzeihen Sie.

PRIESTER. Ja, wenn man die christliche Lehre so, sagen wir: rationalistisch auffaßt, mag das der Fall sein.

NIKOLAI. Wie man sie auch auffaßt, es ist und bleibt so.

(*Schweigen.*)

ALEXANDRA (*tritt ein*).

Sechzehnter Auftritt.

DIE VORIGEN. ALEXANDRA IWANOWNA.

ALEXANDRA. Leben Sie wohl, Batjuschka. Er macht Sie ganz konfus; hören Sie nicht auf ihn.

PRIESTER. Nein, lesen Sie die Heilige Schrift. Die Sache ist zu wichtig, um sie so leicht abzutun. (*Er zieht sich zurück.*)

Siebzehnter Auftritt.

DIE VORIGEN ohne Priester.

ALEXANDRA. Wirklich, Nikolai, du nimmst keine Rücksicht. Trotz seines geistlichen Standes ist er doch noch so jung, kann noch keine festen Überzeugungen haben …

NIKOLAI. Man soll ihm wohl Zeit lassen, in seinen verkehrten Ansichten fest und sicher zu werden. Nein, wozu das? So ein braver, aufrichtiger Mensch!

ALEXANDRA. Was würde aus ihm, wenn er dir glaubte?

NIKOLAI. Mir zu glauben braucht er nicht; es wäre aber gut für ihn, wie für alle anderen, wenn er die Wahrheit einsähe.

ALEXANDRA. Wenn das gut wäre, würden alle dir glauben; dir glaubt aber niemand – deine Frau am allerwenigsten. Sie kann einfach nicht.

NIKOLAI. Wer hat dir das gesagt?

ALEXANDRA. Du magst ihr alles noch so deutlich erklären – sie wird dich nie begreifen, wie ich nicht, und wie die ganze Welt nicht begreift, daß man sich um fremde Leute kümmern und seine eigenen Kinder im Stich lassen muß. Das mach mal deiner Frau begreiflich!

NIKOLAI. Auch Mascha wird mich sicher einst verstehen. Und, nimm es mir nicht übel, Aline, aber wenn hier keine fremden Einflüsse mitwirkten, denen sie sehr leicht unterliegt, würde sie mich schon verstehen und mit mir gehen.

ALEXANDRA. Um ihre Kinder zugunsten des trunkenen Jefim und Konsorten zu verstoßen? Niemals! Du wirst mir deswegen böse sein, aber verzeih mir, ich kann nicht anders, ich muß dir das sagen.

NIKOLAI. Ich bin dir nicht böse. Im Gegenteil, ich freue mich, daß du alles ausgesprochen hast und mir dadurch Veranlassung gibst, ihr unumwunden meine Meinung zu sagen. Ich habe unterwegs alles überlegt und werde es ihr sofort sagen, und du sollst sehen, daß sie mir beistimmt, weil sie gut und verständig ist.

ALEXANDRA. Das möchte ich doch bezweifeln.

NIKOLAI. Nein, es ist ganz sicher. Es handelt sich doch nicht um etwas, das ich mir ausgedacht habe, sondern um das, was wir alle wissen, was Christus uns geoffenbart hat.

ALEXANDRA. Ja, deiner Auffassung nach hat Christus *das* geoffenbart, meiner Meinung nach etwas anderes.

NIKOLAI. Das kann nicht sein.

(*Geschrei bei den Tennisspielern.* LJUBA: „Out!" WANJA: „Nein, wir haben nichts gesehen." LISA: „Ich hab's gesehen, dort ist der Ball niedergefallen." LJUBA: *„Out! Out! Out!"* WANJA: „Ist nicht wahr!" LJUBA: „Erstens ist es nicht fein, zu sagen: es ist nicht wahr." WANJA: „Und erst recht nicht fein, die Unwahrheit zu sagen.")

NIKOLAI (*fortfahrend*). Wart einen Augenblick; sag einmal nichts dagegen, sondern hör mich an.

ALEXANDRA. Schön. Ich höre.

NIKOLAI. Es ist doch wahr, daß wir alle jede Minute sterben können und entweder in das Nichts eingehen oder zu Gott, der von uns ein Leben nach seinem Willen verlangt.

ALEXANDRA. Nun?

NIKOLAI. Was kann ich also in diesem Leben anderes tun, als nur das, was der oberste Richter in meiner Seele, mein Gewissen, Gott verlangt? Und dieses Gewissen, Gott, verlangt, daß ich alle Menschen für gleich halte, allen diene, alle liebe.

ALEXANDRA. Also auch die eigenen Kinder.

NIKOLAI. Gewiß, auch sie; aber dabei alles tue, was mir mein Gewissen befiehlt. Die Hauptsache ist, daß ich begreife, daß mein Leben nicht mir, deins nicht dir, sondern Gott gehört, der uns in dieses Leben gesandt hat und verlangt, daß wir seinen Willen tun. Sein Wille aber …

ALEXANDRA. Davon willst du Mascha überzeugen?

NIKOLAI. Sicherlich.

ALEXANDRA. So daß sie aufhört, ihre Kinder zu erziehen, wie es sich gehört, und sie im Stich läßt? Niemals!

NIKOLAI. Nicht nur sie, auch du wirst es begreifen, wirst begreifen, daß dir nichts anderes übrig bleibt.

ALEXANDRA. Nie! Niemals!

MARIA IWANOWNA (*tritt ein*).

Achtzehnter Auftritt.
DIE VORIGEN. MARIA IWANOWNA.

NIKOLAI. Nun, Mascha, ich habe dich heute morgen doch nicht geweckt?

MARIA. Nein, ich schlief nicht. Nun, ist deine Reise glücklich verlaufen?

NIKOLAI. Ja, sehr glücklich.

MARIA. Du trinkst ja alles kalt? Aber jetzt muß man an die Gäste denken. Du weißt, daß Tscheremschanows mit Sohn und Tochter kommen.

NIKOLAI. Freut mich, wenn sie dir angenehm sind.

MARIA. Ich hab' sie gern, und die jungen Leute ebenfalls. Nur kommen sie nicht sehr gelegen.

ALEXANDRA (*sich erhebend*). Sprich dich nur mit ihm aus; ich sehe beim Spiel ein wenig zu.

Neunzehnter Auftritt.
DIE VORIGEN ohne Alexandra Iwanowna. Schweigen. Dann beginnen beide auf einmal zu sprechen.

MARIA. Sie kommen ungelegen, weil wir uns aussprechen müssen.

NIKOLAI. Diesen Augenblick sagte ich zu Aline …

MARIA. Was denn?

NIKOLAI. Nein, sprich du nur.

MARIA. Ich wollte über Stefan mit dir reden. Da muß endlich eine

Entscheidung getroffen werden. Der arme Junge quält sich, weiß nicht, was aus ihm wird. Er kommt zu mir, aber ich kann nichts entscheiden.

NIKOLAI. Was ist denn da zu entscheiden. Mag er doch selbst seinen Entschluß fassen.

MARIA. Du weißt, daß er als Freiwilliger bei der Garde eintreten will. Dazu braucht er eine Bescheinigung von dir und die Mittel zum Unterhalt; und die willst du ihm nicht geben! (*Sie spricht erregt.*)

NIKOLAI. Reg dich um Gottes willen nicht auf, Mascha. Hör mich an. Weder will ich etwas geben noch nicht geben. Ich halte den freiwilligen Eintritt beim Militär für dumm, sinnlos, für ein Zeichen von geringer Bildung, wenn jemand das Abscheuliche des Berufes nicht kennt; oder aber für niederträchtig, wenn Berechnung im Spiele ist …

MARIA. Für d i c h ist jetzt alles dumm oder niederträchtig. Stefan muß doch aber leben. D u hast auch gelebt.

NIKOLAI (*sich ereifernd*). Das war, als ich noch nichts verstand und niemand mich aufklärte. Hier handelt es sich aber nicht um mich, sondern um ihn.

MARIA. Wieso? Du bist doch der, der ihm kein Geld geben will.

Nikolai. Ich kann nicht geben, was mir nicht gehört.

MARIA. Wieso nicht gehört?

NIKOLAI. Mir gehört nicht das, was andere Leute erarbeitet haben. Das Geld, das ich ihm gebe, muß ich anderen abnehmen. Dazu habe ich kein Recht, das kann ich nicht. Solange ich die Verfügung über das Gut habe, kann ich nicht anders darüber verfügen, als mir mein Gewissen befiehlt. Ich bringe es nicht fertig, die sauer erarbeiteten letzten Groschen der Bauern für Leibhusarenzechen herzugeben. Nehmt mir das Besitztum, dann bin ich nicht mehr verantwortlich.

MARIA. Du weißt doch, daß ich das nicht will, nicht kann. Ich soll die Kinder gebären, nähren, erziehen – das ist zu viel! …

NIKOLAI. Mascha, Liebling! Darum handelt es sich ja gar nicht. Als du zu reden anfingst, fing ich auch an – ich wollte einmal so recht von Herzen mit dir sprechen. So geht es nicht weiter. Wir leben zusammen und verstehen uns nicht. Es macht bisweilen den Eindruck, als sei das Absicht.

MARIA. Ich gebe mir alle erdenkliche Mühe, bringe es aber nicht fertig. Ich verstehe dich nicht, verstehe nicht, was mit dir vorgegangen ist.

NIKOLAI. Nun, dann will ich dir etwas sagen. Es ist zwar jetzt nicht die Zeit dazu, aber Gott weiß, wann die ist. Bemüh dich weniger, mich zu verstehen, als dich selbst, dein Leben. Man kann nicht so leben, ohne zu wissen, wozu.

MARIA. Wir haben es aber doch bislang getan und uns sehr wohl dabei gefühlt. (*Den ärgerlichen Ausdruck in seinem Gesicht bemerkend.*) Nun gut, ich höre schon.

NIKOLAI. Auch ich habe so dahingelebt, ohne nachzudenken, warum ich lebe. Aber dann kam die Zeit, wo ich erschrak. Schön: wir leben von der Arbeit anderer, zwingen andere, für uns zu arbeiten, setzen Kinder in die Welt und erziehen sie zu ebensolchem Leben. Dann kommt das Alter, der Tod, und ich frage mich: wozu habe ich gelebt? Um die Zahl solcher menschlichen Parasiten wie ich zu vermehren? Was aber die Hauptsache: solch ein Leben macht kein Vergnügen. Es ist noch erträglich, wenn, wie bei Wanja, die Lebensenergie in einem überschäumt …

MARIA. Dabei leben doch alle so …

NIKOLAI. Und sind alle unglücklich.

MARIA. Durchaus nicht.

NIKOLAI. Ich wenigstens habe eingesehen, daß ich sehr unglücklich bin und dich und die Kinder ebenfalls unglücklich mache. Und da fragte ich mich: Hat Gott uns wirklich dazu geschaffen? Und sobald ich darüber nachdachte, fühlte ich, daß das nicht der Fall sei. Darauf fragte ich mich: Wozu hat Gott uns eigentlich geschaffen?

EIN DIENER (*kommt*).

Zwanzigster Auftritt.

DIE VORIGEN und der DIENER.

MARIA (*hört nicht auf ihren Gatten, sondern wendet sich dem Diener zu*). Bringen Sie etwas gekochte Sahne.

DIENER (*geht ab*).

NIKOLAI. Und im Evangelium fand ich die Antwort, daß wir nicht um unserer selbst willen leben. Das wurde mir klar, als ich einmal über das Gleichnis von den Weingärtnern nachdachte. Kennst du es?

MARIA. Ja, das von den Arbeitern.

NIKOLAI. Nun, dieses Gleichnis zeigte mir ganz klar, worin mein Irrtum bestand. Wie die Weingärtner den Garten für ihr Eigentum hielten, glaubte ich, mein Leben sei – mein. Da war denn alles schrecklich. Sobald ich aber begriff, daß mein Leben nicht mir gehöre, sondern daß ich in die Welt gesandt sei, um das Werk Gottes zu verrichten …

MARIA. Nun ja, das wissen wir alle.

NIKOLAI. Wenn das der Fall ist, können wir unmöglich derart weiter leben, daß unser ganzes Leben nicht nur keine Erfüllung des Willens Gottes, sondern im Gegenteil seine ununterbrochene Übertretung bedeutet.

MARIA. Wie ist das möglich, wenn wir niemandem Böses tun?

NIKOLAI. Was heißt: niemandem Böses tun? Das ist ja genau die Lebensauffassung der Weingärtner. Wir müssen doch …

MARIA. Ich kenne das Gleichnis. Er gab allen gleichen Lohn.

NIKOLAI (*nach kurzem Schweigen*). Nein, das ist nicht das Wesentliche. Bedenk doch, Mascha, daß wir nur e i n Leben besitzen, das wir entweder heiligen oder zugrunde richten können.

MARIA. Ich bin nicht imstande, so viel zu denken und zu überlegen. Nachts schlafe ich nicht, nähre das Kind, besorge den ganzen Haushalt, und anstatt mir zu helfen, redest du mir Dinge vor, die ich nicht verstehe.

NIKOLAI. Mascha!

MARIA. Dazu nun noch der Besuch.

NIKOLAI. Schon gut. Wir werden uns schon verständigen. (*Er küßt sie.*) Nicht wahr?

MARIA. Ja; wenn du nur so bist, wie früher.

NIKOLAI. Das kann ich nicht; du mußt auf mich hören.

(*Es ertönt Schellengeläut und Wagenrollen.*)

MARIA. Jetzt ist keine Zeit. Die Gäste sind da. Ich muß zu ihnen. (*Sie geht um die Hausecke.*)

LJUBA und STEFAN (*gehen auch dorthin*).

WANJA (*springt über eine Bank*). Ich höre nicht auf, wir spielen die Partie zu Ende. Ljuba! Na, also?

LJUBA (*ernst*). Bitte, mach keine Dummheiten.

ALEXANDRA IWANOWNA *mit ihrem Gatten und* LISA (*kommen auf die Veranda*).

NIKOLAI IWANOWITSCH *(geht nachdenklich auf und ab).*

Einundzwanzigster Auftritt.
NIKOLAI IWANOWITSCH. ALEXANDRA IWANOWNA.
PETER SEMJONOWITSCH und LISA.

ALEXANDRA. Nun, hast du sie bekehrt?

NIKOLAI. Aline! Was zwischen uns vorgeht, ist etwas Großes, Bedeu-
tendes! Scherze sind hier nicht angebracht. Nicht ich bekehre sie,
sondern das Leben, die Wahrheit, Gott. Deswegen muß sie sich
überzeugen lassen, wenn nicht heute, so morgen, und wenn
nicht morgen, dann ... Schrecklich, daß nie jemand Zeit hat. Wer
ist denn da gekommen?

SEMJONOWITSCH. Tscheremschanows, Katja Tscheremschanowa, die
ich achtzehn Jahre nicht gesehen habe. Das letztemal sang sie mit
mir: Là ci darem la mano. *(Singt.)*

ALEXANDRA *(zu ihrem Gatten).* Bitte, fall mir nicht ins Wort. Glaub'
nicht, daß ich mit Nikolai zanke. Ich sage die Wahrheit. *(Zu Nikolai.)* Ich mache durchaus keinen Scherz, aber es kam mir sonderbar vor, daß du Mascha gerade in dem Augenblick bekehren
wolltest, als sie daran ging, mit dir zu sprechen.

NIKOLAI. Schon gut, schon gut. Da kommen sie. Sag Mascha, daß ich
in meinem Zimmer bin. *(Ab.)*

ZWEITER AUFZUG

Derselbe Schauplatz auf dem Lande, acht Tage später.
Die Bühne stellt einen großen Saal dar. Der Tisch ist gedeckt. Samowar,
Tee und Kaffee. An der Wand ein Flügel, Notenständer. Am Tisch sitzen
Maria Iwanowna, die Fürstin Tscheremschanowa und Peter Semjono-
witsch.

Erster Auftritt.
MARIA IWANOWNA. PETER SEMJONOWITSCH und die FÜRSTIN.

SEMJONOWITSCH. Ja, Fürstin, es ist lange her, daß Sie die Rosine gesungen haben, und ich … tauge nicht einmal mehr zum Don Ba-
   silio …

FÜRSTIN. Jetzt könnten unsere Kinder singen. Leider haben die Zeiten sich geändert.

SEMJONOWITSCH. Ja, man ist mehr für das Positive … Ihre Tochter
   spielt übrigens sehr gut. Was treibt die Gesellschaft, schlafen sie
   wirklich noch?

MARIA. Ja. Sind gestern bei Mondschein spazieren geritten und sehr
   spät heimgekehrt. Ich hörte sie, als ich den Kleinen nährte.

SEMJONOWITSCH. Und wann wird meine glaubenstüchtige Gemahlin
   wieder hier sein? Habt ihr den Wagen geschickt?

MARIA. Ja; sie ist schon früh fortgefahren. Muß bald zurück sein.

FÜRSTIN. Ist sie wirklich nur hingefahren, um Pater Gerassim zu holen?

MARIA. Ja. Gestern kam ihr der Gedanke, und sofort führte sie ihn
   aus.

FÜRSTIN. Diese Energie. Ich bewundere sie.

SEMJONOWITSCH. O, damit sind wir reichlich versehen. (*Nimmt eine
   Zigarre aus dem Etui.*) Ich werde ein wenig rauchen und mit den
   Hunden im Park spazierengehen, bis die liebe Jugend aufsteht.
   (*Er geht ab.*)

Zweiter Auftritt.
FÜRSTIN. MARIA IWANOWNA.

FÜRSTIN. Ich weiß nicht, liebe Maria Iwanowna, aber es kommt mir
   vor, als wenn Sie sich das alles zu sehr zu Herzen nehmen. Ich

verstehe ihn recht gut. Er befindet sich in gehobener Stimmung. Was ist schließlich dabei, wenn er auch den Armen etwas zukommen läßt? Wir denken sowieso zu viel an uns.

MARIA. Wenn es dabei sein Bewenden hätte; aber Sie kennen ihn nicht, wissen nicht alles. Das ist keine Armenunterstützung mehr, sondern völlige Umwälzung, Vernichtung alles Bestehenden.

FÜRSTIN. Ich möchte mich nicht in Ihr Familienleben mischen, wenn Sie aber gestatten …

MARIA. Bitte sehr. Ich rechne Sie zur Familie, besonders jetzt.

FÜRSTIN. Dann möchte ich Ihnen raten, offen und ehrlich Ihre Forderungen auszusprechen und sich mit ihm zu einigen, bis zu welcher Grenze …

MARIA (*erregt*). Da gibt es keine Grenzen! Alles will er fortgeben! Verlangt, daß ich in meinen Jahren Köchin, Wäscherin werde.

FÜRSTIN. Nicht möglich! Das ist allerdings erstaunlich!

MARIA (*zieht einen Brief aus der Tasche*). Wir sind allein und ich freue mich, daß ich Ihnen alles sagen kann. Gestern hat er mir diesen Brief geschrieben. Ich will ihn Ihnen vorlesen.

FÜRSTIN. Was? Er lebt mit Ihnen unter einem Dach und schreibt Ihnen Briefe? Sonderbar.

MARIA. Nein, das verstehe ich schon. Er regt sich beim Reden immer so sehr auf. Ich fürchte nächstens für seine Gesundheit.

FÜRSTIN. Was schreibt er denn?

MARIA. Also: (*Liest.*) „Du machst mir den Vorwurf, ich zerstörte unser früheres Leben, setzte aber nichts Neues an die Stelle, und sagte nicht, wie ich mit der Familie zurechtkommen wollte. Wenn wir das mündlich erörtern, regen wir uns zu sehr auf – deswegen schreibe ich dir. Warum ich nicht so weiterleben kann, wie bisher, habe ich schon oft gesagt; dich überzeugen, daß man so nicht leben darf, sondern christlich leben muß – vermag ich brieflich nicht. Dir steht eins von beiden frei: entweder glaubst du der Wahrheit und gehst aus freien Stücken mit mir, oder du vertraust mir und folgst mir nach." (*Sie unterbricht die Lektüre.*) Ich kann weder das eine noch das andere. Ich glaube nicht an die Notwendigkeit: so zu leben, wie er will; die Kinder tun mir leid, ich kann ihm hierin nicht vertrauen. (*Sie liest weiter.*) „Mein Plan ist folgender: Wir geben all unser Land den Bauern und behalten nur fünfzig Morgen, den Garten, das Gemüseland und die Rieselwiesen. Dann wollen wir sehen, daß wir das Land selbst bestellen, ohne uns oder den Kindern Zwang anzutun. Das Land, das wir behalten, kann uns immerhin fünfhundert Rubel abwerfen."

FÜRSTIN. Eine Familie mit sieben Kindern soll von fünfhundert Rubeln leben? Das ist unmöglich.

MARIA. Dann folgt hier der ganze Plan. Das Haus soll als Schule dienen, wir selbst wohnen im Gärtnerhäuschen in zwei Zimmern.

FÜRSTIN. Ich glaube nachgerade wirklich, daß die Sache krankhaft ist. Was haben Sie ihm erwidert?

MARIA. Ich sagte, ich brächte das nicht fertig. Allein würde ich ihm überallhin folgen, aber mit den Kindern … Bedenken Sie doch nur: der Kleine bekommt ja noch die Brust. Ich sagte ihm: ich kann doch nicht alles so hinwerfen. Habe ich denn dazu geheiratet? Ich bin schwach und alt. Neun Kinder gebären und aufziehen ist doch keine Kleinigkeit.

FÜRSTIN. Ich hätte nie geglaubt, daß die Sache schon so weit gekommen ist.

MARIA. So liegen die Dinge. Ich weiß nicht, was nun wird. Gestern hat er den Bauern aus Dmitrowka den Pachtzins erlassen und will ihnen das Land ganz und gar übergeben.

FÜRSTIN. Meiner Meinung nach dürfen Sie das nicht zulassen. Sie haben die Pflicht, Ihre Kinder sicherzustellen. Wenn er sein Besitztum nicht mehr verwalten kann, soll er es Ihnen abtreten.

MARIA. Das will ich nicht.

FÜRSTIN. Sie sind es den Kindern schuldig. Die Besitzung kann ja auf Ihren Namen eingetragen werden.

MARIA. Das hat meine Schwester Sascha ihm schon gesagt. Er erwiderte darauf, er hätte kein Recht dazu; das Land gehöre denen, die es bearbeiteten; er sei verpflichtet, es den Bauern abzutreten.

FÜRSTIN. Ja, jetzt begreife ich, daß die Sache weit ernster ist, als ich glaubte.

MARIA. Und der Priester, der Priester ist auf seiner Seite!

FÜRSTIN. Ja, das habe ich gestern bemerkt.

MARIA. Deshalb ist auch meine Schwester nach Moskau gefahren, um mit dem Notar zu sprechen und hauptsächlich, um Pater Gerassim mitzubringen, der ihn überzeugen soll.

FÜRSTIN. Ja, ich denke auch, das Christentum besteht nicht darin, seine Familie ins Unglück zu stürzen.

MARIA. Leider glaubt er auch dem Pater nicht. Er ist so bestimmt in allem, und wenn er spricht, kann ich ihm nichts erwidern. Das ist ja das Schreckliche, daß es mir stets vorkommt, als hätte er recht.

FÜRSTIN. Das kommt daher, daß Sie ihn lieben.

MARIA. Ich weiß nicht, woher es kommt; jedenfalls ist es schrecklich. Auf diese Weise bleibt alles unentschieden. Das soll nun Christentum sein.

WÄRTERIN (*tritt ein*).

Dritter Auftritt.
DIE VORIGEN. WÄRTERIN.

WÄRTERIN. Bitte, gnädige Frau. Der Kleine ist aufgewacht und schreit.

MARIA. Sofort; ich bin so unruhig, und der Kleine hat Leibschmerzen. Ich komme schon.

NIKOLAI (*tritt mit einem Schreiben in der Hand zur andern Tür ein*).

Vierter Auftritt.
MARIA IWANOWNA. DIE FÜRSTIN. NIKOLAI IWANOWITSCH.

NIKOLAI. Nein, das darf nicht sein, das ist unmöglich!

MARIA. Was denn?

NIKOLAI. Daß wegen dieser einen Tanne Peter ins Gefängnis kommt.

MARIA. Wieso?

NIKOLAI. Ganz einfach. Er hat sie gefällt, wurde deswegen angeklagt und jetzt vom Friedensrichter zu drei Monaten Gefängnis verurteilt. Seine Frau ist da.

MARIA. Nun, was ist denn dabei unmöglich?

NIKOLAI. Nein, es darf nicht sein! Eins kann ich: keinen Wald besitzen. Und das werde ich. Aber was weiter? Ich werde zu ihm gehen und sehen, ob ich nicht helfen kann bei dem Unglück, das wir verursacht haben. (*Er geht zur Veranda und stößt auf Boris und Ljuba.*)

Fünfter Auftritt.

DIE VORIGEN. BORIS und LJUBA.

LJUBA. Guten Morgen, Papa. (*Sie küßt ihn.*) Wohin willst du?

NIKOLAI. Ins Dorf, wo ich war. Da wird ein hungriger Mensch ins Gefängnis geschleppt, weil er …

LJUBA. Wirklich – Peter?

NIKOLAI. Ja, Peter. (*Er geht ab.*)

MARIA (*folgt ihm*).

Sechster Auftritt.

DIE VORIGEN ohne Nikolai Iwanowitsch und Maria Iwanowna.

LJUBA (*setzt sich an den Samowar*). Wünschen Sie Kaffee oder Tee?

BORIS. Einerlei …

LJUBA. Immer dasselbe. Ich weiß nicht, wie das endet.

BORIS. Ich verstehe ihn nicht. Ich weiß, daß das Volk arm, unwissend ist, daß man ihm helfen muß; aber nicht in der Art, daß man Diebe ermutigt.

LJUBA. Wodurch denn?

BORIS. Durch unsere ganze Tätigkeit. Unser ganzes Wissen, alle Kenntnisse muß man in den Dienst des Volkes stellen – sein Leben darf man aber nicht hingeben.

LJUBA. Papa sagt, gerade das sei notwendig.

BORIS. Das verstehe ich nicht. Man kann dem Volk dienen, ohne sein Leben zugrunde zu richten. So will ich meine Zukunft einrichten. Wenn du nur deinerseits …

LJUBA. Ich will, was du willst. Ich fürchte mich nicht.

BORIS. Und diese Ohrringe, das Kleid?

LJUBA. Die Ohrringe kann man verkaufen, das Kleid ist nicht viel wert. Trotzdem braucht man ja nicht als Vogelscheuche herumzulaufen.

BORIS. Ich möchte noch mit deinem Vater sprechen. Was meinst du, bin ich ihm im Wege, wenn ich ihn im Dorf aufsuche?

LJUBA. Durchaus nicht. Ich sehe, daß er dich gern hat. Gestern wandte er sich meistens an dich.

BORIS (*leert seine Kaffeetasse*). Also ich gehe.

LJUBA. Ja, geh nur. Ich werde Lisa und Tonja wecken.

BEIDE (*gehen ab*).

VERWANDLUNG

Dorfstraße.
Vor seiner Hütte liegt, mit dem Schafpelz bedeckt, IWAN SJABREM.

Erster Auftritt.
IWAN allein.
IWAN (*ruft*). Malaschka!
(*Hinter der Hütte kommt ein schmächtiges, kleines Mädchen mit einem
    Kleinen auf dem Arm zum Vorschein. Der Kleine schreit.*)

Zweiter Auftritt.
IWAN und MALASCHKA mit dem KLEINEN.
IWAN. Wasser. Trinken!
MALASCHKA (*geht in die Hütte – dort hört man das Kind laut schreien.
    Sie kommt mit einem Krug voll Wasser*).
IWAN. Weshalb haust du den Kleinen immer, daß er schreit? Ich
    sag's der Mutter.
MALASCHKA. Das tu nur. Er schreit, weil er hungrig ist.
IWAN (*trinkt*). Solltest bei Demkins um etwas Milch bitten.
MALASCHKA. Da bin ich gewesen. Die haben nichts. Da ist auch nie-
    mand zu Hause.
IWAN. Ach, wenn doch der Tod käme. Hat's zu Mittag geläutet?
MALASCHKA. Schon vor ein paar Stunden. Da kommt der gnädige
    Herr.
NIKOLAI IWANOWITSCH (*tritt auf*).

Dritter Auftritt.
DIE VORIGEN und NIKOLAI IWANOWITSCH.
NIKOLAI. Na? Du bist hier draußen?
IWAN. Ja, wegen der Fliegen. Und dann die Hitze.
NIKOLAI. Ist dir jetzt warm?
IWAN. Brennt alles wie Feuer.
NIKOLAI. Wo ist denn Peter? zu Hause?
IWAN. Ach wo, bei solchem Wetter. Auf dem Felde ist er, um einzu-
    fahren.
NIKOLAI. Und da sagt man mir, er solle ins Gefängnis!
IWAN. Das stimmt; der Polizist will ihn gerade vom Felde holen.

(Ein schwangeres Weib kommt mit einer Hafergarbe und Harke und schlägt Malaschka sofort in den Nacken.)

Vierter Auftritt.

DIE VORIGEN und das WEIB.

WEIB. Weshalb läßt du den Kleinen allein! Hörst doch, wie er brüllt. Immer nur auf der Straße herumlungern!

MALASCHKA *(heult)*. Ich bin gerade herausgekommen. Vater wollte trinken.

WEIB. Ich werd' dich kriegen! *(Sie sieht den Herrn.)* Ah, grüß Gott, Väterchen Nikolai Iwanowitsch. Ist das ein Leiden hier! Alles muß ich allein besorgen; hab' schon keine Kraft mehr. Und da wirft man den letzten, der noch arbeitet, ins Gefängnis. Der Taugenichts aber räkelt sich da herum.

NIKOLAI. Was redest du! Er ist doch krank.

WEIB. Schön krank! Bin ich nicht krank? Wenn's an die Arbeit geht, ist man krank. Aber faulenzen und mir die Zöpfe ausreißen – das kann er. Soll er doch verrecken wie ein Hund; was schert's mich!

NIKOLAI. Das ist Sünde! Fühlst du das nicht?

WEIB. Ich weiß, daß es Sünde ist, kann aber mein Herz nicht zwingen. Trag' ein Kind im Leib und arbeite für zwei. Die andern Bauern haben abgeerntet; bei uns sind zwei Viertelmorgen noch nicht gemäht. Ich müßte Garben binden, kann aber nicht. Bin zu Hause nötig, muß nach den Kindern sehen.

NIKOLAI. Den Hafer will ich mähen lassen durch Arbeiter, und binden auch.

WEIB. Das Binden ist nicht schlimm – das besorge ich selbst; wenn nur erst gemäht ist. Was glauben Nikolai Iwanowitsch, muß er wohl sterben? Geht ihm doch sehr schlecht.

NIKOLAI. Ich weiß nicht. Gewiß steht es schlecht mit ihm. Ich denke, man bringt ihn ins Krankenhaus.

WEIB. Ach Herrgott! *(Sie beginnt laut zu weinen.)* Bring ihn nicht fort, laß ihn hier sterben. *(Zu ihrem Manne.)* Was hast du?

IWAN. Ins Krankenhaus will ich. Hier hab' ich's schlimmer als ein Hund.

WEIB. Nun weiß ich schon gar nichts mehr. Hab' den Verstand verloren. Malaschka, mach das Mittagessen zurecht.

NIKOLAI. Was habt ihr denn zu essen?

WEIB. Was wird's sein? Kartoffel und Brot. Und auch das reicht nicht. (*Sie geht in die Hütte. Man hört ein Schwein quieken und das Kind schreien.*)

Fünfter Auftritt.
DIE VORIGEN ohne das Weib.
IWAN (*stöhnt*). Ach Gott, könnte ich doch sterben.
BORIS (*kommt*).

Sechster Auftritt.
DIE VORIGEN und BORIS.
BORIS. Kann ich Ihnen irgendwie nützlich sein?
NIKOLAI. Nützlich sein? Kaum. Das Leiden sitzt zu tief. Nützlich sein können Sie nur sich selbst, indem Sie erkennen, worauf wir unser Glück begründen. Da ist eine Familie, fünf Kinder, die Frau schwanger, der Mann krank, nichts zu essen als Kartoffel. Jetzt entscheidet sich die Frage, ob man im nächsten Jahre satt wird oder nicht. Helfen kann man nicht. Womit auch? Ich besorge ihr einen Arbeiter. Wer ist aber dieser Arbeiter? Eben solch armer Teufel, dessen Wirtschaft durch Trunkenheit, Not zugrunde gegangen ist.
BORIS. Verzeihung, was tun Sie denn aber hier?
NIKOLAI. Ich lerne meine Lage kennen, erfahre, wer unsern Garten besorgt, unser Haus baut, uns kleidet und ernährt.
BAUERN *mit Sensen*, WEIBER *mit Rechen* (*kommen und verbeugen sich*).

Siebenter Auftritt.
DIE VORIGEN. BAUERN und BÄUERINNEN.
NIKOLAI (*hält einen an*). Jermil, willst du ihnen nicht gegen Lohn den Hafer mähen?
JERMIL (*den Kopf schüttelnd*). Ich tät's von Herzen gern, kann aber unmöglich abkommen, hab' das eigene noch nicht eingefahren. Gerade wollen wir daran. Wie steht's hier? wird der Iwan sterben?
EIN ANDERER BAUER. Ob Onkel Sebastian es übernehmen wird? He, Sebastian! Da wird ein Mäher gesucht!
SEBASTIAN. Vermiet d u dich doch. Heute schafft's fürs ganze Jahr.
DIE BAUERN (*gehen weiter*).

Achter Auftritt.

DIE VORIGEN ohne Bauern und Weiber.

NIKOLAI. Lauter halb verhungerte, kranke, oft schon alte Leute, die allein von Brot und Wasser leben. Der Greis da hat einen Bruch, der ihm viel Schmerzen macht; dabei arbeitet er von vier Uhr früh bis zehn Uhr abends und lebt kaum noch. Wir dagegen? Wie kann unsereins, der das versteht, ruhig weiterleben und sich für einen Christen halten? Was sage ich: Christen? Wilde Tiere handeln so!

BORIS. Was soll man denn tun?

NIKOLAI. An dem Bösen nicht teilnehmen; kein Land besitzen, nicht die Frucht ihrer Arbeit verzehren. Wie das einzurichten ist, weiß ich nicht. Hier handelt es sich darum … wenigstens war das mit mir der Fall. Ich habe gelebt, ohne zu wissen, wie; ohne zu begreifen, daß ich Gottes Sohn, wie wir alle Gottes Söhne und Brüder sind. Als ich das aber begriff, daß wir alle gleiches Recht auf das Leben haben, wurde mein Leben ein ganz anderes. Doch das kann ich Ihnen jetzt nicht erklären. Nur das eine will ich sagen, daß ich früher blind war, wie die Meinigen zu Hause es noch sind. Jetzt aber bin ich sehend geworden und kann nicht anders, ich muß sehen. Und weil ich sehe, kann ich nicht so weiterleben. Übrigens davon später. Jetzt muß ich tun, was ich kann.

DER DORFPOLIZIST, PETER, *sein* WEIB *und* KLEINER KNABE (*kommen*).

Neunter Auftritt.

DIE VORIGEN. DER POLIZIST. PETER, sein WEIB und sein SOHN.

PETER (*fällt Nikolai Iwanowitsch zu Füßen*). Verzeih mir, um Christi willen, ich gehe zugrunde! Was wird aus meinem Weibe! Könnte ich wenigstens gegen Bürgschaft freikommen.

NIKOLAI (*zum Polizisten*). Ich fahre zum Gericht und mache die Eingabe. Kannst du ihn jetzt nicht freilassen?

POLIZIST. Wir haben Befehl, ihn aufs Amt zu bringen.

NIKOLAI. Also dann geh mit; ich besorge Hilfe und tue, was ich kann. Das bin ich selbst. Wie kann man nur so leben. (*Er geht ab.*)

VERWANDLUNG

Wieder auf dem Gut.

Draußen Regen. Gastzimmer mit Flügel. Tonja hat eine Sonate von Schumann gespielt und sitzt noch am Flügel. Daneben steht Stefan. Boris sitzt. Ljuba, Lisa, Mitrofan Jermilytsch, der Priester – alle sind vom Spiel ergriffen.

Erster Auftritt.

TONJA. STEFAN. BORIS. LJUBA. LISA. MITROFAN. PRIESTER.
BAUERN von außen.

LJUBA. Wie entzückend, das Andante.

STEFAN. Nein, das Scherzo. Alles wundervoll.

LISA. Sehr schön.

STEFAN. Ich hätte Sie nie für solche Künstlerin gehalten. Das ist wirklich meisterhaftes Spiel. Technische Schwierigkeiten existieren für Sie nicht; Sie denken nur an den Gefühlsinhalt und drücken alles wunderbar zart aus.

LJUBA. Und vornehm.

TONJA. Ich fühle aber, daß es nicht so ist, wie ich möchte … Mir fehlt noch vieles.

LISA. Wie ist das möglich? Ich finde alles wunderbar.

LJUBA. Schumann ist schön, aber Chopin greift doch mehr ans Herz.

STEFAN. Er ist lyrischer.

TONJA. Man kann die beiden nicht vergleichen.

LJUBA. Kennst du sein Prélude?

TONJA. Das sogenannte George Sand-Prélude? (*Sie spielt den Anfang.*)

LJUBA. Nein, das nicht. Es ist schön, wird aber reichlich viel gespielt. Nun, spiel nur, bitte.

TONJA (*spielt, soweit sie kann, bricht dann aber plötzlich ab*).

LJUBA. Nein, D-Moll.

TONJA. Ach, das – das ist herrlich. Es hat so etwas Elementares, Vorweltliches.

STEFAN (*lacht*). Ja, ja. Nun, spielen Sie, bitte. Aber Sie sind müde. Also haben wir wenigstens einen herrlichen Morgen verbracht – dank Ihnen.

TONJA (*steht auf und schaut zum Fenster hinaus*). Wieder die Launen.

LJUBA. Was die Musik alles vermag! Ich verstehe König Saul. Mich quält kein böser Geist, aber ich begreife ihn. Keine Kunst läßt so alles vergessen, wie die Musik. (*Sie tritt zum Fenster.*) Was wollt ihr?

BAUERN. Wir haben Nikolai Iwanowitsch gebeten.

LJUBA. Er ist nicht hier. Wartet etwas.

TONJA. Und dabei heiratest du einen Menschen, der nichts von Musik versteht.

LJUBA. Das ist nicht möglich.

BORIS (*zerstreut*). Musik … Nein, ich liebe sie, oder besser, ich bin ihr nicht feind. Ziehe aber etwas Einfacheres vor, zum Beispiel ein schlichtes Lied.

TONJA. Wieso? Ist denn diese Sonate nicht reizend?

BORIS. Sie scheint mir nicht wichtig. Ich beneide die Leute, die solchen Dingen Wichtigkeit beimessen.

(*Auf dem Tische stehen Süßigkeiten.*)

ALLE (*essen davon*).

LISA. Das finde ich nett: ein Bräutigam und dann diese Süßigkeiten …

BORIS. Daran bin ich unschuldig. Das hat Mama besorgt.

TONJA. Ich finde es sehr nett.

LJUBA. Musik ist dadurch wertvoll, daß sie ergreift, erhebt und die Wirklichkeit vergessen macht. Wie düster war vorhin alles – nun hast du gespielt, und plötzlich ist es ringsum licht geworden. Wirklich licht geworden.

LISA. Die Chopinschen Walzer sind etwas abgeleiert und dennoch …

TONJA. Dieser zum Beispiel … (*Sie spielt.*)

NIKOLAI IWANOWITSCH (*tritt ein und begrüßt alle Anwesenden einzeln*).

Zweiter Auftritt.
DIE VORIGEN. NIKOLAI IWANOWITSCH.

NIKOLAI. Wo ist Mama?

LJUBA. Ich glaube im Kinderzimmer.

STEFAN (*ruft einen Diener*).

LJUBA. Papa, wie wundervoll Tonja spielt. Wo warst du denn?

NIKOLAI. Ich war im Dorf.

DER DIENER (*tritt ein*).

Dritter Auftritt.

DIE VORIGEN. DER DIENER.

STEFAN. Bring noch einen Samowar.

NIKOLAI (*begrüßt wieder den Diener mit Händedruck*). Guten Tag!

DER DIENER (*geht verlegen ab*).

NIKOLAI (*geht ab*).

Vierter Auftritt.

DIE VORIGEN ohne Diener und Nikolai Iwanowitsch.

STEFAN. Der unglückliche Bursche! Wie verlegen er war. Ich verstehe das nicht! Als ob wir an etwas schuld wären.

NIKOLAI IWANOWITSCH (*kehrt ins Zimmer zurück*).

Fünfter Auftritt.

DIE VORIGEN. NIKOLAI IWANOWITSCH.

NIKOLAI. Ich wäre fast in mein Zimmer gegangen, ohne euch mitzuteilen, was ich empfinde. Und das halte ich nicht für gut. (*Zu Tonja.*) Wenn Sie, als Gast, durch meine Worte verletzt werden, so verzeihen Sie mir – aber ich kann nicht anders. Du, Ljuba, sagst, die Fürstin spiele wunderschön. Ihr sitzt hier mit sieben, acht gesunden jungen Leuten, habt bis zehn Uhr geschlafen, gegessen, getrunken, eßt noch jetzt, macht Musik und unterhaltet euch darüber. Dort aber, wo ich jetzt herkomme, sind die Menschen um drei Uhr aufgestanden – einige haben draußen beim Vieh die ganze Nacht nicht geschlafen – und nun sind alte, kranke, schwache Leute, Kinder, Frauen mit Säuglingen und schwangere Frauen ununterbrochen bei der schwersten, ihre Kräfte übersteigenden Arbeit, damit wir hier die Früchte ihres Schaffens verzehren. Ja, noch mehr: soeben wird einer von ihnen, der beste, einzige Arbeiter der Familie, ins Gefängnis geschleppt, weil er im Frühjahr in „meinem" Walde – das heißt angeblich meinem – eine der dort wachsenden hunderttausend Tannen gefällt hat. Wir aber sitzen hier sauber gewaschen und gekleidet, indem wir den Dienstboten das Reinigen des Nachtgeschirrs im Schlafzimmer überlassen, essen, trinken und unterhalten uns geistreich darüber, ob Schumann oder Chopin uns mehr ergreift und besser unsere Langeweile vertreibt. Diese Gedanken kamen mir, als ich an euch vorüberging, und deswegen habe ich sie euch gesagt. Denkt einmal nach, ob man solches Leben führen kann! (*Er bleibt in heftiger Erregung stehen.*)

LISA. Das ist wahr, wirklich wahr.

LJUBA. Wenn man sich solche Gedanken macht, kann man nicht leben.

STEFAN. Weshalb? Ich sehe nicht ein, warum man nicht über Schumann sprechen soll, wenn das Volk arm ist. Eins schließt das andere nicht aus. Wenn die Leute …

NIKOLAI (*zornig*). Wenn man kein Herz hat, wenn man sich so hölzern …

STEFAN. Schon gut, ich schweige schon.

TONJA. Eine schreckliche Frage, die Frage unserer Zeit. Man darf sich aber nicht vor ihr fürchten, muß der Wirklichkeit mutig ins Auge sehen, um die Frage zu lösen.

NIKOLAI. Auf Maßregeln der Gemeinde darf man nicht warten. Jeder von uns kann heute, morgen sterben. Wie soll man mit solchem Zwiespalt im Innern weiterleben?

BORIS. Es gibt nur e i n Mittel: an solchem Leben nicht teilnehmen.

NIKOLAI. Also verzeiht, wenn ich euch wehgetan. Aber ich mußte meine Empfindungen einmal aussprechen. (*Er geht ab.*)

Sechster Auftritt.

DIE VORIGEN ohne Nikolai Iwanowitsch.

STEFAN. Was heißt das: nicht teilnehmen? Unser ganzes Dasein ist ja aufs engste damit verknüpft.

BORIS. Eben deswegen sagt er ja: man darf vor allen Dingen kein Eigentum haben, muß sein ganzes Leben ändern; es nicht so einrichten, daß andere uns dienen, sondern daß wir anderen dienen.

TONJA. Du bist ja schon ganz auf seiner Seite!

BORIS. Ja, ich habe ihn zum erstenmal richtig verstanden. Und dann das, was ich im Dorfe sah. Man braucht nur die Brille abzunehmen, durch die wir das Leben des Volkes betrachten, und den Zusammenhang zwischen ihren Leiden und unsern Freuden wahrzunehmen, so wird alles entschieden.

MITROFAN. Gewiß, aber das Mittel dazu besteht nicht darin, sein Leben zu ruinieren.

STEFAN. Wunderbar, Mitrofan Jermilytsch und ich nehmen einen ganz verschiedenen Standpunkt ein und treffen in diesem Punkt doch zusammen: sein Leben darf man nicht ruinieren, das sind meine Worte.

BORIS. Sehr begreiflich. Ihr beide wollt ein angenehmes Leben führen und trachtet daher nach Zuständen, die euch diese Annehmlichkeiten garantieren. Sie (*zu Stefan*) möchten die jetzige Ordnung der Dinge beibehalten, während Mitrofan Jermilytsch eine neue herbeizuführen wünscht.

LJUBA (*flüstert Tonja etwas zu*).

TONJA (*geht zum Flügel und spielt ein Notturno von Chopin*).

ALLE (*verstummen*).

STEFAN. Das ist schön. Das löst alle Fragen.

BORIS. Verdunkelt alles und schiebt die Entscheidung hinaus.

MARIA IWANOWNA *und die* FÜRSTIN (*sind während des Spiels leise eingetreten, haben Platz genommen und hören zu*).

(*Vor dem Ende des Notturnos ertönt Schellenläuten.*)

Siebenter Auftritt.

DIE VORIGEN. MARIA IWANOWNA und die FÜRSTIN.

LJUBA. Da kommt Tante zurück. (*Sie geht ihr entgegen.*)

TONJA (*spielt weiter*).

ALEXANDRA IWANOWNA, PATER GERASSIM, *ein* PRIESTER MIT DEM BRUSTKREUZ, *und der* NOTAR (*treten ein*).

ALLE (*erheben sich*).

Achter Auftritt.

DIE VORIGEN. ALEXANDRA IWANOWNA, PATER GERASSIM und der NOTAR.

PATER GERASSIM. Bitte, lassen Sie sich nicht stören. Ich höre gern zu.

DIE FÜRSTIN *und der* PRIESTER (*bitten um seinen Segen*).

ALEXANDRA. Was ich mir vorgenommen, habe ich auch ausgeführt. Pater Gerassim wollte gerade nach Kursk, aber ich habe ihn beredet, mitzukommen. Und der Notar ist auch da. Alle Papiere sind fertig, es fehlt nur die Unterschrift.

MARIA. Wollen die Herrschaften nicht etwas frühstücken?

DER NOTAR (*legt die Papiere auf den Tisch und geht ab*).

Neunter Auftritt.

DIE VORIGEN ohne Notar.

MARIA. Ich bin Pater Gerassim sehr dankbar …

PATER GERASSIM. O bitte. Der Besuch liegt zwar nicht auf meinem Reisewege, trotzdem hielt ich es für meine Christenpflicht, zu kommen.

(*ALEXANDRA IWANOWNA flüstert der Jugend etwas zu. Die jungen Leute besprechen sich miteinander und gehen dann, außer BORIS, sämtlich auf die Veranda. Der PRIESTER will ebenfalls gehen.*)

Zehnter Auftritt.

MARIA IWANOWNA. ALEXANDRA IWANOWNA. DIE FÜRSTIN.
PATER GERASSIM. DER PRIESTER. BORIS.

PATER GERASSIM. Was ist denn? Bleiben Sie doch! Als Seelenhirt und Beichtvater können Sie hier sich und andern nützen. Also bleiben Sie nur, wenn Maria Iwanowna nichts dagegen hat.

MARIA. Durchaus nicht; ich habe Pater Wassili gern und rechne ihn zur Familie. Habe mich auch oft mit ihm beraten – leider besitzt er, infolge seiner Jugend, zu wenig Autorität.

PATER GERASSIM. Gewiß, natürlich.

ALEXANDRA (*näher tretend*). Sie sehen also, Pater Gerassim, wie die Dinge hier liegen. Sie allein können helfen und ihn zur Vernunft bringen. Er ist sonst so klug und gelehrt; aber Sie wissen, daß Gelehrsamkeit oft nur Schaden anrichtet. Ganz allmählich hat sich bei ihm eine Art geistiger Trübung entwickelt. Er behauptet, dem Christentum zufolge dürfe man kein Eigentum besitzen. Kann das sein?

PATER GERASSIM. Willkür, Überhebung, Lug und Trug! Die Kirchenväter haben die Frage längst entschieden. Aber wie hat es nur so weit kommen können?

MARIA. Wenn ich Ihnen alles erzählen soll, so war er zunächst, als wir heirateten, völlig gleichgültig gegen jede Religion. So lebten wir in bestem Einvernehmen die ersten zwanzig Jahre. Dann begann er zu grübeln. Vielleicht beeinflußte seine Schwester ihn, oder die Lektüre – jedenfalls grübelte er viel, las das Evangelium und wurde dann plötzlich sehr religiös, ging in die Kirche und suchte Mönche auf. Dann warf er das alles plötzlich beiseite, änderte seine ganze Lebensweise, verrichtete alle Arbeit, ließ sich nicht mehr bedienen und beginnt jetzt sogar sein Hab und Gut zu verteilen. Gestern hat er ein großes Stück Wald verschenkt. Ich habe Angst wegen der sieben Kinder. Sprechen Sie mit ihm. Ich werde ihn fragen, ob er Sie sehen will. (*Sie geht ab.*)

Elfter Auftritt.
DIE VORIGEN ohne Maria Iwanowna.
PATER GERASSIM. Groß ist heutzutage die Zahl der Abtrünnigen! Gehört die Besitzung ihm oder der Frau?
FÜRSTIN. Ihm. Das ist ja das Leiden.
PATER GERASSIM. Und welchen Rang bekleidet er?
FÜRSTIN. Keinen sehr hohen. Rittmeister, glaube ich. Er war Militär.
PATER GERASSIM. So fallen viele von der Kirche ab. In Odessa verschrieb sich eine Dame dem Spiritismus und richtete viel Unheil an. Trotzdem hat Gott der Herr sie in den Schoß der heiligen Kirche zurückgeführt.
FÜRSTIN. Sie werden verstehen, um was es sich handelt. Mein Sohn heiratet die eine Tochter. Ich habe meine Einwilligung gegeben. Aber das Mädchen ist an Luxus gewöhnt und muß versorgt werden. Meinem Sohn kann ich diese Last nicht zumuten, obgleich er sehr arbeitsam ist und viel verspricht.
MARIA IWANOWNA *und* NIKOLAI IWANOWITSCH (*treten ein*).

Zwölfter Auftritt.
DIE VORIGEN. MARIA IWANOWNA und NIKOLAI IWANOWITSCH. Später STEFAN, LJUBA, LISA, TONJA und DIENER.
NIKOLAI. Guten Tag, Fürstin. Guten Tag … Entschuldigen Sie, wie ist Ihr Name?
PATER GERASSIM. Meinen Segen wünschen Sie nicht?
NIKOLAI. Nein.
PATER GERASSIM. Gerassim Fedorowitsch. Sehr angenehm.
EIN DIENER (*bringt Frühstück und Wein*).
PATER GERASSIM. Angenehme Witterung. Für die Ernte sehr günstig.
NIKOLAI. Ich nehme an, Sie sind auf Veranlassung meiner Schwägerin in der Absicht gekommen, mich von meinen Verirrungen zu befreien und mich wieder auf den wahren Weg des Heils zurückzuführen. Wenn das der Fall ist, wollen wir nicht wie die Katze um den heißen Brei herumgehen, sondern uns sofort ans Werk

machen. Ich leugne nicht, daß ich mit der Kirchenlehre nicht übereinstimme. Es war einmal der Fall: später wurde ich anderer Meinung. Doch wünsche ich von ganzer Seele die Wahrheit kennen zu lernen und nehme sie sofort an, wenn Sie sie mir zeigen.

PATER GERASSIM. Wie können Sie sagen, daß Sie der Kirchenlehre nicht glauben? Woran glauben Sie, wenn nicht an die Kirche?

NIKOLAI. Ich glaube an Gott und sein Gebot, das uns im Evangelium gegeben ist.

PATER GERASSIM. Das lehrt auch die Kirche.

NIKOLAI. Wenn sie es täte, würde ich ihr glauben; sie lehrt aber gerade das Gegenteil.

PATER GERASSIM. Sie kann nicht das Gegenteil lehren, weil sie von dem Herrn selbst bestätigt ist. Es heißt: „Euch ist die Macht gegeben … und auf diesen Felsen will ich meine Gemeine bauen, und die Pforten der Hölle sollen sie nicht überwältigen."

NIKOLAI. Das hat damit nicht das geringste zu tun. Aber selbst zugegeben, daß Christus eine Kirche gegründet hat – woher weiß ich denn, daß diese Kirche gerade Ihre ist?

PATER GERASSIM. Weil es heißt: „Wo zwei oder drei versammelt sind in meinem Namen, da bin ich mitten unter ihnen."

NIKOLAI. Auch das hat hierauf gar keine Beziehung und beweist nicht das geringste.

PATER GERASSIM. Wie kann man nur so die Kirche verwerfen, die doch allein alle Gnadenmittel besitzt.

NIKOLAI. Ich habe sie erst verworfen, als ich mich überzeugt hatte, daß sie alle möglichen Einrichtungen unterstützt, die dem Christentum direkt zuwiderlaufen.

PATER GERASSIM. Die Kirche kann nicht irren, weil in ihr allein die Wahrheit ist. Im Irrtum wandeln die Abtrünnigen; die Kirche aber ist heilig.

NIKOLAI. Ich habe Ihnen schon gesagt, daß ich das nicht anerkenne. Ich erkenne es deswegen nicht an, weil ich – wie es im Evangelium heißt: „an ihren Früchten sollt ihr sie erkennen," weil ich erkannt habe, daß die Kirche den Eid, Morde und Hinrichtungen segnet.

PATER GERASSIM. Die Kirche erkennt die von Gott selbst eingesetzte Obrigkeit an und segnet sie.

STEFAN, LJUBA, LISA und TONJA (*treten im Verlauf des Disputs nach und nach ein, setzen sich oder bleiben stehen und hören zu).*

NIKOLAI. Ich weiß, daß es im Evangelium heißt, nicht nur: du sollst nicht töten, sondern: du sollst nicht zürnen. Die Kirche aber erteilt ganzen Armeen den Segen. Im Evangelium heißt es: du sollst nicht schwören; die Kirche läßt den Eid zu. Im Evangelium heißt es …

PATER GERASSIM. Erlauben Sie, als Pilatus sagte: „Ich beschwöre dich beim lebendigen Gotte …" erkannte Christus den Eid an, indem er antwortete: „Ich bin es."

NIKOLAI. Ach, was reden Sie da! Das ist doch einfach lächerlich.

PATER GERASSIM. Deswegen erlaubt die Kirche nicht jedem einzelnen, das Evangelium auszulegen, damit er nicht in Irrtum verfällt, sondern sie sorgt für ihn, wie eine Mutter für ihr Kind, und gibt jedem die Auslegung, die für ihn paßt. Nein, lassen Sie mich zu Ende reden. Die Kirche bürdet ihren Anhängern keine unerträglichen Lasten auf, sondern verlangt nur die Erfüllung der Gebote: Liebe deinen Nächsten, du sollst nicht töten, nicht stehlen, nicht ehebrechen.

NIKOLAI. Jawohl: du sollst mich nicht töten, mir nicht stehlen, was ich selbst gestohlen habe. Wir alle haben das Volk bestohlen, haben ihm den Grund und Boden genommen und erlassen hinterher Gebote: Du sollst nicht stehlen. Die Kirche aber gibt allem ihren Segen.

PATER GERASSIM. Arglist, Hochmut spricht aus Ihnen. Ihren Stolz müssen Sie bezwingen.

NIKOLAI. Durchaus nicht. Ich frage Sie, wie ich nach christlichem Gebote handeln muß. Ich habe meine Sünde erkannt, die darin liegt, daß ich das Volk des Grundes und Bodens beraube und dadurch in Knechtschaft halte. Was soll ich jetzt tun? Noch weiter Land besitzen und die Dienstleistungen hungriger Menschen für solche Dinge benutzen? (*Er deutet auf den Diener, der das Frühstück und den Wein hereingebracht hat.*) Oder soll ich das Land denen zurückgeben, denen meine Vorfahren es geraubt haben?

PATER GERASSIM. Sie müssen handeln, wie es einem Sohn der Kirche geziemt. Sie haben eine Familie und Kinder, für die Sie sorgen, die Sie standesgemäß erziehen lassen müssen.

NIKOLAI. Warum?

PATER GERASSIM. Weil Gott Sie in diese Lage versetzt hat. Wenn Sie

Wohltätigkeit üben wollen, tun Sie es, indem Sie einen Teil Ihrer Habe den Armen geben und sie durch Zuspruch trösten.

NIKOLAI. Dem reichen Jüngling wurde doch aber gesagt, ein Reicher könne nicht ins Himmelreich kommen.

PATER GERASSIM. Mit dem Zusatz: Wenn du vollkommen sein willst.

NIKOLAI. Ich möchte eben vollkommen sein. Es heißt im Evangelium: Seid vollkommen, wie auch euer Vater im Himmel vollkommen ist.

PATER GERASSIM. Man muß aber auch wissen, worauf sich solche Worte beziehen.

NIKOLAI. Ich bemühe mich darum. Alles, was in der Bergpredigt steht, ist durchaus einfach und verständlich.

PATER GERASSIM. Das sagt Ihr Hochmut.

NIKOLAI. Wieso Hochmut? Heißt es doch: Was den Weisen verborgen ist, wird den Unmündigen offenbar.

PATER GERASSIM. Den Sanftmütigen, von Herzen Demütigen, aber nicht den Hochmütigen.

NIKOLAI. Wer ist denn hier hochmütig? Ich, der ich mich für genau solchen Menschen halte wie alle anderen, und der deswegen genau wie alle anderen von seiner Hände Arbeit in ebensolcher Not wie die Brüder leben will – oder diejenigen, die sich als besondere Wesen, als Heilige betrachten, die im alleinigen Besitz der Wahrheit sich nicht irren können und die Worte Christi nach ihrer Art auslegen?

PATER GERASSIM (*gekränkt*). Verzeihen Sie, Nikolai Iwanowitsch, ich hin nicht hergekommen, um mit Ihnen darüber zu streiten, wer von uns beiden recht hat, und auch nicht, um Belehrungen entgegenzunehmen, sondern ich bin auf Bitten Alexandra Iwanownas gekommen, um mit Ihnen über verschiedene Dinge Rücksprache zu nehmen. Sie wissen aber alles besser, deswegen schließe ich lieber die Unterredung. Nur möchte ich Sie zu guter Letzt im Namen Gottes noch einmal bitten: kommen Sie zur Besinnung; Sie sind in schrecklichem Irrtum befangen und richten sich zugrunde. (*Er erhebt sich.*)

MARIA. Wollen Sie nicht etwas frühstücken?

PATER GERASSIM. Nein, danke. (*Er geht mit Alexandra Iwanowna ab.*)

Dreizehnter Auftritt.

DIE VORIGEN ohne Alexandra Iwanowna und Pater Gerassim.

MARIA (*zum Priester*). Nun, was wird jetzt?

PRIESTER. Wieso? meiner Meinung nach hat Nikolai Iwanowitsch ganz recht; Pater Gerassim hat ihn nicht widerlegt.

FÜRSTIN. Er ist gar nicht zu Worte gekommen; besonders scheint es ihm mißfallen zu haben, daß hier eine Art Turnier veranstaltet wurde. Alle hörten zu. Da hat er sich aus Bescheidenheit entfernt.

BORIS. Denkt nicht daran. Alles, was er sagte, war falsch. So offenkundig falsch, daß er nicht weiter wußte.

FÜRSTIN. Ich sehe, daß du bei deinem wetterwendischen Sinn dich schon ganz auf Nikolai Iwanowitschs Seite schlägst. Wenn du aber so denkst, darfst du eben nicht heiraten.

BORIS. Ich sage nur: was wahr ist, muß wahr bleiben. In diesem Falle kann ich nicht schweigen.

FÜRSTIN. Du hättest am allermeisten Grund zu schweigen.

BORIS. Warum?

FÜRSTIN. Weil du arm bist und nichts zu verteilen hast. Übrigens geht uns das alles nichts an. (*Sie geht ab.*)

ALLE ÜBRIGEN (*folgen ihr außer Nikolai Iwanowitsch und Maria Iwanowna*).

Vierzehnter Auftritt.

NIKOLAI IWANOWITSCH und MARIA IWANOWNA.

NIKOLAI (*sitzt nachdenklich da; lächelt dann über seine Gedanken*). Mascha! Wozu das? Warum hast du diesen kläglichen, im Irrtum befangenen Menschen kommen lassen? Warum mischen sich diese laute Frau und dieser Priester in unser intimstes Leben? Können wir unsere Angelegenheiten nicht selbst ordnen?

MARIA. Was soll ich tun, wenn du unsere Kinder ohne alle Mittel lassen willst. Das kann ich nicht ruhig mit ansehen. Du weißt, daß ich nicht selbstsüchtig bin und für mich nichts brauche.

NIKOLAI. Das weiß ich und glaube ich. Das Unglück ist, daß du nicht glaubst, weder an die Wahrheit – ich weiß, daß du sie siehst, du kannst dich aber nicht entschließen, an sie zu glauben. Weder an die Wahrheit glaubst du, noch an mich. Du glaubst dem Haufen – der Fürstin und den anderen.

MARIA. Ich glaube dir, habe dir stets geglaubt; wenn du aber die Kinder zu Bettlern machen willst …

NIKOLAI. Das zeigt ja eben, daß du keinen Glauben hast. Meinst du, ich hätte nicht gekämpft, nicht Angst ausgestanden? Dann habe ich mich aber überzeugt, daß man so nicht nur handeln kann, sondern muß; daß es so allein für die Kinder das Notwendige, Gute ist. Du sagst immer, wenn die Kinder nicht wären, könnten wir leben wie wir wollten; dann würden wir nur uns zugrunde richten. Wir richten sie aber zugrunde.

MARIA. Was soll ich tun, da ich das nicht verstehe.

NIKOLAI. Und was soll i c h tun? Ich weiß ja, weshalb ihr diesen kläglichen Menschen im Priesterkleid mit dem Kreuz auf der Brust verschrieben, und weshalb Aline den Notar mitgebracht hat. Ich soll die Besitzung auf deinen Namen schreiben lassen. Das kann ich nicht. Zwanzig Jahre lang habe ich dich geliebt. Ich liebe dich noch und will dein Bestes und kann deswegen das Gut nicht verschreiben. Wenn ich es tue, sollen die es haben, denen es fortgenommen ist – die Bauern. Ich kann nicht anders, ich muß es ihnen geben. Und ich freue mich, daß der Notar zugegen ist, und will das gleich jetzt tun.

MARIA. Nein, das ist fürchterlich! Wie kann man nur so grausam sein. Du hältst es für sündhaft, das Gut zu behalten; so gib es doch mir. (*Sie weint.*)

NIKOLAI. Du weißt nicht, was du sprichst. Wenn ich es dir gebe, kann ich nicht weiter mit dir leben, dann muß ich fort. Ich kann unter diesen Bedingungen nicht weiterleben; kann es nicht mit ansehen, daß, nicht mehr in meinem, sondern in deinem Namen, den Bauern das Mark aus den Knochen gepreßt wird und man sie ins Gefängnis wirft. Also wähle.

MARIA. Wie bist du grausam! Was ist denn das für ein Christentum? Das ist ja Bosheit. Ich kann doch nicht so leben, wie du willst. Kann meinen Kindern nicht alles nehmen, um es dem ersten besten zu geben. Und deshalb willst du mich verstoßen? Gut, tue es. Ich sehe, daß du mich nicht mehr liebst, und weiß auch, weshalb.

NIKOLAI. Also gut, ich unterschreibe. Aber du verlangst von mir etwas Unmögliches, Mascha. (*Er geht zum Tisch und unterschreibt.*) Du hast es gewollt. Ich kann so nicht leben.

DRITTER AUFZUG

In Moskau. Großes Zimmer.
Darin eine Hobelbank, Tisch mit Papieren, Bücherschrank, Spiegel und ein durch Bretter verstelltes Bild.

Erster Auftritt.

NIKOLAI IWANOWITSCH und ein TISCHLER.
Nikolai Iwanowitsch arbeitet mit vorgebundener Schürze
an der Hobelbank. Der Tischler hobelt.

NIKOLAI (*nimmt ein Brett aus der Hobelbank*). Ist es so gut?

TISCHLER (*stellt seinen Schlichthobel*). Nicht besonders. Sie müssen stärker drücken; sehen Sie, so!

NIKOLAI. Sie haben gut reden. Es wird doch nichts.

TISCHLER. Wozu geben Ew. Gnaden sich auch mit der Tischlerei ab? Gibt heutzutage so viele Tischler, daß man nicht mehr sein Auskommen findet.

NIKOLAI (*wieder bei der Arbeit*). Man schämt sich, zu faulenzen.

TISCHLER. Sie haben es doch nicht nötig. Ihnen hat ja Gott Vermögen gegeben.

NIKOLAI. Ich bin eben der Meinung, Gott hat den Menschen nichts gegeben, sondern sie haben es sich genommen, ihren Brüdern abgenommen.

TISCHLER (*verwundert*). Das ist schon richtig. Aber für Sie hat es doch keinen Zweck.

NIKOLAI. Ich verstehe, daß Ihnen das wunderbar vorkommt. In diesem Hause, wo so viel Überfluß herrscht will jemand arbeiten.

TISCHLER (*lachend*). Nein, das nicht gerade. Die Herrschaften sind mal so; die machen alles. Jetzt fahren Sie mal mit dem Schrupphobel darüber hin.

NIKOLAI. Sie werden es nicht glauben, werden wieder lachen – und doch sage ich Ihnen, daß ich früher ebenso gelebt und mich nicht geschämt habe. Jetzt glaube ich aber an Christi Lehre, daß wir alle Brüder sind, und geniere mich, so zu leben.

TISCHLER. Wenn es Sie geniert, verschenken Sie doch Ihr Vermögen.

NIKOLAI. Das wollte ich; es ist mir aber nicht geglückt. Ich hab' es meiner Frau übergeben.

Tischler. Sie können ja auch nicht; haben sich daran gewöhnt.

Ljuba (*hinter der Tür*). Papa, darf ich herein?

Nikolai. Gewiß, gewiß, du darfst immer.

Zweiter Auftritt.

Die Vorigen *und* Ljuba.

Ljuba (*eintretend*). Guten Tag, Jakob.

Tischler. Wünsche guten Tag, gnädiges Fräulein.

Ljuba. Boris ist zum Regiment abgereist. Ich fürchte, er richtet da etwas an oder sagt etwas Ungehöriges. Was glaubst du?

Nikolai. Was kann ich glauben? Er wird tun, was sein Inneres ihm befiehlt.

Ljuba. Aber das ist schrecklich. Er hat nur noch so kurze Zeit zu dienen und richtet sich nun plötzlich zugrunde.

Nikolai. Nur gut, daß er nicht zu mir gekommen ist; er weiß, daß ich ihm nichts anderes sagen kann, als was ihm bereits bekannt ist. Hat mir selbst gesagt, daß er deswegen seinen Abschied nähme, weil er einsieht, daß es keine gesetzwidrigere, tierisch grausamere Tätigkeit gibt als diese einzig auf Mord gerichtete, und daß nichts erniedrigender und gemeiner ist, als sich dem ersten besten rangälteren Beamten bedingungslos zu unterwerfen – er weiß das auch alles.

Ljuba. Das fürchte ich ja gerade, daß er es weiß und nun danach handeln will.

Nikolai. Darüber entscheidet sein Gewissen, der Gott, der in ihm ist. Wenn er zu mir käme, würde ich ihm den einen Rat geben: nie aus Berechnung handeln, sondern nur, wenn sein ganzes Wesen es fordert. Es gibt nichts Schlimmeres. So wollte ich dem Gebot Christi gemäß Weib und Kinder verlassen und Ihm nachfolgen und war schon im Begriff, das auszuführen. Aber was war das Ende? Das Ende war, daß ich zurückkehrte und mit euch in der Stadt von Luxus umgeben lebe. Weil ich etwas tun wollte, was über meine Kräfte ging, geriet ich in diese erniedrigende Lage ohne Sinn und Verstand. Ich will einfach leben und arbeiten; dabei in dieser Umgebung mit Türhütern und Bedienten – da muß ja eine Komödie herauskommen. Eben diesen Augenblick sehe ich, wie Jakob Nikanorowitsch mich auslacht …

Tischler. Wie werde ich! Sie bezahlen mich, geben mir schönen Tee.

Dafür danke ich Ihnen.

LJUBA. Ich denke, ob ich nicht zu ihm fahren soll.

NIKOLAI. Mein Liebling, Täubchen, ich weiß, daß dir das alles schwer, ja schrecklich vorkommt, obwohl es anders sein müßte. Ich bin jetzt so weit, daß ich das Leben verstehe. Und ich sage dir: es kann nichts Schlimmes geben. Alles was uns schlimm erscheint, ist für das Herz eine Freude und Stärkung. Du mußt aber begreifen, daß jemand, der diesen Weg geht, zunächst vor eine Wahl gestellt ist. Und es gibt Lagen, wo das Göttliche und Teuflische sich das Gleichgewicht halten, wo die Wage schwankt. Gerade dann geht Gottes Werk im Menschen vor sich und gerade dann ist jede Einmischung äußerst gefährlich und verhängnisvoll. Wie soll ich sagen, es ist, als ob jemand schreckliche Anstrengungen macht, um eine Last zu schleppen – dabei kann eine Berührung mit den Fingerspitzen ihm das Kreuz brechen.

LJUBA. Wozu muß man denn aber leiden?

NIKOLAI. Das ist gerade, wie wenn eine Mutter sagt: Wozu die Wehen? Es gibt keine Geburt ohne Wehen. Dasselbe ist im geistigen Leben der Fall. Eins will ich dir sagen: Boris ist ein wahrer Christ und deswegen im Innern frei. Und wenn du noch nicht so sein kannst wie er, nicht wie er von selbst an Gott glauben kannst, so glaub durch ihn an den Höchsten, an Gott.

MARIA (*hinter der Tür*). Darf ich herein?

NIKOLAI. Immer herein. Das ist ja heute der reine Empfangstag.

Dritter Auftritt.
Die VORIGEN und MARIA IWANOWNA.

MARIA. Unser Priester, Wassili Nikanorowitsch, ist da. Er fährt zum Bischof, hat sein Amt niedergelegt.

NIKOLAI. Nicht möglich!

MARIA. Hier ist er. Ljuba, ruf ihn. Er will dich sprechen.

LJUBA (*geht*).

Vierter Auftritt.
Die VORIGEN ohne Ljuba.

MARIA. Ich möchte auch noch über Wanja mit dir sprechen. Er ist schrecklich ungezogen und lernt so schlecht, daß er sicher nicht versetzt wird. Wenn ich es ihm sage, wird er frech.

NIKOLAI. Mascha, du weißt doch, daß ich mit seiner ganzen Lebensweise und mit der Erziehung nicht einverstanden bin. Immer wieder quält mich die Frage: Darf ich ruhig zusehen, wie vor meinen Augen Wesen zugrunde gehen …?

MARIA. Dann muß man eben andere bestimmte Maßregeln treffen. Was schlägst du vor?

NIKOLAI. Ich kann nicht sagen, was. Ich will nur eins sagen: erstens, man muß sich von diesem verderblichen Luxus befreien.

MARIA. Damit die Kinder verbauern? Dazu kann ich meine Einwilligung nicht geben.

NIKOLAI. Nun, dann frag mich nicht. Dann ist dir eben nicht zu helfen.

Der PRIESTER und LJUBA (kommen).

Fünfter Auftritt.

Die VORIGEN. Der PRIESTER und LJUBA.

Der PRIESTER und NIKOLAI (küssen sich).

NIKOLAI. Haben Sie wirklich ein Ende gemacht?

PRIESTER. Ich konnte nicht länger.

NIKOLAI. So schnell hatte ich das nicht erwartet.

PRIESTER. Es ging nicht anders. In unserem Beruf kann man nicht indifferent sein. Man soll die Beichte abnehmen, das Abendmahl reichen – und wenn man erkannt hat, daß das alles nicht die Wahrheit ist …

NIKOLAI. Und was wird jetzt?

PRIESTER. Jetzt fahre ich zum Bischof, zum Examen. Ich fürchte, man schickt mich ins Kloster Solowezk. Anfangs dachte ich daran, ins Ausland zu fliehen. Wollte Sie um Ihre Unterstützung bitten. Dann kam ich zur Besinnung: es wäre Kleinmut. Das einzige ist: meine Frau.

NIKOLAI. Wo ist sie?

PRIESTER. Zu ihrem Vater gereist. Ihre Mutter war bei uns und hat das Söhnchen mitgenommen. Das tat weh. Ich hätte ihn gern … (Er stockt, drängt die Tränen zurück.)

NIKOLAI. Helf Gott Ihnen. Werden Sie bei uns bleiben?

Die FÜRSTIN (kommt ins Zimmer gelaufen).

Sechster Auftritt.

Die VORIGEN und die FÜRSTIN.

FÜRSTIN. Das war zu erwarten. Er hat den Gehorsam verweigert und sitzt im Arrest. Ich war dort, man hat mich nicht zu ihm gelassen. Nikolai Iwanowitsch, fahren Sie hin.

LJUBA. Wieso den Gehorsam verweigert? Woher wissen Sie das?

FÜRSTIN. Ich war selbst dort. Wassili Andrejewitsch hat mir alles erzählt, ein Mitglied der Untersuchungskommission. Er kam einfach herein und erklärte, er würde nicht dienen, den Fahneneid nicht leisten – kurz alles, was Nikolai Iwanowitsch ihm beigebracht hat.

NIKOLAI. Fürstin! Wie kann man das jemandem beibringen?

FÜRSTIN. Das weiß ich nicht. Jedenfalls ist das kein Christentum. Wie wäre das möglich? Sagen Sie doch ein Wort, Batjuschka.

PRIESTER. Ich bin kein Batjuschka mehr.

FÜRSTIN. Ganz egal. Sie sind ja ebenso. Freilich, Sie haben es gut. Aber ich lasse die Dinge nicht so gehen. Und was ist das für ein schändliches Christentum, durch das die Menschen leiden und zugrunde gehen. Ich hasse dieses euer Christentum. Ihr habt es gut, da ihr wißt, daß es euch nicht an den Kragen geht. Ich habe aber nur diesen einen Sohn, und ihr habt ihn ins Verderben gestürzt.

NIKOLAI. So beruhigen Sie sich doch, Fürstin.

FÜRSTIN. Sie, Sie haben das fertig gebracht. Sie haben ihn unglücklich gemacht, Sie müssen ihn auch retten. Fahren Sie hin, reden Sie ihm zu, daß er diese Dummheiten unterläßt. Reiche Leute können sich das leisten, nicht aber wir.

LJUBA (*weint*). Papa, was soll nun werden?

NIKOLAI. Ich fahre hin. Vielleicht kann ich helfen. (*Er nimmt die Schürze ab.*)

FÜRSTIN (*hilft ihm beim Ankleiden*). Mich hat man nicht zu ihm gelassen; wir fahren zusammen, dann erreiche ich mein Ziel. (*Sie geht ab.*)

———

VERWANDLUNG

Militärkanzlei.
Ein Schreiber sitzt am Tisch; vor der Tür gegenüber geht ein Posten auf und ab. Ein General mit seinem Adjutanten tritt ein. Der Schreiber springt auf, der Posten präsentiert.

Erster Auftritt.
GENERAL. ADJUTANT. SCHREIBER.
GENERAL. Wo ist der Herr Oberst?
SCHREIBER. Bei dem Rekruten, Ew. Exzellenz.
GENERAL. Schön. Ich lasse ihn hierher bitten.
SCHREIBER. Zu Befehl, Ew. Exzellenz.
GENERAL. Was schreiben Sie da ab? Wohl die Aussagen des Rekruten?
SCHREIBER. Zu Befehl, jawohl, Ew. Exzellenz.
GENERAL. Geben Sie doch mal her.
SCHREIBER (*übergibt das Schriftstück und geht ab*).

Zweiter Auftritt.
Die VORIGEN ohne Schreiber.
GENERAL (*gibt das Schriftstück dem Adjutanten*). Lesen Sie bitte vor.
ADJUTANT (*liest*). „Auf die mir vorgelegten Fragen: 1) Warum ich den Fahneneid nicht leiste, 2) warum ich mich weigere, die Befehle der Vorgesetzten zu erfüllen, und 3) was mich dazu veranlaßt hat, nicht nur gegen das Militär, sondern auch gegen die höchste Macht im Staate kränkende Äußerungen zu tun – erwidere ich zu 1) ich leiste den Eid deswegen nicht, weil ich mich zum Christentum bekenne. Das Christentum aber verbietet klar und deutlich den Eid, sowohl im Evangelium Matthäi V, 33–37 wie auch in der Epistel des Jakobus V, 12.“
GENERAL. Schwadroneur. Der legt die Bibel auf seine Weise aus.
ADJUTANT (*fortfahrend*). „Im Evangelium heißt es: ‚Ihr sollt überhaupt nicht schwören. Eure Rede sei: Ja, ja, oder nein, nein; was darüber hinausgeht, ist vom Bösen.‘ In der Epistel des Jakobus: ‚Vor allem, meine Brüder, schwört nicht; weder beim Himmel, noch bei der Erde, noch sonst einen Schwur. Euer Ja sei Ja, euer Nein – Nein, damit ihr nicht unter das Gericht fallt.‘ Aber ich will

von dieser ganz klaren Vorschrift im Evangelium, daß man nicht schwören darf, ganz absehen; selbst wenn diese Vorschrift nicht existierte, könnte ich nicht schwören, die Befehle von Menschen auszuführen, da ich nach christlichem Gebot stets den Willen Gottes tun muß, der dem der Menschen widersprechen kann."

GENERAL. Schwadroneur. Wenn es nach mir ginge, gäbe es das nicht.

ADJUTANT (*liest*). „Ich weigere mich aber, die Befehle von Leuten auszuführen, die sich Vorgesetzte nennen, weil …"

GENERAL. Diese Frechheit!

ADJUTANT. … „weil diese Befehle verbrecherisch, schlecht sind. Man verlangt von mir, ich soll in die Armee treten, mich zum Morde vorbereiten und ihn erlernen. Das ist im Alten wie im Neuen Testament verboten, und hauptsächlich verbietet es mir mein Gewissen. Auf die dritte Frage …"

Der OBERST (*kommt mit dem Schreiber*).

Der GENERAL (*gibt ihm die Hand*).

Dritter Auftritt.

Die VORIGEN und der OBERST mit dem SCHREIBER.

OBERST. Sie lesen das Protokoll?

GENERAL. Ja. Unverzeihliche Frechheiten. Nun, fahren Sie fort.

ADJUTANT (*liest*). „Auf die dritte Frage: was mich veranlaßt hat, in der Verhandlung beleidigende Worte zu gebrauchen, erwidere ich, daß mich dazu der Wunsch veranlaßt hat, Gott zu dienen und den Betrug aufzudecken, der in Seinem Namen geschieht. Diesem Wunsch hoffe ich bis zu meinem Tode zu willfahren. Und deshalb …"

GENERAL. Nun, genug davon. Das Geschwätz nimmt ja gar kein Ende. Es handelt sich darum, hier gründlich Remedur zu schaffen, damit die Mannschaften nicht angesteckt werden. (*Zum Oberst.*) Haben Sie mit ihm gesprochen?

OBERST. Jawohl, die ganze Zeit. Habe mich bemüht, ihm ins Gewissen zu reden, ihn zu überzeugen, daß er damit gar nichts ausrichtet, daß es das schlimmste ist, was er tun kann. Habe seine Familie erwähnt. Das regte ihn sehr auf; trotzdem blieb er bei seinem Standpunkt.

GENERAL. Das viele Reden hat gar keinen Zweck. Wir sind Soldaten, nicht um zu reden, sondern um zu handeln. Lassen Sie ihn mal vorführen.

ADJUTANT *und* SCHREIBER (*gehen ab*).

Vierter Auftritt.

GENERAL und OBERST.

GENERAL (*setzt sich*). Nein, Herr Oberst, das ist nicht das richtige. Mit solchen Burschen muß man anders umspringen. Da heißt es energisch eingreifen, das kranke Glied schleunigst entfernen. Ein räudiges Schaf steckt die ganze Herde an. Zarte Rücksichten sind hier nicht angebracht; daß er Fürst ist, und eine Mutter und Braut hat, geht uns gar nichts an. Für uns ist er Soldat, und wir haben den Willen unseres allerhöchsten Vorgesetzten zu erfüllen.

OBERST. Ich bin der Meinung, daß man ihn durch Zureden leichter schwankend macht.

GENERAL. Ganz und gar nicht. Bestimmtheit, nur Bestimmtheit. Habe mit solchen Burschen schon zu tun gehabt. Der Mann muß fühlen, daß er ein Nichts, ein Sandkorn unter einem Wagen ist, der dadurch nicht aufgehalten wird.

OBERST. Ja, man muß die Sache untersuchen.

GENERAL (*gerät allmählich in Wallung*). Ach was, untersuchen. Ich habe nichts zu untersuchen. Ich diene meinem Kaiser seit vier- undvierzig Jahren, bin diesem Dienst mit Leib und Seele erge- ben, und nun kommt plötzlich so ein Bürschchen und will mich belehren und mir den Bibeltext lesen. Mag er sich mit Pfaffen darüber zanken, für mich ist er Soldat oder Arrestant. Damit basta.

BORIS (*erscheint, von zwei Soldaten eskortiert*).

ADJUTANT *und* SCHREIBER (*hinter ihm*).

Fünfter Auftritt.

Die VORIGEN. BORIS mit zwei ESKORTESOLDATEN, ADJUTANT und SCHREIBER.

GENERAL (*mit dem Finger zeigend*). Da stellt ihn hin.

BORIS. Mich braucht man nicht hinzustellen. Ich stehe oder sitze, wo ich will; Ihre Macht über mich kann ich nicht …

GENERAL. Maul halten! Du erkennst keine Macht an? Ich werd' dich schon lehren!

BORIS (*setzt sich auf einen Stuhl*). Wie unvernünftig, so zu schreien.

GENERAL. Aufrichten, hinstellen den Mann.

Die SOLDATEN (*ziehen Boris in die Höhe*).

BORIS. Das können Sie, Sie können mich sogar töten, aber mich nicht zwingen, Ihnen zu gehorchen …

GENERAL. Maul halten, hab' ich befohlen. Hör' zu, was ich dir sage.

BORIS. Ich will gar nicht hören, was d u, d u sagst.

GENERAL. Der Mann ist übergeschnappt. Muß ins Lazarett, auf seinen Geisteszustand untersucht werden. Weiter ist da nichts zu machen.

OBERST. Wir haben Befehl, ihn auch von der Gendarmerie vernehmen zu lassen.

GENERAL. Na also, schaffen Sie ihn hin. Aber vorher: einkleiden.

OBERST. Er weigert sich.

GENERAL. Dann wird er gefesselt. (*Zu Boris.*) Hören Sie also, was ich Ihnen sage. Mir ist es egal, was aus Ihnen wird. In Ihrem eigenen Interesse aber rate ich Ihnen: kommen Sie zur Vernunft. Sie werden in der Festung ja verfaulen. Und richten nicht das mindeste aus. Also lassen Sie das. Haben sich ereifert und ich ebenfalls. (*Klopft ihn auf die Schulter.*) Gehen Sie hin, leisten den Eid und unterlassen in Zukunft solche Sachen. (*Zum Adjutanten.*) Ist der Priester da? (*Zu Boris.*) Na, wie ist's? (*Boris schweigt.*) Weshalb antworten Sie nicht? Es ist wirklich besser so. Man kann doch nicht mit dem Kopf durch die Wand rennen! Ihre Gedanken behalten Sie hübsch für sich. Dienen Ihr Jahr ab – wir werden Sie nicht zwiebeln. Na, wie ist's?

BORIS. Ich habe nichts weiter zu sagen.

GENERAL. Sie erwähnen da in Ihrer Aussage einen Bibelvers. Darüber wissen die Popen besser Bescheid. Sprechen Sie mit Batjuschka und überlegen sich die Sache. Es ist wirklich besser so. Also leben Sie wohl; ich hoffe auf Wiedersehen, wenn Sie des Kaisers Rock tragen. Schicken Sie den Geistlichen her. (*Er geht ab.*)

OBERST *und* ADJUTANT (*folgen ihm*).

Sechster Auftritt.

BORIS. Der SCHREIBER und die SOLDATEN.

BORIS (*zum Schreiber und den Soldaten*). Da seht ihr, wie die Leute reden. Sie wissen selbst, daß sie euch betrügen. Gehorcht ihnen nicht! Legt die Waffen nieder! Geht auf und davon! Selbst wenn sie euch ins Strafbataillon stecken und halbtot prügeln – ist immer noch leichter als diesen Betrügern gehorchen.

SCHREIBER. Wie kann man ohne Militär leben? Nein, das geht nicht.

BORIS. Das ist nicht unsere Sache. Wir haben nur daran zu denken, was Gott von uns will. Gott aber will, daß wir …

SOLDAT. Es heißt doch aber immer: das christliche Heer?

BORIS. Das steht nirgends. Das haben die Betrüger sich ausgedacht.

SOLDAT. Wie ist das möglich? Die Bischöfe müssen das doch wissen.

GENDARMERIEOFFIZIER *mit* SCHREIBER *(tritt ein).*

Siebenter Auftritt.

Die VORIGEN. GENDARMERIEOFFIZIER *und* SCHREIBER.

GENDARMERIEOFFIZIER *(zum Schreiber).* Ist hier der Rekrut Fürst Tscheremschanow?

SCHREIBER. Zu Befehl. Da ist er.

GENDARMERIEOFFIZIER. Bitte sich hierher zu verfügen. Sind Sie Fürst Boris Semjonowitsch Tscheremschanow, der den Fahneneid nicht leisten will?

BORIS. Ja.

GENDARMERIEOFFIZIER *(setzt sich und deutet auf einen Platz gegenüber).* Bitte, setzen Sie sich.

BORIS. Ich glaube, unsere Unterhaltung ist vollkommen überflüssig.

GENDARMERIEOFFIZIER. Das glaube ich nicht. Für Sie wenigstens durchaus nicht, wie Sie sich sofort überzeugen werden. Mir ist mitgeteilt, Sie weigern sich, zu dienen und den Eid zu leisten; es besteht daher Verdacht, daß Sie zur revolutionären Partei gehören. Das habe ich zu untersuchen. Wenn es richtig ist, müssen wir Sie vom Militär fortnehmen und einsperren oder verbannen, je nach dem Grade Ihrer Beteiligung an der Revolution. Anderenfalls überlassen wir Sie der Militärbehörde. Sie sehen, daß ich offen mit Ihnen spreche und hoffe, daß Sie uns ebensolches Vertrauen entgegenbringen.

BORIS. Vertrauen kann ich zu Leuten, die das da tragen, *(er deutet auf die Uniform)* nicht haben. Außerdem ist Ihre Tätigkeit derart, daß ich sie durchaus nicht respektiere, sondern auf das gründlichste verabscheue. Ihre Fragen aber werde ich beantworten. Was wünschen Sie zu wissen?

GENDARMERIEOFFIZIER. Gestatten Sie zunächst: Ihr Name, Beruf, Konfession?

BORIS. Das wissen Sie alles; darauf antworte ich nicht. Für mich ist nur eins wichtig: ich gehöre nicht zur griechisch-katholischen Kirche, bin kein sogenannter Rechtgläubiger.

GENDARMERIEOFFIZIER. Welchen Glauben haben Sie denn?

BORIS. Das läßt sich nicht so schnell sagen.

GENDARMERIEOFFIZIER. Nun, Sie werden doch irgendeine Antwort geben?

BORIS. Also ich bin Christ, nach der Lehre der Bergpredigt.

GENDARMERIEOFFIZIER. Schreiben Sie.

SCHREIBER (*tut es*).

GENDARMERIEOFFIZIER (*zu Boris*). Sie betrachten sich doch aber als Angehörigen eines bestimmten Staates und Standes?

BORIS. Nein. Ich bezeichne mich als Mensch, Diener Gottes.

GENDARMERIEOFFIZIER. Warum bezeichnen Sie sich nicht als russischen Staatsangehörigen?

BORIS. Weil ich keinen Staat anerkenne.

GENDARMERIEOFFIZIER. Was heißt das? Wünschen Sie sein Aufhören?

BORIS. Ohne Frage. Darauf arbeite ich ja hin.

GENDARMERIEOFFIZIER (*zum Schreiber*). Schreiben Sie. (*Zu Boris.*) Mit welchen Mitteln arbeiten Sie darauf hin?

BORIS. Indem ich den Betrug, die Lüge aufdecke und die Wahrheit verbreite. Gerade als Sie eintraten, sagte ich zu diesen Soldaten, sie sollten nicht an den Betrug glauben, den man an ihnen verübt.

GENDARMERIEOFFIZIER. Außer diesen Mitteln der Überredung gebrauchen Sie doch noch andere?

BORIS. Nein. Jede Gewalttat halte ich für die größte Sünde. Nicht nur jede Gewalt, sondern sogar jede Heimlichkeit, jede List …

GENDARMERIEOFFIZIER. Schreiben Sie. Es ist gut. Jetzt gestatten Sie, daß ich mich nach Ihrem Umgang erkundige. Kennen Sie Iwaschenkow?

BORIS. Nein.

GENDARMERIEOFFIZIER. Klein?

BORIS. Ich habe von ihm gehört, ihn aber nie gesehen.

Ein BEJAHRTER GEISTLICHER (*mit Kreuz und Bibel tritt ein*).

SCHREIBER (*läßt sich von ihm segnen*).

Achter Auftritt.

Die VORIGEN und der GEISTLICHE.

GENDARMERIEOFFIZIER. Ich denke, ich kann hier Schluß machen. Ich halte Sie nicht für gefährlich und nicht zu unserem Ressort gehörig. Wünsche Ihnen, daß Sie bald freikommen. Grüße Sie. (*Gibt ihm die Hand.*)

BORIS. Ich möchte Ihnen noch eins sagen. Verzeihen Sie mir, aber ich kann nicht anders. Warum haben Sie diese schlimme, böse Tätigkeit gewählt? Ich möchte Ihnen raten, sie aufzugeben.

GENDARMERIEOFFIZIER (*lächelnd*). Ich danke Ihnen für Ihren Rat. Das hat seine Gründe. Also, ich empfehle mich. Batjuschka, ich trete Ihnen meinen Platz ab. (*Er geht mit dem Schreiber ab.*)

Neunter Auftritt.

Die VORIGEN ohne Gendarmerieoffizier und Schreiber.

PRIESTER. Wie können Sie nur der Obrigkeit solchen Kummer machen? Ihre Christenpflicht nicht erfüllen, dem Zaren und Vaterlande nicht dienen?

BORIS (*lächelnd*). Gerade weil ich meine Christenpflicht erfüllen will, kann ich nicht Soldat sein.

PRIESTER. Warum nicht? Es heißt doch: „Wer sein Leben hingibt für seine Freunde, der ist ein wahrer Christ …"

BORIS. Jawohl, sein Leben hingibt, aber nicht fremde vernichtet. Mein Leben hingeben, das will ich ja gerade.

PRIESTER. Sie urteilen nicht richtig, junger Mann. Johannes der Täufer sagte zu den Kriegsknechten: „… Lasset euch genügen an eurem Solde …"

BORIS (*lächelnd*). Das beweist nur, daß schon damals die Soldaten plünderten, was er ihnen verbot.

PRIESTER. Aber warum wollen Sie nicht schwören?

BORIS. Sie wissen, daß das im Evangelium verboten ist.

PRIESTER. Ganz und gar nicht. Als Pilatus sagte: „Ich beschwöre dich beim lebendigen Gotte, bist du Christus?" antwortete Herr Jesus Christus: „Du sagst es." Das heißt, der Eid ist nicht verboten.

BORIS. Schämen Sie sich wirklich nicht? Sie alter Mann …

PRIESTER. Legen Sie Ihren Trotz ab, rate ich Ihnen! Wir können die Welt nicht ändern. Leisten Sie den Eid und alles geht gut. Was Sünde ist und was nicht, das zu entscheiden überlassen Sie der Kirche.

BORIS. Ihnen? Haben Sie denn keine Angst, so viel Sünde auf sich zu nehmen?

PRIESTER. Welche Sünde? Wer wie ich fest im Glauben erzogen ist und dreißig Jahre lang das Priesteramt versehen hat, der ist nicht voll Sünde.

BORIS. Auf wen fällt denn die Sünde, daß ihr so viele Menschen betrügt? Was steckt denn in all den Köpfen? (*Er deutet auf den Posten.*)

PRIESTER. Das wollen wir lieber nicht untersuchen, junger Mann. Dagegen würde uns Respekt vor dem Alter nicht übel anstehen.

BORIS. Lassen Sie mich. Sie tun mir leid und sind mir gleichzeitig widerwärtig. Wenn Sie noch wie jener General wären – so aber kommen Sie mit Kreuz und Bibel und wollen mich im Namen Christi bereden, von Christus abzufallen. Gehen Sie fort. (*Erregt.*) Gehen Sie, lassen Sie mich! Führt mich fort, daß ich niemand mehr sehe. Ich bin müde, schrecklich müde.

PRIESTER. Also dann leben Sie wohl.

ADJUTANT (*tritt ein*).

Zehnter Auftritt.

Die VORIGEN und der ADJUTANT. BORIS sitzt im Hintergrund.

ADJUTANT. Nun, wie ist's?

PRIESTER. Schrecklicher Trotz und Eigensinn.

ADJUTANT. Er will also weder den Eid leisten noch dienen?

PRIESTER. Unter keinen Umständen.

ADJUTANT. Dann muß er ins Lazarett.

PRIESTER. Ach so, Sie wollen ihn für krank erklären? Das ist allerdings bequemer. Solches Beispiel wirkt leicht ansteckend.

ADJUTANT. Er soll auf seinen Geisteszustand untersucht werden. Das ist so befohlen.

PRIESTER. Gewiß, gewiß. Ich habe die Ehre. (*Er geht ab.*)

Elfter Auftritt.
Die VORIGEN *ohne Priester.*
ADJUTANT (*auf Boris zutretend*). Bitte. Ich habe Befehl, Sie fortzuführen.
BORIS. Wohin?
ADJUTANT. Zunächst ins Hospital, wo Sie mehr Ruhe haben und Zeit zum Nachdenken …
BORIS. Ich habe längst alles überlegt. Also fahren wir. (*Er geht ab.*)

VERWANDLUNG

Empfangszimmer im Lazarett.
Ober- und Unterarzt, ein kranker Offizier im Kittel, Wärter in Blusen.

Erster Auftritt.
Ein KRANKER OFFIZIER. OBERARZT. UNTERARZT. WÄRTER.
KRANKER. Ich sage Ihnen, Sie machen mich hier krank. Habe mich mehrfach schon ganz gesund gefühlt.
OBERARZT. Regen Sie sich nur nicht auf. Ich bin durchaus einverstanden, Sie zu entlassen; aber Sie wissen selbst, daß die Freiheit für Sie gefährlich ist. Wenn ich wüßte, daß Sie gute Pflege haben …
KRANKER. Sie denken, ich würde wieder trinken? Nein, ich hab' meinen Denkzettel weg. Dagegen wirkt jeder Tag, den ich hier noch verbringe, höchst schädlich auf mich. Sie tun das gerade Gegenteil von dem – (*erregt*) was Sie müßten. Sie sind grausam. Sie haben es freilich gut …
OBERARZT. Beruhigen Sie sich. (*Er gibt den Wärtern ein Zeichen.*)
WÄRTER (*treten von hinten heran*).
KRANKER. Sie haben gut von Freiheit reden; was wird aber aus unsereins zwischen all den Verrückten? (*Zu den Wärtern.*) Was schleichst du da heran, Kerl! Scher dich fort!
OBERARZT. Ich bitte Sie, beruhigen Sie sich.
KRANKER. Und ich bitte Sie und fordere Sie auf, mich zu entlassen. (*Er kreischt laut auf und stürzt vorwärts.*)

WÄRTER (*packen ihn*).
(*Kampf; der Kranke wird abgeführt.*)

Zweiter Auftritt.
OBERARZT. UNTERARZT.
UNTERARZT. Geht die Sache wieder los? Beinah' hätte er Sie gepackt.
OBERARZT. Säufer und … nichts zu machen. Kleine Besserung ist allerdings zu konstatieren.
ADJUTANT (*tritt ein*).

Dritter Auftritt.
Die VORIGEN und der ADJUTANT.
ADJUTANT. Guten Tag.
OBERARZT. Guten Morgen.
ADJUTANT. Ich bringe Ihnen einen interessanten Fall. Fürst Tscheremschanow, der seiner Militärpflicht genügen soll, weigert sich auf Grund der Bibel. Zunächst wurde er zur Gendarmerie geschafft; die erklärt sich für inkompetent und findet ihn nicht verdächtig. Dann hat der Pope ihn ins Gebet genommen – ebenfalls umsonst.
OBERARZT (*lacht*). Und nun kommen Sie, wie stets, zu uns als letzter Instanz. Na, schaffen Sie den Herrn mal her.
UNTERARZT (*geht hinaus*).

Vierter Auftritt.
Die VORIGEN ohne Unterarzt.
ADJUTANT. Soll ein sehr gebildeter junger Mensch sein. Dabei eine reiche Braut. Höchst merkwürdig. Ich glaube wirklich, daß er hier am besten aufgehoben ist.
OBERARZT. Na ja, mania simplex …
BORIS (*wird hereingeführt*).

Fünfter Auftritt.
Die VORIGEN und BORIS.
OBERARZT. Treten Sie näher. Setzen Sie sich, bitte. Wir wollen uns etwas unterhalten. (*Zum Adjutanten.*) Lassen Sie uns allein.
ADJUTANT (*geht ab*).

Sechster Auftritt.

Die VORIGEN ohne Adjutant.

BORIS. Wenn es sich einrichten läßt, möchte ich Sie bitten, falls Sie mich einsperren wollen, dieses recht bald zu tun, damit ich zur Ruhe komme.

OBERARZT. Entschuldigen Sie, wir müssen unbedingt die bestehenden Vorschriften befolgen. Nur ein paar Fragen. Was empfinden Sie? Welches Leiden haben Sie?

BORIS. Gar keins. Ich bin vollkommen gesund.

OBERARZT. Gewiß; Sie handeln aber nicht so wie alle anderen Menschen.

BORIS. Ich handle so, wie mein Gewissen mir befiehlt.

OBERARZT. Sie haben sich geweigert, Ihrer Militärpflicht zu genügen. Wie motivieren Sie das?

BORIS. Ich bin Christ und kann deswegen nicht töten.

OBERARZT. Man muß doch aber sein Vaterland gegen äußere Feinde verteidigen, muß den Feind im Innern, den Feind der öffentlichen Ordnung im Zaum halten.

BORIS. Das Vaterland greift niemand an; Feinde der öffentlichen Ordnung sind in den Kreisen der Regierenden weit häufiger als unter denen, die von der Regierung vergewaltigt werden.

OBERARZT. Das heißt – wie meinen Sie das?

BORIS. Eine der Hauptursachen alles Elends bei uns in Rußland ist der Branntwein. Er wird von der Regierung verkauft. Falsche Religionen, die zu Lug und Trug verleiten, werden von der Regierung verbreitet. Der Militärdienst, dessen Ableistung man von mir verlangt und der die Sittlichkeit am meisten untergräbt – wird von der Regierung verlangt.

OBERARZT. Ihrer Ansicht nach sind also Regierung und Staat überflüssig?

BORIS. Das weiß ich nicht. Dagegen weiß ich bestimmt, daß ich an dem Bösen nicht teilnehmen darf.

OBERARZT. Was wird dann aber aus der Welt? Wir haben doch unsere Vernunft bekommen, um sie auch für Zukünftiges zu gebrauchen.

BORIS. Und ebenso, um einzusehen, daß die soziale Ordnung nicht mittels Gewalt, sondern auf gütlichem Wege aufrechterhalten wird, und daß die Weigerung eines einzelnen, am Bösen teilzunehmen, keine Gefahr bedeutet.

OBERARZT. Jetzt möchte ich Sie ein wenig untersuchen. Bitte, legen Sie sich hin. (*Er beginnt ihn zu betasten.*) Fühlen Sie hier Schmerz?

BORIS. Nein.

OBERARZT. Und hier?

BORIS. Nein.

OBERARZT. Holen Sie tief Atem. Halten Sie den Atem an. Ich danke. Jetzt gestatten Sie. (*Er holt ein Maß hervor und mißt Boris' Stirn und Nase.*) Jetzt seien Sie so gut, schließen Sie die Augen und gehen ein paar Schritte.

BORIS. Schämen Sie sich nicht, solche Sachen zu machen?

OBERARZT. Was heißt, wie meinen Sie das?

BORIS. All diese Dummheiten? Sie wissen doch, daß ich gesund bin; daß man mich hierher geschickt hat, weil ich mich weigere, an den Verbrechen der anderen teilzunehmen; daß man auf die Wahrheit nichts zu erwidern weiß und daß man sich deswegen stellt, als hielte man mich für anormal! Und dazu leisten Sie Beistand! Das ist häßlich, schändlich. Lassen Sie das.

OBERARZT. Also, Sie wollen die paar Schritte nicht gehen?

BORIS. Nein, ich will nicht. Sie können mich quälen, wie Sie wollen – aber ich werde Ihnen dabei nicht behilflich sein. (*Erregt.*) Lassen Sie das!

Der OBERARZT (*drückt auf die Klingel*).

Zwei WÄRTER (*treten ein*).

Siebenter Auftritt.

Die VORIGEN und die WÄRTER.

OBERARZT. Beruhigen Sie sich. Ich begreife vollkommen, daß Ihre Nerven aufgeregt sind. Wollen Sie nicht in Ihr Zimmer gehen?

UNTERARZT (*tritt ein*).

Achter Auftritt.

Die VORIGEN und der UNTERARZT.

UNTERARZT. Da ist Besuch für Tscheremschanow.

BORIS. Wer denn?

UNTERARZT. Sarynzew nebst Tochter.

BORIS. Ich möchte sie gern sehen.

OBERARZT. Lassen Sie sie nur kommen. Sie können sie hier empfangen. (*Er geht ab.*)

UNTERARZT und die WÄRTER (*folgen ihm*).

NIKOLAI IWANOWITSCH und LJUBA (*treten ein*).

Die FÜRSTIN (*blickt zur Tür hinein*). Geht vorauf, ich komme später.

Neunter Auftritt.

BORIS, NIKOLAI IWANOWITSCH und LJUBA. Dann KRANKER und WÄRTER.

LJUBA (*eilt auf Boris zu, faßt ihn am Kopf und küßt ihn*). Armer Boris.

BORIS. Nein, bedaure mich nicht. Mir ist so gut, so froh, so leicht. Ich grüße Sie herzlich! (*Er küßt Nikolai Iwanowitsch.*)

NIKOLAI. Ich bin gekommen, um dir vor allen Dingen eins zu sagen: in solcher Lage, wie du dich jetzt befindest, ist es weit schlimmer, sein Vorhaben zu ändern, als es nicht vollständig auszuführen. Zweitens muß man in solchen Fällen handeln, wie es im Evangelium heißt, nicht fortwährend daran denken, was man tun und was man sagen wird: „Wenn man euch vor die Obrigkeit und vor die Gewaltigen führt, so macht euch keine Sorge, was ihr sagen werdet, denn der Geist Gottes wird aus euch sprechen." Das heißt, man muß nicht dann handeln, wenn die Überlegung es einem befiehlt, sondern wenn man mit seinem ganzen Wesen fühlt, daß man nicht anders kann.

BORIS. Das habe ich auch getan. Ich habe nicht die Absicht gehabt, den Dienst zu verweigern. Als ich aber diese ganze Verlogenheit sah, diese dicken Folianten[2], die Akten, Polizisten, Kommissionsmitglieder mit der Zigarette im Munde – k o n n t e ich nicht anders: ich m u ß t e das sagen, was ich sagte. Es war schrecklich, aber nur so lange, bis ich begonnen hatte. Dann war alles einfach, froh und leicht.

LJUBA (*sitzt da und weint*).

NIKOLAI. Die Hauptsache ist: tu nichts um Menschenruhm, um den Beifall derer zu erringen, auf deren Meinung du Wert legst. Von mir kann ich sagen, daß wenn du jetzt den Eid leistest und dienst, daß ich dich dann nicht weniger liebe und verehre, ja

---

[2] Russisch: *Serzalo*, etwa: Gerichtsspiegel. Es ist ein dreiteiliges mit dem Adler geschmücktes Gestell mit drei Ukasen Peters I., das in keinem Amtslokal fehlen darf. – Der Übersetzer.

noch mehr als früher, weil nicht das Wert hat, was in der äußeren Welt, sondern was in der Seele geschieht.

BORIS. Gewiß, denn was im Inneren geschehen ist, bewirkt auch in der äußeren Welt Veränderungen.

NIKOLAI. Ja, das möchte ich dir ans Herz legen. Deine Mutter ist hier. Sie ist schrecklich niedergeschlagen. Was du der tun kannst, um was sie dich bittet, tu es. Das wollte ich dir sagen.

(*Im Korridor ertönt wahnsinniges Geheul.*)

Ein KRANKER (*kommt hereingestürzt*).

WÄRTER (*hinter ihm, die ihn fortschleppen*).

LJUBA. Das ist fürchterlich. Und in solcher Umgebung sollst du bleiben? (*Sie weint.*)

BORIS. Es schreckt mich nicht. Mir ist jetzt nichts mehr schrecklich. Mir ist so gut. Nur eins macht mir Sorge: wie du das alles aufnimmst. Du mußt mir helfen. Ich bin überzeugt, du wirst mir helfen.

LJUBA. Soll ich etwa vergnügt sein?

NIKOLAI. Nicht vergnügt. Das kann man nicht, das bin ich auch nicht. Ich leide um ihn und würde von Herzen gern an seine Stelle treten; trotzdem leide ich und weiß, daß das gut ist.

LJUBA. Schön. Wann wird er aber entlassen?

BORIS. Das weiß niemand. Ich denke nicht an die Zukunft. Die Gegenwart ist so schön. Und du kannst sie mir noch schöner machen.

Die FÜRSTIN (*tritt ein*).

Zehnter Auftritt.

Die VORIGEN und die FÜRSTIN.

FÜRSTIN. Nein, ich kann nicht länger warten. (*Zu Nikolai Iwanowitsch.*) Nun, haben Sie ihm zugeredet? Gibt er nach? Boris, mein Liebling, begreif doch, was ich ausstehe. Fast dreißig Jahre habe ich nur für dich gelebt, dich aufgezogen, meine Freude an dir gehabt. Und jetzt, wo alles fertig, wo das Werk vollendet ist, soll ich plötzlich allem entsagen! Ins Gefängnis – diese Schande … Nein, das ertrage ich nicht. Boris …

BORIS. Mama, so hör doch.

FÜRSTIN. Weshalb reden Sie denn keinen Ton? Sie haben ihn ins Verderben gestürzt, Sie müssen ihn zur Vernunft bringen. Ljuba, sprich du doch mit ihm.

LJUBA. Was kann ich ausrichten!

BORIS. Mama, begreif doch endlich, daß es Dinge gibt, die man nicht fertig bringt, ebensowenig fertig bringt wie das Fliegen. Dazu gehört für mich das Dienen.

FÜRSTIN. Ach, das bildest du dir ein. Unsinn, alle haben gedient und dienen noch. Du und Nikolai Iwanowitsch, ihr habt euch da ein Christentum ausgedacht, das gar keins ist. Eine Satanslehre, die nichts als Leiden schafft.

BORIS. Es steht so im Evangelium.

FÜRSTIN. Gar nichts steht da, und wenn es so dasteht, ist das sehr dumm ausgedrückt. Boris, mein Herzensjunge, hab doch Mitleid. (*Sie fällt ihm um den Hals und weint.*) Mein ganzes Leben war nichts als Kummer. Der einzige Sonnenstrahl warst du, und nun machst auch du mir diese Schmerzen. Boris, hab doch Erbarmen.

BORIS. Mama, es wird mir schrecklich schwer, aber ich kann dir nichts sagen.

FÜRSTIN. Schlag es mir nicht ab, versprich, daß du dienen wirst.

NIKOLAI. Sag, du würdest es dir überlegen, und tu das.

BORIS. Also schön. Aber hab auch du mit mir Mitleid, Mama. Ich hab' es auch nicht leicht. (*Man hört wieder Geschrei im Korridor.*) Ich bin hier im Irrenhause und kann leicht selbst den Verstand verlieren.

Elfter Auftritt.
Die VORIGEN *und der* OBERARZT.

OBERARZT (*eintretend*). Durchlaucht, Ihr Besuch kann schädliche Folgen haben. Ihr Sohn ist sehr aufgeregt. Ich glaube, es ist angebracht, den Besuch zu beenden. Donnerstags und Sonntags ist Empfang, da kommen Sie bitte um zwölf Uhr.

FÜRSTIN. Schön, schön; also ich gehe. Leb wohl, Boris. Überleg es dir, hab Mitleid mit deiner Mutter, die sich freut, dich Donnerstag wiederzusehen. (*Sie küßt ihn.*)

NIKOLAI (*reicht ihm die Hand*). Überleg mit Gott, als ob du morgen sterben müßtest. Nur dann triffst du das Richtige. Leb wohl.

BORIS (*tritt zu Ljuba*). Und was wirst du mir sagen?

LJUBA. Ich kann nicht lügen. Ich verstehe nicht, warum du dich und andere quälst. Ich verstehe es nicht und kann dir nichts sagen. (*Sie geht weinend ab. Hinter ihr alle übrigen, außer Boris.*)

Zwölfter Auftritt.

BORIS *allein.*

BORIS. Ach, wie ist das schwer. Ach, wie schwer! Herrgott, hilf mir. (*Er betet.*)

WÄRTER (*treten mit dem Anstaltskittel ein*).

Dreizehnter Auftritt.

BORIS *und die* WÄRTER.

EIN WÄRTER. Kleiden Sie sich gefälligst um.

BORIS (*gehorcht*).

VIERTER AUFZUG

Ein Jahr später in Moskau.
Saal in Sarynzews Haus, der zu einem Tanzabend mit Klavierbegleitung
hergerichtet ist. Diener stellen Blattpflanzen vor dem Flügel auf. Maria
Iwanowna tritt in elegantem Seidenkleid mit Alexandra Iwanowna ein.

Erster Auftritt.
MARIA IWANOWNA. ALEXANDRA IWANOWNA *und die* DIENER.

MARIA. Was redest du da von einem Ball? Das ist doch kein Ball,
sondern einfach ein Tanzkränzchen, thé dansant, wie man früher
sagte. Ich kann doch meine Kinder nicht nur bei anderen Leuten
tanzen lassen. Bei Makows haben sie Theater gespielt, überall getanzt – da muß ich mich doch revanchieren.

ALEXANDRA. Ich fürchte nur, Nikolai ist nicht sehr entzückt davon.

MARIA. Was kann ich dabei ändern? (*Zu einem Diener.*) Hier stellen
Sie die Pflanzen hin. Gott weiß, wie sehr ich mich bemühe, ihm
alle Unannehmlichkeiten aus dem Wege zu räumen. Ich glaube
übrigens, er ist jetzt schon nicht mehr so anspruchsvoll.

ALEXANDRA. O nein; er zeigt es nur nicht mehr so. Nach Tisch ist er
sehr verstimmt in sein Zimmer gegangen.

MARIA. Was kann ich dabei machen? Was soll ich anfangen? Wir
müssen doch alle leben. Sind jetzt sieben Kinder. Wenn man
ihnen nicht ab und an zu Hause ein kleines Vergnügen bietet,
stellen sie Gott weiß was an. Ich bin nur glücklich, daß es mit
Ljuba so gekommen ist.

ALEXANDRA. Hat er schon seinen Antrag gemacht?

MARIA. So ungefähr. Er hat mit ihr gesprochen, und sie hat ihm ihr
Jawort gegeben.

ALEXANDRA. Das ist wieder ein schwerer Schlag für ihn.

MARIA. Aber er weiß es doch. Muß es längst wissen.

ALEXANDRA. Er kann ihn nicht ausstehen.

MARIA (*zu den Dienern*). Stellen Sie die Früchte aufs Büfett. – Wen?
Alexander Michailowitsch? Natürlich liebt er ihn nicht, weil Alexander der verkörperte Widerspruch gegen all seine Theorien
ist: ein lieber, guter, angenehmer Mensch und dabei Weltmann.

Ach, dieser unglückliche Boris, der wie ein Alp auf mir lastet – was macht er eigentlich?

ALEXANDRA. Lisa war bei ihm. Er ist immer noch „dort". Soll schrecklich abgemagert sein; die Ärzte fürchten für sein Leben oder seinen Verstand.

MARIA. Den hat er mit seinen Ideen tatsächlich so weit gebracht. Warum mußte er zugrunde gehen! Ich habe die Verbindung übrigens nie gewünscht.

EIN KLAVIERSPIELER (tritt ein).

Zweiter Auftritt.

DIE VORIGEN und der KLAVIERSPIELER.

MARIA. Sie sind der Klavierspieler?

KLAVIERSPIELER. Jawohl, gnädige Frau.

MARIA. Bitte, nehmen Sie Platz. Es dauert noch etwas. Vielleicht wünschen Sie Tee?

KLAVIERSPIELER. Nein, danke. (*Er geht zum Flügel.*)

MARIA. War stets dagegen. Ich hatte Boris sehr gern, trotzdem war er keine Partie für Ljuba. Besonders, als er sich für Nikolai Iwanowitschs Ideen begeisterte.

ALEXANDRA. Erstaunlich bleibt doch diese Überzeugungskraft! Was hat er auszustehen! Man sagt ihm, wenn er nicht nachgäbe, würde er entweder im Irrenhause bleiben oder auf Festung kommen. Trotzdem wiederholt er stets dasselbe. Und wie Lisa sagt, ist er froh, ja heiter gestimmt.

MARIA. Diese Fanatiker. Da ist übrigens Alexander Michailowitsch.

ALEXANDER MICHAILOWITSCH STARKOWSKI (*elegante Erscheinung im Frack, tritt ein*).

Dritter Auftritt.

DIE VORIGEN und STARKOWSKI.

STARKOWSKI. Ich komme wohl zu früh? (*Er küßt beiden Damen die Hand.*)

MARIA. Um so besser.

STARKOWSKI. Wie geht es Ihrem Fräulein Tochter? Sie wollte beim Tanz alles Versäumte nachholen, und ich hatte die Absicht, ihr zu helfen.

MARIA. Sie macht die Kotillonsachen zurecht.

STARKOWSKI. Da werde ich ihr helfen – darf ich?

MARIA. Sehr liebenswürdig.

STARKOWSKI (*will gehen*).

LJUBA (*kommt ihm mit einem Kissen voll Orden und Bändern entgegen*).

Vierter Auftritt.

DIE VORIGEN und LJUBA.

LJUBA (*in Abendtoilette, nicht dekolletiert*). Ach, da sind Sie. Das ist schön. Sie können mir helfen. Da im Gastzimmer liegen noch zwei Kissen, die bringen Sie bitte her. Guten Abend, guten Abend!

STARKOWSKI. Ich eile, ich fliege. (*Er geht ab.*)

Fünfter Auftritt.

MARIA IWANOWNA. ALEXANDRA IWANOWNA. LJUBA.

MARIA (*zu Ljuba*). Hör mal, Ljuba. Heute kommen Bekannte, die Anspielungen machen und Fragen stellen. Darf ich die Verlobung bekanntgeben?

LJUBA. Ach nein, Mama, nein. Wozu? Laß sie doch fragen. Es ist Papa so unangenehm.

MARIA. Aber er weiß es doch, oder errät es. Früher oder später muß man ihn doch einweihen. Ich denke, es ist am besten, heute alles bekanntzugeben. Es weiß ja jedes Kind …

LJUBA. Nein, nein, Mama, bitte nicht. Du verdirbst mir den ganzen Abend. Es ist wirklich nicht nötig.

MARIA. Wie du willst, mein Kind.

LJUBA. Oder höchstens ganz gegen Schluß, eh' wir zu Tisch gehen.

STARKOWSKI (*kommt*).

Sechster Auftritt.

DIE VORIGEN und STARKOWSKI.

LJUBA. Nun, haben Sie die Sachen?

MARIA. Also ich werde mal nach Natalie sehen. (*Sie geht mit Alexandra Iwanowna ab.*)

Siebenter Auftritt.

LJUBA und STARKOWSKI.

STARKOWSKI (*trägt drei Kissen, von denen er eins mit dem Kinn stützt und unterwegs fallen läßt*). Bitte, bemühen Sie sich nicht, ich hebe es sofort auf.

LJUBA. Ach, was haben Sie da gemacht! Hätten die Sachen richtig verteilen müssen. Wanja, komm mal her.

Achter Auftritt.

DIE VORIGEN und WANJA.

WANJA (*bringt noch mehr Kissen*). Jetzt sind es alle. Ljuba, Alexander Michailowitsch und ich haben gewettet, wer am meisten Orden bekommt.

STARKOWSKI. Du hast es gut, du kennst alle, ich dagegen muß die Mädchenherzen erst erobern, um meine Belohnung zu erhalten. Trotzdem gebe ich dir vierzig Points vor.

WANJA. Dafür bist du auch Bräutigam und ich noch ein Schuljunge.

LJUBA. Wanja, geh doch bitte in mein Zimmer und hol mir den Gummi und das Nadelkissen von der Etagere.

WANJA (*setzt sich in Bewegung*).

LJUBA. Aber mach um Gottes willen nichts entzwei!

WANJA. Alles mach' ich entzwei. (*Er läuft fort.*)

Neunter Auftritt.

LJUBA und STARKOWSKI.

STARKOWSKI (*faßt Ljuba bei der Hand*). Ljuba, darf ich? Ich bin so glücklich. (*Er küßt ihre Hand.*) Die Masurka ist mein, aber die genügt mir nicht. Dabei kann man sich so wenig unterhalten. Und ich habe so viel auf dem Herzen. Darf ich meinen Eltern telegraphieren, daß ich glücklicher Bräutigam bin?

LJUBA. Ja, heute abend.

STARKOWSKI. Und noch eins: wie wird dein Vater die Nachricht aufnehmen? Habt ihr mit ihm gesprochen, ja?

LJUBA. Ich nicht. Aber ich werde es ihm sagen. Er wird die Nachricht aufnehmen, wie alles, was die Familie betrifft; wird sagen: tu, was du für richtig hältst. Aber innerlich wird er traurig sein.

STARKOWSKI. Weil ich nicht Tscheremschanow bin, sondern Kammerjunker und Adelsmarschall?

LJUBA. Ja. Ich habe mit mir selbst gekämpft, mich seinetwillen belogen. Nicht, weil ich ihn zu wenig liebe, kann ich nicht auf das eingehen, was er will, sondern weil ich mich nicht verstellen kann. Mein sehnlicher Wunsch ist: leben, leben!

STARKOWSKI. Das ist auch das einzig Wahre. Na, aber Tscheremschanow?

LJUBA (*erregt*). Sprich nicht von ihm. Ich könnte mich hinreißen lassen, ihn zu verurteilen, jetzt, wo er leidet. Und ich weiß, daß das
daher rührt, daß ich vor ihm schuldig bin. Ich weiß aber auch,
daß es eine Liebe, eine wahre Liebe gibt, die ich für ihn nie empfunden habe.

STARKOWSKI. Ljuba, ist das wahr?

LJUBA. Du möchtest von mir hören, daß ich diese wahre Liebe für
dich empfinde? Aber das kann ich nicht. Gewiß, ich liebe dich
anders – aber auch nicht richtig. Wenn man das eine und das andere zusammentun könnte …

STARKOWSKI. Nun, ich bin schon zufrieden. Ljuba! (*Er küßt ihr die
Hand.*)

LJUBA (*abwehrend*). Nein, wir wollen hier aufräumen. Da kommen
schon Gäste.

DIE FÜRSTIN (*kommt mit TONJA und einem kleinen Mädchen*).

Zehnter Auftritt.

DIE VORIGEN und die FÜRSTIN mit TONJA und dem kleinen MÄDCHEN.

LJUBA. Mama muß sofort erscheinen.

FÜRSTIN. Sind wir die ersten?

STARKOWSKI. Irgend jemand muß den Anfang machen. Vielleicht
wird nächstens eine Gummipuppe erfunden, die immer die erste
ist.

STEFAN (*tritt ein*).

WANJA (*bringt die gewünschten Sachen*).

Elfter Auftritt.

DIE VORIGEN. STEFAN und WANJA.

STEFAN. Ich hoffte, Sie gestern bei den Italienern zu treffen?

TONJA. Wir waren bei Tante; haben Armenkleider genäht.

STUDENTEN, DAMEN, MARIA IWANOWNA, *eine* GRÄFIN (*kommen*).

Zwölfter Auftritt.

DIE VORIGEN. MARIA IWANOWNA, die GRÄFIN, STUDENTEN und DAMEN.

GRÄFIN. Werden wir Nikolai Iwanowitsch nicht sehen?

MARIA. Nein, er kommt nie aus seinem Zimmer.

STARKOWSKI. Bitte zur Quadrille die Herrschaften. (*Er klatscht in die Hände. Man nimmt Aufstellung und tanzt.*)

ALEXANDRA (*tritt zu Maria Iwanowna*). Er ist schrecklich erregt. War bei Boris, und als er nach Hause kommt, sieht er die Vorbereitungen zum Ball. Jetzt will er fort. Ich stand an der Tür und hörte seine Unterhaltung mit Alexander Petrowitsch.

MARIA. Worüber denn?

STARKOWSKI. Rond des Dames. Les cavaliers en avant.

ALEXANDRA. Er erklärt es für unmöglich, hier weiter zu leben, und geht fort.

MARIA. Was für ein Quälgeist ist dieser Mann! (*Sie geht ab.*)

VERWANDLUNG

Nikolai Iwanowitschs Zimmer.
Gedämpfte Klänge der Musik. Nikolai Iwanowitsch, im Überzieher, legt einen Brief auf den Tisch. Bei ihm der zerlumpte Alexander Petrowitsch.

Erster Auftritt.
NIKOLAI IWANOWITSCH und ALEXANDER PETROWITSCH.

ALEXANDER. Seien Sie unbesorgt, bis zum Kaukasus kommen wir ohne einen Groschen. Und dort richten Sie sich schon ein.

NIKOLAI. Bis Tula fahren wir, und dann geht's zu Fuß. Nun ist alles fertig. (*Er legt den Brief mitten auf den Tisch und will hinausgehen. Da stößt er auf Maria Iwanowna.*)

Zweiter Auftritt.
NIKOLAI IWANOWITSCH, ALEXANDER PETROWITSCH
und MARIA IWANOWNA.

NIKOLAI. Nun, was willst du hier?

MARIA. Was ich will? Ich will verhindern, daß du deine Grausamkeit auf die Spitze treibst. Warum das? Warum?

NIKOLAI. Weil ich nicht länger so leben kann. Ich kann dieses entsetzliche, durch und durch unmoralische Leben nicht ertragen.

MARIA. Das ist fürchterlich. Mein Leben, das ich ganz dir und den Kindern widme, soll plötzlich unmoralisch sein! (*Sie erblickt Alexander Petrowitsch.*) Renvoyez au moins cet homme. Je ne veux pas qu'il soit témoin de cette conversation.[3]

ALEXANDER. Je comprends, madame; je pars aussitôt.[4]

NIKOLAI. Erwarten Sie mich dort, Alexander Petrowitsch, ich komme sogleich.

ALEXANDER (*geht ab*).

Dritter Auftritt.

NIKOLAI IWANOWITSCH und MARIA IWANOWNA.

MARIA. Was kannst du mit solchem Menschen gemein haben? Weshalb steht er dir näher als deine Frau? Das ist einfach unverständlich. Wohin willst du jetzt?

NIKOLAI. Ich habe dir einen Brief hinterlassen. Ich wollte nicht mit dir sprechen; es wird mir zu schwer. Wenn du aber willst, werde ich dir alles sagen, so ruhig ich nur kann.

MARIA. Nein, ich kann dich nicht verstehen. Weshalb haßt und folterst du dein Weib, das dir alles hingegeben hat. Sag: habe ich Bälle besucht, mich geputzt, kokettiert? Mein ganzes Leben gehörte der Familie. Alle Kinder habe ich selbst genährt, erzogen; im letzten Jahre lag die ganze Last der Erziehung und all die geschäftlichen Sorgen auf meinen Schultern ...

NIKOLAI (*sie unterbrechend*). Das kam daher, weil du nicht so leben wolltest, wie ich dir vorschlug.

MARIA. Ach, das ist ja unmöglich. Frag die ganze Welt. Wie kann ich die Kinder ohne jeden Unterricht lassen, wie deine Absicht ist, und selbst waschen und kochen.

NIKOLAI. Das habe ich nie gewollt.

MARIA. Na, dann ungefähr so. Nein, du willst Christ sein, willst Gutes tun, sagst, du liebst die Menschen. Warum folterst du dann die Frau, die dir ihr ganzes Leben hingegeben hat?

NIKOLAI. Wieso foltere ich dich? Ich liebe dich, aber ...

MARIA. Ist das keine Tortur, wenn du mich verstößt und fortgehst?

---

[3] „Schick wenigstens diesen Menschen fort. Ich will nicht, daß er Zeuge dieser Unterhaltung wird."

[4] „Ich verstehe, gnädige Frau. Ich reise sofort ab."

Was werden die Leute sagen? Eins von beiden ist nur möglich: entweder bin ich ein verworfenes Frauenzimmer, oder du bist verrückt.

NIKOLAI. Vielleicht bin ich verrückt; jedenfalls kann ich so nicht weiterleben.

MARIA. Was ist denn Schreckliches dabei, daß ich den ganzen Winter ein einziges Mal – in ewiger Sorge, es könnte dir unangenehm sein – bei uns tanzen lasse! Frag Manja und Barbara Wassiljewna – alle haben mir gesagt, es ginge nicht anders, es sei unbedingt nötig. Und das soll nun ein Verbrechen sein, für das ich diese Schande auf mich nehmen muß! Ja, nicht nur Schande – das Schlimmste ist, daß du mich nicht mehr liebst; du liebst die ganze Welt, bis zu diesem betrunkenen Alexander Petrowitsch – – und dennoch liebe ich dich, kann nicht ohne dich leben. Warum das, warum? (*Sie weint.*)

NIKOLAI. Du willst mein Leben, mein geistiges Leben nicht verstehen.

MARIA. Ich will es, kann es aber nicht. Ich sehe, daß dein Christentum bewirkt, daß du mich, deine Familie haßt. Wozu das nötig ist, begreife ich nicht.

NIKOLAI. Andere begreifen es.

MARIA. Wer denn? Alexander Petrowitsch, der dich anbettelt?

NIKOLAI. Er und andere, wie Tonja und Wassili Nikanorowitsch. Aber darauf kommt es nicht an. Wenn niemand mich verstehen würde, würde das nichts ändern.

MARIA. Wassili Nikanorowitsch hat Buße getan und sein Amt wieder angetreten. Tonja tanzt in diesem Augenblick und flirtet mit Stefan.

NIKOLAI. Das ist sehr traurig, kann aber nicht bewirken, daß Schwarz Weiß wird, und kann mein Leben nicht ändern. Mascha! Ich bin für dich nicht nötig. Laß mich gehen. Ich habe versucht, an eurem Leben teilzunehmen, in dieses Leben das hineinzutragen, was für mich alles bedeutet. Es ist unmöglich. Die Folge ist nur, daß ich euch und mich quäle. Mich nicht nur quäle, sondern das Werk, das ich vorhabe, zuschanden mache. Jeder Mensch, wie zum Beispiel dieser Alexander Petrowitsch, hat das Recht, mir zu sagen, ich sei ein Betrüger, der nicht so handelt, wie er spricht, der nach dem Evangelium Armut predigt, selbst aber in Luxus lebt unter dem Vorwande, alle Habe an seine Frau abgetreten zu haben.

MARIA. Du schämst dich vor den Leuten? Kannst du dich darüber nicht erheben?

NIKOLAI. Ich schäme mich nicht – oder doch nur wenig – aber ich richte das Werk Gottes zugrunde.

MARIA. Du hast selbst gesagt, daß dieses Werk auch dann geschieht, wenn wir uns ihm widersetzen. Doch darum handelt es sich nicht. Sag, was du von mir forderst.

NIKOLAI. Das habe ich schon gesagt.

MARIA. Aber Nikolai, du weißt doch, daß das unmöglich ist. Bedenk doch, Ljuba soll jetzt heiraten. Wanja bezieht die Universität. Mischa und Katja besuchen die Schule – soll denn das alles unterbrochen werden?

NIKOLAI. Also was soll ich jetzt tun?

MARIA. Was du selbst predigst: ausharren, uns lieben. Wird dir das so schwer? Ertrag nur unsere Gegenwart, entzieh dich uns nicht. Was quält dich denn so?

WANJA (*kommt hereingelaufen*).

Vierter Auftritt.

DIE VORIGEN und WANJA.

WANJA. Mama, du wirst gerufen.

MARIA. Sag, ich könnte jetzt nicht. Geh, geh.

WANJA. Komm aber bald. (*Er geht ab.*)

Fünfter Auftritt.

NIKOLAI IWANOWITSCH und MARIA IWANOWNA.

NIKOLAI. Du willst nichts sehen und mich nicht begreifen.

MARIA. Ich will schon, aber ich kann nicht.

NIKOLAI. Nein, du willst nicht, wir kommen immer mehr auseinander. Dring einmal in mein Inneres ein, versetz dich einen Augenblick in meinen Zustand, so wirst du mich verstehen. Zunächst ist unser ganzes Leben hier unmoralisch. Du bist böse über dieses Wort, ich kann aber ein Leben, das ganz und gar auf Ausbeutung anderer beruht, nicht anders nennen. Das Geld, von dem ihr lebt, ist der Ertrag des Landes, das ihr dem Volk abgenommen habt. Außerdem sehe ich, daß dieses Leben die Kinder verdirbt. „Wehe dem, der dieser Geringsten einen ärgert", heißt es; ich aber sehe, wie die Kinder vor meinen Augen verdorben werden und zugrunde gehen. Ich kann es nicht mit ansehen, daß erwachsene Menschen, gleich Sklaven, in Livreen gesteckt werden und uns bedienen müssen. Jedes Mittagessen ist für mich eine Qual.

MARIA. Aber das war doch immer so, bei allen, im Auslande und überall.

NIKOLAI. Seitdem ich begriffen habe, daß alle Menschen Brüder sind, kann ich das nicht mehr mit ansehen und darunter leiden.

MARIA. Es steht doch aber jedem frei. Schließlich kann man sich alles ausdenken.

NIKOLAI (*erregt*). Diese Verständnislosigkeit ist aber wirklich schrecklich. Heute zum Beispiel. Ich bin morgens im Asyl für Obdachlose, sehe, wie da ein Kind direkt vor Hunger stirbt, wie ein Knabe Alkoholiker geworden ist, wie eine schwindsüchtige Wäscherin Wäsche spült. Dann komme ich nach Hause, ein Diener in weißer Binde öffnet mir die Tür; ich sehe, wie mein Herr Sohn sich von dem Diener Wasser bringen läßt, sehe diese Armee von Bedienten, die für uns arbeiten. Darauf fahre ich zu Boris, einem Menschen, der für die Wahrheit sein Leben läßt, sehe, wie man den gesunden, kräftigen, entschlossenen Mann mit Vorbedacht dem Wahnsinn und Verderben in die Arme jagt, um ihn los zu werden. Die Leute wissen, daß er einen Herzfehler hat, und erregen und reizen ihn, schleppen ihn ins Irrenhaus. Nein, das ist fürchterlich, fürchterlich. Und dann komme ich nach Hause und erfahre, daß die eine Tochter, die nicht mich, sondern die Wahrheit verstanden hatte, daß die gleichzeitig ihrem Bräutigam, dem sie ihre Liebe versprochen, und der Wahrheit entsagt hat und einen Lakaien und Lügner heiraten will …

MARIA. Nennst du das christlich gedacht?

NIKOLAI. Nein, es ist häßlich, ich fühle mich schuldig; aber ich will doch nur, daß du dein Ich einmal in das meinige hineinversetzt. Ich sage nur, sie hat der Wahrheit entsagt …

MARIA. Du sagst: der Wahrheit; andere, die meisten, sagen: dem Irrtum. Wassili Nikanorowitsch glaubte auch, er sei auf falschem Wege – jetzt ist er aber in den Schoß der Kirche zurückgekehrt.

NIKOLAI. Nicht möglich!

MARIA. Er hat Lisa geschrieben; sie wird dir den Brief zeigen. Lauter vorübergehende Erscheinungen. So auch mit Tonja; ganz zu geschweigen von Alexander Petrowitsch, der die Sache einfach ausnutzt.

NIKOLAI (*ärgerlich*). Einerlei. Ich bitte nur, mich zu verstehen. Wahrheit bleibt für mich stets Wahrheit. Aber das alles tut sehr weh. Dort sterben Leute Hungers, hier sehe ich diesen Ball, der Hunderte verschlingt. Ich kann so nicht leben. Hab Erbarmen mit mir, ich bin am Ende meiner Kraft. Laß mich gehen. Leb wohl.

MARIA. Wenn du gehst, gehe ich mit dir. Wenn ich dich nicht begleiten kann, werfe ich mich unter die Räder des Zuges, mit dem du fortfährst. Dann mögen alle zugrunde gehen, mit Mischa und Katja. Mein Gott, mein Gott! Diese Qual! Wofür das, wofür? (*Sie weint.*)

NIKOLAI (*in der Tür*). Alexander Petrowitsch, gehen Sie nach Hause. Ich fahre nicht. Ich bleibe, schön. (*Er legt den Rock ab.*)

MARIA (*umarmt ihn*). Wir haben nicht mehr lange zu leben. Laß uns unser Leben nicht nach achtundzwanzigjähriger Ehe verderben. Ich werde keine Bälle mehr geben. Aber straf mich nicht auf diese Weise.

Sechster Auftritt.

DIE VORIGEN. WANJA *und* KATJA.

WANJA *und* KATJA (*kommen hereingelaufen*). Mama, komm doch schnell.

MARIA. Ich komme schon, ich komme. Also wollen wir uns gegenseitig verzeihen. (*Sie geht mit* WANJA *und* KATJA *ab.*)

Siebenter Auftritt.

NIKOLAI IWANOWITSCH *allein.*

NIKOLAI. Ein Kind, genau wie ein Kind, oder ein listiges Weib. Nein, ein listiges Kind. Ja, ja. Herr Gott, ich sehe, du willst nicht, daß ich an deinem Werk mitarbeite; ich soll erniedrigt werden, auf daß alle mit dem Finger auf mich deuten und sagen: er redet, handelt aber nicht. Nun, mag es so sein. Du weißt am besten, was not tut. Demut, Herzenseinfalt. Wenn ich nur zu Ihm gelange.

LISA (*kommt*).

Achter Auftritt.
NIKOLAI IWANOWITSCH und LISA.

LISA. Verzeihen Sie, ich bringe Ihnen einen Brief von Wassili Nikanorowitsch. Er schreibt an mich, bittet aber, Ihnen Mitteilung zu
machen.

NIKOLAI. Ist es denn wahr?

LISA. Ja. Soll ich vorlesen?

NIKOLAI. Lies nur.

LISA (*liest*). „Ich schreibe Ihnen und bitte Sie, Nikolai Iwanowitsch
Mitteilung zu machen. Ich bedaure die Verirrung, in der ich offen von der heiligen, griechisch-katholischen Kirche abgefallen
bin, und freue mich, in ihren Schoß zurückgekehrt zu sein. Ihnen
und Nikolai Iwanowitsch wünsche ich dasselbe. Bitte, verzeihen
Sie mir."

NIKOLAI. Wie wird man den Ärmsten gequält haben! Trotzdem ist
es schrecklich.

LISA. Dann möchte ich Ihnen noch sagen, daß die Fürstin da ist. Sie
kam schrecklich erregt zu mir nach oben und will Sie unter allen
Umständen sprechen. Sie kommt von ihrem Sohn. Ich glaube, es
ist besser, Sie empfangen sie nicht. Was kann aus der Unterredung herauskommen?

NIKOLAI. Nein, bring sie nur her. Dies scheint heute ein schrecklicher
Tag der Prüfungen zu sein.

LISA. Also ich hole sie. (*Sie geht ab.*)

Neunter Auftritt.
NIKOLAI IWANOWITSCH allein.

NIKOLAI. Ja, ja, nur stets daran denken, daß das Leben im Dienste
des Höchsten besteht, daß, wenn Er mir Prüfungen schickt, es
geschieht, weil Er mich für stark genug hält, sie zu ertragen.
Sonst wären es keine Prüfungen … Vater! hilf mir, nicht meinen,
sondern Deinen Willen zu tun.

DIE FÜRSTIN (*tritt ein*).

Zehnter Auftritt.
NIKOLAI IWANOWITSCH und die FÜRSTIN.

FÜRSTIN. Also man würdigt mich wirklich, empfangen zu werden.

Alle Achtung! Die Hand gebe ich Ihnen nicht, weil ich Sie hasse und verachte.

NIKOLAI. Was ist denn geschehen?

FÜRSTIN. Ins Strafbataillon wird er gesteckt. Und das haben Sie fertig gebracht.

NIKOLAI. Fürstin, wenn Sie etwas von mir wünschen, so sagen Sie es; wenn Sie mich aber nur schelten wollen, schaden Sie sich selbst. Kränken können Sie mich nicht, weil ich Sie von ganzem Herzen bedaure und Mitleid mit Ihnen habe.

FÜRSTIN. Schönes Mitleid, dieses Pharisäertum! Nein, Herr Sarynzew, mich betrügen Sie nicht. Wir kennen Sie jetzt. Meinen Sohn haben Sie zugrunde gerichtet, das macht Ihnen nichts aus – aber Sie selbst geben Bälle, und die Braut meines Sohnes, Ihre Tochter, heiratet einen anderen, macht eine Partie, die Ihnen gefällt. Dabei predigen Sie Einfachheit, Rückkehr zur Natur, machen Tischlerarbeit. O, wie ich Sie verabscheue in Ihrem neuen Pharisäertum!

NIKOLAI. Fürstin, beruhigen Sie sich. Sagen Sie, was Sie von mir wünschen. Sie sind doch nicht nur hergekommen, um mich zu beschimpfen.

FÜRSTIN. Deshalb auch. Ich muß meinen Schmerz auslassen. Und ich wünsche von Ihnen folgendes. Er wird ins Strafbataillon gesteckt. Das ertrage ich nicht. Sie haben es dahin gebracht. Sie, Sie, Sie!

NIKOLAI. Nicht ich, sondern Gott. Und Gott sieht, wie sehr Sie mir leid tun. Widersetzen Sie sich Gottes Willen nicht. Er will Sie prüfen. Ertragen Sie diese Prüfung.

FÜRSTIN. Das kann ich nicht. Mein Sohn war mein ganzes Leben; Sie haben ihn mir genommen und ins Verderben gestürzt. Da kann ich nicht ruhig sein. Ich bin zu Ihnen gekommen, um Ihnen das zu sagen. Es ist mein letzter Versuch. Sie haben ihn unglücklich gemacht, Sie müssen ihn retten. Fahren Sie hin, bewirken Sie, daß er freigelassen wird. Fahren Sie zu den Vorgesetzten, zum Zaren, zu wem Sie wollen. Sie sind dazu verpflichtet. Wenn Sie sich weigern, weiß ich, was ich tue. Sie sind für ihn verantwortlich.

NIKOLAI. Sagen Sie mir, was ich tun soll. Ich bin zu allem bereit.

FÜRSTIN. Ich wiederhole nochmals: Sie müssen ihn retten. Wenn Sie es nicht tun, sollen Sie es büßen. Ich gehe. (*Sie geht ab.*)

Elfter Auftritt.
NIKOLAI IWANOWITSCH allein. Dann STEFAN.
NIKOLAI (*legt sich auf das Sofa*).
(*Schweigen. Die Tür wird geöffnet. Man hört Musik: „Großvatertanz".*)
STEFAN (*eintretend*). Papa ist nicht hier, kommt nur.
GROßE *und* KLEINE PAARE (*treten ein*).

Zwölfter Auftritt.
NIKOLAI IWANOWITSCH, STEFAN und die PAARE.
LJUBA (*erkennt den Vater*). Ach, du bist hier, entschuldige.
NIKOLAI (*erhebt sich*). Es macht nichts.
DIE PAARE (*ziehen vorüber*).

Dreizehnter Auftritt.
NIKOLAI IWANOWITSCH allein.
NIKOLAI. Der junge Priester hat sich bekehrt; Boris habe ich ins Unglück gestürzt; Ljuba heiratet. Bin ich wirklich auf falschem Wege? Ist es verkehrt, an Dich zu glauben? Nein, nein! Vater im Himmel, hilf mir!

188..; [1896-1897]; 1900; 1902.

———

Unter den nachgelassenen Manuskripten Tolstois findet sich weiter folgende Skizze des fünften Aufzuges, der aus drei Auftritten bestehen sollte:

FÜNFTER AUFZUG

Strafbataillon. Arrestantenzelle. Arrestanten sitzen und liegen ringsum. BORIS liest aus dem Evangelium vor und legt es aus.
Ein Arrestant, an dem die Prügelstrafe vollzogen ist, wird he-

reingeführt. „Ach, daß kein Pugatschew über euch kommt!" Die
FÜRSTIN stürzt herein und wird hinausgetrieben. Zusammenstoß
mit einem OFFIZIER. Kommando: „Zum Gebet!" Boris wird in eine
Einzelzelle geschafft, soll gepeitscht werden.

V e r w a n d l u n g

Arbeitszimmer des Kaisers. Zigaretten, Nippsachen, Andenken. Die
FÜRSTIN wird gemeldet. „Soll warten." BITTSTELLER, unterwürfig
schmeichelnd. Dann die Fürstin. Wird abgewiesen.

V e r w a n d l u n g

MARIA IWANOWNA spricht mit dem Arzt über die Krankheit Nikolai
Iwanowitschs. Er hat sich verändert, ist milder geworden, aber
gleichzeitig mutloser.

NIKOLAI IWANOWITSCH tritt ein, spricht mit dem Arzt. Alle Medizin sei unnütz; der „Geist" sei wertvoller. Seiner Gattin zuliebe gibt
er nach.

Es treten ein TONJA mit STEFAN, LJUBA mit STARKOWSKI. Unterhaltung über den Landbesitz, NIKOLAI IWANOWITSCH bemüht sich,
die anderen nicht zu kränken. Alle ab. Er bleibt mit LISA. „Ich bin
fortwährend im Zweifel, ob ich recht gehandelt habe. Ausgerichtet
habe ich nichts; im Gegenteil: habe Boris ins Unglück gestürzt; Wassili Nikanorowitsch ist zur Kirche zurückgekehrt. Ich bin ein Beispiel der Schwäche. Offenbar will Gott nicht, daß ich Sein Diener sei.
Er hat viele andere Diener, erreicht Sein Ziel auch ohne mich. Wenn
ich mir das deutlich vorhalte, bin ich ruhig." LISA ab. Er betet. Die
FÜRSTIN stürzt herein, tötet ihn. Alle kommen herbeigeeilt; er sagt,
er hätte sich aus Versehen selbst die tödliche Wunde beigebracht.
Schreibt noch ein Bittgesuch an den Zaren. Der junge PRIESTER
kommt mit Duchoborzen. Er stirbt, froh darüber, daß der Betrug,
den die Kirche verübt, enthüllt ist und daß sein Leben einen Sinn
bekommen hat.

Tolstoi-Portrait von Jan Styka (1858-1925)

Der lebende Leichnam

Drama in zwölf Bildern[1]

PERSONEN

FEODOR WASILJEWITSCH PROTASOW (Fedja).
JELISAWETA ANDREJEWNA (LISA), seine Frau.
MISCHA, der kleine Sohn der beiden.
ANNA PAWLOWNA, Lisas Mutter.
SASCHA, Lisas Schwester.
VIKTOR MICHAJLOWITSCH KARENIN, Lisas zweiter Gatte.
ANNA DMITRIJEWNA, seine Mutter.
FÜRST SERGEJ DIMITRIJEWITSCH ABRESKOW.
MASCHA, eine junge Zigeunerin.
IWAN MAKAROWITSCH, ihr Vater.
NASTASJA IWANOWNA, ihre Mutter.
EIN MUSIKER.
EIN OFFIZIER.
EIN ZIGEUNER.
EINE ZIGEUNERIN.
EIN ARZT.
MICHAIL ALEXANDROWITSCH AFREMOW.
Fedjas Freunde:
  STACHOW
  BUTKEWITSCH
  KOROTKOW
IWAN PETROWITSCH ALEXANDROW, ein Trunkenbold.
WOSNESENSKIJ, Sekretär Karenins.
PETUSCHKOW, ein verbummelter Maler.
ARTEMJEW.
KELLNER im Restaurant.
KELLNER in der Schenke.
DER SCHENKWIRT.
EIN POLIZIST.
DER UNTERSUCHUNGSRICHTER.
MELNIKOW, sein Bekannter.

---

[1] Textquelle | Leo TOLSTOI: *Bühnenwerke.* Übersetzung aus dem Russischen von August Scholz. (Gesamtausgabe des Dichterischen Werkes, herausgegeben von Erich Boehme, Band XIV). Berlin: Malik-Verlag 1928, S. 233-418.

DER PROTOKOLLFÜHRER.
EIN GERICHTSDIENER.
EIN JUNGER ADVOKAT.
PETRUSCHIN, Fedjas Advokat.
EINE DAME.
EIN OFFIZIER.
KINDERFRAU bei Protasows.
DIENSTMÄDCHEN bei Protasows.
LAKAI bei Protasows.
LAKAI bei Karenins.
LAKAI bei Afremow.
GÄSTE in der Schenke.
ZIGEUNER und ZIGEUNERINNEN (Chor).
ADVOKATEN, ZUSCHAUER, RICHTER, ZEUGEN, ein ARZT

ERSTES BILD

Residenz, Wohnung der Protasows. Die Bühne stellt ein kleines Speisezimmer dar. Anna Pawlowna, eine volle, grauhaarige Dame, sitzt im Korsett allein am Teetisch. Die Kinderfrau kommt mit der Teekanne.

KINDERFRAU. Darf ich mir etwas heißes Wasser nehmen?
ANNA PAWLOWNA. Bitte. Was macht der kleine Mischa?
KINDERFRAU. Er ist unruhig. Nichts schlimmer, als wenn die Damen selbst nähren wollen. Sie haben ihren Kummer und Gram, und das Kind leidet darunter. Was für eine Milch muß solch eine Mutter haben, wenn sie in der Nacht nicht schläft und immer weint.
ANNA PAWLOWNA. Sie scheint sich ja nun beruhigt zu haben.
KINDERFRAU. Eine schöne Beruhigung. Nicht mehr zum Ansehen ist's. Immerzu hat sie was geschrieben und dabei geweint.
SASCHA *kommt herein, zur Kinderfrau.* Lisa Sucht Sie.
KINDERFRAU. Ich komm' schon. *Ab.*
ANNA PAWLOWNA. Die Kinderfrau sagt, daß sie noch immer weint. Daß sie sich gar nicht beruhigen kann!

SASCHA. Nein, Mama, Sie sind wirklich gut! Sie verläßt ihren Gatten, den Vater ihres Kindes – und Sie verlangen, daß sie ruhig sein soll!

ANNA PAWLOWNA. Nicht ruhig – aber was geschehen ist, ist geschehen. Wenn ich als Mutter es nicht nur zugelassen habe, sondern sogar froh bin, daß meine Tochter sich von ihrem Manne trennt, so muß er wohl danach sein. Freuen sollte sie sich, statt sich zu grämen, daß sie einen so schlechten Menschen los wird.

SASCHA. Wie können Sie nur so reden, Mama! Sie wissen doch, daß das nicht wahr ist. Er ist durchaus kein schlechter, sondern im Gegenteil ein ganz, ganz ausgezeichneter Mensch, trotz seiner Schwächen.

ANNA PAWLOWNA. Ja wirklich, ganz ausgezeichnet! Sobald er Geld in die Finger bekommt, mag es ihm oder sonst jemand gehören …

SASCHA. Er hat nie fremdes Geld angerührt, Mama!

ANNA PAWLOWNA. Es war das Geld seiner Frau.

SASCHA. Er hat aber sein ganzes Vermögen der Frau überlassen.

ANNA PAWLOWNA. Sollte er's vielleicht behalten, wo er sich sagen muß, daß er alles durchbringen würde?

SASCHA. Ob er es durchbringt oder nicht – ich weiß nur, daß eine Frau ihren Mann nicht verlassen soll, namentlich einen solchen Mann wie Fedja.

ANNA PAWLOWNA. Nach deiner Meinung soll man also warten, bis er alles verjubelt hat und seine Zigeunerliebchen ins Haus bringt?

SASCHA. Er hat keine Liebchen.

ANNA PAWLOWNA. Das ist ja das Unglück, daß er euch alle förmlich behext hat. Nur bei mir verfangen seine Künste nicht: ich durchschaue ihn, und er weiß das. An Lisas Stelle hätte ich ihn nicht erst jetzt, sondern schon vor einem Jahre laufen lassen.

SASCHA. Wie leicht Sie das so hinsagen!

ANNA PAWLOWNA. Durchaus nicht leicht. Mir als Mutter fällt es keineswegs leicht, meine Tochter als geschiedene Frau zu sehen. Sei überzeugt, es fällt mir gar nicht leicht! Aber es ist doch immer besser so, als daß ihr junges Leben ganz verkümmert. Nein, ich danke Gott, daß sie jetzt einen Entschluß gefaßt hat, und daß alles zu Ende ist.

SASCHA. Vielleicht ist auch noch nicht alles zu Ende.

ANNA PAWLOWNA. Wie? Er braucht nur noch in die Scheidung einzuwilligen.

SASCHA. Was ist daran so besonders gut?

ANNA PAWLOWNA. Daß sie noch jung ist und noch glücklich werden kann.

SASCHA. Ach, Mama, das ist entsetzlich, was Sie da sagen; Lisa kann doch unmöglich einen andern Mann lieben!

ANNA PAWLOWNA. Warum kann sie das nicht? Wenn sie erst frei ist … Es werden sich Leute finden, die tausendmal besser sind als euer Fed ja und sich glücklich schätzen werden, Lisa zur Frau zu bekommen.

SASCHA. Mama, das ist nicht recht! Ich weiß, Sie denken an Viktor Karenin.

ANNA PAWLOWNA. Warum soll ich nicht an ihn denken? Er liebt sie seit zehn Jahren, und sie liebt ihn.

SASCHA. Sie liebt ihn wohl, aber nicht so wie ihren Gatten. Das ist eine Jugendfreundschaft.

ANNA PAWLOWNA. Man kennt diese Jugendfreundschaften. Wenn nur die Hindernisse nicht wären.

Das Stubenmädchen tritt ein.

ANNA PAWLOWNA. Was wollen Sie?

STUBENMÄDCHEN. Die gnädige Frau hat den Diener mit einem Briefe zu Viktor Michajlowitsch geschickt.

ANNA PAWLOWNA. Was für eine gnädige Frau?

STUBENMÄDCHEN. Jelisaweta Andrejewna, unsere gnädige Frau.

ANNA PAWLOWNA. Nun, und was weiter?

STUBENMÄDCHEN. Viktor Michajlowitsch lassen sagen, sie würden gleich selbst herkommen.

ANNA PAWLOWNA *verwundert.* Soeben haben wir von ihm gesprochen. Ich verstehe nur nicht, warum … *Zu Sascha.* Weißt du es nicht?

SASCHA. Vielleicht weiß ich es, vielleicht auch nicht.

ANNA PAWLOWNA. Immer Geheimnisse!

SASCHA. Lisa kommt gleich, sie wird es Ihnen sagen.

ANNA PAWLOWNA *kopfschüttelnd, zu dem Stubenmädchen.* Der Samowar muß angewärmt werden. Nimm ihn hinaus, Dunjascha.

Das Stubenmädchen nimmt den Samowar und geht hinaus.

ANNA PAWLOWNA *zu Sascha, die sich erhoben hat und gehen will.* Es ist so gekommen, wie ich sagte: sie hat eben nach ihm geschickt.

SASCHA. Sie hat vielleicht in ganz anderer Absicht nach ihm geschickt.

ANNA PAWLOWNA. In welcher Absicht denn?

SASCHA. Jetzt, in diesem Augenblick, gilt ihr Karenin vielleicht nicht mehr als das Stubenmädchen.

ANNA PAWLOWNA. Nein, nein, du wirst sehen. Ich kenne sie. Sie ruft ihn. Sie bedarf des Trostes.

SASCHA. Ach, Mama, wie wenig kennen Sie Lisa, daß Sie das annehmen können!

ANNA PAWLOWNA. Nun, du wirst sehen! Und ich bin sehr, sehr froh darüber.

SASCHA. Wir werden ja sehen. *Geht, eine Melodie trällernd, ab.*

ANNA PAWLOWNA *allein, schüttelt den Kopf und murmelt vor sich hin.* Recht so, laßt sie nur; recht so, laßt sie nur. Ja…

STUBENMÄDCHEN *tritt ein.* Viktor Michajlowitsch sind da.

ANNA PAWLOWNA. Nun, was weiter? Bitte ihn einzutreten, und sag' es der gnädigen Frau.

Das Stubenmädchen ab durch eine nach innen führende Tür.

VIKTOR KARENIN *tritt ein, begrüßt Anna Pawlowna.* Jelisaweta Andrejewna schrieb mir, ich möchte herkommen. Ich beabsichtigte ohnedies, heute abend vorzusprechen, und ich war sehr erfreut … Befindet sich Jelisaweta Andrejewna wohl?

ANNA PAWLOWNA. Ich danke; das Kind ist etwas unruhig. Sie wird gleich erscheinen. *Betrübt.* Ja, ja, es ist eine schwere Zeit. Sie wissen ja alles.

KARENIN. Ja. Ich war vorgestern hier, als sein Brief ankam. Ist es denn nun unwiderruflich beschlossen?

ANNA PAWLOWNA. Aber ich bitte Sie – selbstverständlich! Alles das noch einmal durchzumachen, wäre entsetzlich.

KARENIN. Da heißt es doch zehnmal ansetzen, bevor man den Schnitt führt. Es ist nicht leicht, so ins lebendige Fleisch zu schneiden.

ANNA PAWLOWNA. Gewiß ist's nicht leicht. Aber ihre Ehe war längst angeschnitten. Es war bei weitem nicht so schwer, sie zu zerreißen, als man meinen könnte. Er sieht es selbst ein, daß er nach allem, was vorgefallen, nicht mehr zurückkehren kann.

KARENIN. Warum nicht?

ANNA PAWLOWNA. Aber wie können Sie das nur annehmen nach allen seinen gemeinen Streichen – nachdem er geschworen, daß das nicht mehr vorkommen wird, und wenn es doch noch einmal vorkommt, daß er dann freiwillig auf alle Rechte eines Gatten verzichtet und ihr die volle Freiheit wiedergibt!

KARENIN. Ja – aber was bedeutet die Freiheit einer Frau, die durch die Ehe gebunden ist?

ANNA PAWLOWNA. Diese Ehe wird gelöst werden. Er hat versprochen, in die Scheidung einzuwilligen, und wir bestehen darauf.

KARENIN. Aber Jelisaweta Andrejewna hat ihn doch so geliebt!

ANNA PAWLOWNA. Ach, ihre Liebe war so harten Prüfungen unterworfen, daß von ihr kaum noch etwas übrig ist. Er ist ein Trunkenbold, er hat sie belogen und betrogen. Kann sie einen solchen Mann noch lieben?

KARENIN. Die Liebe verzeiht alles.

ANNA PAWLOWNA. Sie sagen: die Liebe – aber wie soll man denn einen solchen Waschlappen lieben, auf den man sich in keiner Hinsicht verlassen kann! Was er jetzt wieder angerichtet hat! *Sie sieht nach der Tür und erzählt hastig.* Der ganze Haushalt ist in Unordnung, alles ist verpfändet und kein Groschen im Hause. Der Onkel schickt endlich zweitausend Rubel, damit wenigstens die Zinsen bezahlt werden. Er verschwindet mit dem Gelde und läßt sich nicht mehr sehen. Die Frau sitzt mit dem kranken Kinde da und wartet und wartet, und endlich kommt ein Brief von ihm, sie solle ihm Wäsche und Kleider schicken.

KARENIN. Ja, ja, ich weiß.

Sascha und Lisa treten ein.

ANNA PAWLOWNA. Nun, siehst du – Viktor Michajlowitsch ist auf deinen Ruf erschienen.

KARENIN. Ja … ich wurde allerdings ein wenig aufgehalten … Begrüßt die Schwestern.

LISA. Ich danke Ihnen. Ich habe eine große Bitte an Sie. Ich habe niemand, an den ich mich sonst damit wenden könnte.

KARENIN. Ich stehe gern zur Verfügung.

LISA. Sie wissen ja alles.

KARENIN. Ja, ich weiß alles.

ANNA PAWLOWNA. Ich werde euch allein lassen. *Zu Sascha.* Komm, wir wollen sie allein lassen. *Ab mit Sascha.*

LISA. Er hat mir einen Brief geschrieben, in dem er sagt, daß er unsere Beziehungen als gelöst betrachtet. Ich war so … *sie hält mit Gewalt ihre Tränen zurück* … so tief gekränkt, daß ich … Nun, mit einem Wort, ich entschloß mich, mit ihm zu brechen. Und ich antwortete ihm, daß ich seinen Vorschlag annehme.

KARENIN. Und nun bereuen Sie Ihren Entschluß wieder?

LISA. Ja, ich fühle, daß es unrecht war, was ich getan, daß ich mich nicht von ihm zu trennen vermag. Alles, nur das nicht! Nun, und … so wollte ich Sie bitten, Viktor, ihm diesen Brief zu überbringen … Geben Sie ihm den Brief, und sagen Sie … und holen Sie ihn zurück …

KARENIN *verwundert*. Ja, aber wie denn?

LISA. Sagen Sie ihm, daß ich ihn bitte, alles zu vergessen und nach Hause zurückzukehren. Ich könnte ihm einfach den Brief hinschicken. Doch ich kenne ihn: die erste Regung ist, wie immer, gut, dann aber kommt irgendein fremder Einfluß dazwischen, er wird andern Sinnes und handelt anders, als er wollte.

KARENIN. Ich will tun, was ich kann.

LISA. Sie wundern sich vielleicht, daß ich gerade Sie darum bitte …

KARENIN. Nein … das heißt, ich will aufrichtig sein: ja, ich wundere mich …

LISA. Aber Sie sind mir nicht böse?

KARENIN. Kann ich Ihnen überhaupt böse sein?

LISA. Ich habe Sie deshalb darum gebeten, weil ich weiß, daß Sie ihn lieben.

KARENIN. Ihn und Sie. Sie wissen das. Es geschieht um Ihretwillen, daß ich ihn liebe, und ich danke Ihnen dafür, daß Sie mir vertrauen. Ich werde tun, was ich vermag.

LISA. Ich weiß es. Ich werde Ihnen alles sagen: ich war heute bei Afremow, um in Erfahrung zu bringen, wo er sich aufhält. Man sagte mir, er sei zu den Zigeunern gefahren. Und das gerade ist's, was ich fürchte, diesen Reiz des Phantastischen, Ungebundenen. Ich weiß, wenn er nicht zur rechten Zeit zurückgehalten wird, gerät er ganz auf Abwege. Das muß verhindert werden. Sie wollen also hinfahren?

KARENIN. Gewiß, sofort.

LISA. Fahren Sie hin, suchen Sie ihn auf und sagen Sie ihm. daß alles vergessen ist, daß ich ihn erwarte.

KARENIN *erhebt sich.* Aber wo soll ich ihn suchen?

LISA. Er ist bei den Zigeunern. Ich bin selbst dort gewesen. Ich stand auf der Treppe und wollte ihm den Brief hineinschicken, doch besann ich mich anders und entschloß mich, Sie zu bitten … Hier ist die Adresse. Sagen Sie ihm also, daß er zurückkehren soll, daß alles gut, alles vergessen ist. Tun Sie es aus Liebe zu ihm und aus Freundschaft für mich.

KARENIN. Ich werde alles tun, was ich vermag. *Verneigt sich und geht.*

LISA *allein.* Ich kann nicht, ich kann nicht. Alles lieber als das … ich kann nicht.

SASCHA *tritt ein.* Nun, hast du hingeschickt?

Lisa nickt bejahend mit dem Kopfe.

SASCHA. Und er sucht ihn wirklich auf?

LISA. Natürlich.

SASCHA. Warum gerade ihn? Das begreife ich nicht.

LISA. Wen denn sonst?

SASCHA. Du weißt doch, daß er in dich verliebt ist.

LISA. Das war einmal und ist längst vorüber. Wen, meinst du, hätte ich sonst darum bitten sollen? Glaubst du, daß er zurückkommt?

SASCHA. Ich bin davon überzeugt, weil er doch …

ANNA PAWLOWNA *tritt ein; Sascha hält inne.* Wo ist Viktor Michajlowitsch?

LISA. Er ist fort.

ANNA PAWLOWNA. Wohin denn?

LISA. Ich habe ihn gebeten, etwas für mich zu besorgen.

ANNA PAWLOWNA. Etwas zu besorgen? Warum so geheimnisvoll?

LISA. Durchaus nicht geheimnisvoll. Ich habe ihn gebeten, Fedja persönlich einen Brief zu übergeben.

ANNA PAWLOWNA. Wem? Fedja? Deinem Manne?

LISA. Ja.

ANNA PAWLOWNA. Ich dachte, ihr hättet alle Beziehungen zueinander abgebrochen?

LISA. Ich kann mich nicht von ihm trennen.

ANNA PAWLOWNA. Wie? Dann soll also wieder alles von vorn anfangen?

LISA. Ich wollte ein Ende machen, ich habe es versucht, aber ich kann nicht. Alles, was Sie wollen, nur keine Trennung von ihm.

ANNA PAWLOWNA. Du willst also, daß er wieder zurückkommt?

LISA. Ja.

ANNA PAWLOWNA. Du willst diesen abscheulichen Menschen wieder zu dir ins Haus nehmen?

LISA. Mama, ich bitte Sie, von meinem Gatten nicht in solchem Tone zu reden.

ANNA PAWLOWNA. Er war dein Gatte.

LISA. Nein, er ist es noch.

ANNA PAWLOWNA. Dieser Verschwender, dieser Trunkenbold, dieser Wüstling – kannst du dich wirklich nicht von ihm trennen?!

LISA. Warum quälen Sie mich so, Mama? Ich habe es ohnedies schwer genug, und Sie scheinen es darauf angelegt zu haben, es mir noch schwerer zu machen.

ANNA PAWLOWNA. Ich quäle dich? Gut, dann kann ich ja gehen. Ich kann das hier nicht mehr mitansehen. *Lisa schweigt.* Ich sehe, daß ihr mich hier nicht haben wollt, daß ich euch im Wege bin. Ist das ein Leben! Ich kann euch nicht begreifen: jeden Augenblick etwas Neues! Erst willst du dich scheiden lassen, dann fällt dir plötzlich ein, diesen Menschen kommen zu lassen, der in dich verliebt ist …

LISA. Das ist nicht der Fall.

ANNA PAWLOWNA. Wie denn ? Karenin hat dir doch einen Antrag gemacht – und du schickst ihn als Boten zu deinem Manne! Willst du vielleicht seine Eifersucht wecken?

LISA. Mama, das ist schrecklich, was Sie da sagen. Lassen Sie mich!

ANNA PAWLOWNA. Recht so – deine Mutter jagst du aus dem Hause, und den liederlichen Herrn Gemahl holst du dir feierlich zurück. Ich geh' schon, ich gehe. Lebt wohl, Gott segne euch, macht, was ihr wollt. *Geht, die Tür hinter sich zuschlagend.*

LISA *sinkt auf einen Stuhl.* Das fehlte noch!

SASCHA. Nimm's nicht so schwer – alles wird wieder gut werden. Wir werden Mama schon wieder besänftigen.

ANNA PAWLOWNA *geht vorüber.* Dunjascha, meinen Reisekoffer!

SASCHA. Mama, so hören Sie doch … *Folgt, der Schwester zublinzelnd, Anna Pawlowna.*

Vorhang.

ZWEITES BILD

Zimmer bei den Zigeunern. Der Chor singt das Lied „Kon' a wella". Fedja liegt in Hemdärmeln auf dem Diwan, das Gesicht nach oben gewandt. Afremow sitzt gegenüber dem Vorsänger rittlings auf einem Stuhle. Am Tische ein Offizier; auf dem Tische eine Flasche Sekt mit Gläsern. An demselben Tische sitzt ein Musiker, der sich Notizen macht.

AFREMOW. Fedja, schläfst du?

FEDJA *erhebt sich.* Schwatzt nicht! Jetzt kommt „Das Abendrot …"

ZIGEUNER. Noch nicht, Feodor Wasiljewitsch. Jetzt wird erst Mascha ein Solo singen.

FEDJA. Gut – aber dann müßt ihr „Das Abendrot" singen. *Streckt sich wieder aus.*

OFFIZIER. „Denkst du des Tags" schlag' ich vor.

ZIGEUNER. Ist's den Herren recht?

AFREMOW. Nur zu!

OFFIZIER *zum Musiker.* Was haben Sie da notiert?

MUSIKER. Man kommt nicht mit. Jedesmal singen sie es anders, immer in einer andern Tonart. Hier zum Beispiel. *Er ruft die anderen heran; zu einer Zigeunerin, die hinsieht.* Stimmt das so? *Er singt.*

ZIGEUNERIN. Ganz richtig! Sehr gut!

FEDJA *erhebt sich.* Einen schönen Unsinn wird der zusammennotieren – die ganze Oper wird er sich verhunzen. Nun, Mascha, leg' los, sing „Denkst du des Tags"! Nimm die Gitarre dazu! *Steht auf, setzt sich gerade vor sie hin und sieht ihr in die Augen.*

Mascha singt.

FEDJA. Wundervoll! Bravo, Mascha! Nun, und jetzt kommt „Das Abendrot".

AFREMOW. Nein, halt mal – erst kommt mein „Grablied"!

OFFIZIER. Warum nennen Sie es ein „Grablied"?

AFREMOW. Weil ich in meinem Testament verfüge, daß Zigeuner dieses Lied bei meinem Begräbnis singen sollen. Sobald sie loslegen: „Schel me werste …" – spring' ich aus dem Grabe und bin wieder lebendig. Verstehst du? *Zum Musiker.* Das müssen Sie sich notieren! … Nun, legt los!

Die Zigeuner singen.

AFREMOW. Ach, war das schön! Und jetzt singt: „Ei, ihr wackren Burschen mein!"

Die Zigeuner singen. Afremow singt allein zwischen zwei Strophen, die der Chor singt. Die Zigeuner lächeln, applaudieren und fahren dann fort zu singen. Afremow setzt sich; das Lied ist zu Ende.

DIE ZIGEUNER. Bravo, Michail Andrejewitsch – wie ein richtiger Zigeuner!

FEDJA. Nun, jetzt singt endlich „Das Abendrot".

Die Zigeuner singen.

FEDJA. Das nenn' ich ein Lied! Herrlich, himmlisch, wunderbar! Was alles drin liegt! Wie einen das begeistert – daß man nicht ewig so in Entzücken schwelgen kann!

MUSIKER *notiert.* Ja, sehr originell.

FEDJA. Originell, sagen Sie? Echt ist's vor allem, echt!

AFREMOW. Nun, jetzt könnt ihr ausruhen. *Nimmt die Gitarre und setzt sich zu Katja.*

MUSIKER. Im Grunde genommen ist's ganz einfach, aber dieser Rhythmus!

FEDJA *macht eine geringschätzige Handbewegung, geht dann zu Mascha und setzt sich neben sie auf den Diwan.* Ach, Mascha, Mascha, was hast du aus meinem Herzen gemacht!

MASCHA. Was denn? Wissen Sie auch noch, um was ich Sie gebeten habe?

FEDJA. Um Geld, meinst du? *Nimmt Geld aus seiner Hosentasche.* Da, nimm!

Mascha lacht, nimmt das Geld und steckt es hinter ihr Busentuch.

FEDJA *zu den Zigeunern.* Da soll sich ein Mensch auskennen : erst zaubert sie einem den Himmel vor, und dann bettelt sie um ein Trinkgeld. Du weißt ja gar nicht, Mädchen, was du tust!

MASCHA. Ich weiß es schon, weiß das eine ganz sicher: wenn ich einen liebhabe, sing' ich für ihn ganz besonders schön.

FEDJA. Hast du mich denn lieb?

MASCHA. Ganz gewiß!

FEDJA. Wie herrlich! *Küßt sie.*

Die Zigeuner und Zigeunerinnen gehen hinaus, nur die Paare bleiben zurück: Afremow mit Katja, der Offizier mit Gascha und Fedja mit Mascha. Der Musiker schreibt. Ein Zigeuner klimpert einen Walzer auf der Gitarre.

FEDJA. Ich bin aber verheiratet. Der Chor wird dir's nicht erlauben …

MASCHA. Was geht mich der Chor an? Ich höre nur auf mein Herz und liebe, wen ich will.

FEDJA. Ach, ist mir wohl ums Herz! Und dir?

MASCHA. Auch mir ist wohl. Wenn wir nette Gäste haben, muß uns doch wohl sein.

ZIGEUNER *tritt ein, zu Fedja.* Ein Herr fragt nach Ihnen.

FEDJA. Was für ein Herr?

ZIGEUNER. Ich kenn' ihn nicht. Fein angezogen ist er, hat 'nen Zobelpelz.

FEDJA. Ein feiner Herr? Gut, laß ihn eintreten.

AFREMOW. Wer sollte dich hier suchen?

FEDJA. Weiß der liebe Himmel! Wer kann nach mir Sehnsucht haben?

Karenin tritt ein und sieht sich um.

FEDJA. Ah, Viktor! Dich hätte ich am wenigsten hier er wartet! Leg' ab. Welcher Zufall führt dich hierher? Nun, nimm Platz! Willst du mal das Lied vom „Abendrot" hören?

KARENIN. Je voudrais vous parier sans témoins.

FEDJA. Um was handelt es sich?

KARENIN. Je viens de chez vous. Votre femme m'a chargé de cette lettre, et puis …

FEDJA *nimmt den Brief, liest ihn, runzelt die Stirn und lächelt dann freundlich.* Sag' mal, Karenin – du weißt, was in dem Briefe steht?

KARENIN. Ich weiß es, und ich will dir sagen …

FEDJA. Halt, halt! Glaube zunächst mal nicht, ich sei betrunken und wisse nicht, was ich rede. Wenn ich auch einen Rausch habe – in dieser Sache sehe ich ganz klar. Nun also: was sollst du mir ausrichten?

KARENIN. Ich sollte dich aufsuchen und dir sagen, daß sie … dich erwartet. Ich soll dich bitten, alles zu vergessen und zu ihr zurückzukehren.

FEDJA *hört ihn schweigend an und sieht ihm dabei in die Augen.* Ich verstehe nur nicht, warum gerade du …

KARENIN. Jelisaweta Andrejewna schickte nach mir und ersuchte mich …

FEDJA. Hm …

KARENIN. Aber ich bitte dich nicht nur im Auftrage deiner Frau, sondern auch aus eigenem Antrieb: komm mit mir nach Hause!

FEDJA. Du bist besser als ich. Ach Unsinn, was sag' ich: besser als ich zu sein, ist nicht schwer, denn ich bin ein großer Taugenichts – du bist einfach ein guter, edler Mensch. Und schon das allein bestimmt mich, an meinem Entschlüsse nichts zu ändern. Doch ist das nicht der einzige Grund: ich kann es eben nicht tun, und ich will es nicht tun ... Wie kann ich in diesem Zustande jetzt dorthin gehen?

KARENIN. Du kommst jetzt mit zu mir. Ich lasse ihr sagen, daß du zurückkehrst, und morgen ...

FEDJA. Und morgen was? Ich bleibe immer ich, und sie bleibt – sie. *Tritt an den Tisch und trinkt.* Es ist das beste, den Zahn sofort auszuziehen. Ich habe ihr gesagt, daß sie mir den Laufpaß geben soll, wenn ich noch einmal mein Wort breche. Das ist geschehen – und so ist eben alles aus.

KARENIN. Für dich, aber nicht für sie.

FEDJA. Wie merkwürdig, daß gerade du dich so bemühst, uns wieder zusammenzubringen!

Karenin will etwas erwidern; Mascha tritt heran.

FEDJA *fällt ihm ins Wort.* Hör' mal jetzt zu, wie sie das „Lied vom Flachs" singt! Mascha!

Die Zigeuner versammeln sich.

MASCHA *flüstert.* Wie heißt er denn?

FEDJA *lacht.* Wie er heißt? Herr Viktor Michajlowitsch Karenin heißt er.

Die Zigeuner singen ein Begrüßungslied. Karenin hört verlegen zu und fragt dann leise, wieviel er geben soll.

FEDJA. Nun, gib fünfundzwanzig.

Karenin gibt das Geld.

FEDJA. Großartig! Jetzt das „Lied vom Flachs"!

Die Zigeuner singen. Karenin entfernt sich unbemerkt.

FEDJA sieht sich um. Wo ist Karenin? Ausgerückt? Na, hol' ihn der Teufel!

Die Zigeuner zerstreuen sich im Zimmer.

FEDJA *setzt sich zu Mascha.* Weißt du, wer das ist!

MASCHA. Ich hab' seinen Namen schon gehört.

FEDJA. Das ist der anständigste Mensch unter der Sonne. Er wollte mich abholen – nach Hause, zu meiner Frau. Sie liebt mich Narren – und ich treib' hier solche Possen!

MASCHA. Das ist sehr unrecht. Solltest doch hin fahren und sie nicht unglücklich machen.

FEDJA. Du sagst, ich soll es tun – und ich sage: nein, ich tu's nicht!

MASCHA. Wenn du sie nicht lieb hast, hat's freilich keinen Sinn. Es ist ein eigen Ding um die Liebe.

FEDJA. Woher weißt du das?

MASCHA. Ich weiß es eben.

FEDJA. Küsse mich, Mädchen! Und ihr … *zu den Zigeunern* … singt noch das Lied „vom Flachs" und dann macht Schluß!

Die Zigeuner stimmen ein Lied an.

FEDJA. Ach, ist das schön! Wenn man nur nicht wieder erwachte! Wenn man so sterben könnte!

Vorhang.

DRITTES BILD

Zwei Wochen später. Bei Lisa. Karenin und Anna Pawlowna sitzen im Speisezimmer. Sascha tritt ein.

KARENIN. Nun, wie steht es?

SASCHA. Der Arzt sagt, es sei jetzt keine Gefahr. Nur eine Erkältung müsse vermieden werden.

ANNA PAWLOWNA. Nun, und Lisa ist ganz von Kräften.

SASCHA. Er sagt, es sei ein leichter Fall von Angina. Was ist das? *Zeigt nach einem Körbchen.*

ANNA PAWLOWNA. Weintrauben. Viktor hat sie mitgebracht.

KARENIN. Darf ich bitten?

SASCHA. Lisa ißt gern Weintrauben. Sie ist sehr nervös geworden.

KARENIN. Kein Wunder: zwei Nächte ohne Schlaf, ohne Nahrung!

SASCHA *lächelnd*. Und Sie doch auch!

KARENIN. Das ist etwas anderes.

Der Arzt und Lisa treten ein.

DER ARZT *eindringlich*. So machen wir's also: wechseln Sie den Um-
schlag jede halbe Stunde, wenn er nicht schläft. Sollte er schlafen,
dann stören Sie ihn nicht. Das Einpinseln können Sie lassen. Und
sorgen Sie für gleichmäßige Zimmertemperatur …

LISA. Und wenn er wieder keine Luft bekommt?

DER ARZT. Das dürfte kaum wieder eintreten. Sollte es der Fall sein,
dann nehmen Sie den Inhalationsapparat. Außerdem geben Sie
von den Pulvern eins am Morgen und eins am Abend. Ich werde
gleich das Rezept schreiben.

ANNA PAWLOWNA. Wollen Sie nicht ein Glas Tee trinken, Doktor?

DER ARZT. Nein, ich danke, meine Kranken warten. *Setzt sich an den
Tisch. Sascha bringt Papier und Tinte.*

LISA. Es ist also wirklich nicht die Bräune?

DER ARZT *lächelnd*. Ganz ausgeschlossen! *Schreibt.*

KARENIN *zu Lisa*. Nun, jetzt wird Ihnen aber ein Glas Tee gut tun,
oder noch besser: gehen Sie und ruhen Sie sich aus! Blicken Sie
doch in den Spiegel, wie Sie aussehen!

LISA. Jetzt bin ich wieder aufgelebt. Ich danke Ihnen. Da sieht man,
was ein wahrer Freund ist! *Drückt ihm die Hand. Sascha geht unwillig auf die Seite.* Haben Sie Dank, lieber Freund. Sie haben mir
wirklich …

KARENIN. Was habe ich denn groß getan? Sie haben keinen Anlaß,
mir zu danken.

LISA. Und wer hat seine Nächte geopfert, wer hat uns diese Kapazi-
tät zugeführt?

KARENIN. Ich bin reichlich belohnt durch die Gewißheit, daß Mika
außer Gefahr ist, und vor allem durch Ihre Güte. *Lisa drückt ihm
nochmals die Hand und zeigt ihm lächelnd ein Goldstück, das sie in der
Hand hält.*

LISA *lächelnd*. Das ist für den Arzt – nur weiß ich nie, wie man das
gibt.

KARENIN. Auch ich verstehe das nicht.

ANNA PAWLOWNA. Was verstehen Sie nicht?

LISA. Wie man dem Arzte das Geld gibt. Er hat mir mehr als das
Leben gerettet, und ich gebe ihm Geld! Es hat so etwas Peinliches
…

ANNA PAWLOWNA. Gib her, ich will es ihm geben. Ich verstehe mich darauf. Die Sache ist sehr einfach.

DER ARZT *erhebt sich und reicht das Rezept hin.* Diese Pulver also geben Sie ihm, in einem Eßlöffel abgekochten Wassers aufgelöst, und dann ... *Spricht weiter.*

Karenin trinkt Tee am Tische; Anna Pawlowna
und Sascha gehen nach vorn.

SASCHA. Ich kann dieses Getue nicht mit ansehen. Sie scheint ganz verliebt in ihn.

ANNA PAWLOWNA. Wunderst du dich darüber?

SASCHA. Abscheulich!

Der Arzt verabschiedet sich von allen und geht hinaus.
Anna Pawlowna begleitet ihn.

LISA *zu Karenin.* Er ist jetzt so lieb. Sowie ihm besser wurde, begann er sogleich zu lächeln und zu plappern. Ich gehe jetzt zu ihm – und möchte doch auch von Ihnen nicht fortgehen.

KARENIN. Trinken Sie erst Tee, essen Sie etwas.

LISA. Ich habe jetzt nichts nötig. Mir ist jetzt so wohl nach all diesen Ängsten. *Bricht in Schluchzen aus.*

KARENIN. Da sehen Sie, wie erschöpft Sie sind!

LISA. Ich bin so glücklich. Wollen Sie ihn sehen?

KARENIN. Sehr gern.

LISA. Kommen Sie mit. *Beide ab.*

ANNA PAWLOWNA *kehrt zu Sascha zurück.* Was guckst du so finster ... Wie gern der Herr Doktor sein Geld nahm – schwapp, hatte er's weg!

SASCHA. Einfach widerwärtig. Jetzt hat sie ihn gar ins Kinderzimmer mitgenommen. Als wenn es ihr Mann oder ihr Bräutigam wäre.

ANNA PAWLOWNA. Was kümmert dich das? Warum regst du dich so auf? Oder willst du ihn vielleicht heiraten?

SASCHA. Ich? Diese lange Latte? Lieber weiß Gott wen, nur ihn nicht. Ich bin nie auch nur auf den Gedanken gekommen. Ich finde es nur unrecht, daß Lisa, die doch immer noch Fedjas Frau ist, mit einem fremden Manne auf so vertraulichem Fuße steht.

ANNA PAWLOWNA. Er ist ihr doch kein Fremder, er ist ihr Jugendfreund.

SASCHA. Ich sehe es an ihrem Lächeln, an ihren Blicken, daß sie ineinander verliebt sind.

ANNA PAWLOWNA. Wunderst du dich darüber? Er hat ihr während

der Krankheit des Kindes so viel Teilnahme gezeigt, stand ihr so hilfreich zur Seite – nun, da fühlt sie sich ihm eben zu Danke verpflichtet. Im übrigen, warum sollte sie Viktor nicht liebgewinnen und heiraten?

SASCHA. Das wäre schrecklich! Abscheulich, abscheulich!

Karenin und Lisa treten ein. Karenin verabschiedet sich schweigend.
Sascha unwillig ab.

LISA *zur Mutter*. Was hat sie?

ANNA PAWLOWNA. Ich weiß wirklich nicht.

Lisa seufzt wortlos.

Vorhang.

VIERTES BILD

Afremows Kabinett. Weingefüllte Gläser auf dem Tische. Gäste. Afremow, Fedja, Stachow – ein Mann mit zottigem Haarwuchs, Butkewitsch – mit glattrasiertem Gesicht, Korotkow – ein Mensch von schmarotzerhaftem Wesen.

KOROTKOW. Und ich sage euch, La belle bois macht das Rennen! Ich halte die Stute für das beste Pferd in Europa. Wetten?

STACHOW. Rede nicht, alter Freund. Du weißt doch, daß niemand dir glaubt. Wer sollte mit dir wetten?

KOROTKOW. Ich sage dir, deine „Windrose" ist nichts dagegen!

AFREMOW. Zankt euch doch nicht. Ich will hier Frieden haben. Fragt Fedja, der ist ein Kenner.

FEDJA. Beide Pferde sind gut. Es kommt auf den Reiter an.

STACHOW. Gusew ist ein Halunke, dem muß man auf die Finger sehen.

KOROTKOW *schreit*. Absolut nicht!

FEDJA. Regt euch nicht auf – ich will euren Streit schlichten. Wer hat das Derby gewonnen?

KOROTKOW. Ja doch, aber das hat gar nichts zu sagen, das war

Zufall. Wenn Krakus nicht krank geworden wäre, siehst du …
Ein Lakai tritt ein.

AFREMOW. Was gibt's?

LAKAI. Eine Dame ist da, sie fragt nach Feodor Wasiljewitsch.

AFREMOW. Was für eine Dame?

LAKAI. Ich weiß es nicht. Eine richtige Dame ist's.

AFREMOW. Fedja, eine Dame will dich sprechen.

FEDJA *erschrocken.* Wer ist's?

AFREMOW. Er weiß es nicht.

LAKAI. Soll ich sie in den Salon führen?

FEDJA. Wart', ich will erst sehen, wer es ist. *Ab.*

KOROTKOW. Wer mag's nur sein? Wahrscheinlich Mascha …

STACHOW. Was für eine Mascha?

KOROTKOW. Mascha, die Zigeunerin, – sie hat sich in ihn bis über die Ohren verliebt.

STACHOW. Ein Prachtmädel. Und wie sie singt!

AFREMOW. Wundervoll! Sie und Tanjuscha – das sind unsere ersten Sterne. Gestern haben sie mit Piotr zusammen gesungen.

STACHOW. Ein Glückspilz, dieser …

AFREMOW. Weil ihn die Weiber lieben? Ich schenke sie ihm alle.

KOROTKOW. Ich kann die Zigeunerinnen nicht leiden, ich finde nichts Schönes an ihnen.

BUTKEWITSCH. Rede doch nicht!

KOROTKOW. Ich gebe sie alle für eine einzige Französin hin.

AFREMOW. Na ja, du bist auch als Feinschmecker bekannt. Ich will doch mal sehen, wer's ist. *Ab.*

STACHOW. Wenn es Mascha ist, dann bring' sie her, sie kann uns etwas vorsingen. Es ist jetzt nicht viel los mit den Zigeunern. Die Tanjuscha war früher mal ein Staatsweib, Teufel noch eins!

BUTKEWITSCH. Sie machen ihre Sache doch nicht schlechter als früher.

STACHOW. Meinst du? Sie singen keine richtigen Lieder mehr, sondern immer nur diese trivialen Romanzen.

BUTKEWITSCH. Es gibt auch recht hübsche Romanzen.

KOROTKOW. Willst du wetten: ich lasse sie etwas singen – und du wirst nicht erkennen, ob es ein Lied oder eine Romanze ist!

STACHOW. Dieser Korotkow kann ohne Wetten nicht leben.

AFREMOW *tritt ein.* Es ist nicht Mascha, meine Herren. Im Salon ist nicht aufgeräumt, er muß die Dame hier empfangen. Gehen wir ins Billardzimmer.

Alle ab. Fedja und Sascha treten ein.

SASCHA *verwirrt*. Verzeih, lieber Fedja, wenn ich dir ungelegen komme, aber hör' mich um Gottes willen an! Ihre Stimme zittert.

Fedja geht im Zimmer auf und ab; Sascha hat sich gesetzt und sieht ihn an.

SASCHA. Fedja, kehre nach Hause zurück!

FEDJA. Ich kann dich sehr wohl verstehen, meine liebe, kleine Sascha, und ich würde an deiner Stelle ganz ebenso handeln ; ich würde nichts unversucht lassen, um alles wieder ins Gleiche zu bringen. Aber wenn du, liebes, kleines Mädchen, in meiner Lage wärst – es klingt ja etwas sonderbar, was ich da sage – du würdest bei deinem Zartgefühl sicherlich ebenso handeln wie ich: würdest deiner Wege gehen, um nicht fremdes Glück zu stören …

SASCHA. Wieso zu stören? Kann denn Lisa überhaupt ohne dich leben?

FEDJA. Ach, Sascha, mein liebes Kind, sie kann es, sie kann es, und sie wird noch glücklich werden, weit glücklicher als mit mir!

SASCHA. Niemals!

FEDJA. Das scheint dir so. *Er hält ihre Hand in der seinen*. Doch sehen wir davon ab – die Hauptsache ist: ich kann nicht zurückkehren! Nimm ein Stück Pappe, siehst du, bieg es so oder so: hundertmal biegst du es hin und her, und es bleibt ganz, und zum hundertundersten Male geht es entzwei. So war es zwischen mir und Lisa. Es ist mir gar zu peinlich, ihr in die Augen zu sehen. Und ihr geht es mit mir ebenso, glaub' es!

SASCHA. Nein, nein.

FEDJA. Du sagst nein – und du weißt doch selbst, daß es so ist.

SASCHA. Ich kann nur nach mir selbst urteilen: wenn ich an ihrer Stelle wäre, und du so reden würdest, wie du jetzt redest – das wäre entsetzlich für mich.

FEDJA. Ja, für dich …

Schweigen. Beide sind verlegen.

SASCHA *erhebt sich*. Es soll also dabei bleiben?

FEDJA. Es muß sein.

SASCHA. Fedja, kehr' zurück!

FEDJA. Ich danke dir herzlich, meine liebe Sascha. Die Erinnerung an dich wird mir stets lieb und wert sein … Doch… leb' wohl, du

Gute! Laß mich dich küssen! *Küßt sie auf die Stirn.*

SASCHA *bewegt*. Nein, ich will nicht Abschied nehmen, ich glaube es nicht und will es nicht glauben … Fedja …

FEDJA. Nun, so höre denn. Aber gib mir dein Wort, daß du das, was ich dir sage, niemandem weitersagst. Gibst du mir dein Wort darauf?

SASCHA. Selbstverständlich.

FEDJA. So höre also, Sascha: ich bin ihr Gatte, gewiß, und der Vater ihres Kindes – und doch bin ich für sie überflüssig … Halt, halt, unterbrich mich nicht! Du denkst, ich sei eifersüchtig: nicht im geringsten! Erstens habe ich kein Recht, es zu sein, und zweitens habe ich keinen Anlaß dazu. Viktor Karenin ist ihr alter Freund und auch der meinige. Und er liebt sie, und sie liebt ihn.

SASCHA. Das ist nicht der Fall!

FEDJA. Doch – sie liebt ihn, wie eben eine anständige, moralisch empfindende Frau lieben kann, die ihrem Gatten die eheliche Treue wahrt. Aber sie wird ihn anders lieben, sobald dieses Hindernis … *er zeigt auf sich selbst…* beseitigt sein wird. Und ich werde es beseitigen, und sie werden glücklich sein. *Seine Stimme zittert.*

SASCHA. Fedja, sprich nicht so!

FEDJA. Du weißt doch, daß die Sache so liegt, und ich werde mich freuen über ihr Glück, und mir sagen, daß ich nichts Besseres tun konnte. Ich kehre nicht zurück, ich lasse ihnen jede Freiheit und bitte dich, ihnen das nur auszurichten. Und nun sprich nicht, sprich nicht, und leb' wohl! *Er küßt sie auf den Kopf und öffnet die Tür.*

SASCHA. Fedja, ich bin ganz hingerissen!

FEDJA. Leb' wohl, leb' wohl! *Sascha ab.* Ganz vortrefflich, ganz ausgezeichnet! *Klingelt. Der Lakai erscheint.* Rufen Sie den Herrn … *Allein.* So war's recht!

AFREMOW *tritt ein*. Nun, bist du mit ihr fertig geworden?

FEDJA. Ganz famos! „Sie hat beteuert, hat geschworen!" Ganz ausgezeichnet. Wo sind die andern?

AFREMOW. Sie spielen Billard.

FEDJA. Gut, gehen wir zu ihnen – ein Stündchen wollen wir uns noch bewilligen.

Vorhang.

Elegantes Boudoir mit gewählter Einrichtung und zahlreichen Andenken. Anna Dmitrijewna Karenina, Viktors Mutter, eine fünfzigjährige grande dame, die sich ein wenig als die Jugendliche gibt und häufig französische Brocken in ihre Rede einflicht, sitzt am Tische und schreibt einen Brief. Ein Lakai tritt ein.

LAKAI. Fürst Sergej Dmitrijewitsch!

ANNA DMITRIJEWNA. Aber selbstverständlich!

Der Lakai ab. Anna Dmitrijewna dreht sich nach dem Spiegel um und glättet ihr Haar. Fürst Abreskow – ein eleganter sechzigjähriger Junggeselle, bis auf den Schnurrbart glattrasiert, ehemaliger Militär, sehr respektabel, mit einem Stich ins Melancholische – tritt ein.

FÜRST ABRESKOW. J'espère que je ne force pas la consigne. *Küßt ihr die Hand.*

ANNA DMITRIJEWNA. Sie wissen, que vous etes toujours le bienvenu. Und heute mehr denn je – Sie haben doch, meinen Brief erhalten?

FÜRST ABRESKOW. Gewiß – und hier ist die Antwort.

ANNA DMITRIJEWNA. Ach, mein lieber Freund, il est ensorcelé! positivement ensorcelé! Ich bin bei ihm nie einem solchen Eigensinn, einem solchen Trotz, einer solchen Rücksichtslosigkeit und Gleichgültigkeit gegen mich begegnet. Er ist wie umgewandelt, seit diese Frau sich von ihrem Manne getrennt hat.

FÜRST ABRESKOW. Ja – was ist denn nun? Wie liegen die Dinge?

ANNA DMITRIJEWNA. Er setzt alles daran, um sie zu heiraten.

FÜRST ABRESKOW. Und ihr Mann?

ANNA DMITRIJEWNA. Er ist bereit, sich scheiden zu lassen.

FÜRST ABRESKOW. So–o!

ANNA DMITRIJEWNA. Ja – darauf läßt er, Viktor, sich ein, und hat jetzt den ganzen Schmutz auf dem Halse, die Advokaten, die Schuldbeweise … Tout cela est dégoutant! Das alles widert ihn gar nicht an! Ich verstehe ihn nicht. Er, der sonst so feinfühlig, so schüchtern ist…

FÜRST ABRESKOW. Er liebt sie. Wenn der Mensch wahrhaft liebt, dann …

ANNA DMITRIJEWNA. Gewiß – aber warum konnte die Liebe denn in unsern Tagen ein reines Gefühl bleiben, ein Freundschaftsverhältnis, das durchs ganze Leben anhielt? Eine solche Liebe kann ich verstehen und schätzen.

FÜRST ABRESKOW. Das junge Geschlecht von heute läßt sich eben nicht mehr an den idealen Beziehungen genügen. La possession de l'âme ne leur suffit plus. Was fangen wir nun an, was soll mit ihm geschehen?

ANNA DMITRIJEWNA. Ich möchte am liebsten gar nicht daran denken. Er ist wie behext, wie ausgewechselt. Sie wissen ja, daß ich bei diesen Leuten war – er bat mich so, und ich fuhr hin, traf sie aber nicht an und ließ nur meine Karte da. Elle m'a fait demander, si je pourrais la recevoir. Heute um zwei Uhr … *sie sieht auf die Uhr* … wollte sie kommen, sie muß gleich da sein. Ich habe Viktor versprochen, sie zu empfangen, aber versetzen Sie sich in meine Lage! Ich wußte mir nicht mehr zu helfen und schickte nach alter Gewohnheit zu Ihnen. Ich bedarf Ihres Beistandes!

FÜRST ABRESKOW. Ich danke Ihnen.

ANNA DMITRIJEWNA. Sie werden begreifen, daß dieser Besuch für Viktors Schicksal von entscheidender Bedeutung ist. Ich muß entweder meine Einwilligung verweigern … aber wie kann ich das?

FÜRST ABRESKOW. Sie kennen sie noch gar nicht?

ANNA DMITRIJEWNA. Ich habe sie nie gesehen. Aber ich fürchte mich vor ihr. Eine Frau, die ihren Mann, einen so guten Menschen, verläßt, kann unmöglich gut sein. Er ist ja Viktors Kollege gewesen und hat bei uns verkehrt. Er war ein reizender Mensch. Doch wie er auch gewesen sein mag, quels que soient les torts qu'il a eus vis-à-vis d'elle – sie darf ihren Mann nicht verlassen, sie muß ihr Kreuz tragen. Das eine begreife ich nicht, wie Viktor es mit seinen Überzeugungen vereinigen kann, eine geschiedene Frau zu heiraten. Wie oft hat er, noch neuerdings, in meiner Gegenwart, die Meinung verfochten, daß die Ehescheidung dem Geiste des wahren Christentums widerspreche, und nun läßt er sich selbst auf so etwas ein! Si elle a pu le charmer à un tel point … Ich fürchte mich wirklich vor ihr … Doch nun habe ich Sie hergebeten, um Ihren Rat zu hören, und rede selbst in einem fort. Wie denken Sie über die Sache? Was soll nach Ihrer Meinung geschehen? Haben Sie mit Viktor gesprochen?

FÜRST ABRESKOW. Ich habe mit ihm gesprochen. Und ich glaube, er liebt sie in einem Maße, daß er ganz von dieser Liebe beherrscht wird. Er ist ein Mensch, der für Gefühle schwer zugänglich ist, doch um so zäher an ihnen festhält. Was sich einmal in seinem Herzen eingenistet hat, das ist nicht wieder herauszubringen. Er wird nie eine andere lieben als sie, und kann nicht glücklich werden mit einer andern.

ANNA DMITRIJEWNA. Und wie gern würde ihn zum Beispiel Warja Kasanzewa heiraten! Was für ein Mädchen ist das, und wie liebt sie ihn …

FÜRST ABRESKOW *lächelt*. C'est compter sans son hôte. Das ist jetzt ganz ausgeschlossen. Und ich meine, es ist besser, nachzugeben und ihm bei der Verwirklichung seiner Heiratspläne zu helfen.

ANNA DMITRIJEWNA. Eine geschiedene Frau soll er heiraten, deren erster Gatte ihm jeden Augenblick über den Weg läuft? Ich begreife nicht, wie Sie so ruhig darüber sprechen können. Kann eine Mutter ihrem Sohne – und noch dazu einem Sohne wie Viktor – wohl eine solche Partie wünschen?

FÜRST ABRESKOW. Was ist da zu machen, liebe Freundin? Gewiß wäre es besser, er hätte ein Mädchen geheiratet, das Sie kennen und liebhaben, aber wenn das nicht geht … und dann, wenn er noch eine Zigeunerin heiraten wollte, oder sonst was in der Art … Aber Lisa Protasowa ist ein sehr nettes, liebes Geschöpf. Ich kenne sie durch meine Nichte Nelli: sie ist eine bescheidene, gutherzige, makellose Frau.

ANNA DMITRIJEWNA. Eine makellose Frau, die ihrem Manne wegläuft!

FÜRST ABRESKOW. Ich erkenne Sie nicht wieder: Sie sind nicht gut, Sie sind unbarmherzig! Ihr Mann gehört zu den Leuten, von denen man sagt, sie hätten außer sich selbst keinen Feind. Aber er ist in noch höherem Maße der Feind seiner Frau. Er ist ein schwacher, moralisch ganz gesunkener, dem Trunke ergebener Mensch. Er hat sein ganzes Vermögen und ihr ganzes Vermögen durchgebracht – sie hat ein Kind … wie können Sie eine Frau verurteilen, die einen solchen Mann verlassen hat? Übrigens hat nicht sie i h n, sondern er s i e verlassen.

ANNA DMITRIJEWNA. Oh, welcher Schmutz, welcher Schmutz! Und ich soll mich damit besudeln!

FÜRST ABRESKOW. Und Ihre Religion?

ANNA DMITRIJEWNA. Ja, ja, wir sollen verzeihen – „wie auch wir vergeben unsern Schuldigem" … Mais c'est plus fort que moi …

FÜRST ABRESKOW. Wie sollte sie weiterleben mit einem solchen Menschen? Und wenn sie auch keinen andern liebte, hätte sie diesen Schritt doch tun müssen. Schon um ihres Kindes willen. Er selbst, ihr Mann, der in nüchternem Zustande ganz brav und verständig ist, rät ihr, es zu tun.

Karenin tritt ein, küßt der Mutter die Hand
und begrüßt den Fürsten Abreskow.

KARENIN. Ich wollte Ihnen nur sagen, Mama: Jelisaweta Andrejewna wird gleich hier sein, und ich werde sie empfangen. Ich bitte Sie nur um eins, wenn Sie immer noch gegen meine Heirat sind …

ANNA DMITRIJEWNA *fällt ihm ins Wort.* Gewiß bin ich dagegen!

KARENIN *fährt finster fort.* Dann bitte ich Sie dringend, nichts davon zu sagen, daß Sie dagegen sind und kein entscheidendes Wort in diesem Sinne zu sprechen.

ANNA DMITRIJEWNA. Ich denke doch, daß von solchen Dingen überhaupt nicht gesprochen werden wird. Ich wenigstens werde auf keinen Fall davon anfangen.

KARENIN. Und sie noch weniger. Ich wollte nur, daß Sie sie kennenlernen.

ANNA DMITRIJEWNA. Ich kann nur eins nicht begreifen: wie du deine Absicht, diese Frau Protasowa zu heiraten, deren Mann doch noch lebt, mit deiner religiösen Überzeugung in Einklang bringen kannst. Du hast doch die Ehescheidung stets als etwas Unchristliches bezeichnet!

KARENIN. Mama, Sie sind unbarmherzig. Wir sind doch alle miteinander nicht so unfehlbar, daß unser Handeln nicht gelegentlich einmal von unserer Überzeugung abweicht, zumal das Leben so verwickelt ist. Warum sind Sie gegen mich so unerbittlich hart, Mama?

ANNA DMITRIJEWNA. Ich liebe dich, und ich will dein Glück.

KARENIN *zu Abreskow.* Sergej Dmitrijewitsch!

FÜRST ABRESKOW. Gewiß, Sie wollen sein Glück, aber wir mit unsern grauen Haaren können die Jugend nur noch schwer begreifen. Und besonders schwer mag das für eine Mutter sein, die über das Glück ihres Sohnes ihre eigne Ansicht hat. Alle Frauen sind so.

ANNA DMITRIJEWNA. Ja, ja, reden Sie nur. Alle sind gegen mich. Gewiß, du kannst es tun, vous êtes majeur … Aber mich machst du dadurch unglücklich.

KARENIN. Ich erkenne Sie nicht wieder. Das ist mehr als grausam.

FÜRST ABRESKOW *zu Karenin.* Hör' auf, Viktor. Mama ist in ihren Worten strenger als in ihrem Handeln.

ANNA DMITRIJEWNA. Ich werde sagen, was ich denke und fühle, und ich werde es sagen, ohne sie zu verletzen.

FÜRST ABRESKOW. Davon bin ich überzeugt. *Ein Lakai tritt ein.* Da ist sie schon.

KARENIN. Ich gehe.

LAKAI. Jelisaweta Andrejewna Protasowa!

KARENIN. Ich gehe jetzt. Mama, ich bitte Sie … *Ab. Fürst Abreskow erhebt sich gleichfalls.*

ANNA DMITRIJEWNA. Ich lasse bitten. *Zum Fürsten Abreskow.* Nein, bleiben Sie.

FÜRST ABRESKOW. Ich meine, es wird Ihnen leichter fallen, sie unter vier Augen zu sprechen.

ANNA DMITRIJEWNA. Nein, ich fürchte mich. *Geht nervös hin und her.* Wenn ich mit ihr allein bleiben will, werde ich Ihnen ein Zeichen geben, ça dépendra … Aber gleich von Anfang an so mit ihr zu zweien – das würde mich befangen machen. Ich werde dann so machen … *Macht ihm ein Zeichen.*

FÜRST ABRESKOW. Einverstanden. Ich bin überzeugt, daß sie Ihnen gefallen wird. Nur seien Sie gerecht.

ANNA DMITRIJEWNA. Wie ihr doch alle gegen mich seid! *Lisa tritt ein, im Hute, im Besuchskleide.*

ANNA DMITRIJEWNA *erhebt sich.* Es tat mir so leid, daß ich Sie neulich nicht traf – und nun haben Sie die Liebenswürdigkeit, selbst herzukommen!

LISA. Ich hatte es gar nicht erwartet … Ich bin Ihnen so dankbar, daß Sie mich zu sehen wünschten.

ANNA DMITRIJEWNA *zeigt nach dem Fürsten Abreskow.* Sie sind miteinander bekannt.

FÜRST ABRESKOW. Gewiß, ich hatte die Ehre, vorgestellt zu werden. *Drückt Lisa die Hand und setzt sich.* Meine Nichte Nelli hat mir oft von Ihnen gesprochen.

LISA. Ja, wir waren miteinander sehr befreundet. *Blickt schüchtern zu*

Anna Dmitrijewna hin. Und wir halten auch jetzt noch Freund-schaft. *Zu Anna Dmitrijewna.* Ich hatte nie erwartet, daß Sie den Wunsch haben würden, mich zu sehen.

ANNA DMITRIJEWNA. Ich habe Ihren Mann gut gekannt. Er war mit Viktor befreundet und verkehrte in unserem Hause, bevor er nach Tambow ging. Dort hat er Sie ja wohl geheiratet?

LISA. Ja, wir haben dort geheiratet.

ANNA DMITRIJEWNA. Als er dann wieder nach Moskau zurück-kehrte, kam er nicht mehr zu mir.

LISA. Nein, er hat fast nirgends verkehrt.

ANNA DMITRIJEWNA. Und hat mich auch nicht mit Ihnen bekannt gemacht. *Verlegenes Schweigen.*

FÜRST ABRESKOW. Ich sah Sie das letztemal bei Denisows, an dem Theaterabend. Es war sehr nett da, Sie haben auch mitgespielt?

LISA. Nein … das heißt: ja, gewiß, ich erinnere mich. Ich habe mitge-spielt. *Erneutes Schweigen.* Verzeihen Sie, Anna Dmitrijewna, wenn Ihnen das unangenehm sein sollte, was ich sagen werde – aber ich verstehe es nicht, mich zu verstellen. Ich bin hierherge-kommen, weil Viktor Michajlowitsch sagte … weil er, das heißt … weil Sie mich sehen wollten … es ist wohl am besten, alles zu sagen … *Beginnt zu schluchzen …* Es ist mir so weh ums Herz … und Sie sind so gut …

FÜRST ABRESKOW. Ich werde lieber gehen.

ANNA DMITRIJEWNA. Ja, gehen Sie.

FÜRST ABRESKOW. Auf Wiedersehen! *Verabschiedet sich von beiden und geht.*

ANNA DMITRIJEWNA. Hören Sie, Lisa … ich weiß Ihren Vatersnamen nicht, und ich will ihn auch nicht wissen …

LISA. Andrejewna …

ANNA DMITRIJEWNA. Nun, das ist auch gleich – Lisa. Ich bedaure Sie, Sie sind mir sympathisch. Aber ich liebe Viktor. Ich liebe auf der ganzen Welt nur dieses eine Wesen. Ich kenne seine Seele so ge-nau wie die meinige. Es ist eine stolze Seele. Schon als siebenjäh-riger Knabe war er stolz – nicht auf seinen Namen oder seinen Reichtum, sondern auf seine Reinheit, seine sittliche Unberührt-heit, die er sich zu erhalten wußte. Er ist so rein wie ein junges Mädchen.

LISA. Ich weiß es.

ANNA DMITRIJEWNA. Er hat nie ein Weib geliebt. Sie sind die erste. Ich kann nicht sagen, daß ich nicht auf Sie eifersüchtig bin. Ich bin eifersüchtig. Aber wir Mütter – Ihr Söhnchen ist noch klein, Sie können das noch nicht so fühlen – wir müssen nun einmal darauf gefaßt sein, sie zu verlieren. Ich hatte mich darauf vorbereitet, ihn einer Frau zu überlassen, ohne eifersüchtig zu werden. Doch sollte es eine sein, die ebenso rein wäre wie er …

LISA. Und ich … bin ich etwa …

ANNA DMITRIJEWNA. Verzeihen Sie mir – ich weiß, Sie sind ohne Schuld, Sie sind unglücklich. Und ich kenne ihn: er ist jetzt bereit, das zu tragen, und er wird es auch später tragen, ohne ein Wort zu sagen, aber er wird leiden … sein verletzter Stolz wird darunter leiden, und er wird nicht glücklich sein.

LISA. Ich habe darüber nachgedacht.

ANNA DMITRIJEWNA. Lisa, meine Liebe – Sie sind eine gute, verständige Frau, und wenn Sie ihn aufrichtig lieben, schätzen Sie sein Glück sicher höher als das Ihrige. Ist das aber der Fall, dann werden Sie gewiß nicht wollen, daß er sich bindet und später bereut, wenn er auch nie, nie ein Wort sagen wird.

LISA. Ich weiß, daß er nie ein Wort sagen wird. Ich habe darüber nachgedacht und mir diese Frage vorgelegt. Und ich habe es ihm auch gesagt, aber was soll ich tun, wenn er mir darauf entgegnet, er wolle ohne mich nicht leben? Ich sagte zu ihm: wir wollen Freunde bleiben, aber richten Sie es so ein, daß Sie Ihr reines Leben nicht mit meinem unreinen verbinden. Doch er wollte nichts davon hören.

ANNA DMITRIJEWNA. Und er will es auch jetzt nicht.

LISA. Überreden Sie ihn, daß er von mir lassen soll. Ich bin einverstanden. Ich liebe ihn um seines, nicht um meines Glückes willen. Helfen Sie mir nur, und hassen Sie mich nicht. Wir wollen ihn gemeinsam lieben und nur an sein Glück denken.

ANNA DMITRIJEWNA. Ja, ja … ich habe Sie liebgewonnen. Küßt sie; *Lisa weint.* Und doch … und doch … es ist furchtbar! Hätte er sich in Sie verliebt, bevor Sie noch verheiratet waren …

LISA. Er sagt, er habe mich damals schon geliebt, doch habe er dem Glücke eines andern nicht in den Weg treten wollen.

ANNA DMITRIJEWNA. Ach, wie schrecklich ist das alles! Aber wir wollen einander bei alledem doch recht liebhaben, Gott wird uns schon helfen, das Rechte zu finden.

KARENIN *tritt ein.* Meine gute Mama! Ich habe alles gehört. Sie haben sie liebgewonnen – ich habe es nicht anders erwartet. Alles wird nun gut werden.

LISA. Sie haben alles gehört – wie peinlich ist mir das! Ich hätte es nicht gesagt …

ANNA DMITRIJEWNA. Nun, es ist noch nichts entschieden. Ich kann nur soviel sagen: wenn nicht alle diese widrigen Umstände wären, würde ich mich freuen … *Küßt sie.*

KARENIN. Bleiben Sie, bitte, bei dieser Meinung.

Vorhang.

SECHSTES BILD

Ein ärmlich eingerichtetes Zimmer: ein Bett, ein Schreibtisch, ein Diwan. Fedja allein am Schreibtisch. Es klopft an der Tür. Eine weibliche Stimme hinter der Tür: „Warum hast du dich eingeschlossen, Feodor Wasilje-witsch? So mach' doch auf, Fedja …"

FEDJA *öffnet die Tür.* Wie nett, daß du gekommen bist! Ich langweile mich ganz entsetzlich.

MASCHA. Warum bist du nicht bei uns gewesen? Du trinkst wohl wieder einmal? Ach, du! Und dabei hast du versprochen, es zu lassen!

FEDJA. Du weißt, daß ich kein Geld habe.

MASCHA. Warum habe ich mich nun in dich verliebt?

FEDJA. Mascha!

MASCHA. Ach, was – Mascha, Mascha! Wenn du mich wirklich liebtest, hättest du dich längst scheiden lassen. Auch jene drängen dich. Du sagst, daß du sie nicht liebst – und hängst doch immer noch an ihr fest. Du willst eben nicht …

FEDJA. Du weißt doch, warum ich es nicht will.

MASCHA. Ach, das ist alles Unsinn. Die Leute haben schon recht, wenn sie dich einen Schwätzer nennen.

FEDJA. Was soll ich dir darauf antworten? Soll ich dir sagen, daß deine Worte mich schmerzen? Das kannst du dir selbst sagen.

MASCHA. Gar nichts schmerzt dich …

FEDJA. Du weißt selbst, daß mir einzig deine Liebe auf dieser Welt noch Freude macht.

MASCHA. An meiner Liebe fehlt's nicht – aber du liebst mich nicht!

FEDJA. Ich brauche dir nicht erst das Gegenteil zu versichern. Es hat keinen Zweck – du weißt selbst, wie es damit steht.

MASCHA. Warum quälst du mich nur so, Fedja?

FEDJA. Wie – ich soll dich quälen?

MASCHA *weint*. Du bist nicht gut.

FEDJA *tritt auf sie zu und umarmt sie*. Mascha! Warum weinst du? Hör' doch auf! Leben muß man, und nicht jammern! Du hast am wenigsten Ursache dazu, mein herziges, schönes Kind.

MASCHA. Liebst du mich?

FEDJA. Wen sollte ich sonst noch lieben?

MASCHA. Keine außer mir … Nun lies, was du geschrieben hast.

FEDJA. Es wird dich langweilen.

MASCHA. Wenn du es geschrieben hast, wird's schon gut sein.

FEDJA. Hör' also. *Er liest.* „Ich hatte mich im Spätherbst mit einem Freunde verabredet, daß wir uns am Muryga-Plateau treffen wollten. Dieses Plateau war mit kräftigem Wald bestanden, der reiche Beute versprach. Der Nebel …" *In der Tür erscheinen Maschas Eltern, der alte Zigeuner Iwan Makarowitsch und die Zigeunerin Nastasja Iwanowna.*

NASTASJA IWANOWNA *tritt auf ihre Tochter zu*. Hierher läufst du also, du Frauenzimmer, du Herumtreiberin! Habe die Ehre, gnädiger Herr! Zur Tochter. Was fällt dir eigentlich ein – he?

IWAN MAKAROWITSCH *zu Fedja*. Nicht schön ist's, was du tust, Herr! Machst das Mädel nur unglücklich. Nein, gar nicht schön ist's von dir!

NASTASJA IWANOWNA. Nimm dein Tuch um, und marsch nach Hause! Weggelaufen ist sie uns! Was soll ich dem Chor sagen? Läßt sich mit solch einem Habenichts ein! Was hast du von dem?

MASCHA. Ich habe mich mit niemandem eingelassen. Ich liebe den

Herrn, weiter nichts. Ich will auch im Chor bleiben und singen, aber daß …

IWAN MAKAROWITSCH. Red' noch ein Wort, dann reiß ich dir den Zopf aus. Du Dirne! Von wem hast du das gelernt? Von deinen Eltern und Verwandten gewiß nicht. Und von dir, Herr, ist's schlecht gehandelt. Wir haben dich gern gehabt, haben dir so manches Mal umsonst was vorgesungen, weil du uns leid getan hast. Und wie hast du's uns vergolten?

NASTASJA IWANOWNA. Um nichts hast du unsere Tochter zugrunde gerichtet, unser Goldkind, unsere Einzige, unsern Augapfel, unsere Herrliche, Unschätzbare! In den Schmutz hast du sie getreten – so hast du's uns vergolten! Du hast keinen Gott im Herzen!

FEDJA. Du hast mich in falschem Verdacht, Nastasja Iwanowna – deine Tochter ist mir wie eine Schwester. Ihre Ehre ist mir heilig, denke nichts Schlimmes von uns. Und daß ich sie liebhabe – dafür kann ich nicht.

IWAN MAKAROWITSCH. Als Sie noch Geld hatten, haben Sie sie nicht geliebt. Hätten Sie damals zehntausend Rubel für den Chor gespendet, dann hätten Sie sie in Ehren bekommen. Jetzt, wo Sie alles durchgebracht haben, entführen Sie sie heimlich. Eine Schande ist's, Herr, eine Schande!

MASCHA. Er hat mich nicht entführt, ich bin selbst zu ihm gekommen. Und wenn ihr mich jetzt wegbringt, geh' ich doch wieder zu ihm. Ich liebe ihn, abgemacht, und meine Liebe ist stärker als alle eure Schlösser. Ich will ihn eben lieben.

NASTASJA IWANOWNA. Nun, meine Maschenka, mein Herzblättchen, sei nicht trotzig. Es war nicht recht von dir – nun, komm schon!

IWAN MAKAROWITSCH. Rede nicht erst lange. Marsch! *Nimmt Mascha bei der Hand.* Leben Sie wohl, Herr. *Alle drei ab.*

Fürst Abreskow tritt ein.

FÜRST ABRESKOW. Verzeihen Sie – ich bin wider Willen Zeuge einer peinlichen Szene geworden.

FEDJA. Mit wem habe ich die Ehre? … *Erkennt ihn.* Ah, Fürst Sergej Dmitrijewitsch! *Begrüßt ihn.*

FÜRST ABRESKOW. Einer unangenehmen Szene, ja – ich wünschte wohl, daß ich nichts gehört hätte. Doch da ich es einmal gehört habe, so halte ich es für meine Pflicht, zu sagen, daß ich es gehört habe. Man hatte mich hierher gewiesen, und ich mußte an der Tür warten, bis diese Herrschaften gegangen waren, um so mehr, als mein Klopfen wohl über den sehr lauten Stimmen nicht gehört wurde.

FEDJA. Ja, ja. Bitte, näher zu treten. Ich danke Ihnen, daß Sie mir das mitgeteilt haben, das gibt mir ein Recht, Ihnen diese Szene zu erklären. Was Sie dabei über mich denken, ist mir gleich. Ich möchte Ihnen jedoch von vornherein bemerken, daß die Vorwürfe, die, wie Sie hörten, dem jungen Mädchen gemacht wurden, ganz ungerecht sind. Sie ist eine Zigeunerin, die im Chor mitsingt. Sie ist in sittlicher Beziehung ohne Makel. Meine Beziehungen zu ihr sind rein freundschaftliche, und wenn vielleicht ein gewisser poetischer Hauch darauf ruht, so kann dies der weiblichen Ehre dieses Mädchens nichts anhaben. Das ist's, was ich Ihnen sagen wollte … Womit kann ich Ihnen sonst dienen? Was verschafft mir die Ehre?

FÜRST ABRESKOW. Ich wollte mir zunächst gestatten …

FEDJA. Verzeihen Sie, Fürst – meine gesellschaftliche Stellung ist eine solche und meine Bekanntschaft mit Ihnen eine so oberflächliche, daß ich nur annehmen kann, Ihr Besuch gelte irgendeiner geschäftlichen Angelegenheit. Um was handelt es sich also?

FÜRST ABRESKOW. Sie haben es erraten: ich habe allerdings ein Anliegen an Sie. Aber ich bitte Sie, überzeugt zu sein, daß die Veränderung Ihrer gesellschaftlichen Stellung in keiner Weise mein Verhalten gegen Sie beeinflussen kann.

FEDJA. Ich bin vollkommen überzeugt davon.

FÜRST ABRESKOW. Es handelt sich darum, daß meine alte Freundin Anna Dmitrijewna Karenina und ihr Sohn mich gebeten haben, von Ihnen persönlich in Erfahrung zu bringen, in welchem Verhältnis – Sie gestatten mir wohl, diesen Ausdruck anzuwenden – Sie zu ihrer Gattin Jelisaweta Andrejewna Protasowa stehen.

FEDJA. Mein Verhältnis zu meiner Gattin – ich kann wohl sagen: zu meiner früheren Gattin – ist vollkommen gelöst.

FÜRST ABRESKOW. Das hatte ich auch angenommen. Und nur unter dieser Voraussetzung hatte ich diese schwierige Mission übernommen.

FEDJA. Ich beeile mich, zu erklären, daß nicht sie die Schuld daran trägt, sondern ich allein, daß ich schuldig bin im weitesten Sinne des Wortes. Sie bleibt eine makellose Frau, wie sie es immer gewesen ist.

FÜRST ABRESKOW. Und nun bin ich von Viktor Karenin, besonders aber von seiner Mutter, ersucht worden, mich bei Ihnen nach Ihren weiteren Absichten zu erkundigen.

FEDJA *hitzig.* Was für Absichten? Ich habe gar keine Absichten. Ich habe sie ganz frei gegeben. Und noch mehr: ich werde ihre Ruhe niemals stören. Ich weiß, daß sie Viktor Karenin liebt – mir ist's recht. Ich halte ihn für einen sehr langweiligen, doch dabei sehr guten und ehrenhaften Menschen, und ich glaube, daß sie mit ihm, wie man zu sagen pflegt, glücklich sein wird. Que le bon Dieu les bénisse – das ist alles, was ich sagen kann.

FÜRST ABRESKOW. Ja, aber wir möchten …

FEDJA *fällt ihm ins Wort.* Glauben Sie nicht etwa, daß ich auch nur eine Spur von Eifersucht empfinde. Wenn ich Viktor langweilig nannte, so nehme ich das Wort zurück. Er ist ein vortrefflicher, ehrenhafter, durch und durch moralischer Mensch, fast das gerade Gegenteil von mir. Er liebt sie seit ihrer Kindheit, und vielleicht liebte auch sie ihn schon, als sie mich heiratete. Solch eine Liebe, von der niemand etwas weiß, hat oft den allergrößten Reiz. Sie hat ihn nach meiner Ansicht stets geliebt, aber als anständige Frau wagte sie das nicht einmal sich selbst einzugestehen. Doch es lag wie ein Schatten über unserem Eheleben … übrigens, ich mache Ihnen da Geständnisse …

FÜRST ABRESKOW. Ich bitte Sie, weiterzusprechen. Glauben Sie mir, daß der Wunsch, in diesen Dingen ganz klar zu sehen, für mich in erster Linie bestimmend war, als ich mich zu diesem Besuche bei Ihnen entschloß. Ich verstehe Sie. Ich begreife, daß ein solcher Schatten, wie Sie es zutreffend nannten, vorhanden sein konnte.

FEDJA. Ja, er war vorhanden; vielleicht war das der Grund, daß das Glück, welches sie mir gab, mich nicht befriedigte, und daß ich auf der Suche nach dem Glück auf Abwege geriet. Doch das klingt fast, als wollte ich mich rechtfertigen. Das will ich nicht, und das kann ich auch nicht. Ich war ein schlechter Ehemann – war es, kann ich getrost sagen, denn in meinem Bewußtsein bin ich längst nicht mehr ihr Gatte. Sie ist nach meiner Auffassung in jeder Beziehung frei. Das ist die Antwort, die ich Ihnen, soweit Ihre Mission in Betracht kommt, zu geben vermag.

FÜRST ABRESKOW. Ja, aber Sie kennen Viktors Familie und ihn selbst. Seine Beziehungen zu Jelisaweta Andrejewna waren stets die allerehrbarsten und werden es stets bleiben. Er hat ihr beigestanden, als sie in schwieriger Lage war.

FEDJA. Ja, ich habe durch mein Lotterleben ihre Annäherung gefördert. Was ist da schon zu machen, es hat wohl so sein sollen.

FÜRST ABRESKOW. Sie wissen, daß er sowohl wie seine Familie sich zu streng rechtgläubigen Ansichten bekennen. Ich teile diese Ansichten nicht. Ich sehe die Dinge von einem weniger engen Gesichtspunkte an, doch achte und begreife ich ihren Standpunkt. Ich begreife, daß für ihn, und namentlich für seine Mutter, eine Verbindung zwischen Mann und Frau ohne den Segen der Kirche undenkbar ist.

FEDJA. Ich kenne seine … primitiv konservative Auffassung dieser Dinge. Was wünschen die Herrschaften also? Die Scheidung! Ich habe ihnen längst erklärt, daß ich bereit bin, mich scheiden zu lassen, aber die Bedingung, daß ich formell und feierlich alle Schuld auf mich nehmen soll, samt all der Lüge, die damit verbunden ist, erscheint mir doch gar zu drückend.

FÜRST ABRESKOW. Ich verstehe Sie vollkommen und teile Ihre Auffassung. Aber was soll geschehen? Ich meine, es wird sich doch irgendwie arrangieren lassen. Aber, wie gesagt: Sie haben vollkommen recht. Es ist eine starke Zumutung, und ich begreife Sie.

FEDJA *drückt ihm die Hand*. Ich danke Ihnen, lieber Fürst. Ich kannte Sie stets als einen Mann von ehrenwerter, edler Gesinnung. Sagen Sie also – was soll ich tun? Wozu raten Sie mir? Versetzen Sie sich einmal in meine Lage! Ich will nicht besser erscheinen, als ich bin. Ich bin ein Taugenichts, gewiß. Aber es gibt Dinge, die ich nicht so ohne weiteres fertig bekomme. Ich bekomme es zum Beispiel nicht fertig, zu lügen.

FÜRST ABRESKOW. Ich muß mich über Sie wundern. Sie sind ein Mann von Fähigkeiten, ein guter Kopf, und besitzen ein so feines Gefühl für das, was gut und recht ist. Wie konnten Sie so auf Abwege geraten und vergessen, was Sie sich selbst schuldig sind? Wie war es möglich, daß Sie sich selbst so zugrunde gerichtet haben?

FEDJA *bewegt, sucht seine Tränen zurückzuhalten*. Zehn Jahre schon führe ich dieses lasterhafte Leben, und zum erstenmal in dieser ganzen langen Zeit hat ein Mann wie Sie mir seine Teilnahme gezeigt. Nur meine Zechkumpane – und die Weiber – haben mich sonst bedauert, aber daß ein verständiger, guter Mensch wie Sie so mit mir spricht … Ich danke Ihnen! … Wie ich so weit sinken konnte? Da ist zunächst mal der Branntwein … Nicht, als ob er mir besonders schmeckte – aber wenn ich so über mich und mein Leben nachdenke, dann fühle ich jedesmal, daß alles verfehlt ist, und dann schäme ich mich so. Auch jetzt, da ich mit Ihnen rede, schäme ich mich. Den Adelsmarschall zu spielen, im Aufsichtsrat einer Bank zu sitzen – das alles scheint mir ein Anlaß, sich zu schämen. Trinkt man, dann verliert sich dieses Schamgefühl. Na, und die Musik – nicht die hohe Oper oder Beethoven, sondern die Zigeunermusik – die belebt einen so, flößt einem solches Kraftgefühl ein. Und dazu kommen noch ein Paar liebe schwarze Augen und ein holdes Lächeln. Und je tiefer einen das packt, je mehr es einen anzieht – desto mehr schämt man sich dann nachträglich.

FÜRST ABRESKOW. Nun, und die Arbeit?

FEDJA. Auch damit hab' ich's versucht. Aber ich taugte nicht dazu, fand keine Befriedigung darin. Doch was erzähl' ich Ihnen da von mir – ich danke Ihnen! …

FÜRST ABRESKOW. Was soll ich also sagen?

FEDJA. Sagen Sie, ich würde ihren Wunsch erfüllen. Sie wollen heiraten, wollen, daß jedes Ehehindernis beseitigt werde?

FÜRST ABRESKOW. So ist's …

FEDJA. Ich werde das Meinige dazu tun. Sagen Sie, ich würde es bestimmt tun.

FÜRST ABRESKOW. Wann?

FEDJA. Warten Sie mal: sagen wir, innerhalb vierzehn Tagen. Genügt das?

FÜRST ABRESKOW *erhebt sich*. Darf ich das ausrichten?

FEDJA. Ja, Sie dürfen es. Leben Sie wohl, Fürst – nochmals meinen Dank.

Fürst Abreskow ab.

FEDJA *sitzt eine ganze Weile schweigend da, lächelt*. Vortrefflich, ganz vortrefflich! Es muß sein, es muß sein, es muß sein! Ganz famos!

Vorhang.

Besonderes Kabinett in einem Restaurant. Ein Kellner führt Fedja herein.

KELLNER. Hierher, bitte. Hier wird Sie niemand stören. Das Papier bring' ich sofort.

IWAN PETROWITSCH ALEXANDROW *tritt ein*. Protasow! Darf ich hereinkommen?

FEDJA *ernst*. Bitte, komm herein; ich bin freilich beschäftigt … aber komm nur.

IWAN PETROWITSCH. Du schreibst ihnen wohl die Antwort auf ihre Forderungen? Ich will sie dir diktieren – ich würde nicht einen Zoll breit nachgeben. Ich sage meine Meinung immer gerade heraus und handle mit Entschlossenheit.

FEDJA *zum Kellner*. Eine Flasche Champagner! *Der Kellner entfernt sich; Fedja zieht einen Revolver aus der Tasche und legt ihn neben sich.* Wart' ein Weilchen.

IWAN PETROWITSCH. Was ist das? Erschießen willst du dich? Das ist gar nicht dumm – ich verstehe dich: sie wollen dich demütigen, du aber wirst ihnen zeigen, wer du bist! Dich wird die Kugel töten, sie aber dein Großmut! Oh, ich begreife dich, ich begreife überhaupt alles, weil ich nämlich ein Genie bin.

FEDJA. Gewiß, gewiß. Nur …

Der Kellner bringt eine Flasche Champagner sowie Papier und Tinte.

FEDJA *bedeckt den Revolver mit einer Serviette*. Entkorke sie! Laß uns trinken! *Sie trinken; dann beginnt Fedja zu schreiben.* Wart' ein Weilchen.

IWAN PETROWITSCH. Auf deine … große Wanderfahrt! Ich stehe über der Sache. Ich werde dich nicht zurückhalten. Ich stehe jenseits von Leben und Tod. Ich sterbe im Leben und lebe im Tode. Du tötest dich, damit zwei Menschen Gewissensbisse empfinden. Und ich … ich werde mich töten, damit die ganze Welt begreift, was sie verloren hat. Ich werde nicht schwanken, nicht überlegen – ein Griff … *ergreift den Revolver* … ein Knall – und alles ist vorbei. Aber es ist noch zu früh … *legt den Revolver zurück*. Schreiben würde ich überhaupt nichts, mögen sie's von selbst begreifen! … Ach, ihr …

FEDJA *schreibt.* Wart' ein Weilchen.

IWAN PETROWITSCH. Ein jämmerliches Pack, diese Menschen – wie sie herumwimmeln, wie sie sich abrackern! Und nichts begreifen sie, rein gar nichts! Ich rede nicht zu dir, ich äußere nur so meine Gedanken. Was ist's denn, das der Menschheit not tut? Nur sehr wenig: daß sie ihre Genies zu würdigen weiß. Und sie hat ihre Genies zu allen Zeiten gekreuzigt, ins Exil getrieben, gefoltert… Nein, ich will nicht euer Spielzeug sein. Ich werde eure ganze Niedertracht enthüllen. Wartet, ihr Heuchler!

FEDJA *hat zu Ende geschrieben, leert sein Glas und liest für sich, was er geschrieben hat.* Nun geh, bitte.

IWAN PETROWITSCH. Gehen, sagst du? Nun denn, leb' wohl. Ich halte dich nicht zurück. Auch ich werde diesen Weg gehen – doch ist's noch zu früh. Ich will dir nur sagen …

FEDJA. Ja, mein Lieber, du wirst es mir sagen, aber später … Jetzt hätte ich eine Bitte an dich: übergib doch das hier … gibt ihm Geld … dem Wirt und frage nach, ob nicht ein Brief oder sonst etwas für mich angekommen ist. Tu mir den Gefallen.

IWAN PETROWITSCH. Schön. Du wartest also, bis ich zurück bin? Ich habe dir noch etwas sehr Wichtiges zu sagen. Etwas, das du nicht nur in dieser Welt, sondern auch im Jenseits nicht zu hören bekommen wirst, ehe ich nicht drüben angelangt bin … Soll er das Ganze haben?

FEDJA. Soviel er zu bekommen hat.

Iwan Petrowitsch ab. Fedja atmet erleichtert auf und verschließt hinter Iwan Petrowitsch die Tür. Dann nimmt er den Revolver, spannt den Hahn, setzt die Waffe an die Schläfe an, erschauert und läßt die Hand mit der Waffe langsam sinken.

FEDJA *brüllt auf.* Nein, ich kann nicht, ich kann nicht, ich kann nicht! Es klopft an die Tür. Wer ist da?

MASCHA *hinter der Tür.* Ich.

FEDJA. Wer denn? Ah, Mascha! *Öffnet die Tür.*

MASCHA. Ich war bei dir, bei Popow, bei Afremow, und dann dachte ich mir, daß du hier sein könntest. *Sieht den Revolver.* Das ist ja schön! Nein, bist du dumm! Zu dumm! Willst du dich wirklich …

FEDJA. Ich bring' es nicht fertig.

MASCHA. Und an mich denkst du gar nicht? Ach, du gottloser

Mensch! Was aus mir wird, ist ihm ganz gleich! Ach, Feodor Wasiljewitsch, wie sündhaft ist das! Das ist der Lohn für meine Liebe!

FEDJA. Ich wollte sie freigeben, hab's ihnen versprochen … Und ich kann nicht lügen.

MASCHA. Und ich?

FEDJA. Was ist mit dir? Auch du würdest frei werden. Willst du dich noch weiter mit mir herumquälen?

MASCHA. Gewiß will ich das. Ich kann nicht ohne dich leben.

FEDJA. Was für ein Leben wirst du mit mir führen! Und so wirst du eine Zeitlang weinen und dann den Schmerz überwinden.

MASCHA. Gar nicht werde ich weinen! Hol' dich der Teufel, wenn dir so wenig an mir liegt! Weint.

FEDJA. Mascha, meine Herzensfreundin – ich wollt's doch so machen, wie es am besten wäre!

MASCHA. Ja – für dich am besten!

FEDJA lächelt. Wieso denn für mich, wenn ich mich doch töte!?

MASCHA. Gewiß ist's für dich so am besten. Sag', was bezweckst du eigentlich damit?

FEDJA. Was ich damit bezwecke? Sehr vieles.

MASCHA. Was denn? Was?

FEDJA. Zunächst hab' ich ein Versprechen gegeben, und das muß ich halten. Ich kann nicht lügen, kann diese widerwärtigen Förmlichkeiten nicht erfüllen, die die Scheidung nötig macht …

MASCHA. Was ist denn daran so widerwärtig?

FEDJA. Frei werden sollen sie doch, das habe ich nun einmal beschlossen. Warum sie noch länger auf die Folter spannen – zwei so vortreffliche Menschen …

MASCHA. Möcht' wissen, was an ihr so vortrefflich ist – wenn sie dich verlassen konnte!

FEDJA. Nicht sie hat mich verlassen: ich bin von ihr gegangen.

MASCHA. Nun ja, schon gut, schon gut. Du hast alle Schuld, und sie ist ein Engel. Hast du sonst noch was zu sagen?

FEDJA. Höchstens noch das eine, daß du ein gutes, liebes Mädel bist, und daß ich dich liebe, aber dich unglücklich machen würde, wenn ich am Leben bliebe.

MASCHA. Das ist nicht mehr deine Sache. Daß ich unglücklich werde, weiß ich auch ohnedies.

FEDJA seufzt. Vor allem … was ist mein Leben? Ich sehe doch selbst, daß ich ganz herunter bin und zu nichts mehr tauge. Aller Welt bin ich eine Last, und mir selbst am meisten, wie dein Vater sagt. Unnütz und überflüssig.

MASCHA. Unsinn! Ich hab' dich nun mal liebgewonnen und lasse nicht von dir. Und daß du ein schlechtes Leben führst, daß du trinkst und herumschwärmst – nun, du bist doch ein lebendiger Mensch, gewöhn' dir's doch ab!

FEDJA. Das ist leicht gesagt.

MASCHA. Tu's doch!

FEDJA. Wenn ich dich so ansehe, glaub' ich fast, daß es mit mir noch anders werden könnte.

MASCHA. Ganz sicher! Wirst sehen, alles kann noch gut werden. *Sieht den Brief.* Was ist das? Du hast ihnen geschrieben? Was hast du geschrieben?

FEDJA. Was ich geschrieben habe? … *Nimmt den Brief und will ihn zerreißen.* Es ist jetzt nicht mehr nötig …

MASCHA *entreißt ihm den Brief.* Du hast wohl geschrieben, daß du dich umgebracht hast? Ja? Hast du was von der Pistole geschrieben? Oder nur so, vom Umbringen?

FEDJA. Ich schrieb, daß ich aus dem Leben scheide.

MASCHA. Gib her, gib her! Ich habe mal ein Buch gelesen – darin kommt einer vor, Rachmanow heißt er, glaub' ich, der will auch seine Frau freigeben und stellt sich, als sei er ertrunken … Kannst du schwimmen?

FEDJA. Nein.

MASCHA. Das ist gut. Du gibst deine Kleider her, alles, auch die Brieftasche.

FEDJA. Wozu?

MASCHA. Wart' nur, wart', wart'! Wir fahren nach deiner Wohnung, dort ziehst du dich um.

FEDJA. Aber das ist doch … Betrug!

MASCHA. Was tut's? Du warst baden, deine Kleider sind am Ufer geblieben. Und im Rock man deine Brieftasche finden und diesen Brief.

FEDJA. Nun – und dann?

MASCHA. Und dann? Dann reisen wir ab und freuen uns des Lebens.

IWAN PETROWITSCH *tritt ein*. Ei, seht doch! Und der Revolver? Den
behalt' ich für mich.

MASCHA. Nimm ihn, nimm ihn – wir brauchen ihn nicht mehr.

Vorhang.

ACHTES BILD

Gastzimmer bei Protasows. Karenin und Lisa.

KARENIN. Er hat es so bestimmt zugesagt, daß ich überzeugt bin, er
wird sein Versprechen halten.

LISA. Es ist mir peinlich, es zu sagen – aber ich gestehe es offen, daß
ich mich jetzt erst innerlich frei fühle, nachdem ich von seinen
Beziehungen zu dieser Zigeunerin gehört habe. Ich glaube nicht,
daß das Eifersucht ist – es ist wirklich nur das Gefühl der Befreiung. Wie soll ich Ihnen das klarmachen …

KARENIN. Schon wieder „Ihnen"!

LISA *lächelnd*. Also dir. Aber lassen Sie … laß mich dir sagen, was ich
fühle. Was mich ganz besonders quälte, war, daß ich die Emp-
findung hatte, als sei meine Liebe zwischen zween geteilt. Das
bedeutete nichts anderes, als daß ich eine unmoralische Frau bin.

KARENIN. Du – eine unmoralische Frau !?

LISA. Seit ich jedoch wußte, daß er es mit einer andern hält, daß er
meiner nicht mehr bedarf, hatte ich das befreiende Gefühl, daß
ich, ohne zu lügen, sagen kann, mein Herz gehöre Ihnen … gehöre dir. Jetzt ist es Licht geworden in meiner Seele, und nur
meine Lage bedrückt mich noch. Diese Scheidung … das quält
einen alles so … diese Erwartung …

KARENIN. Über kurz oder lang wird alles erledigt sein. Wir haben
seine Zusage – und dann habe ich auch meinen Sekretär gebeten,
mit dem Bittgesuch zu ihm zu gehen und ihn nicht eher zu verlassen, als bis er unterschrieben hat. Wenn ich ihn nicht besser

kennen würde, müßte ich annehmen, daß er es absichtlich tut.

LISA. Nein, das ist nicht der Fall. Es ist immer dasselbe bei ihm: seine Schwäche und seine Aufrichtigkeit. Er will nicht die Unwahrheit sagen. Es war vielleicht nicht richtig, ihm Geld zu schicken.

KARENIN. Doch, es war besser so – die Sache hätte sonst leicht einen Aufenthalt erleiden können.

LISA. Geld hat immer etwas Anrüchiges.

KARENIN. Nun, er dürfte in diesem Punkte nicht so penibel sein.

LISA. Was für Egoisten sind wir doch!

KARENIN. Ja, ich bekenne mich als solchen. Aber daran bist du selbst schuld. Nach dieser langen, hoffnungslosen Wartezeit bin ich jetzt so glücklich. Und das Glück macht egoistisch. Du, nur du bist schuld.

LISA. Nicht dir allein geht es so – auch ich fühle eine solche Seligkeit, ich schwelge in dieser Fülle des Glückes. Mein Mika ist wieder gesund, und deine Mutter liebt mich, und du liebst mich – und ich vor allem – ich, ich liebe!

KARENIN. Wirklich? Und du wirst es nicht bereuen? Wirst nicht anderen Sinnes werden?

LISA. Von jenem Tage an hat sich alles in mir gewandelt.

KARENIN. Und es kann sich nicht wieder wandeln?

LISA. Niemals. Ich wünschte nur das eine: daß die Vergangenheit für dich ebenso vollständig erledigt sein möchte wie für mich.

Die Kinderfrau erscheint mit dem Kleinen. Der Kleine geht zur Mutter hin, sie nimmt ihn auf den Schoß.

KARENIN. Was für unglückliche Menschen sind wir doch!

LISA. Wie denn? Küßt das Kind.

KARENIN. Als du ihn geheiratet hattest und ich bei meiner Rückkehr aus dem Auslande dies erfuhr und dich für immer verloren zu haben glaubte, da war ich sehr unglücklich. Um so froher war ich, als ich dann erfuhr, daß du doch noch an mich dachtest. Schon damit war ich zufrieden. Als dann unsere Beziehungen sich freundschaftlich gestalteten und ich fühlte, daß du mir wohlgesinnt warst, daß in unserer Freundschaft ein winziges Fünkchen von einem Gefühle erglomm, das mehr als Freundschaft war, da war ich schon beinahe glücklich. Mich quälte nur der Gedanke, daß ich Fedja gegenüber nicht ehrlich sei. Doch war ich andererseits fest davon überzeugt, daß zwischen uns, so wie ich mich und dich kannte, jede andere Beziehung ausgeschlossen war, als die einer ehrlichen Freundschaft zwischen dem Freunde des Gatten und der Gattin. Und so machte ich mir darüber gar keine Gedanken und fand mich mit dem, was mir zuteil geworden, vollkommen ab. Als dann Fedja dich zu quälen begann und ich fühlte, daß ich dir eine Stütze bin, und daß du Angst hast vor meiner Freundschaft, da war ich schon wirklich glücklich, und eine unbestimmte Hoffnung begann in mir zu keimen. Und als er dann vollends unmöglich wurde und du den Entschluß faßtest, ihn zu verlassen, als ich zum ersten Male dir alles gestand und du nicht „nein" sagtest, sondern in Tränen von mir gingst, da kannte mein Glück keine Grenzen, und wenn man mich gefragt hätte, was ich mir noch wünsche, dann hätte ich geantwortet: nichts. Doch nun zeigte sich die Möglichkeit, unser Leben zu vereinigen, meine Mutter gewann dich lieb, jene Möglichkeit begann sich zu verwirklichen, du sagtest mir, daß du mich geliebt hast und mich liebst, dann sagtest du mir, wie soeben noch, daß er für dich nicht existiere, daß du mich allein liebst – was, sollte man meinen – was fehlte mir da noch am vollen Erdenglück? Und jetzt – jetzt quält mich die Vergangenheit, ich möchte, daß diese Vergangenheit nicht wäre, daß das, was an sie erinnert, nicht existierte …

LISA *vorwurfsvoll*. Viktor!

KARENIN. Verzeih mir, Lisa. Das, was ich sage, sage ich darum, weil ich nicht will, daß in mir auch nur ein Gedanke wäre, der dir verborgen bleibt. Alles das habe ich absichtlich gesagt, um dir zu zeigen, wie schlecht ich bin, wie ich sehr wohl weiß, daß ich ein Egoist bin, daß ich mit mir selbst ringen und mich überwinden muß. Und ich habe mich überwunden. Ich liebe ihn.

LISA. So ist's recht! Von meiner Seite ist alles geschehen: mein Herz schlägt nur für dich, nur du allein hast darin Raum, alles ist daraus verschwunden, außer dir.

KARENIN. Alles?

LISA. Ja, alles, alles. Du kannst es glauben.

Ein Lakai tritt ein.

LAKAI. Herr Wosnesenskij!

KARENIN. Ah – er bringt die Antwort von Fedja.

LISA *zu Karenin*. Lassen Sie ihn hier eintreten!

KARENIN *erhebt sich und geht nach der Tür.* Endlich eine Antwort!

LISA *übergibt das Kind der Kinderfrau.* Endlich! Wird sich nun alles entscheiden, Viktor? Küßt ihn.

Wosnesenskij tritt ein.

KARENIN. Nun?

WOSNESENSKIJ. Er war nicht zu Hause.

KARENIN. Nicht zu Hause? Und er hat das Bittgesuch nicht unterschrieben?

WOSNESENSKIJ. Das Bittgesuch ist nicht unterschrieben, doch ist ein Brief da, an Sie und Jelisaweta Andrejewna. *Zieht einen Brief aus der Tasche und reicht ihn Karenin.* Als ich nach seiner Wohnung kam, sagte man mir, er sei im Restaurant. Ich ging hin, und da sagte mir Feodor Wasiljewitsch, ich möchte in einer Stunde wiederkommen, dann würde ich eine Antwort vorfinden. Ich kam hin, und man gab mir diesen Brief …

KARENIN. Nochmals Ausflüchte, Verschleppungen?! Nein, das ist nicht mehr schön. Er ist wirklich tief gesunken.

LISA. So lies doch – was schreibt er?

Karenin öffnet den Brief.

WOSNESENSKIJ. Benötigen Sie meiner noch?

KARENIN. Nein, leben Sie wohl. Ich danke Ihnen … *Stutzt, während er den Brief liest.*

LISA. Was denn? Was ist denn?

KARENIN. Das ist entsetzlich!

LISA *greift nach dem Briefe.* Lies!

KARENIN *liest.* „Lisa und Viktor, ich wende mich an Euch beide. Ich will nicht lügen, indem ich Euch ‚lieb‘ oder ‚teuer‘ nenne. Ich kann das Gefühl der Bitterkeit und des Unwillens nicht verwinden – des Unwillens über mich selbst, der mich ergreift und mich peinigt, wenn ich an Euch, an Eure Liebe, an Euer Glück denke. Ich weiß alles. Ich weiß, daß ich als Ehemann das entscheidende Wort zu sprechen habe, und daß es scheint, als halte ich Euch durch allerhand Quengeleien hin. C'est moi, qui suis l'intrus. Aber ich kann eben das Gefühl der Bitterkeit und der Kälte gegen Euch nicht loswerden. Theoretisch liebe ich Euch beide, namentlich Lisa, Lisanka – aber in Wirklichkeit bin ich mehr als kühl. Ich weiß, daß ich unrecht habe, doch ich kann nicht anders."

LISA. Was will er eigentlich?

KARENIN *fährt fort zu lesen.* „Doch zur Sache. Eben dieses Gefühl, das mein Herz in zwei Teile zerspaltet, veranlaßt mich – und zwar auf andere Weise, als Ihr es wolltet – Euren Wunsch zu erfüllen. Zu lügen, eine alberne Komödie aufzuführen, die Leute im Konsistorium zu bestechen – alle solche Gemeinheiten sind mir im höchsten Maße zuwider. Wie tief ich auch in anderer Beziehung stehen mag, an dieser Gemeinheit kann ich nicht teilnehmen, ich kann es einfach nicht. Es gibt aber einen anderen Ausweg, der sehr einfach ist, und den ich auch einschlagen will: Ihr wollt heiraten, um glücklich zu werden, und ich stehe dem im Wege, also muß ich mich aus dem Wege schaffen."

LISA *faßt nach Karenins Arm.* Viktor!

KARENIN *liest weiter* … aus dem Wege schaffen. Und das tue ich. Wenn Ihr diesen Brief in Händen habt, bin ich nicht mehr. PS. Es war nicht recht, daß Ihr mir zur Durchführung der Ehescheidung Geld geschickt habt. Das war mir sehr unangenehm, und es schickte sich nicht für Euch. Doch es ist nun mal geschehen. Ich habe so oft gefehlt, warum sollt nicht auch Ihr einmal einen Fehler machen? Das Geld geht wieder an Euch zurück. Mein Ausweg ist kürzer, billiger, einfacher und sicherer. Um eins bitte ich Euch: seid mir nicht böse und behaltet mich in gutem Andenken. Und zum Schluß noch eine Bitte: es lebt hier ein Uhrmacher Jewgenjew, könnt Ihr dem nicht auf die Beine helfen? Er ist ein schwacher Mensch, aber sehr brav. Lebt wohl. Fedja."

LISA. Er hat sich getötet! Ja …

KARENIN *klingelt und eilt in das Vorzimmer.* Rufen Sie Herrn Wosnesenskij zurück!

LISA. Ich wußte es, wußte es! Fedja, mein lieber Fedja!

KARENIN. Lisa!

LISA. Es ist nicht wahr, nicht wahr, daß ich ihn nicht liebte und nicht liebe. Nur ihn allein habe ich geliebt und liebe ihn noch. Und ich habe ihn ins Unglück, in den Tod getrieben! Laß mich!

Wosnesenskij tritt ein.

KARENIN. Wo ist Feodor Wasiljewitsch? Was hat man Ihnen gesagt?

WOSNESENSKIJ. Man sagte mir, er sei am Morgen fortgegangen, habe diesen Brief zurückgelassen und sei nicht wiedergekehrt.

KARENIN. Ich muß Genaueres wissen – ich verlasse dich jetzt, Lisa.

347

LISA. Verzeih mir, doch auch ich vermag nicht zu lügen. Laß mich jetzt allein. Geh, frag', was geschehen ist!

Vorhang.

NEUNTES BILD

Schmutziger Raum in einem Wirtshause. An einem Tische Gäste, die Tee oder Branntwein trinken. Im Vordergrunde ein kleiner Tisch; an dem Tische Fedja, der ganz heruntergekommen und zerlumpt aussieht, und Petuschkow, ein höflicher Mensch von sanftem Wesen, mit langem Haar, wie ein Geistlicher aussehend. Beide haben einen leichten Rausch.

PETUSCHKOW. Ich verstehe, ich verstehe. Das nenne ich echte Liebe. Nun, und was weiter?

FEDJA. Ich würde nichts sagen, wenn ein Mädchen unserer Kreise solche Gefühle offenbarte und für den Mann, den sie liebt, alles opferte – aber eine Zigeunerin, die von Anfang an so erzogen wurde, daß sie nur an Erwerb und Gewinn denkt – ist bei der eine so reine, so selbstlose Liebe nicht geradezu überraschend? Alles gibt sie hin, nichts verlangt sie für sich. Dieser Kontrast vor allem!

PETUSCHKOW. Ganz recht – wir Maler nennen das „valeur" – wie das Rot erst dann recht zur Geltung kommt, wenn ringsum das Grün vorherrscht. Doch das nur nebenbei. Ich verstehe, ich verstehe.

FEDJA. Ja, und das ist, glaube ich, die einzige gute Handlung, die ich auf meinem Konto habe: daß ich ihre Liebe nicht mißbrauchte. Und wissen Sie, warum?

PETUSCHKOW. Aus Mitleid?

FEDJA. Nein. Nicht Mitleid war es, was ich für sie empfand. Sie war für mich stets etwas Heiliges, das ich nicht anzutasten wagte, und wenn sie sang – ach, und wie sang sie, und wie singt sie noch jetzt! – da blickte ich nur so voll Anbetung zu ihr auf. Wenn ich sie nicht unglücklich gemacht habe, so geschah es darum, weil ich sie so innig liebte. Ja, ich habe sie wirklich geliebt – und das ist eine so schöne, schöne Erinnerung für mich. *Trinkt.*

PETUSCHKOW. Ich verstehe, ich verstehe – so ideal!

FEDJA. Ich kann es Ihnen ja sagen: ich habe auch so meine kleinen Liebschaften gehabt. Einmal war ich in eine schöne, vornehme Dame verliebt, und ich liebte sie auf so häßliche, hündische Art, und sie gab mir ein Rendezvous. Ich ging aber nicht hin, weil ich es dem Manne gegenüber für eine Gemeinheit hielt. Und es ist merkwürdig: heute noch möcht' ich jedesmal, wenn ich daran zurückdenke, mich darüber freuen und mir ein Lob erteilen, daß ich damals ehrenhaft gehandelt habe; in Wirklichkeit aber fühle ich Reue darüber, als hätte ich eine Sünde begangen. Hier aber, bei Mascha, ist das Gegenteil der Fall. Ich bin froh, so froh, daß ich mein Gefühl für sie durch keine Schuld entweiht habe. Ich kann noch tiefer sinken, kann ganz und gar verkommen …

PETUSCHKOW. Ich verstehe, ich verstehe. Wo ist sie denn jetzt?

FEDJA. Ich weiß es nicht. Und ich will es auch nicht wissen. Das sind alles Dinge, die einem andern Leben angehören. Ich will es mit meinem jetzigen Leben nicht vermischen.

Am hinteren Tische läßt sich das Geschrei einer Frau vernehmen.
Der Wirt erscheint mit einem Polizisten, und sie wird abgeführt.
Fedja und Petuschkow beobachten schweigend die Szene.

PETUSCHKOW, *nachdem es am hinteren Tische still geworden.* Ja, Sie haben ein merkwürdiges Leben geführt.

FEDJA. Im Gegenteil, ein sehr einfaches. Wer in den Kreisen, denen ich entstamme, geboren ist, der hat nur drei Möglichkeiten zur Auswahl. Entweder kann er ein Amt bekleiden, kann Geld verdienen und den Schmutz, in dem wir leben, vermehren – das war mir zuwider, oder vielleicht verstand ich es auch nicht, vor allem aber war es mir zuwider. Oder er kann diesen Schmutz bekämpfen, doch dazu muß er ein Held sein, und der bin ich nie gewesen. Oder endlich drittens: er sucht zu vergessen, wird liederlich, trinkt und singt – das habe ich getan, und soweit hab' ich's damit gebracht.

PETUSCHKOW. Nun, und das Familienleben? Ich wäre glücklich, wenn ich eine Frau hätte, die mich liebte. Mich hat meine Frau zugrunde gerichtet.

FEDJA. Sie sagen: Familienleben. Ja … meine Gattin war eine ideale Frau. Sie ist noch am Leben. Doch was soll ich dir sagen: es fehlten die Rosinen im Kuchen. Es war keine Harmonie in unserem Eheleben, verstehst du. Es fehlte mir etwas darin – die Musik, das Spiel, denn ich wollte ja vergessen. Und da begann ich über die Stränge zu schlagen und vernachlässigte sie. Nun lieben wir die Menschen, siehst du, immer nur um des Guten willen, das wir ihnen antun, und hassen sie um des Bösen willen, das sie von uns erleiden. Und ich habe ihr sehr, sehr viel Böses angetan, während sie mich zu lieben schien.

PETUSCHKOW. Warum sagen Sie „schien"?

FEDJA. Weil ich mir nie darüber klar war; nie hat sie mir so tief ins Herz geschaut wie Mascha. Doch wie sollte sie auch: sie trug ein Kind unterm Herzen, und sie nährte es – und ich trieb mich tagelang herum und kam betrunken nach Hause. Und darum eben, um des Unrechts willen, das ich an ihr beging, liebte ich sie immer weniger und weniger. *In begeistertem Ton.* Eben geht mir's durch den Kopf; darum liebe ich auch Mascha so herzlich: weil ich ihr immer nur Gutes tat und nie Böses. Ja, darum liebe ich sie. Und jene hab' ich gequält– nicht, weil ich sie nicht liebte … doch nein, ich habe sie nicht geliebt. Eifersüchtig war ich, ja – aber auch das ging vorüber.

Artemjew, ein Mann mit einer Kokarde, gefärbtem Schnurrbart und geflicktem Anzuge, tritt an die beiden heran.

ARTEMJEW. Guten Appetit! *Verneigt sich vor Fedja.* Na, haben Sie sich mit unserem Künstler bekannt gemacht?

FEDJA *kühl.* Ja, wir kennen uns.

ARTEMJEW *zu Petuschkow.* Hast du das Porträt fertig gemalt?

PETUSCHKOW. Nein, ich kam nicht damit zu Rande.

ARTEMJEW *setzt sich zu ihnen.* Ich störe doch nicht?

Fedja und Petuschkow schweigen.

PETUSCHKOW. Feodor Wasiljewitsch erzählte von seinem Leben.

ARTEMJEW. Geheimnisse? Dann will ich nicht stören. Ich reiß' mich nach eurer Gesellschaft nicht, ihr Schafsköpfe. *Setzt sich an den Nachbartisch und bestellt ein Glas Bier. Er belauscht die ganze Unterhaltung Fedjas und Petuschkows, indem er sich zu ihnen vorbeugt.*

FEDJA. Ich kann diesen Kerl nicht leiden.

PETUSCHKOW. Er hat's übelgenommen.

FEDJA. Laß ihn. Ich kann nicht anders. Ich bin einmal so. Wenn solch ein Mensch dabeisitzt, gehen mir die Worte nicht von der Zunge. Mit Ihnen plaudre ich gern, es macht mir Vergnügen. Wo war ich also stehengeblieben?

PETUSCHKOW. Sie sagten, Sie seien eifersüchtig gewesen. Wie sind Sie denn mit Ihrer Frau auseinandergekommen?

FEDJA. Ach … *nachdenklich* … das ist eine merkwürdige Geschichte. Meine Frau ist wieder verheiratet.

PETUSCHKOW. Sie sind geschieden?

FEDJA. Nein. Lächelt. Sie war Witwe geworden.

PETUSCHKOW. Wie soll ich das verstehen?

FEDJA. Ganz wörtlich: sie war Witwe geworden. Ich existiere doch nicht mehr.

PETUSCHKOW. Wieso denn?

FEDJA. Na eben – so! Ich bin nicht mehr am Leben. Ich bin ein Leichnam. *Artemjew beugt sich weiter vor und spitzt die Ohren.* Sehen Sie nämlich … Ihnen kann ich's ja erzählen! Es ist schon eine ganze Zeit her, und meinen Namen kennt ja schließlich niemand, auch Sie nicht. Die Sache war also die: als ich meine Frau bis zum Äußersten getrieben hatte, als alles durchgebracht war und sie es gar nicht mehr mit mir aushielt, da erschien ihr Beschützer auf der Bildfläche; Sie brauchen nicht gleich an etwas Schlimmes zu denken – nein, der Mann war mein Freund und ein sehr braver, lieber Mensch, nur in allem das gerade Gegenteil von mir. Und da in mir weit mehr Schlechtes als Gutes steckt, so war und ist er natürlich ein sehr guter Mensch: ein Ehrenmann, ein Mann von Charakter und von strenger Sittsamkeit, überhaupt ein tugendhafter Mensch. Er kannte meine Frau seit ihrer Kindheit, und er liebte sie, und als sie mich heiratete, trug er sein Schicksal mit Gelassenheit. Als ich dann aber schlecht zu ihr war und sie quälte, kam er häufiger zu uns. Ich selbst hatte es gewünscht. Sie faßte eine Neigung zu dem Jugendfreunde, und ich war damals total verbummelt und lebte von ihr getrennt. Dazu kam noch die Sache mit Mascha. Ich machte ihnen selbst den Vorschlag, sie sollten sich heiraten. Sie wollten nichts davon wissen, doch ich trieb es immer ärger, und das Ende vom Liede war, daß …

PETUSCHKOW. Die alte Geschichte.

FEDJA. Durchaus nicht – ich bin fest überzeugt, daß sie rein geblieben sind. Er ist ein Mann von religiöser Überzeugung und hält eine Ehe ohne den Segen der Kirche für Sünde. Sie verlangten, daß ich in eine Scheidung einwillige, ich sollte alle Schuld auf mich nehmen, und diese ganze verlogene Komödie mitmachen. Und das konnte ich nicht. Es wäre mir, weiß Gott, leichter gefallen, einen Selbstmord zu begehen, als zu lügen. Und ich war auch schon allen Ernstes dabei, als ein guter Mensch dazu kam und zu mir meinte: warum das? Ist ja gar nicht nötig! Na, und der hat dann alles arrangiert und den Abschiedsbrief expediert, und tags darauf fand man am Flußufer meine Kleider, und darin meine Brieftasche nebst allerhand Schriftstücken.

PETUSCHKOW. Man hat Sie doch aber nicht gefunden?

FEDJA. Doch, stellen Sie sich vor: man hat mich gefunden! Acht Tage später fischte man einen Leichnam auf, der schon recht stark verwest war. Man holte meine Frau und fragte sie, ob ich es sei, und sie sah kaum hin, vor lauter Aufregung wohl, und sagte: ja, er ist's. Und dabei blieb es. Ich wurde begraben, und sie heirateten sich und leben in Glück und Freuden. Na, und ich – ich lebe halt auch und trinke weiter. Gestern ging ich an ihrem Hause vorbei. Die Fenster waren hell erleuchtet, ein Schatten schwebte am Vorhang vorüber. Manchmal ist mir recht scheußlich zumute, und manchmal geht's. Am scheußlichsten ist's, wenn ich kein Geld habe. *Trinkt.*

ARTEMJEW *tritt näher.* Mit Verlaub: ich hab' Ihre Geschichte gehört. Eine sehr nette Geschichte, und vor allem sehr nützlich. Sie sagen, es sei scheußlich, wenn Ihnen das Geld ausgegangen ist. Und Sie haben recht: es gibt nichts Scheußlicheres. Aber Ihnen, in Ihrer Lage, sollte doch eigentlich nie das Geld ausgehen! Sie sind ein Leichnam – Sie können also …

FEDJA. Erlauben Sie – ich habe die Geschichte nicht Ihnen erzählt, und ich wünsche Ihre Ratschläge nicht.

ARTEMJEW. Und ich wünsche, sie Ihnen trotzdem zu geben. Sie sind ein Leichnam – wenn Sie nun noch am Leben sind, was sind denn dann jene beiden, Ihre Frau und der betreffende Herr, die jetzt in Glück und Freuden leben? Bigamisten sind sie und gehören bestenfalls an irgendeinen nicht zu weit entfernten Ort in Sibirien. Warum soll Ihnen dann überhaupt jemals das Geld ausgehen?

FEDJA. Ich bitte Sie, mich in Ruhe zu lassen.

ARTEMJEW. Sie brauchen doch nur einen Brief zu schreiben. Oder, wenn Sie wollen, schreibe ich ihn, Sie brauchen mir nur die Adresse zu geben. Sie werden mir noch dankbar sein, sag' ich Ihnen!

FEDJA. Machen Sie endlich, daß Sie fortkommen. Ich habe Ihnen gar nichts erzählt.

ARTEMJEW. Doch haben Sie das! Der da ist Zeuge. Und auch der Kellner hat gehört, wie Sie sagten, daß Sie ein Leichnam sind.

KELLNER. Ich weiß von gar nichts.

FEDJA. Halunke!

ARTEMJEW. Ich – ein Halunke? Heda, Polizei! Hier riecht es nach Zuchthaus!

Fedja erhebt sich und will gehen. Artemjew hält ihn fest.
Ein Polizist tritt ein.

Vorhang

ZEHNTES BILD

Efeuumrankte Terrasse eines Landhauses. Anna Dmitrijewna Karenina, Lisa, die schwanger ist, die Kinderfrau mit dem Kleinen.

LISA. Nun ist er schon unterwegs von der Station.

DER KLEINE. Wer?

LISA. Papa.

DER KLEINE. Papa kommt schon von der Station!

LISA. C'est étonnant, comme il l'aime, tout-à-fait comme son père.

ANNA DMITRIJEWNA. Tant mieux. Se souvient-il de son père véritable?

LISA *seufzt*. Ich spreche mit ihm nicht davon. Ich sage mir, warum soll ich ihn verwirren? Und dann glaube ich wieder, es ihm doch sagen zu müssen. Wie denken Sie darüber, maman?

ANNA DMITRIJEWNA. Ich denke, daß das eine Sache des Gefühls ist, Lisa. Höre auf seine Stimme, dein Herz wird dir schon zur rechten Zeit zuflüstern, was du ihm zu sagen hast. Welche versöhnende Wirkung übt doch der Tod aus! Ich gestehe, daß es eine Zeit gab, da mir Fedja, den ich ja noch als Kind gekannt habe, geradezu unangenehm war. Doch jetzt sehe ich ihn nur als den lieben Jungen vor mir, als Viktors Freund, und als den leidenschaftlichen Menschen, der sich, wenn auch auf seine Art, die der Religion und den Sitten widerspricht, für diejenigen geopfert hat, die er liebte. On aura beau dire, l'action est belle … Ich hoffe, Viktor wird die Wolle nicht vergessen haben, ich bin gleich mit dem Knäuel zu Ende. *Strickt.*

LISA. Da kommt er! *Man hört das Rollen von Wagenrädern und Schellengeläut. Sie erhebt sich und tritt an den Rand der Terrasse vor.* Eine Dame kommt mit ihm – ah, Mama! Wie lange ist's her, daß ich sie nicht gesehen habe! *Geht nach der Tür.*

Karenin und Anna Pawlowna treten ein.

Anna Pawlowna küßt Lisa und Anna Dmitrijewna.

ANNA PAWLOWNA. Viktor hat mich getroffen und gleich mitgenommen.

ANNA DMITRIJEWNA. Das war sehr vernünftig von ihm.

ANNA PAWLOWNA. Ich sah ihn auf der Straße – ach, dacht' ich, wer weiß, wann es sich wieder so trifft, und ohne lange zu überlegen, kam ich einfach mit. Wenn ihr mich nicht fortjagt, bleib' ich bis zum Abendzuge da.

KARENIN *küßt seine Frau, seine Mutter und den Kleinen.* Denkt euch, welches Glück: ich bin zwei Tage dienstfrei! Morgen muß es einmal ohne mich gehen.

LISA. Das ist ja herrlich! Zwei Tage! Das ist schon lange nicht dagewesen. Wir machen eine Fahrt über Land, nicht wahr?

ANNA PAWLOWNA. Wie ähnlich er ihm ist! Wie hübsch, und wie keck! Wenn er nur seinen Charakter nicht erbt!

ANNA DMITRIJEWNA. Ja, diese Schwäche!

LISA. Ganz auffallend ist die Ähnlichkeit, in allem. Auch Viktor ist der Ansicht. Aber wenn er von vornherein richtig erzogen wird …

ANNA PAWLOWNA. Ich kann das alles noch nicht begreifen. Jedesmal, wenn ich mich seiner erinnere, sind mir die Tränen nahe.

LISA. Uns geht es nicht besser – wie ist er in unserer Erinnerung gewachsen!

ANNA PAWLOWNA. Ja, in der Tat.

LISA. Alles schien uns eine Zeitlang so verzweifelt, geradezu unlösbar – und dann war es mit einem Schlage entschieden.

ANNA DMITRIJEWNA. Hast du die Wolle mitgebracht, Viktor?

KARENIN. Gewiß, gewiß. *Nimmt die Reisetasche und sucht darin.* Hier ist die Wolle, hier – Eau de Cologne und hier – die Korrespondenz. *Zu Lisa.* Ein amtliches Schreiben ist darunter, an deine Adresse. *Reicht ihr einen Brief.* Nun, Anna Pawlowna, wenn Sie ein wenig Toilette machen wollen, begleite ich Sie. Auch ich muß mich etwas säubern, wir werden gleich zu Mittag essen. Das Eckzimmer unten ist doch für deine Mutter frei – nicht wahr, Lisa?

Lisa ist blaß geworden, hält den Brief in den zitternden Händen und liest.

KARENIN. Lisa, was ist dir? Was steht darin?

LISA. Er lebt! Mein Gott, wann wird er mich endlich freigeben?! Viktor, was ist das? *Bricht in lautes Weinen aus.*

KARENIN *nimmt das Schreiben und liest.* Das ist furchtbar!

ANNA DMITRIJEWNA. Was denn? So sprich doch!

KARENIN. Das ist furchtbar. Er lebt, und sie ist eine Bigamistin und ich ein Verbrecher. Dieses Schreiben ladet Lisa vor den Untersuchungsrichter zur Vernehmung …

ANNA DMITRIJEWNA. Ein entsetzlicher Mensch! Warum hat er das getan?

KARENIN. Alles Lüge, Lüge!

LISA. Oh, wie ich ihn hasse! Ich weiß nicht, was ich rede … *Weinend ab. Karenin folgt ihr.*

ANNA PAWLOWNA. Er lebt – wie ist denn das möglich?

ANNA DMITRIJEWNA. Ich wußte es: wenn Viktor erst in diesen Schmutz hinabsteigt, wird er darin versinken. Jetzt ist es so weit. Alles Betrug, alles Lüge!

Vorhang.

Amtszimmer des Untersuchungsrichters. Der Untersuchungsrichter sitzt am Tische und spricht mit Melnikow. Auf der Seite der Protokollführer, in den Akten blätternd.

UNTERSUCHUNGSRICHTER. Ich habe ihr das nie gesagt. Sie hat es sich aus den Fingern gesogen, und nun macht sie mir Vorwürfe.

MELNIKOW. Sie macht dir keine Vorwürfe, sie fühlt sich wirklich tief verletzt.

UNTERSUCHUNGSRICHTER. Nun gut, ich komme zum Mittagessen. Jetzt haben wir hier eine interessante Sache vor. Lassen Sie sie eintreten.

PROTOKOLLFÜHRER. Beide?

UNTERSUCHUNGSRICHTER *raucht seine Zigarette zu Ende, hört auf zu rauchen und steckt die Zigarette weg.* Nein, Zuerst Frau Karenina, oder vielmehr Protasowa, nach ihrem ersten Manne.

MELNIKOW *im Abgehen.* Ah, die Sache Karenin!

UNTERSUCHUNGSRICHTER. Ja, eine ziemlich schmutzige Sache. Ich gehe eben erst an die Untersuchung des Falles, aber ich spüre schon: die Sache ist faul. Nun, auf Wiedersehen!

Melnikow ab. Lisa erscheint verschleiert, in Schwarz.

UNTERSUCHUNGSRICHTER. Wollen Sie gefälligst Platz nehmen! *Zeigt nach einem Stuhle.* Ich bedaure recht herzlich, Ihnen gewisse Fragen vorlegen zu müssen, aber unsereins ist leider durch die Amtspflicht gezwungen … Beruhigen Sie sich nur, bitte – Sie brauchen übrigens meine Fragen nicht zu beantworten. Nur meine ich, es ist für Sie – wie überhaupt für alle Beteiligten – das Geratenste, die Wahrheit zu sagen. Es ist immer das Beste und sogar das Praktischste.

LISA. Ich habe nichts zu verheimlichen.

UNTERSUCHUNGSRICHTER. Um so besser. *Blickt auf das vor ihm liegende Aktenstück.* Ihr Stand? Ihre Religion? Diese Fragen habe ich schon ausgefüllt – es stimmt doch?

LISA. Ja.

UNTERSUCHUNGSRICHTER. Es wird gegen Sie die Beschuldigung erhoben, daß Sie, obgleich Sie wußten, daß Ihr Mann noch lebt, doch einen andern geheiratet haben.

LISA. Ich wußte es nicht.

UNTERSUCHUNGSRICHTER. Und weiterhin, daß Sie, um sich von Ihrem Manne zu befreien, ihn durch Zahlung einer Geldsumme dazu zu bestimmen gewußt haben, daß er durch Vorspiegelung eines Selbstmordes einen Betrug beging.

LISA. Alles das ist nicht wahr.

UNTERSUCHUNGSRICHTER. Gestatten Sie mir nun einige Fragen. Haben Sie Ihrem Manne im Juli vorigen Jahres die Summe von zwölfhundert Rubeln übersandt?

LISA. Dieses Geld war sein Eigentum. Es war der Erlös für die Sachen, die ihm gehörten. Ich sandte es ihm, als ich mich von ihm getrennt hatte und die Einleitung der Scheidung von seiner Seite erwartete.

UNTERSUCHUNGSRICHTER. So—o. Sehr interessant. Das Geld wurde ihm am siebzehnten Juli, das heißt zwei Tage vor seinem Verschwinden, übersandt.

LISA. Es kann am siebzehnten Juli gewesen sein. Ich weiß es nicht mehr genau.

UNTERSUCHUNGSRICHTER. Und wie kommt es, daß gerade um dieselbe Zeit die Betreibung der Sache beim Konsistorium aufhörte und das Ihrem Advokaten erteilte Mandat zurückgezogen wurde?

LISA. Das weiß ich nicht.

UNTERSUCHUNGSRICHTER. Und als Sie von der Polizei aufgefordert wurden, den aufgefundenen Leichnam zu rekognoszieren – wie kam es da, daß Sie in dem Toten Ihren Gatten wiedererkannten?

LISA. Ich war in einer solchen Aufregung, daß ich nach dem Toten gar nicht hinsah. Ich war so sehr davon überzeugt, daß er es war, daß ich zur Antwort gab, er scheine es zu sein, als man mich fragte,

UNTERSUCHUNGSRICHTER. Sie haben sich ihn also nicht genauer angesehen, weil Sie sich in einer sehr begreiflichen Aufregung befanden. Ganz recht. Nun gestatten Sie mir einmal die Frage, warum Sie jeden Monat eine gewisse Summe nach Saratow schickten, nach der Stadt also, in der Ihr erster Mann sich aufhielt?

LISA. Dieses Geld schickte mein Mann nach Saratow. Welche Bestimmung es hatte, weiß ich nicht, da ich darüber nicht unterrichtet war. Jedenfalls wurde es nicht an Feodor Wasiljewitsch geschickt. Wir waren fest davon überzeugt, daß er nicht mehr am Leben sei. Das kann ich Ihnen der Wahrheit gemäß versichern.

UNTERSUCHUNGSRICHTER. Sehr gut. Gestatten Sie mir nur noch eine Bemerkung, gnädige Frau: wir sind zwar Diener des Gesetzes, aber das hindert uns doch nicht, Menschen zu sein. Seien Sie überzeugt, daß ich Ihre Lage vollkommen begreife und teilnahmsvoll zu würdigen weiß. Sie waren an einen Menschen gebunden, der ein Verschwender war, der Sie hinterging, der, mit einem Worte, die Familie unglücklich machte.

LISA. Ich habe ihn geliebt.

UNTERSUCHUNGSRICHTER. Gewiß – aber Sie hatten dabei doch auch den sehr natürlichen Wunsch, sich von ihm zu befreien, und Sie wählten diesen sehr einfachen Weg, ohne zu überlegen, daß Sie sich damit einer Handlung schuldig machten, die als verbrecherisch angesehen wird, nämlich der Bigamie. Ich kann Ihre Lage sehr wohl begreifen, und auch die Geschworenen werden ihr Rechnung tragen, und darum würde ich Ihnen raten, alles zu enthüllen.

LISA. Ich habe nichts zu enthüllen. Ich habe niemals gelogen. *Weint.* Ich bin wohl nicht mehr nötig?

UNTERSUCHUNGSRICHTER. Ich würde Sie bitten, noch hierzubleiben. Ich werde Sie nicht mehr mit Fragen behelligen. Wollen Sie gefälligst noch so lange verweilen, bis Ihnen das Protokoll über Ihr Verhör vorgelesen ist und Sie es unterschrieben haben. Es handelt sich nur darum, festzustellen, ob Ihre Antworten richtig wiedergegeben sind. Bitte, sich freundlichst dahin zu bemühen. *Zeigt nach einem Stuhl am Fenster. Zum Protokollführer. Lassen Sie Herrn Karenin eintreten.*

Karenin tritt ein, in strenger, feierlicher Haltung.

UNTERSUCHUNGSRICHTER *zeigt nach dem Stuhl*. Bitte gehorsamst.

KARENIN. Ich danke. Bleibt stehen. Womit kann ich dienen?

UNTERSUCHUNGSRICHTER. Ich muß Sie verhören.

KARENIN. In welcher Eigenschaft?

UNTERSUCHUNGSRICHTER *lächelt*. In meiner Eigenschaft als Untersuchungsrichter; und Sie werden verhört – in Ihrer Eigenschaft als Angeklagter.

KARENIN. Wieso? Wessen bin ich angeklagt?

UNTERSUCHUNGSRICHTER. Der Bigamie. Gestatten Sie übrigens, daß ich die Fragen der Reihe nach stelle. Nehmen Sie Platz.

KARENIN. Ich danke.

UNTERSUCHUNGSRICHTER. Ihr Name?

KARENIN. Viktor Karenin.

UNTERSUCHUNGSRICHTER. Ihr Stand?

KARENIN. Kammerherr, Wirklicher Staatsrat.

UNTERSUCHUNGSRICHTER. Alter?

KARENIN. 38 Jahre.

UNTERSUCHUNGSRICHTER. Konfession?

KARENIN. Rechtgläubig; unbestraft und noch nicht in Untersuchung gewesen. Nun? …

UNTERSUCHUNGSRICHTER. Ist Ihnen bekannt gewesen, daß Feodor Wasiljewitsch Protasow zu der Zeit, da Sie mit seiner Gattin die Ehe eingingen, noch am Leben war?

KARENIN. Es war mir nicht bekannt. Wir waren beide davon überzeugt, daß er ertrunken sei.

UNTERSUCHUNGSRICHTER. Nachdem die falsche Nachricht vom Tode Protasows verbreitet worden war, schickten Sie allmonatlich eine gewisse Summe nach Saratow. Für wen war dieses Geld bestimmt?

KARENIN. Ich verweigere die Antwort auf diese Frage.

UNTERSUCHUNGSRICHTER. Sehr gut. Zu welchem Zwecke übersandten Sie an Herrn Protasow am siebzehnten Juli vorigen Jahres, kurz vor dem simulierten Selbstmord, die Summe von zwölfhundert Rubeln?

KARENIN. Das Geld war mir von meiner Frau übergeben worden.

UNTERSUCHUNGSRICHTER. Von Frau Protasowa?

KARENIN. Von meiner Frau – ich sollte es an ihren Mann abschicken, sie betrachtete dieses Geld als sein Eigentum und hielt es, nachdem sie ihre Beziehungen zu ihm abgebrochen hatte, für unzulässig, es zu behalten.

UNTERSUCHUNGSRICHTER. Nun noch eine Frage: warum haben Sie von jenem Zeitpunkt an die Scheidungsangelegenheit nicht mehr weiterbetrieben?

KARENIN. Weil Feodor Wasiljewitsch es übernommen hatte, die

Sache seinerseits zu betreiben. Er hatte mir in diesem Sinne geschrieben.

UNTERSUCHUNGSRICHTER. Besitzen Sie seinen Brief noch.

KARENIN. Der Brief ist verlegt worden.

UNTERSUCHUNGSRICHTER. Sonderbar, daß gerade dasjenige Beweisstück verlegt ist, das dem Gericht die Überzeugung von der Richtigkeit Ihrer Aussagen beibringen könnte.

KARENIN. Haben Sie sonst noch eine Obliegenheit zu erfüllen?

UNTERSUCHUNGSRICHTER. Mir liegt nur ob, meine Pflicht zu erfüllen, während Ihnen obliegt, sich zu rechtfertigen. Und ich rate Ihnen, was ich soeben auch Frau Protasowa riet: nicht zu verheimlichen, was vor aller Welt offen liegt, sondern den Hergang der Sache so zu erzählen, wie er war, um so mehr, als Herr Protasow ein umfassendes Geständnis abgelegt hat, das er voraussichtlich auch vor Gericht wiederholen wird. Ich rate Ihnen …

KARENIN. Ich würde Sie bitten, sich ganz im Rahmen Ihrer Pflichterfüllung zu halten und Ihre Ratschläge zu sparen. Wir können wohl gehen? *Geht auf Lisa zu; sie erhebt sich und nimmt seinen Arm.*

UNTERSUCHUNGSRICHTER. Es tut mir leid, daß ich Sie noch dabehalten muß. *Karenin wendet sich erstaunt nach ihm um.* Ich will Sie nicht etwa verhaften lassen, o nein – obschon das möglicherweise die Feststellung der Wahrheit erleichtern würde. Ich will von dieser Maßregel Abstand nehmen. Ich möchte Sie nur mit Herrn Protasow konfrontieren und Ihnen Gelegenheit geben, ihn der Unwahrheit zu überführen. Wollen Sie gefälligst Platz nehmen. *Zum Protokollführer.* Rufen Sie Herrn Protasow herein.

Fedja tritt ein, schmutzig, verkommen.

FEDJA *zu Lisa und Karenin gewandt.* Jelisaweta Andrejewna! Viktor! Ich bin nicht schuld. Ich habe das Beste gewollt. Und wenn mich eine Schuld trifft, dann vergebt mir, vergebt! *Verneigt sich tief vor ihnen.*

UNTERSUCHUNGSRICHTER. Ich bitte Sie, auf meine Fragen zu antworten.

FEDJA. Fragen Sie los.

UNTERSUCHUNGSRICHTER. Ihr Name?

FEDJA. Den wissen Sie doch!

UNTERSUCHUNGSRICHTER. Antworten Sie gefälligst!

FEDJA. Na, also – Feodor Protasow.

UNTERSUCHUNGSRICHTER. Stand? Konfession? Alter?

FEDJA *nach kurzem Schweigen.* Wie Sie nur so überflüssige Fragen stellen können! Fragen Sie nach dem, worauf es ankommt, und nicht nach diesen Albernheiten.

UNTERSUCHUNGSRICHTER. Ich bitte Sie, Ihre Ausdrücke vorsichtiger zu wählen und meine Fragen zu beantworten.

FEDJA. Nun, wenn Sie sich nicht schämen, solche Fragen zu stellen, so vernehmen Sie denn! Stand: Kandidat; Alter: 40 Jahre; Konfession: rechtgläubig. Nun – weiter!

UNTERSUCHUNGSRICHTER. Wußten Herr Karenin und Ihre Frau, daß Sie lebten, als Sie Ihre Kleider am Flußufer niederlegten und sich selbst versteckten?

FEDJA. Nicht das Geringste wußten sie. Ich wollte Selbstmord begehen, aber dann … doch das brauche ich hier nicht zu erzählen. Tatsache ist, daß sie gar nichts davon wußten.

UNTERSUCHUNGSRICHTER. Sie haben aber vor dem Polizeibeamten eine ganz andere Aussage gemacht!

FEDJA. Vor welchem Polizeibeamten? Ach, Sie meinen jenen, der bei mir im Asyl war? Da war ich betrunken und log ihm irgend etwas vor – was es war, weiß ich nicht mehr. Alles das ist Unsinn. Jetzt bin ich nüchtern und sage die volle Wahrheit. Sie haben nichts gewußt. Sie glaubten, ich sei nicht mehr am Leben. Und ich war froh darüber, daß alles so gekommen, und es wäre immer so geblieben, wenn nicht Artemjew, dieser Schuft, gewesen wäre. Wenn irgend jemand schuldig ist, dann bin ich es.

UNTERSUCHUNGSRICHTER. Ich begreife sehr wohl, daß Sie großmütig sein wollen, aber das Gesetz verlangt Wahrheit. Warum hat man Ihnen Geld geschickt?

Fedja schweigt.

UNTERSUCHUNGSRICHTER. Sie haben durch Simonow das Ihnen nach Saratow geschickte Geld bekommen?

Fedja schweigt.

UNTERSUCHUNGSRICHTER. Warum antworten Sie nicht? Es wird im Protokoll heißen: „der Angeklagte verweigerte auf diese Frage die Antwort" – das kann Ihnen wie den beiden Mitangeklagten sehr schaden. Nun, wie wollen Sie es also halten?

FEDJA *nachdem er eine Weile geschwiegen.* Empfinden Sie nicht, wie beschämend solche Fragen sind, Herr Untersuchungsrichter? Welchen Zweck hat es, so in fremden Angelegenheiten herumzuschnüffeln? Sie fühlen sich im Besitze der Macht und wollen sie dadurch zeigen, daß Sie Leute, die tausendmal besser und ehrenwerter sind als Sie, dieser moralischen Folter unterziehen.

UNTERSUCHUNGSRICHTER. Ich bitte Sie …

FEDJA. Was gibt es da zu bitten? Ich sage, was ich denke, und Sie … *zum Protokollführer* … haben es niederzuschreiben. So wird doch endlich einmal solch ein Protokoll einen vernünftigen Inhalt bekommen. *Mit erhobener Stimme.* Zwischen uns, die wir hier vor Ihnen stehen, bestanden verwickelte Beziehungen – ein Streit des Guten mit dem Bösen, ein seelischer Kampf, von dem Sie sich keinen Begriff machen können. Dieser Kampf führte schließlich zu einer Katastrophe, die ihre Lösung fand. Alle Beteiligten waren mit dieser Lösung zufrieden, alle hatten sich beruhigt. Sie sind glücklich, sie lieben einander – und haben mich vergessen. Und ich war bei all meiner Verkommenheit darüber glücklich, daß ich getan, was ich sollte, daß ich kein Schurke war, daß ich aus dem Leben geschieden war, um denen nicht im Wege zu stehen, die voll des Lebens waren. Wir lebten alle drei weiter – bis plötzlich ein Schurke auf der Bildfläche erscheint, der mich zum Erpresser machen will. Ich heiße ihn seiner Wege gehen – und er geht zu Ihnen, dem Kämpfer für Recht und Gesetz, dem Hüter der Moral. Und Sie, der Sie an jedem Zwanzigsten des Monats Ihr Gehalt bekommen – zwanzig Kopeken für jede begangene Gemeinheit – Sie werfen sich in Ihre Uniform und haben den Mut, sich über Leute, denen Sie nicht das Wasser reichen können, die Sie noch nicht einmal in ihr Vorzimmer einlassen würden, leichten Herzens lustig zu machen …

UNTERSUCHUNGSRICHTER. Ich lasse Sie hinausführen …

FEDJA. Ich fürchte mich vor niemand, denn ich bin ja ein Leichnam, und niemand kann mir etwas anhaben; schlimmer, als es mir schon geht, kann es mir nicht gehen. Immerzu also: lassen Sie mich abführen!

KARENIN. Dürfen wir gehen?

UNTERSUCHUNGSRICHTER. Unterschreiben Sie erst einmal das Protokoll!

FEDJA. Wie lächerlich wären Sie doch, wenn Sie nicht so widerwärtig wären!

UNTERSUCHUNGSRICHTER. Ich verhafte Sie … Er soll abgeführt werden!

FEDJA *zu Karenin und Lisa.* Nochmals: verzeiht!

KARENIN *tritt auf Fedja zu und reicht ihm die Hand.* Es hat wohl so kommen müssen …

Lisa geht an Fedja vorüber, der sich tief verneigt.

Vorhang.

ZWÖLFTES BILD

Korridor im Gebäude des Bezirksgerichts. Im Hintergrunde eine Glastür, vor der ein Gerichtsdiener steht. Rechts eine zweite Tür, durch die die Angeklagten in den Verhandlungssaal geführt werden. Der Tür rechts nähert sich Iwan Petrowitsch Alexandrow, der sehr heruntergekommen aussieht; er will durch die Tür eintreten.

GERICHTSDIENER. Wohin? Das ist nicht gestattet. Zurück da!

IWAN PETROWITSCH. Warum nicht gestattet? Das Gesetz lautet: Die Sitzungen finden öffentlich statt.

Man hört vom Saal her Beifallsklatschen.

GERICHTSDIENER. Es ist eben nicht gestattet, abgemacht. Es ist verboten.

IWAN PETROWITSCH. Tölpel, du weißt nicht, mit wem du sprichst!

Ein junger Advokat im Frack kommt heraus.

ADVOKAT. Was wollen Sie? Sind Sie in dem Prozeß vorgeladen?

IWAN PETROWITSCH. Nein, ich bin Publikum. Und der Tölpel da, der Zerberus, will mich nicht einlassen.

ADVOKAT. Hier ist kein Eingang fürs Publikum. Warten Sie, die Pause wird gleich beginnen. *Will gehen, begegnet dem Fürsten Abreskow.*

IWAN PETROWITSCH. Ich weiß wohl Bescheid, doch mich kann man ruhig auch hier hineinlassen.

FÜRST ABRESKOW. Darf ich fragen, wie weit die Sache ist?

ADVOKAT. Die Verteidiger haben das Wort. Petruschin spricht soeben.

Erneutes Beifallsklatschen.

FÜRST ABRESKOW. Nun, und wie ist die Haltung der Angeklagten?

ADVOKAT. Ausgezeichnet, namentlich Karenin und Jelisaweta Andrejewna halten sich vortrefflich. Man hat das Gefühl, als ob nicht sie vor Gericht ständen, sondern als ob sie zu Gericht säßen über die Gesellschaft. Diesen Grundton hält auch Petruschin in seiner Rede fest.

FÜRST ABRESKOW. Nun, und Protasow?

ADVOKAT. Er ist sehr aufgeregt. Er zittert förmlich am ganzen Leibe, doch das ist wohl bei dem Lebenswandel, den er geführt hat, begreiflich. Seine Erregung hat etwas so Sonderbares, mehrmals hat er den Staatsanwalt und die Advokaten unterbrochen; es ist so etwas Gereiztes in seinem Wesen.

FÜRST ABRESKOW. Wie denken Sie über den Ausgang der Sache?

ADVOKAT. Das läßt sich schwer sagen. Die Zusammensetzung der Geschworenen ist gemischt. Daß die Tat vorsätzlich begangen ist, wird man kaum annehmen, doch glaube ich immerhin … *Ein Herr kommt heraus; Fürst Abreskow geht auf die Tür zu.* Wollen Sie hinein?

FÜRST ABRESKOW. Ja, ich möchte hinein …

ADVOKAT. Sie sind Fürst Abreskow?

FÜRST ABRESKOW. Ja.

ADVOKAT *zum Gerichtsdiener.* Lassen Sie den Herrn eintreten. *Zum Fürsten Abreskow.* Gleich links, wenn Sie in den Saal kommen, ist ein Stuhl frei.

Der Gerichtsdiener läßt den Fürsten Abreskow an sich vorübergehen.
Die Tür geht auf, und man sieht den Redner im Saale.

IWAN PETROWITSCH. Ja, die Aristokraten! Ich bin ein Aristokrat des Geistes, das ist etwas viel Höheres.

ADVOKAT. Nun, entschuldigen Sie mich. *Geht rasch vorüber.*

PETUSCHKOW *tritt ein.* Ah, guten Tag! Was machen Sie hier, Iwan Petrowitsch, wie weit ist die Sache?

IWAN PETROWITSCH. Die Advokaten haben noch das Wort. Hinein dürfen Sie nicht.

GERICHTSDIENER. Machen Sie keinen Lärm, Sie sind hier nicht im Wirtshaus.

Erneutes Beifallklatschen. Die Tür geht auf, die Advokaten und Zuschauer, Herren und Damen, kommen heraus.

EINE DAME. Wundervoll! So ergreifend! Ich war zu Tränen gerührt.

EIN OFFIZIER. Spannender als irgendein Roman. Ich begreife nur nicht, wie sie den Menschen so lieben konnte. Er macht eine zu jammervolle Figur.

Die zweite Tür öffnet sich; die Angeklagten treten heraus, voran Lisa und Karenin, die im Korridor auf und ab gehen; hinter ihnen Fedja allein.

EINE DAME. Pst! Still da! Das ist er … Sehen Sie doch, wie erregt er ist! *Geht mit dem Offizier vorüber.*

FEDJA *geht zu Iwan Petrowitsch.* Hast du ihn? …

IWAN PETROWITSCH. Da! … Reicht ihm irgend etwas.

FEDJA *steckt den ihm gereichten Gegenstand in die Tasche, will gehen und sieht Petuschkow.* Dumm … fade … langweilig … sinnlos … Will gehen.

PETRUSCHIN, *der Advokat, ein lebhafter, wohlbeleibter Herr mit roten Backen, tritt auf Fedja zu.* Nun, mein Lieber, unsere Sache steht famos, nur dürfen Sie mir, wenn Sie dann zum Wort zugelassen werden, den Text nicht verderben.

FEDJA. Ich will gar nicht sprechen. Was soll ich denn sagen? Nicht ein Wort sage ich.

PETRUSCHIN. Nein, sprechen müssen Sie. Haben Sie keine Angst, die Sache ist schon so gut wie durch. Wiederholen Sie nur das, was Sie neulich mir gegenüber äußerten: daß Sie den Selbstmord, das heißt eine Handlung, die nach bürgerlichem und kirchlichem Recht als Verbrechen gilt, n i c h t begangen haben.

FEDJA. Ich werde gar nichts sagen.

PETRUSCHIN. Ja – warum denn nicht?

FEDJA. Weil ich nicht will. Sagen Sie mir, wie kann schlimmstenfalls das Urteil lauten?

PETRUSCHIN. Ich sagte Ihnen bereits: schlimmstenfalls Verschickung nach Sibirien …

FEDJA. Wer kann verschickt werden ?

PETRUSCHIN. Sie und Ihre Frau.

FEDJA. Und bestenfalls?

PETRUSCHIN. Bestenfalls Kirchenbuße, und natürlich Auflösung der zweiten Ehe.

FEDJA. Man will mich also wieder an sie – oder vielmehr sie an mich ketten?

PETRUSCHIN. So wird es wohl kommen. Aber regen Sie sich darum nicht auf, und reden Sie nur, bitte, so, wie ich Ihnen sagte. Vor allem sagen Sie nichts, was Ihrer Sache schaden könnte. Nun, es wird schon werden … *Er bemerkt, daß sich Leute angesammelt haben und zuhören.* Ich bin etwas abgespannt und will mich ein Weilchen hinlegen. Ruhen auch Sie sich aus, solange die Geschworenen beraten. Vor allem keine Angst, verstehen Sie?

FEDJA. Kann das Urteil nicht noch anders ausfallen?

PETRUSCHIN *im Abgehen.* Nein.

GERICHTSDIENER. Immer gehen Sie weiter, gehen Sie weiter, bleiben Sie nicht hier im Korridor stehen!

FEDJA. Jetzt ist's Zeit. *Zieht den Revolver aus der Tasche, schießt sich ins Herz und fällt nieder. Alle stürzen auf ihn zu.* Laßt nur … alles ist gut… wo ist Lisa?

Aus allen Türen kommen Zuschauer, Richter, Angeklagte, Zeugen herbei. Allen voran Lisa, hinter ihr Mascha, Karenin, Iwan Petrowitsch und Fürst Abreskow.

LISA. Was hast du getan, Fedja? Warum das?

FEDJA. Verzeih mir, daß ich dich nicht … auf andere Art … freigeben konnte. Nicht um deinetwillen war's … sondern um meinetwillen. Mir ist wohler so … Ich war … schon längst reif.

LISA. Man wird dich retten!

Ein Arzt neigt sich über ihn und horcht auf seinen Herzschlag.

FEDJA. Ich weiß … auch ohne Arzt … Viktor, leb' wohl! Und Mascha … ist zu spät gekommen … *Weint.* Wie wohl … wie wohl ist mir! *Stirbt.*

Vorhang.

1900 [- 1904]

Er ist an allem schuld

Komödie in zwei Szenen[1]

PERSONEN

AKULINA, 70 Jahre, noch frisch, eine ehrbare Frau von altem Schrot und Korn.

MICHAJLA, ihr Sohn, 35 Jahre, leidenschaftlich, eitel, prahlerisch,
   von kräftiger Gestalt.

MARFA, ihre Schwiegertochter, 32 Jahre, mürrisch, spricht viel und schnell.

PARASCHKA, 10 Jahre, Marfas und Michajlas Tochter.

TARAS, Gehilfe des Dorfschulzen, 50 Jahre, ein gesetzter Mann, spricht
   langsam, macht sich ein wenig wichtig.

EIN WANDERBURSCHE, 40 Jahre, beweglich, mager, spricht pathetisch,
   in betrunkenem Zustande besonders zwanglos.

IGNAT, 40 Jahre, geschwätzig, heiter beschränkt.

EIN NACHBAR, 40 Jahre, von aufgeregtem Wesen.

Herbst. Bauernstube mit abgeteiltem Verschlag.

[1] Textquelle | Leo TOLSTOI: *Bühnenwerke*. Übersetzung aus dem Russischen von August Scholz. (Gesamtausgabe des Dichterischen Werkes, herausgegeben von Erich Boehme, Band XIV). Berlin: Malik-Verlag 1928, S. 419-440.

ERSTER AUFZUG

Die alte Akulina spinnt; Marfa, die Wirtin, knetet Teig zum Brot;
Paraschka bewegt eine Wiege hin und her.

MARFA. Ach, ich ahne schon wieder das Schlimmste. Da sitzt und sitzt er nun. Geradeso wie neulich, als er mit Holz zur Stadt fuhr. Fast die Hälfte des Geldes hat er vertrunken. Und dann heißt es immer, ich sei schuld.

AKULINA. Man muß nicht immer das Schlimmste voraussehen. Es ist noch früh. Und dann ist's doch auch weit. Ehe er zurück ist ...

MARFA. Wieso denn früh? Akimytsch ist doch schon zurück. Und dabei ist er später abgefahren als unsrer, und unsrer ist noch nicht da. Immer nur bummeln, bummeln – das macht ihm Vergnügen.

AKULINA. Akimytsch hatte seins bloß abzuliefern, und unsrer mußte auf den Markt fahren.

MARFA. Ich würde nichts sagen, wenn er allein wäre, aber nun ist er mit dem Ignat zusammen gefahren. Sowie er mit diesem Schubiack, Gott verzeih' mir, zusammen ist, kommt nichts Gutes 'raus, jedesmal betrinkt er sich. Da rackert und quält man sich nun, einen Tag wie den andern. Alles hat man auf dem Halse. Man möcht' doch auch mal 'nen Augenblick ausruhen. Aber nein, vom Morgen bis in die Nacht muß man sich schinden. – Was hat man nun von seinem Leben?

Die Tür geht auf, und Taras tritt mit
dem abgerissenen Wanderburschen ein.

TARAS. Guten Abend auch! Ich bring' euch hier Einquartierung.

WANDERBURSCHE *verneigt sich.* Gehorsamer Diener.

MARFA. Was bringst du uns die Kerle immer auf den Hals? Erst am Mittwoch hat einer bei uns genächtigt. Immer zu uns und zu uns. Geh doch mit ihm zur Stepanida, die haben keine Kinder. Ich hab' nicht mal für meine Leute Platz genug. Und du bringst sie immer zu uns, zu uns.

TARAS. Es geht der Reihe nach.

MARFA. So, der Reihe nach! Ich hab' doch aber Kinder, und der Mann ist nicht zu Hause.

TARAS. Laß ihn schon über Nacht bleiben, das Haus wird nicht gleich einstürzen.

AKULINA *zum Wanderburschen.* Komm, setz' dich, sei unser Gast.

WANDERBURSCHE. Meinen herzlichen Dank. Kann ich wohl ein Häppchen zu essen kriegen?

MARFA. Nun seh' einer – kaum kommt er herein, denkt er auch gleich ans Futtern! Hast du denn das Dorf nicht abgeklappert?

WANDERBURSCHE seufzt. Bin's nicht gewöhnt, das Betteln, von Standes wegen nämlich, und da ich über Produkte dieser Art nicht verfüge …

Akulina erhebt sich, holt einen Brotlaib, schneidet
ein Stück davon ab und reicht es dem Wanderburschen.

WANDERBURSCHE *nimmt das Brot.* Merci. *Setzt sich auf die Ofenbank und ißt gierig.*

TARAS. Wo ist denn Michaela?

MARFA. In der Stadt, mit Heu ist er hingefahren. Er sollte längst wieder hier sein, und er kommt und kommt nicht. Drum mein' ich eben, daß leicht was vorkommen kann.

TARAS. Was soll denn vorkommen?

MARFA. Was vorkommen soll? Sicher nichts Gutes, sondern nur was Schlimmes. Wenn er erst aus dem Hause ist, denkt er nicht mehr an uns. Auch heut wird er sicher wieder betrunken ankommen.

AKULINA *setzt sich ans Spinnrad; zu Taras, nach Marfa zeigend. Der Mund steht ihr nicht still.* Und dabei sag' ich ihr immer wieder: das ist doch nun mal unser Frauenlos.

MARFA. Wenn er allein wäre, würde ich nichts sagen; aber nun ist er mit Ignat zusammen gefahren.

TARAS *lächelt.* Ja, Ignat Iwanytsch trinkt gern mal einen über'n Durst.

AKULINA. Weißt du denn, ob er mit Ignat zusammen ist? Ignat ist doch allein hingefahren. Was willst du denn immer mit dem Ignat? Ignat ist ein Mensch für sich, und er ist ein Mensch für sich.

MARFA. Du hast gut reden, Mütterchen. Dieses Saufen wird noch mal ein schlimmes Ende nehmen – so! *Zeigt nach dem Halse.* Solange er nüchtern ist, verspricht er alles mögliche, sowie er aber einen sitzen hat – na, du weißt ja selbst, wie er dann ist. Wehe, wenn man ein Wort sagt! Alles nimmt er krumm.

TARAS. Du weißt ihn eben nicht zu nehmen. Was ist schon dabei, wenn er mal getrunken hat – dann laß ihn eben das Maul aufreißen. Hat er erst ausgeschlafen, kommt er schon wieder ins Geleise. Aber du widersprichst ihm immer.

MARFA. Ich kann's machen, wie ich will: wenn er betrunken ist, ist ihm nichts recht.

TARAS. Du mußt ihn nur richtig verstehen. Unsereins kommt öfter mal in 'ne Lage, daß es ohne Trinken nicht abgeht. Ihr Weiber hockt immer zu Hause, unsereins muß aber 'raus, mal in Geschäften, mal in Gemeindesachen. Da geht's halt nicht trocken ab. Aber ein Unglück ist das noch lange nicht.

MARFA. Ja, du hast gut reden – wir Weiber haben's aber gar zu schwer. Ach, wie schwer haben wir's doch! Wenn ihr auch nur eine Woche lang in unser Joch gespannt würdet, wie würdet ihr da stöhnen! Da heißt es Brot backen, und kochen, und spinnen, und weben, und das Vieh besorgen, und das Kroppzeug da sauber halten und anziehen und füttern – alles, alles, und noch viel mehr hat man auf dem Halse. Und er – sowie ihm was nicht paßt, muckt er gleich auf, namentlich wenn er einen weg hat. Ach, ich sag' schon – zum Verzweifeln ist's …

WANDERBURSCHE *kauend*. Das stimmt wohl – „er" ist an allem schuld! Alle Katastrophen des Lebens kommen von den alkoholischen Getränken.

TARAS. Er hat dich wohl auch aus dem Geleise gebracht?

WANDERBURSCHE. Das will ich dahingestellt sein lassen. Seinen Zoll hat man ihm natürlich auch gezahlt – ich hätte eine ganz andere Lebenskarriere gemacht, wenn er nicht wäre.

TARAS. Ich meine, wenn man ihn mit Verstand trinkt, kann er einem nicht schaden.

WANDERBURSCHE. Nach meinem Dafürhalten hat er eine solche Enerschie in sich daß er einen Menschen total verderben kann.

MARFA. Das sag' ich ja eben: du schind' dich und quäl' dich ab, und zum Dank dafür schimpft er dich aus und prügelt dich wie 'nen Hund.

WANDERBURSCHE. Ja, und noch schlimmer wirkt er. Es gibt zum Beispiel Menschen, Subjekte, möcht' ich sagen, denen er allen Verstand nimmt, daß sie ganz unzurechnungsfähige Handlungen begehen. Solange so'n Subjekt nicht trinkt, nimmt es nichts Fremdes, selbst wenn man's ihm gibt; sowie es aber getrunken hat, stibitzt es, was ihm unter die Hand kommt. Da helfen keine Schläge und kein Einsperren nicht. Solange ich nicht trinke, geht alles in Ehren ab, alles nobel und vornehm; sowie ich aber trinke … ich meine dieses Subjekt … dann stibitzt es, was ihm in die Finger kommt.

AKULINA. Das sitzt wohl schon so drin im Menschen.

WANDERBURSCHE. Das will ich dahingestellt sein lassen. Es ist so eine Art Krankheit.

TARAS. Was heißt Krankheit! Eine Tracht Prügel gehört drauf, dann würde ihm die Krankheit schon vergehen. Na, lebt wohl für heute. *Ab.*

Marfa wischt sich die Hände ab und will gehen.

AKULINA *mit einem Blick auf den Wanderburschen, sieht, daß er das Brot aufgegessen hat.* Marfa, he, Marfa – schneid' ihm doch noch ein Stück Brot ab!

MARFA. Ach, was! Ich muß jetzt nach dem Samowar sehen. *Ab.*

Akulina steht auf, geht zum Tische, nimmt das Brot heraus, schneidet ein Stück davon ab und reicht es dem Wanderburschen.

WANDERBURSCHE. Merci. Ich hab' einen mächtigen Appetit.

AKULINA. Bist wohl ein Handwerksbursche?

WANDERBURSCHE. Ich? Maschinist bin ich gewesen.

AKULINA. Hast wohl sehr viel verdient?

WANDERBURSCHE. Wie's kam – mal fünfzig, mal siebzig Rubel.

AKULINA. 'ne schöne Sache. Wie bist du denn so heruntergekommen?

WANDERBURSCHE. Heruntergekommen? Nicht mir allein geht es so. Ich bin heruntergekommen, weil die Zeiten so sind, daß ein anständiger Mensch eben sein Auskommen nicht findet.

MARFA *bringt den Samowar.* Du meine Güte! Nun kommt er ganz sicher betrunken nach Hause. Ich hab' so 'ne Ahnung.

AKULINA. Laß gut sein, vielleicht wird's nicht so schlimm.

MARFA. Ach ja, nicht so schlimm! Und ich kann mich rackern und quälen: den Teig kneten muß ich, und Brot backen, und kochen, und spinnen, und weben, und das Vieh besorgen, alles hab' ich ganz allein auf dem Halse. *Das Kind in der Wiege schreit.* So wieg's doch, Paraschka! Ach, wir Weiber haben schon ein Leben! Ist er betrunken, dann macht man ihm gar nichts recht ... Und sagt man ein Wort, das ihm nicht paßt. …

AKULINA *bereitet den Tee.* Der Tee geht zu Ende. Hast du ihm gesagt, daß er welchen mitbringen soll?

MARFA. Gewiß doch. Aber der – und Tee mitbringen! Denkt der denn überhaupt an zu Hause? *Stellt den Samowar auf den Tisch.*

Der Wanderbursche entfernt sich vom Tische.

AKULINA. Warum gehst du denn weg vom Tische? Wir wollen doch Tee trinken.

WANDERBURSCHE. Meinen herzlichen Dank für die freundliche Einladung. *Wirft den Zigarettenstummel fort und kommt an den Tisch.*

MARFA. Von was für Herkommen bist du denn? Ein Bauer, oder was sonst?

WANDERBURSCHE. Weder Bauer noch Edelmann, mein Mütterchen. Bin, möcht' ich sagen, von zweischneidiger Herkunft.

MARFA. Wieso denn? *Reicht ihm eine Tasse Tee.*

WANDERBURSCHE. Merci. Wieso, fragst du? Weil ich nämlich 'nen polnischen Grafen zum Vater hatte, und außer ihm noch ein ganzes Schock andere. Auch zwei Mütter hab' ich gehabt.

AKULINA. Du meine Güte! Wieso denn?

WANDERBURSCHE. Na, weil meine Frau Mutter eben ein bißchen ausschweifend gelebt hat, in Polygamie, möcht' ich sagen. Da gab's alle möglichen Sorten Väter. Und zwei Mütter hatte ich insofern, als die Frau Mutter, die mich geboren hatte, mich einfach im zarten Säuglingsalter im Stiche ließ und die Portiersfrau im Hause sich aus Mitleid meiner annahm und mich aufpäppelte. Ist überhaupt ziemlich umständlich, meine Biographie.

MARFA. Trink noch ein Täßchen. Wo warst du denn in der Lehre?

WANDERBURSCHE. Auch das ist 'ne ziemlich umständliche Sache. Zuerst gab mich meine Mutter – das heißt eben, meine Pflegemutter – in eine Schmiede. Ein Schmied war mein erster Pädagoge, möcht' ich sagen. Und seine Pädagogik lief darauf hinaus, daß er mehr auf meinen unglücklichen Schädel als auf seinen Amboß losschlug. Aber so sehr er mich auch schlug – mein Talent konnte er doch nicht totschlagen. Ich kam dann in 'ne Schlosserei. Hier wußte man mich besser zu würdigen, und ich brachte es auch zu etwas, wurde ein tüchtiger Geselle. Gebildete Leute lernte ich kennen, und war auch in der Fraktion. Wissenschaftliche Bildung hab' ich erworben, und lebte überhaupt in höheren Geistesreschionen, weil ich nämlich ganz kolossale Talente hatte.

AKULINA. Das läßt sich denken.

WANDERBURSCHE. Und da kam nun dieser Sturmwind, und das Volksleben kam wieder unter das despotische Joch, und ich geriet ins Gefängnis, in die Freiheitsentziehung, möcht' ich sagen.

MARFA. Wofür denn?

WANDERBURSCHE. Na, für die Rechte.

MARFA. Für welche Rechte?

WANDERBURSCHE. Na, eben für jene Rechte, daß der Bourgeois nicht ewig Feiertag haben soll, und daß der arbeitende Proletarier seinen vollen Arbeitslohn bekommt.

AKULINA. Und nicht auch wegen des Landes?

WANDERBURSCHE. Aber gewiß doch, auch wegen der agramarischen Frage.

AKULINA. Ach, wenn's doch Gott gäbe und die heilige Muttergottes! Gar zu wenig Land haben sie schon, die armen Bauern. Na, was hast du jetzt weiter vor?

WANDERBURSCHE. Was ich weiter vorhabe? Jetzt geh' ich nach Moskau. Zu irgend 'nem Ausbeuter geh' ich. Was soll man schon machen, man muß halt klein beigeben. Gib mir die erste beste Arbeit, sag' ich zu ihm, aber stell' mich ein!

AKULINA. Du trinkst doch noch ein Schälchen, wie?

WANDERBURSCHE. Meinen herzlichen Dank, merci, möcht' ich sagen.

Vom Flur läßt sich Lärm und lautes Reden vernehmen.

AKULINA. Da ist ja Michajla! Er kommt gerade zum Tee zurecht.

MARFA *steht auf.* Ach, jetzt geht der Tanz los. Mit dem Ignat kommt er – dann ist er sicher betrunken.

Michajla und Ignat, beide betrunken, drängen sich ins Zimmer.

IGNAT. Guten Abend, meine Lieben! *Er bekreuzt sich vor dem Heiligenbilde.* Da kommen wir gerade zum Samowar zurecht, Schwerbrett noch eins! Nicht so, wie's im Liede heißt:

‚In die Kirche kommt er,
Wenn vorbei die Messen,
Und zu Tische kommt er,
Wenn wir abgegessen!'

Hahaha! Ihr bewirtet uns mit Tee, und wir euch mit Branntwein. Was wollt ihr noch mehr? *Lacht laut auf.*

MICHAJLA. Wo kommt denn der Stutzer da her? *Zieht eine Flasche hervor und stellt sie auf den Tisch.* Gläser her!

AKULINA. Na, hast du gut verkauft?

IGNAT. Und ob, Schwerbrett noch eins! Und getrunken haben wir, und uns vergnügt, und auch was mitgebracht.

MICHAJLA *füllt die Gläser und bietet zuerst seiner Mutter und dann dem Wanderburschen eins an.* Da, kannst auch mittrinken.

WANDERBURSCHE *nimmt das Gläschen.* Meinen herzlichen Dank. Zum Wohlsein! *Trinkt aus.*

IGNAT. Hast du aber 'nen Zug, Schwerbrett noch eins! Der geht ins Blut, was? Namentlich wenn man so ausgehungert ist. *Schenkt ihm nochmals ein.*

WANDERBURSCHE *trinkt.* Wünsch' euch Glück und Erfolg bei allen Unternehmungen!

AKULINA. Hast du gute Geschäfte gemacht?

IGNAT. Gute oder nicht gute – vertrunken ist sowieso alles! Nicht wahr, Michajla?

MICHAJLA. Versteht sich. Sollen wir vielleicht um Erlaubnis fragen? Leute wie wir haben das nicht nötig.

MARFA. Spiel' dich doch nicht auf! Hast wirklich keinen Grund dazu. Zu Hause gibt's nichts zu beißen, und er jagt das Geld durch die Gurgel!

MICHAJLA *in drohendem Tone.* Marfa!

MARFA. Was – Marfa? Ich weiß, daß ich Marfa heiße. Hätten dich meine Augen doch nie gesehen, du gewissenloser Mensch!

MICHAJLA. Marfa! Nimm dich in acht!

MARFA. Was heißt in acht nehmen? Ich will mich nicht in acht nehmen!

MICHAJLA. Schenk' die Gläser voll! Schenk' ein, bewirte die Gäste!

MARFA. Pfui, du alter Saufsack! Nicht ein Wort red' ich mit dir.

MICHAJLA. Was sagst du? Luder verdammtes!

MARFA *geht an die Wiege und bewegt sie hin und her; die Kinder schmiegen sich erschrocken an sie an.* Was ich sage? Ich Sage, daß ich kein Wort mehr mit dir rede, das sag' ich.

MICHAJLA. Hast schon wieder vergessen? Springt vom Tische auf, versetzt ihr einen Schlag auf den Kopf und schlägt ihr dabei das Tuch herunter. Da hast du!

MARFA. O–O–o–o! Läuft weinend nach der Tür.

MICHAJLA. Du sollst mir nicht entkommen, Aas verdammtes … *Stürzt ihr nach.*

WANDERBURSCHE *springt vom Tisch auf und packt Michajla am Arme.* Du hast kein Recht dazu!

MICHAJLA *bleibt stehen und sieht verdutzt den Wanderburschen an.* Hast wohl schon lange keine Prügel bekommen?

WANDERBURSCHE. Du hast absolut kein Recht, das weibliche Geschlecht einer Mißhandlung zu unterziehen.

MICHAJLA. Ach, du Schuft! Hast du so was schon mal gesehen? *Zeigt ihm die Faust.*

WANDERBURSCHE. Ich erlaube es nicht, daß das weibliche Geschlecht so exploitiert wird.

MICHAJLA. Ich will dich axplattieren, daß du die Engel im Himmel pfeifen hörst!

WANDERBURSCHE *hält ihm sein Gesicht hin.* Da, schlag zu! Warum schlägst du nicht? Immer schlag zu!

MICHAJLA *zuckt die Achseln und macht eine unschlüssige Handbewegung.* Und wenn ich's tue?

WANDERBURSCHE. Ich sag' doch: schlag zu!

MICHAJLA. Bist 'n sonderbarer Kauz, wenn ich dich so anseh'. Läßt die Arme sinken und schüttelt den Kopf.

IGNAT *zum Wanderburschen.* Man sieht's dir gleich an, daß du ein Weiberfreund bist, Schwerbrett noch eins.

WANDERBURSCHE. Ich trete nur fürs Recht ein.

MICHAJLA *zu Marfa, geht schweratmend nach dem Tische.* Na, Marfa, bedank' dich bei ihm – kannst 'ne dicke Kerze für sein Seelenheil stiften. Wär' er nicht dazwischen gekommen, ich hätt' dir die Knochen im Leibe zerschlagen.

MARFA. Was soll man von dir auch Besseres erwarten! Sein Leben lang kann man sich rackern, kann backen und kochen, und wenn du einen in der Krone hast …

MICHAJLA. Na, schon gut, schon gut. *Bietet dem Wanderburschen ein Glas Branntwein an.* Trink! *Zu seiner Frau.* Und du – was flennst du denn? Darf man sich nicht mal 'nen Spaß erlauben? Da ist das Geld, heb's auf: drei Rubel, und noch drei Rubel, und hier – zwei Zwanziger.

Marfa nimmt das Geld und geht damit, während sie schweigend das Kopftuch zurechtzieht, hinter den Verschlag.

AKULINA. Und wo ist der Tee und der Zucker, den du mitbringen solltest?

MICHAJLA *holt ein Päckchen aus der Tasche hervor und legt es aufs Fenster.* Zu dummes Volk, diese Weiber! *Schenkt dem Wanderburschen nochmals ein.* Da, trink!

WANDERBURSCHE *trinkt nicht.* Trink doch selbst!

MICHAJLA. Na, so zier' dich doch nicht!

WANDERBURSCHE *trinkt.* Zur Gesundheit!

IGNAT *zum Wanderburschen.* Du mußt schon recht viel durchgemacht haben, sollt' ich meinen. Was für'n hübsches Jackett du da hast! Ein wunderschönes Jackett, Schwerbrett noch eins! Wo hast du denn das her? *Zeigt auf die zerrissene Jacke des Wanderburschen.* Laß es nur nicht flicken, es ist so viel schöner! Ein bißchen alt scheint es ja zu sein, aber was ist da schon zu machen! Wenn ich so'n Jackett hätte, würden mich die Weiber sicher auch gern haben. *Zu Maria.* Hab' ich recht?

AKULINA. Das ist nicht schön von dir, Iwanytsch, daß du dich so ohne Grund über einen Menschen lustig machst.

WANDERBURSCHE. Das liegt an seiner mangelhaften Bildung.

IGNAT. Ich hab' ihn doch so gern. Da, trink! *Schenkt ihm Branntwein ein.*

Der Wanderbursche trinkt.

AKULINA. Du sagtest doch selbst, daß der da ... zeigt auf das Glas... an allem schuld ist, und daß du seinetwegen schon gesessen hast.

MICHAJLA. Gesessen hast du? Warum?

WANDERBURSCHE *stark berauscht.* Wegen einer Expropriation.

MICHAJLA. Wie soll man das verstehen?

WANDERBURSCHE. Na, eben so: wir kamen zu ihm, zu dem Dickwanst nämlich. Heraus mit deinem Geld, sagten wir, sonst sieh dir diesen da an – den Revolver nämlich. Er zappelt und rennt hin und her, und schließlich nimmt er, sage und schreibe, zweitausenddreihundert Rubel aus dem Kasten.

AKULINA. Ach du meine Güte!

WANDERBURSCHE. Wir waren eben dabei, über die Verwendung des Geldes zu beraten. Sembrikow hatte den Vorsitz. Da kam uns dieses ... Gesindel auf den Hals. Sie nahmen uns fest und sperrten uns ins Gefängnis.

IGNAT. Und das Geld nahmen sie euch fort?

WANDERBURSCHE. Versteht sich. Das heißt – überführen konnten sie mich nicht. Der Staatsanwalt meinte bei der Verhandlung: ihr habt das Geld gestohlen, meinte er. Und ich gab ihm gleich darauf Bescheid – stehlen ist Sache der Diebe, sagte ich – wir haben nur eine Expropriation vorgenommen, für die Kasse. Da blieb er mir die Antwort schuldig – redete und redete, doch war's eben keine Antwort. Führt ihn wieder ab, sagte er schließlich – ins Gefängnis, in die Freiheitsentziehung.

IGNAT. Ein fixer Kerl bist du doch, ein schneidiger Junge. *Schenkt ihm Branntwein ein*! Da, trink – Schwerbrett noch eins!

AKULINA. Fluch' doch nicht immer so!

IGNAT. Das heißt doch nicht fluchen, Großmütterchen – das ist nur so meine Redensart: Schwerbrett noch eins! Schwerbrett noch eins! … Da, trink mit uns, Großmütterchen!

Marfa kommt wieder vor, geht an den Tisch und schenkt Tee ein.

MICHAJLA. So recht! Nur nicht brummen und schimpfen. Das hast du ihm zu verdanken. Ich bin dir doch gut, Marfa! *Zum Wanderburschen*. Meinst du vielleicht nicht? *Umarmt Marfa*. Ich bin meiner Alten gut – da, wie gut ich ihr bin! Meine Alte ist 'n Staatsweib. Ich gebe sie für keine andre her.

IGNAT. So ist's recht. Großmütterchen, Akulina, trink! Ich spendiere.

WANDERBURSCHE. Da sieht man die Kraft der Enerschie! Erst waren alle so melancholisch, und jetzt ist die schönste Stimmung da, lauter Freundschaft und Liebe. Großmütterchen, ich liebe dich – dich und alle Menschen! Geliebte Brüder mein! *Singt ein Revolutionslied*.

MICHAJLA. Er ist ihm zu Kopfe gestiegen, so auf den ausgehungerten Magen.

Vorhang.

ZWEITER AUFZUG

Morgen. Michajla schläft.
Marfa und Akulina wirtschaften herum.

MARFA *nimmt das Beil.* Ich geh' Holz hacken.

AKULINA *mit dem Eimer in der Hand.* Wenn jener nicht gewesen wäre, hätt' er dich gestern sicher geprügelt. Wo steckt er eigentlich? Man sieht ihn nicht. Er ist wohl schon losgegangen.

Beide nacheinander ab.

MICHAJLA *klettert vom Ofen herunter.* Nun seh' einer – wie hoch die Sonne schon steht! *Zieht seine Stiefel an.* Die Weiber sind wohl nach Wasser gegangen. Puh, wie der Schädel schmerzt! Ich tu's nicht wieder. Der Teufel soll das Zeug holen. *Betet, wäscht sich.* Jetzt rasch angespannt!

Marfa kommt mit dem zerkleinerten Holze.

MARFA. Wo ist denn der Stromer von gestern? Schon fort?

MICHAJLA. Er ist nicht zu sehen. Wird wohl schon fort sein.

MARFA. Nun, Gott mit ihm. Scheint kein dummer Kerl zu sein.

MICHAJLA. Weil er für dich eingetreten ist?

MARFA. Nicht darum …

Michajla zieht seinen Rock an.

MARFA. Hast du gestern den Tee und den Zucker weggeräumt?

MICHAJLA. Ich denke, du hast alles fortgenommen? *Akulina kehrt mit dem Eimer zurück.*

MARFA *zu Akulina.* Hast du vielleicht gestern den Tee und den Zucker weggenommen?

AKULINA. Daß ich nicht wüßte.

MICHAJLA. Ich habe beides aufs Fenster gelegt.

AKULINA. Da hab' ich's auch gesehen.

MARFA. Wo mag's nur hingekommen sein?

Sie suchen.

AKULINA. Nein, so was! Die Sünde!

Der Nachbar kommt herein.

NACHBAR. Na, Tichonytsch, wie steht's? Fahren wir nach Holz in den Wald?

MICHAJLA. Ich denk' doch. Ich spanne gleich an. Wir suchen hier nämlich etwas, das verlorengegangen ist.

NACHBAR. So, so. Was war's denn?

MARFA. Mein Mann hat gestern abend Tee und Zucker aus der Stadt mitgebracht. Hier aufs Fenster hat er beides gelegt. Ich dachte nicht daran, es wegzuräumen, und nun ist's mit einemmal verschwunden.

MICHAJLA. Wir dachten schon, ob's nicht der Wanderbursche genommen hat. Es hat hier nämlich einer genächtigt.

NACHBAR. Ein Wanderbursche? Wie sah er aus?

MARFA. So ein magerer war es, ohne Bart.

MICHAJLA. In einer zerrissenen Jacke.

NACHBAR. So ein Krauskopf, mit 'ner gebogenen Nase?

MICHAJLA. Ganz recht!

NACHBAR. Dem bin ich eben begegnet. Ich wunderte mich noch, warum er so rasch lief.

MICHAJLA. Ganz sicher hat er's genommen. Wo bist du ihm begegnet?

NACHBAR. Hier ganz in der Nähe. Er kann noch nicht über die Brücke sein.

MICHAJLA *nimmt seine Mütze und läuft mit dem Nachbar rasch hinaus.* Wir wollen ihm nach. Der Spitzbube! Ganz sicher war er's.

MARFA. O die Sünde, die Sünde! Er war es ganz bestimmt.

AKULINA. Und wenn er's nun nicht war? So hat man auch mal vor zwanzig Jahren einen Menschen beschuldigt, daß er ein Pferd gestohlen hätte. Alles lief zusammen. Der eine erzählte, er habe gesehen, wie er es bemalte, der andere sagte, er habe gesehen, wie er es wegführte. Ein scheckiges Pferd war's, und gehörte dem Onkel, und mußte gleich jedem Menschen auffallen. Alle machten sich auf und begannen zu suchen. Und im Walde kommt ihnen eben jener Bursche entgegen. Du bist es, sagen sie. Er schwört heilig und teuer, daß er's nicht gestohlen hat. Ach, was zaudern wir noch lange, sagen sie da – die Weiber werden schon recht haben, daß er es war. Er wurde nun grob, und Jegor Lapuschkin, ein hitzköpfiger Bauer – er ist schon lange tot – holt aus und schlägt ihn mir nichts, dir nichts übern Schädel. Du bist's gewesen! ruft er, und schlug ihn noch einmal, und dann stürzten sich auch die andern auf ihn und schlugen mit Fäusten und Knütteln auf ihn los, bis er mausetot war. Na, und was sagst du? Am andern Tage entdeckten sie den wirklichen Dieb. Jener andere aber war gar kein Dieb, sondern wollte sich nur im Walde einen Baum aussuchen.

MARFA. Ach ja, wie bald ist 'ne Sünde geschehen! Und der hier scheint doch kein schlechter Mensch, wenn er auch arg heruntergekommen ist.

AKULINA. Freilich wohl. Ein armer Schlucker ist's – was soll man den groß strafen!

MARFA. Ich hör' sie schon rufen, sie bringen ihn.

Michajla und der Nachbar treten ein, dann folgt ein junger Bauernbursche und ein älterer Mann, die beide den Wanderburschen vor sich herstoßen.

MICHAJLA *hat den Tee und den Zucker in der Hand, erregt zu seiner Frau.* In seiner Hosentasche haben wir's gefunden. Der Spitzbube, der Hundsfott!

AKULINA *zu Maria.* Er hat's wirklich getan – der Ärmste, wie er den Kopf hängen läßt!

MARFA. Er hat's doch gestern abend selbst gesagt: wenn er betrunken ist, stibitzt er, was ihm unter die Hand kommt.

WANDERBURSCHE. Ich bin kein Dieb, sondern ein Expropriator, ein Mann der Tat. Doch das könnt ihr nicht verstehen. Macht, was ihr wollt.

NACHBAR. Wohin bringen wir ihn – zum Schulzen, oder gleich zur Polizei?

WANDERBURSCHE. Ich sage: macht, was ihr wollt. Ich fürchte mich vor nichts und bin bereit, für meine Überzeugungen alles zu ertragen. Wenn ihr gebildet wäret, würdet ihr's begreifen …

MARFA *zu ihrem Mann.* Laßt ihn in Gottes Namen laufen. Die Sachen habt ihr zurückgebracht – laßt ihn gehen, ohne euch zu versündigen.

MICHAJLA *wiederholt die Worte seiner Frau.* „Ohne euch zu versündigen …" Jetzt will sie uns gar belehren – wir wissen auch ohne dich, was wir zu tun haben.

MARFA. Ich meine nur, ihr sollt ihn laufen lassen …

MICHAJLA. „Laufen lassen!" Wir wissen schon, was wir zu tun haben. Dumme Gans! Laufen lassen! Gewiß werden wir ihn laufen lassen – aber vorher will ich ihm noch ein Wörtchen sagen, das er sich merken soll. *Zum Wanderburschen.* Hör' also, du Musjö, was ich dir jetzt sage: wenn du auch schlimm genug dran bist, so war es doch schlecht von dir, sehr schlecht. Ein anderer würde dir dafür die Rippen im Leibe zerbrechen und dich obendrein zum Wachtmeister führen. Und ich sage dir nur: es war schlecht von dir gehandelt, sehr schlecht. Aber weil's dir so schon schlimm genug geht, will ich's dir nachsehen: geh in Gottes Namen! *Er hält inne, alle schweigen. Feierlich.* Und tu's nicht wieder! *Er sieht seine Frau an.* Und du willst mich belehren !

NACHBAR. Aber nicht doch, Michajla, nicht doch – du verwöhnst ja die Kerle!

MICHAJLA *hält das Paket mit dem Tee und Zucker immer noch in der Hand.* Was tut's? Das ist meine Sache. *Zu seiner Frau.* Und du willst mich belehren! *Hält inne, blickt auf das Päckchen und reicht es entschlossen, während er seine Frau ansieht, dem Wanderburschen hin.* Da, nimm's! Kannst unterwegs mal 'n Glas Tee trinken. *Zu seiner Frau.* Und du willst mich belehren! Geh nun, geh, sag' ich dir, es gibt nichts weiter zu reden.

WANDERBURSCHE *nimmt das Päckchen; Schweigen.* Du denkst, ich verstehe dich nicht? *Seine Stimme zittert.* Ich verstehe dich vollkommen! Hättest du mich durchgeprügelt wie 'nen Hund, dann wäre mir jetzt leichter ums Herz. Meinst du, ich weiß nicht, wer ich bin? Ein Schurke bin ich, ein degeneriertes Subjekt, möcht' ich sagen. Verzeih mir, um Christi willen! *Er schluchzt auf, wirft das Päckchen auf den Tisch und geht rasch davon.*

MARFA. Ein Glück, daß er das Paket nicht mitgenommen hat, sonst hätten wir jetzt keinen Tee.

MICHAJLA *zu seiner Frau.* Und du willst mich belehren!

NACHBAR. Wie er geschluchzt hat, der Ärmste!

AKULINA. Ist doch auch ein Mensch!

Vorhang.

1910

21 · Л. Н. Толстой и А. М. Горький
Ясная Поляна. 1900 г.

Фотография С. А. Толстой

Begegnung von Leo N. Tolstoi und Maxim Gorkim, 1900
Postkarte | commons.wikimedia.org

ANHANG

Leo N. Tolstoj
Dramatische Dichtungen
Die Macht der Finsternis / Die Früchte
der Bildung / Der erste Branntweinbrenner

3. Tausend

Verlegt
bei Eugen Diederichs in Jena 1911

Anmerkungen zu Bühnenwerken Tolstois

Von Raphael Löwenfeld[1]

Im Jahre 1887 überraschte die gemeinnützige Verlags-Gesellschaft *Posrednik* ('Der Vermittler') ihre zahlreichen über ganz Rußland zerstreuten Freunde mit einem neuen Büchlein Leo Tolstojs. Es trug das gleiche bescheidene Gewand, wie die anderen Heftchen dieser ausgezeichneten Volksbücherei; die Decke war mit schlichten Bildern geziert, die den Inhalt des Buches dem Verständnis des Volkes näher bringen sollten, der Preis betrug die üblichen wenigen Groschen. Nur durch eines unterschied sich äußerlich dieses Bändchen von den anderen der Sammlung: es trug den besonderen Vermerk: „Für Erwachsene".

Die Überraschung war eine zwiefache. Tolstoj hatte das letzte Jahrzehnt seines Schaffens, unter dem Einfluß einer radikalen Umwandlung seiner ganzen Weltanschauung, wissenschaftlichen Forschungen gewidmet, deren Endergebnis die Darstellung der reinen Lehre Christi als der Quelle sozialer Wiedergeburt der Menschheit in einer Reihe zusammenhängender Bücher war. Dies neue Bändchen des *Posrednik* schien die Hoffnung, die *„Iwan Iljitschs Tod"* bei den Verehrern des Dichters geweckt hatte, vollends zu bestätigen. Tolstoj gehörte, nach der Überwindung einer schmerzhaften Seelenkrisis, wieder ganz der Dichtkunst.

Überraschend aber war es auch für das ganze Rußland, daß Tolstoj, der als Erzähler mit *„Krieg und Frieden"* und *„Anna Karenina"* sich den ersten Rang unter den Dichtern Rußlands errungen hatte, hier zum erstenmal in der Form des Dramas seinen Ideen Ausdruck gab. Denn der Titel dieses neuen Bändchens der Volksbücherei war: „M a c h t   d e r   F i n s t e r n i s" oder *„Reich' dem Teufel den Finger und er hat dich ganz"*. Ein Drama aus dem Leben des russischen Volks!

---

[1] Textquelle | Leo N. TOLSTOJ: *Dramatische Dichtungen*. Die Macht der Finsternis / Die Früchte der Bildung / Der erste Branntweinbrenner. (= L. N. Tolstoj. Gesammelte Werke. I. Serie, Band 9. Von dem Verfasser genehmigte Ausgabe von Raphael Löwenfeld). Drittes Tausend. Jena: Eugen Diederichs 1911, S. VII-XVI.

Tolstoj war nie ein besonderer Freund des Theaters gewesen. Er war im allgemeinen nicht gern, wo die Menschen sich in großer Zahl versammeln, und besuchte deshalb selten das Theater. Als er zehn Jahre nach der Abfassung der *„Die Macht der Finsternis"* (im Jahre 1895) Vorstudien zu seinem Buche *„Über die Kunst"* machte und darum häufiger die Vorstellungen der Moskauer Bühnen besuchte, fand er sich von neuem abgestoßen von der Unnatur der Bühne, denn so erschien ihm die Darstellung der großen Leidenschaften selbst in Shakespeareschen Dramen. Und doch hatte Tolstoj schon in jüngeren Jahren ein Lustspiel geschrieben, dessen Titel *„D i e v e r p e s t e t e   F a m i l i e"* (*„Zaražennoje semejstwo"*) und dessen Held ein Nihilist war. Freilich kennt niemand dieses Werk, und es ist wohl auch als verschollen anzusehen.[2] Der Dichter selbst aber war nicht unzufrieden mit seiner Arbeit. Er besprach sie sogar mit seinem Freunde Ostrowskij, dessen ernste und heitere Stücke damals die russische Bühne beherrschten, und konnte es gar nicht erwarten, auch sein Stück öffentlich dargestellt zu sehen. Als er in solcher Ungeduld wieder einmal mit seinem Freunde über die *„Verpestete Familie"* sprach, konnte dieser ein Scherzwort nicht unterdrücken und sagte: „Hast Du's so eilig, weil Du glaubst, die Leute könnten sonst zu gescheit werden?"

Und ein zweites Mal hatte sich Tolstoj in der dramatischen Form kurz vor der Abfassung der *„Macht der Finsternis"* versucht. Hier aber handelte es sich wirklich nur um die szenische Form, denn von einer dramatischen Dichtung in irgend welchem Sinne kann man bei der Betrachtung des *„E r s t e n   B r a n n t w e i n b r e n n e r s"* nicht gut sprechen. Unter der großen Zahl von Volksbüchern, die Tolstoj in den letzten Jahren geschrieben hatte, hatte er im Verlage des *Posrednik*) auch *„Drei Erzählungen"* (*„Tri skazki"*) herausgegeben. Die eine davon hieß: *„Wie der Teufel das Brotränftl verdient hat"*. Aus dieser Erzählung machte Tolstoj das kleine Lustspiel *„Der erste Branntweinbrenner"*, dessen Untertitel ja fast gleichlautend ist mit dem Titel der Erzählung. In sechs Szenen – denn das Wort Aufzug oder Akt ist hier nur fälschlich gebraucht – gibt er fast mit den gleichen Worten die Handlung der kleinen Erzählung genau wieder. Das

---

[2] [Der Text ist *nicht* vollständig verschollen; vgl. in diesem Anhang die nachfolgende bibliographische Übersicht, pb.]

Stückchen hatte einen beispiellosen Erfolg, es wurde nicht nur von Tausenden gelesen und Hunderttausenden vorgelesen, es wurde sogar von dem Kriegsministerium zur Verbreitung im Heere empfohlen, und was noch merkwürdiger ist, in einem Moskauer Volks-Theater, das den Namen *„Skomoroch"* *(„Hanswurst")* führt, viele hundert Male unter dem Jubel des Volkes gespielt.

Die *„M a c h t   d e r   F i n s t e r n i s"* war im Jahre 1886 in wenigen Wochen niedergeschrieben worden. Den Stoff entnahm der Dichter einem Kriminalfall, der vor dem Tulaer Gericht verhandelt worden war. Er hat an den Vorgängen der Wirklichkeit nicht viel geändert; die Tatsachen, die er gehört hatte, trug er lange mit sich herum, bis ein äußerer Umstand ihn dazu brachte, sie niederzuschreiben. Tolstoj hatte sich an einem Wagenrad eine Verletzung des Fußes zugezogen. Trotz des heftigsten Schmerzes vernachlässigte er das Leiden, und es hätte zu einem schlimmen Ausgang führen können, wenn nicht seine Gattin ohne sein Wissen aus Moskau einen Arzt herbeigeholt hätte. Als der Arzt erschien, hatte das Fieber schon vierzig Grad erreicht. Noch einen Tag der Vernachlässigung, meinte der Arzt, und wir hätten vor einer Gefahr gestanden. So mußte nun der Dichter wohl oder übel einige Wochen im Bett zubringen, und in dieser Zeit ist die *„Macht der Finsternis"* entstanden. Den größeren Teil des Stückes hat Tolstoj diktiert. Die Arbeit ging ihm so leicht von der Hand, wie bei keinem seiner Werke, denn er hatte Menschen und Dinge innerlich schon vollkommen klar geschaut, ehe er an die Arbeit herangegangen war.

Von den Tatsachen der Wirklichkeit, deren genaue Kenntnis Tolstoj einem befreundeten Staatsanwalt verdankt, weicht das Gerüst der dramatischen Handlung nur in einem Punkte ab. Diese Abweichung ist eine der glücklichsten Eingebungen des Dichters. In dem Tulaer Gerichtsfalle wird ein Streit mit der jüngeren Tochter zum Verhängnis für den Mörder. Auf die bangen Fragen des Mädchens, die das Wimmern des Kindes gehört hatte, schlug sie der Schuldige wütend mit einer Deichsel auf den Kopf, und die Kleine stürzte blutüberströmt zu Boden. Diese zweite Tat – wie Nikita glaubte ein Totschlag – versetzte den Verbrecher in eine solche Raserei, daß er selbst das geistliche und weltliche Gericht gegen sich aufrief. Die Umgestaltung dieses Motivs führte zu der wundervollen Lösung, die dichterisch und ethisch gleich hoch steht und ganz aus den Tiefen des russischen Volkscharakters geschöpft ist.

Der Eindruck, den das Werk hervorrief, war ein außerordentlicher. Nie hatte ein russischer Dichter mit solcher Wirklichkeitstreue und Ehrlichkeit das russische Volk dargestellt, nie ein russischer Dramatiker eine dichterische Höhe erklommen, wie Tolstoj in dem fünften Akte der *„Macht der Finsternis"*. Ja, vielen war diese Treue zu herb, diese Ehrlichkeit zu niederdrückend. War dieses Gemälde der Lasterhaftigkeit nicht die furchtbarste Anklage der russischen Gesellschaft, der Führer und Herren dieses im tiefsten Schlamm der Unwissenheit und des Verbrechens versunkenen Volks? Man fand den unversöhnlichen Realismus des Dramas zu grausam, man nahm Anstoß an der Tötung des Neugeborenen, obwohl dieses dramatische Motiv nicht unerhört war in der russischen Literatur. Denn schon Pissemskij hatte in seinem *„Bitteren Los"* (*„Gorkaja Sudbina"*) eine ähnliche Handlung vorgeführt, wenn er auch den Höhepunkt der furchtbaren Vorgänge, die Tötung des Kindes, das dem Ehebruch entsprossen, hinter die Szene verlegt hatte. Auch an der Derbheit vieler Ausdrücke stieß man sich, und an dem, was man die mystische Tendenz des Stückes nannte. Denn man mochte sich nicht gern gestehen, daß der Sinn des Dramas, der eine Verurteilung der gebildeten Gesellschaft einschloß, klar wie der Tag war. Aber selbst die Beurteiler, die auf diese Eigenschaften des Stückes als auf Mängel hinwiesen, erkannten an, daß noch nie mit so durchdringender Kenntnis des russischen Lebens der Bauer in seinem Tun geschildert war, daß noch nie ein Dichter die Sprache des Volkes so vollkommen beherrscht und mit so unfehlbaren Bildnerhänden zum Instrument einer großen tragischen Handlung gemacht hatte. Auch sie erkannten die Meisterschaft Tolstojs in der Gestaltung dieser Volkstypen an, von denen jeder seine eigene Sprache spricht, vom kecken Nikita, dem die Ausdrücke der Städter nicht fremd sind, bis zu dem schwerzüngigen Akim, dem der Prozeß des Denkens und der Wiedergabe seiner Gedanken eine förmliche Anstrengung ist.

Kein Wunder, daß das Stück, das vorher nur in Abschriften unter einer kleinen Zahl von näheren Verehrern des Dichters von Hand zu Hand gegangen war, nun in wenigen Tagen in Zehntausenden von Exemplaren über das ganze Rußland verbreitet wurde. Allüberall wurde es gelesen, nicht bloß in den Häusern der Gebildeten, in denen jedes neue Werk Tolstojs begierig aufgenommen wurde, sondern auch in der Hütte des Bauern, der des Lesens kundig war und ob dieser Bevorzugung gewürdigt wurde, es den anderen Bewohnern seines Dorfes vorzulesen.

Die öffentliche Darstellung der *„Macht der Finsternis"* war natürlich in Rußland von der Zensur verboten. Das Stück wurde aber in Privatgesellschaften, und merkwürdigerweise mit besonderer Vorliebe in Kreisen, die den regierenden Persönlichkeiten sehr nahe standen, gespielt. Im Januar 1890 wurde die *„Macht der Finsternis"* in Petersburg dreimal hintereinander, an einem Dienstag, Sonnabend und Sonntag in großen Abendgesellschaften bei der Familie Prißjolkow von Liebhabern dargestellt. Die umfassenden, höchst kostspieligen Vorbereitungen waren beendet, die Gäste geladen, da kam in letzter Stunde noch ein hoher Beamter in das Palais der Prißjolkow, um die Aufführung zu verhindern. „Wie sollen wir jetzt die Einladungen rückgängig machen?" sagte der Gastgeber. „Das wird unmöglich sein. Auch vier Großfürsten haben unsere Einladung angenommen, ihr Erscheinen ist sicher." Und die Aufführung fand unter dem lebhaftesten Beifall der Gäste statt.

Genau um die gleiche Zeit, im Januar 1890, und zwar Sonntag, den 26. d. M., fand die erste Aufführung in deutscher Sprache in Berlin statt. Sie war veranstaltet von der „Freien Bühne", die durch ihre Verfassung als Verein sich die Möglichkeit geschaffen hatte, Stücke ohne Zensur zu spielen. Die Dichtung übte eine außerordentliche Wirkung aus, und die Aufführung bestätigte nur die Anschauung derjenigen, die das neue Werk Tolstojs nach der gedruckten Übersetzung zu den Meisterwerken der Richtung gezählt hatten, die um diese Zeit unter dem wiederaufgenommenen Schlagwort ‚Realismus' das Drama neu zu beleben strebte.

Der Einfluß der *„Macht der Finsternis"* auf die junge Generation deutscher Dichter, besonders auch auf Gerhart Hauptmann, ist allgemein anerkannt.

Zwei Jahre früher (den 10. Februar 1888) hatte Antoine in Paris in seinem „Théatre libre" *„La puissance des tenèbres"* aufgeführt.

Es währte lange Zeit, bis das Stück, das aller Welt bereits bekannt war, in Rußland die öffentliche Bühne erobern konnte. Sobald aber die Zensur das Stück freigegeben hatte, entstand ein Wetteifer unter den großen Bühnen des Landes, es in künstlerischer Vollendung zur Darstellung zu bringen. Die erste öffentliche Aufführung der *„Macht* *der Finsternis"*, ein Ereignis ersten Ranges in der Geschichte des russischen Theaters, bot die literarisch-artistische Vereinigung, eine Genossin des „Théatre libre" und der „Freien Bühne", am Montag, den 16. Oktober, im Kleinen Theater zu Petersburg. Zwei Tage darauf folgte die Kaiserliche Hofbühne, am 19. Oktober folgte das Theater Korsch in Moskau, wenige Tage später das Moskauer Hoftheater, und gleichzeitig mit diesen Bühnen der Skomoroch, so daß in Moskau zu gleicher Zeit drei Theater eine große Anzahl von Darstellungen der *„Macht der Finsternis"* gaben, unter dem größten Andrang von Besuchern aus allen Schichten der Bevölkerung. Das Volkstheater *Skomoroch* konnte allein das Stück fünfundsiebzigmal spielen.

Seit dieser Zeit zählt die *„Macht der Finsternis"* zu den volkstümlichsten Werken der Weltliteratur.

Weniger erfolgreich und weniger weitreichend in seinem Einfluß auf die literarische Produktion des Heimatlandes und der westeuropäischen Völker war Tolstojs Lustspiel *„F r ü c h t e   d e r   B i l d u n g"*. Das Werk ist im vollen Sinne des Wortes eine Gelegenheitsarbeit. Es ist ursprünglich mehr ein Scherz des Dichters, als die Ausführung eines sorgfältig erwogenen künstlerischen Plans, und die Form, in der es jetzt allgemein bekannt ist, bekam es erst allmählich.

Die *„Früchte der Bildung"* schrieb Tolstoj für eine Liebhaber-Aufführung in Jasnaja Poljana. Das Stück hatte nur zwei Akte und führte den Titel *„Überlistet"* (*„Ischitrilasj"*). Auf den Proben der Dilettanten-Aufführung, die der Dichter mit großem Interesse überwachte, arbeitete er immer weiter an dem Stück, ergänzte und vervollständigte es, bis es die Gestalt annahm, in der es dann gedruckt wurde. Die Aufführung im Landhause Tolstojs, die am 30. Dezember 1889 stattfand, und bei der nur die Kinder und die Freunde des Hausherrn und Dichters mitwirkten, machte soviel Vergnügen, daß die Gesellschaft der Nachbarstadt Tula Tolstoj um die Erlaubnis bat, sein Stück im Saale der Adelsversammlung zu einem wohltätigen Zwecke aufzuführen. Auch hier führte Tolstoj selbst die Regie und hatte die Freude, daß die Darsteller der Hauptrollen, Damen und Herren aus der Gesellschaft, ihre Sache ganz vortrefflich machten. Merkwürdiger noch war die dritte Aufführung des Werkes am 19. April 1890 in der Sommerresidenz des Zaren *„Zarskoje Sjelo"* im „Chinesischen Theater". Sie fand vor dem Zaren und seiner Frau statt und vor einer großen Zahl geladener Gäste aus den Hofkreisen. Und diese aristokratische Gesellschaft amüsierte sich über die Späße des ernsten Sittenpredigers so köstlich, daß man denken müßte, sie hätten sich von den satirischen Streichen des Dichters gar nicht getroffen gefühlt.

Die „Die Früchte der Bildung" bilden gewissermaßen die Kehrseite zu der „Macht der Finsternis". Werden dort die furchtbaren Folgen der Unbildung und Unsittlichkeit der unteren Volksschichten geschildert, so trifft Tolstoj hier mit bitterer Satire die törichten Auswüchse der Scheinbildung und der Genußsucht der höheren Gesellschaftsklassen. Der Aufbau des Lustspiels erinnert an die veraltete Technik des französischen Lustspiels, dem Tolstoj offenbar auch nachgearbeitet hat. Die Hauptgestalt des Stückes, das schlaue Kammerkätzchen, ist unmittelbar aus der alten Lustspiel-Literatur in diese moderne russische Gesellschaft hinübergenommen. Soll das Stück von der Bühne herab wirken, so muß es stark gekürzt werden, so daß die wundervolle Charakterisierung der Typen aus dem Herrenhause und aus der Leutestube kräftiger zur Geltung kommt und die einzelnen Szenen, voll starker Ursprünglichkeit und Originalität, wie die prächtige Unterhaltung der dienstbaren Geister über ihre Herrschaft und die spiritistische Seance, näher aneinandergerückt werden. Wo das mit Sorgfalt gemacht wurde, haben die „Früchte der Bildung" auch von der Bühne herab auf ein großes Publikum ihre Wirkung geübt. Die erste öffentliche Aufführung des Tolstojschen Lustspiels fand nicht in Rußland statt und nicht in russischer Sprache, sondern in Berlin, und in der deutschen Übertragung, die hier [in der Diederichs-Ausgabe] folgt. Diese erste Vorstellung (eine Mittags-Vorstellung) fand Sonntag, den 8. Februar 1891 im Residenztheater statt. Die erste Vorstellung in russischer Sprache folgte erst am 26. September 1891 in Petersburg.

Die Hauptszene der „Früchte der Bildung", die zugleich die wichtigsten Gesellschaftstypen des Stückes in interessantem Meinungsaustausch zusammenführt, steht in überraschendem Zusammenhänge mit Ideen, die Tolstoj schon in seiner „Anna Karenina" so nebenher in die Erzählung verflochten hat. Die Lydia Iwanowna, die wir in der „Anna Karenina" kennen gelernt haben, kehrt in den „Früchten der Bildung" unter einem anderen Namen wieder. Der Hypnotiseur, der dort Landau hieß, heißt hier Großmann, beides Namen, die Juden oder Personen von jüdischer Abstammung gehören, und der Professor *Krugoßwjétlow* mit seinem gelehrten Kauderwelsch über die okkulten Erscheinungen der Natur ist ein Geistesverwandter des Naturwissenschaftlers *Katawasow*.

Diese Beobachtung ist ein beachtenswertes Zeugnis für die Stetigkeit, die Tolstojs Ideengang beherrscht, und für die Einheitlichkeit der Weltanschauung, die, trotz der Unterbrechung der eigentlichen künstlerischen Arbeit durch Studien in religiöser, sozialer und philosophischer Richtung, für alle seine dichterischen Arbeiten die Grundlage bietet.

Gesamtüberblick zu Tolstois Bühnentexten
Bibliographie – Hintergründe – Erläuterungen

Im nachfolgenden Gesamtüberblick sind auch unvollendete Bühnenwerke bzw. ‚Bühnen-Fragmente‘ Tolstois aufgeführt, die im vorliegenden Band in Ermangelung gemeinfreier Übertragungen *nicht* dargeboten werden können, sowie ein szenischer Dialogtext, der in unserer Editionsreihe bereits an anderer Stelle aufgenommen worden ist. – Nicht berücksichtigt werden in der chronologischen Übersicht hingegen die zahlreichen *nachträglichen* Adaptionen von literarischen Werken Tolstois in Bühnenaufführungen.

Die für unsere Ausgabe „Gesammelte Bühnenwerke" in der Tolstoi-Friedensbibliothek herangezogenen Übersetzungen werden im Hauptteil bei jedem Stück ausgewiesen und sind hier im Anhang jeweils nur mit einem vorangestellten Sternchen (*) gekennzeichnet.

Bei den zitierten Erläuterungen werden zum Nachweis u. a. folgende Kurztitel für zwei vorzügliche Gesamtdarstellungen zu Tolstois Bühnenwerken verwendet:

Dudek 1977 = Lew Tolstoi: *Macht der Finsternis. Dramen.* Aus dem Russischen übersetzt von Werner Creutziger, Gudrun Düwel und Günter Jäniche. Verantwortlicher Herausgeber & Nachwort: Gerhard Dudek. (= Gesammelte Werke in zwanzig Bänden, Band 10). Zweite Auflage. Berlin: Rütten & Loening 1977, S. 561-589 (‚Nachwort‘ von Gerhard Dudek‘).

Mayer 1966 = Leo N. Tolstoj: *Dramen.* Übersetzt von August Scholz. Mit einem Essay ‚Zum Verständnis der Werke‘ und einer Bibliographie von Georg Mayer. Reinbek bei Hamburg: Rowohlt 1966, S. 218-249 (Essay von Georg Mayer).

Hingewiesen sei vorab noch auf drei weitere ‚Gesamtausgaben‘: Leo N. TOLSTOJ: *Dramatische Dichtungen.* Die Macht der Finsternis / Die Früchte der Bildung / Der erste Branntweinbrenner. (= L. N. Tolstoj. Gesammelte Werke. I. Serie, Band 9. Von dem Verfasser genehmigte Ausgabe von Raphael Löwenfeld). Drittes Tausend. Jena: Eugen Diederichs 1911. [Eigene Seitenzählung für Einführung und jeden Bühnentext: XVI, 156, 172 & 32 Seiten]. – Leo TOLSTOI: *Bühnenwerke.* Übersetzung aus dem Russischen von August Scholz. (Gesamtausgabe des Dichterischen Werkes, herausgegeben von Erich Boehme, Band XIV). Berlin: Malik-Verlag 1928. [485 Seiten]. – Lew TOLSTOI: *Macht der Finsternis und andere Dramen.* Nachwort von Bodo Zelinsky. Aus dem Russischen von Werner Creutziger, Gudrun Düwel und Günter Jäniche. München: Winkler 1979. [558 Seiten; Übersetzungen: Lizenz nach der Ausgabe des Verlags Rütten & Loening 1977].

1.
EINE ADELSFAMILIE / EIN PRAKTISCHER MENSCH
(Komödie, Fragment 1856)

Russische Texte | Lew N. TOLSTOJ: Дворянское семейство | Dvorjanskoe semejstvo (*Eine adelige Familie*, 1856). In: PSS [Sowjetische Gesamtausgabe in 90 Bänden: Polnoe sobranie sočinenij]. Band 7, S. 152-163. Moskau 1936. [https://tolstoy.ru/online/90/07/]. – Lew N. TOLSTOJ: Практический человек | Praktičeskij čelovek (*Ein praktischer Mann*, 1856). In: PSS. Band 7, S. 164-168. Moskau 1936. [https://tolstoy.ru/online/90/07/].

Inhalt & Hintergrund | Eine frühe humoristisch-satirische Komödie Tolstois, „die zunächst den Titel ‚Elternliebe' trug, in späteren Umarbeitungen ‚Eine Adelsfamilie' und ‚Ein Praktiker' genannt wird", sollte „die ‚Ausschweifungen und Laster der vornehmen Gesellschaft auf dem Lande' geißeln […]. Es waren im Grunde die Themen seiner frühen Erzählungen: das Verhältnis der Grundbesitzer zu ihren Leibeigenen am Vorabend der großen Reformen, Konfliktsituationen also, wie sie etwa im ‚Morgen eines Grundbesitzers' gestaltet worden waren, die Tolstoj unter dem Eindruck des hauptstädtischen Theaterlebens nun auch selber auf die Bühne bringen wollte" (Mayer 1966, S. 221). – „Die ersten Pläne, ein Schauspiel zu schreiben, gehen auf die fünfziger Jahre zurück, als sich Tolstoi nach den ernüchternden Erlebnissen des Krimkrieges verstärkt mit Verfallserscheinungen in der Adelsklasse auseinanderzusetzen begann. Die uns erhaltenen Bruchstücke von zwei Komödien aus dem Jahre 1856 zeigen, daß der junge Autor seine dramatischen Versuche vor allem auf dem Feld der Gesellschaftskritik ansiedelte. Die Komödie ‚Eine Adelsfamilie' (die überarbeitete Variante trägt den Titel ‚Ein praktischer Mensch') sollte den moralischen und ökonomischen Niedergang des Landadels am Schicksal zweier gegensätzlicher Brüder sichtbar machen, von denen der eine ein ‚praktischer' Karrierist und Lebemann, der andere ein idealistischer Träumer ist, der an Tolstois 1856 verstorbenen Bruder Dmitri erinnert, aber auch autobiographische Züge trägt" (Dudek 1977, S. 563). – Eine veröffentlichte Übersetzung der beiden Fragmente ins Deutsche konnte nicht ermittelt werden.

2.
FREIE LIEBE / ONKELCHENS SEGEN
(Komödie, Fragment 1856)

Russische Texte | Lew N. TOLSTOJ: Дядюшкино благословение | Djadjuškino blagoslovenie (*Onkelchens Segen*, 1856). In: PSS [Sowjetische Gesamtausgabe in 90 Bänden: Polnoe sobranie sočinenij]. Band 7, S. 169-171. Moskau 1936. [https://tolstoy.ru/online/90/07/]. – Lew N. TOLSTOJ: Свободная любовь | Svobodnaja ljubov' (*Freie Liebe*, 1856). In: PSS. Band 7, S. 172-180. Moskau 1936. [https://tolstoy.ru/online/90/07/].

Inhalt & Hintergrund | Als Gegenstück zu der auf das Landleben zielenden Komödie ‚Eine Adelsfamilie / Ein Praktiker‘ sollte das Stück ‚Freie Liebe / Onkelchens Segen‘ – ebenfalls 1856 bearbeitet – das „Treiben der Gesellschaft in der Stadt" kritisch beleuchten; ‚Freie Liebe‘ war Tolstois „erster Versuch, mit der Frauenemanzipation – in seinen Augen nur ein Vorwand für jede Art von Zynismus, niederer Berechnung und lasterhafter Ausschweifung – abzurechnen. – Doch dem jungen Autor fehlen die Leichtigkeit und die Grazie, der Humor und der Witz, die seine Komödien allein genießbar gemacht hätten" (Mayer 1966, S. 221-222). – „Mit der Komödie ‚Freie Liebe‘ (Titelvariante: ‚Onkelchens Segen‘) wollte der Schriftsteller in die aktuelle Polemik um die Emanzipation der Frau eingreifen. Die Handlung spielt in den Kreisen des großstädtischen Adels, der seine Zeit mit Liebes- und Eifersuchtsaffären verbringt und seine sittliche Haltlosigkeit mit der Phrase der Frauenemanzipation verdecken will. Aus diesem Fragment, das nicht über drei Szenen des ersten Aktes hinausgediehen ist, spricht bereits deutlich der Moralist Tolstoi, der seiner Klasse den Spiegel vorhält" (Dudek 1977, S. 563). – Eine veröffentlichte Übersetzung der überkommenen Bruchstücke ins Deutsche konnte nicht ermittelt werden.

3.
DIE VERSEUCHTE FAMILIE
(Bühnentext, 1864)

Russischer Text | Lew N. TOLSTOJ: Заражённое семейство | Saraschonnoje semeistwo (*Die infizierte Familie*, 1864). In: PSS [Sowjetische Gesamtausgabe in 90 Bänden: Polnoe sobranie sočinenij]. Band 7, S. 181-295. Moskau 1936. [https://tolstoy.ru/online/90/07/].

Veröffentlichte Übersetzung | Lew TOLSTOI: Macht der Finsternis. Dramen. (= Gesammelte Werke in zwanzig Bänden, Band 10). Zweite Auflage. Berlin: Rütten & Loening 1977, S. 413-523: „*Die verseuchte Familie*. Komödie in fünf Akten – Fragment", übersetzt von Günter Jäniche (1931-2020). – Vgl. ebd., S. 597: „Die Komödie entstand 1864. Die Endfassung, die Tolstoi seinem Bekannten, dem Schriftsteller Wladimir Alexandrowitsch Sollogub (1813-1882) übergeben hatte, ist verlorengegangen. Das Werk wurde erstmals 1928 nach erhalten gebliebenen Manuskripten in ‚Lew Tolstoi. Nachgelassene künstlerische Werke‘ gedruckt."

Inhalt & Hintergrund | „Die Komödie, deren verschiedene Fassungen nacheinander die Titel ‚Altes und Neues‘, ‚Zeitgenössische Menschen‘, ‚Neue Menschen‘ und schließlich ‚Eine infizierte Familie‘ trugen, infiziert nämlich von den neuen Ideen des Nihilismus und der Gleichberechtigung der Frauen, wurde 1864 zwar vollendet, zu Tolstojs Lebzeiten aber weder veröffentlicht noch aufgeführt. Es ist weniger der Zensur als dem gutgemeinten Rat eines Freundes, des bekannten und zu seiner Zeit berühmten Dramatikers A. N. Ostrovskij, dem bei der Lektüre von Tolstojs erstem wirklich zu Ende geführten Drama ‚einfach die Ohren weh taten‘, zu danken, daß ‚diese Farce auf die Frauenemanzipation und die sogenannten Nihilisten‘, wie Tolstoj selber sein Stück nannte, den Zeitgenossen vorenthalten wurde" (Mayer 1966, S. 222-223). – Mit seinem Stück ,Die verseuchte Familie' (1864) wollte Tolstoi „in die zeitgenössischen ideologischen Auseinandersetzungen zwischen revolutionären Demokraten, Liberalen und Konservativen eingreifen. In der ersten, 1862 entstandenen Redaktion des Stückes stellt er – unter deutlichem Bezug auf Turgenjews Roman ,Väter und Söhne' – einen Studenten und Rasnotschinzen [Intellektueller aus ,unteren', nichtadeligen Klassen, pb] namens Twerdynski mit offensichtlicher Ironie, wenn auch nicht ohne einen gewissen Respekt, als ,Verführer' der Adelsjugend in den Mittelpunkt. – In der zweiten Fassung der Komödie, die 1863 entstand, verstärkte der Autor seine Polemik gegen die Ideen der revolutionären Demokraten, wobei er sich direkt auf N. G. Tschernyschewskis Roman ,Was tun?' bezog. In einem Brief an seine Schwester Marja Nikolajewna vom 2. Februar 1864 äußerte er unumwunden, daß das Stück dazu geschrieben sei, ,um die Frauenemanzipation und die sogenannten Nihilisten zu verspotten'. In der patriarchalischen Familie des Gutsbesitzers Pribyschew werden durch dessen Nichte Katerina, den Hauslehrer Twerdynski und den Petersburger Steuerbeamten Wenerowski die ,zersetzenden' Ideen der freien Liebe, des Liberalismus und Sozialismus hineingetragen. Das Stück endet mit Katerinas Absage an ihre demonstrativ ,emanzipierte' Haltung sowie der Bloßstellung Twerdynskis und Wenerowskis. […] Mit dieser Komödie wollte Tolstoi die patriarchalische Adelsfamilie und deren Moral gegen das Eindringen radikaler Ideen verteidigen und näherte sich bedenklich der retrograden Antinihilistenliteratur" (Dudek 1977, S. 563-564).

4.

DER NIHILIST

(Komödie, 1866)

Russischer Text | Lew N. TOLSTOJ: Нигилист / Nigilist (*Der Nihilist*, 1866). In: PSS [Sowjetische Gesamtausgabe in 90 Bänden: Polnoe sobranie sočinenij]. Band 7, S. 325-345. Moskau 1936. [https://tolstoy.ru/online/90/07/].

Veröffentlichte Übersetzung | Lew TOLSTOI: Macht der Finsternis. Dramen. (= Gesammelte Werke in zwanzig Bänden, Band 10). Zweite Auflage. Berlin: Rütten & Loening 1977, S. 525-541: „*Der Nihilist*. Komödie in drei Akten – Fragment", übersetzt von Günter Jäniche (1931-2020). – Vgl. ebd., S. 599: „Tolstoi schrieb diese kleine Komödie 1866 für eine Liebhaberaufführung in Jasnaja Poljana. Die Endfassung ist jedoch nicht erhalten geblieben. Bei dem vorliegenden Text, der erstmals 1928 unter dem Arbeitstitel ,Komödie in drei Akten' in ,Lew Tolstoi. Nachgelassene künstlerische Werke' erschien, handelt es sich um eine Arbeitsfassung des Stückes, die während der Proben noch vielfach geändert und ergänzt wurde. – Als Nihilist bezeichnete man in Rußland abwertend die Anhänger der revolutionär-demokratischen Bewegung der sechziger und siebziger Jahre des 19. Jahrhunderts, später dann auch die Revolutionäre überhaupt."

Inhalt & Hintergrund | Das Drama ,Der Nihilist' ist „nur in der ersten Fassung erhalten und … postum unter dem Titel ,Komödie in drei Akten' 1928 erschienen.

Die rasch hingeworfenen und für die Aufführung durch Kinder im häuslichen Kreise bestimmten Szenen anläßlich der wohl häufig im Hause Tolstoj veranstalteten Familienfeste, variieren in ziemlich anspruchsloser Weise bekannte Motive der ‚Infizierten Familie'" (Mayer 1966, S. 223). – Tolstois Lustspiele ‚Die verseuchte Familie' (s. o.) und ‚Der Nihilist' (1866) „enthalten durchaus realistisch gezeichnete Szenen aus dem Gutsbesitzermilieu. Einige Gestalten [...] wirken lebensecht. Eine wirklich überzeugende Gesellschaftskomödie vermochte Tolstoi erst zu schreiben, als er sich von der Illusion, die patriarchalische Adelsfamilie sei ein Hort sittlicher Gesundung, befreit hatte" (Dudek 1977, S. 565).

5.

BÄCKER PETRUS
(Bühnentext, entstanden 1884-1894)

Russischer Text | Lew N. TOLSTOJ: Петр Хлебник | Pjotr Chlebnik (*Bäcker Petrus*, 1884-1894). In: PSS [Sowjetische Gesamtausgabe in 90 Bänden: Polnoe sobranie sočinenij]. Band 29, S. 281-295. Moskau 1954. [https://tolstoy.ru/online/90/29/].

Übersetzungen | * Leo TOLSTOI: Bühnenwerke. Übersetzung aus dem Russischen von August Scholz. (Gesamtausgabe des Dichterischen Werkes, herausgegeben von Erich Boehme, Band XIV). Berlin: Malik-Verlag 1928, S. 441-457: „*Bäcker Petrus* (1885)". – L. N. TOLSTOJ: Dramen. Übersetzt von August Scholz. Mit einem Essay und einer Bibliographie von Georg Mayer. Reinbek bei Hamburg: Rowohlt 1966, S. 193-202: „*Bäcker Petrus*". – Lew TOLSTOI: Macht der Finsternis. Dramen. (= Gesammelte Werke in zwanzig Bänden, Band 10). Zweite Auflage. Berlin: Rütten & Loening 1977, S. 543-557: „*Petrus der Brotbäcker* – Fragment", übersetzt von Werner Creutziger (vgl. ebd., S. 599: „Das zwischen 1884 und 1894 entstandene Stück wurde erstmals 1918 in der ersten Nummer der Zeitschrift ‚Tolstois Stimme und die Einigung' gedruckt. Daraufhin kam es zu Inszenierungen des Werkes am Moskauer Neslobin-Theater und am Petrograder Alexandra-Theater. Das Schauspiel hatte jedoch keinen bleibenden Erfolg und wurde bald abgesetzt").

Hintergrund zur Entstehung von Tolstois ‚Volksschauspielen' | „Aufschlußreich ist eine Tagebuchnotiz vom April 1884, worin Tolstoj erklärt, was ihn zum dramatischen Schaffen angeregt hatte. Bei einem Spaziergang vor den Toren Moskaus beobachtete er auf der Wiese vor dem Jungfrauenkloster das Jahrmarkttreiben und stellte mit Verwunderung und Erschütterung fest, wie die Schaubudenbesitzer mit allem möglichen Mummenschanz aus der Begeisterung des einfachen Volkes für theatralische Darbietungen und bildliche Vorführungen noch ihren materiellen Nutzen herausschlugen: ‚... Bedauernswertes Fabrikproletariat – ein Häufchen Elend. Reigentanz und Fangspiel ... Herrgott, zeig mir, wie ich ihnen dienen kann. Ich ersehne nichts anderes, als Licht zu bringen ...' – Diese Beobachtung auf dem Jahrmarkt wird zum unmittelbaren Anlaß, Stoffe aus der volkstümlichen Märchen- und Legendentradition für das Volk dramatisch zu bearbeiten" (Mayer 1966, S. 225).

Vorlage des Volksschauspiel ‚Bäcker Petrus' | In einem Sammelband fand Tolstoi „eine Bearbeitung der ‚Legende von Peter dem Zöllner', einem Werk des alexandrinischen Patriarchen Johannes, das Dmitrij von Rostov im 17. Jht. in seine große Sammlung der Heiligenlegenden aufgenommen hatte. Aus einem Brief Tolstojs an seine Gattin (30. Jan. 1884) geht hervor, daß er um diese Zeit einen Plan entworfen und am ersten Akt geschrieben hatte. Das Manuskript ging jedoch verloren und wurde erst nach Tolstojs Tod von seinem Sekretär wieder aufgefunden. […] Zehn Jahre später [1894] griff er die Dramenidee nochmals auf und diktierte an einem einzigen Nachmittag die fünf kurzen Akte. Eine geplante Aufführung im häuslichen Kreise durch Kinder […] unterblieb. Zum ersten Mal wurde diese zweite Fassung veröffentlicht postum 1918, Publikumserfolg blieb ihr versagt […]. Der unfertig anmutende Charakter der kurzen Szenen ist durch ihre Bestimmung für Jahrmarktsbühnen zu erklären, wo der Improvisationskunst der Schauspieler Raum gelassen werden sollte" (Mayer 1966, S. 226).

Eigentümlichkeit der Adaption | Tolstois dramatische Bearbeitung der Legende weicht stark von der Vorlage ab; typisch sind u. a. die „tolstojschen Monologe über die Sündhaftigkeit von Besitz, Reichtum und Gelderwerb. Einige Repliken des reuigen Sünders erinnern an Tolstojs eigenes Drama in der Familie […]. Und wenn Petrus sich auf dem Sklavenmarkt verkaufen läßt, weil er buchstäblich die Bergpredigt erfüllen will, so ist dies nur die Gestaltung einer Variation von Tolstojs ‚idee fixe', den Fesseln der Familie und des Besitzes zu entfliehen" (Mayer 1966, S. 226). – Tolstoi verfolgte in dem z. T. zweifellos autobiographisch geformten Stück „die Entwicklung seines Helden n a c h dessen Wandlung von einem reichen, herzlosen Menschen zu einem selbstlos dienenden Sklaven. Er gab damit eine gleichnishafte Darstellung seines positiven Ideals, das den Menschen durch völlige Selbstlosigkeit, hier bis zum Verzicht auf das eigene Ich gesteigert, zur sittlichen Vollkommenheit gelangen läßt" (Dudek 1977, S. 568).

6.
DER ERSTE BRANNTWEINBRENNER
(Bühnenfassung, 1886)

Russischer Text | Lew N. TOLSTOJ: Первый винокур или как чертенок краюшку заслужил | Perwyi winokur ili kak tscherrtenok krajuschku sasluschil / Pervyi vinokur ili kak čertenok krajušku zaslužil (*Der erste Schnapsbrenner, oder wie der kleine Teufel sein Brötchen verdiente,* 1886). In: PSS [Sowjetische Gesamtausgabe in 90 Bänden: Polnoe sobranie sočinenij]. Band 26, S. 38-60. Moskau 1936. [https://tolstoy.ru/online/90/26/].

Übersetzungen | Leo N. TOLSTOI: *Der erste Branntweinbrenner* oder Wie der Teufel das Brotränstel abgedient hat. In: Nord und Süd. Eine deutsche Monatsschrift. Herausgegeben von Paul Lindau. Band 42: Juli/August/September 1887, S. 274-287. – *L. N. TOLSTOJ: *Der erste Branntweinbrenner* oder Wie der Teufel das Brotränftl abgedient hat. Übersetzt von Raphael Löwenfeld. Leipzig: Eugen Diederichs 1905. [32 Seiten; erneut mit eigener Seitenzählung in: L. N. TOLSTOJ: Dramatische Dichtungen. Drittes Tausend. Jena: Eugen Diederichs 1911]. – L. TOLSTOI: Bühnenwerke. Übersetzung aus dem Russischen von August Scholz. (Gesamtausgabe des Dichterischen Werkes, herausgegeben von Erich Boehme, Band XIV). Berlin: Malik-Verlag 1928, S. 459-484: ‚Der erste Branntweinbrenner‘ (1886). – L. N. TOLSTOJ: Dramen. Übersetzt von August Scholz. Mit einem Essay und einer Bibliographie von Georg Mayer. Reinbek bei Hamburg: Rowohlt 1966, S. 203-217: ‚Der erste Branntweinbrenner‘. – Lew TOLSTOI: Macht der Finsternis. Dramen. Verantwortlicher Herausgeber & Nachwort: Gerhard Dudek. (= Gesammelte Werke in zwanzig Bänden, Band 10). Zweite Auflage. Berlin: Rütten & Loening 1977, S. 5-29: „Der erste Branntweinbrenner oder Wie das Teufelchen die Sache mit dem Brotkanten wiedergutmachte – Komödie“, übersetzt von Werner Creutziger. Vgl. ebd., S. 591: „Die Komödie entstand wahrscheinlich im März 1886 und wurde noch im selben Jahr auf dem auf Tolstois Initiative gegründeten Moskauer Volksverlag ‚Posrednik‘ (Der Mittler) gedruckt.“

Hintergrund & Zensur | Nach dem Stoff der belorussischen Legende „Ein schlechter Einfall“ aus den 1844 von I. P. Boritschewski herausgegebenen „Slawischen Volkserzählungen“ schuf Tolstoi seine Volkserzählung „Der erste Branntweinbrenner“ und den mit gleichem Titel versehenen Bühnentext. – Mit dem kurzen „schwankartigen Stück wollte der Autor die Trunksucht bekämpfen und zur Wahrung der … Moral der patriarchalischen Bauerschaft aufrufen. … Im Vergleich zur genannten Erzählung verstärkte der Dichter wesentlich die sozialkritische Aussage, indem er nicht mit satirischen Seitenhieben auf Adelige und Kaufleute, Popen und Mönche sparte. Gerade diese Aspekte sicherten dem Werk einen nachhaltigen Erfolg. Bei seiner Uraufführung, die 1886 in der Arbeitersiedlung Alexander bei Petersburg unter freiem Himmel vor 3000 Arbeitern stattfand, wurde es mit viel Beifall aufgenommen. Ähnlich erfolgreich war eine Inszenierung durch das Schaubudentheater der Petersburger Porzellanfabrik, für die W. S. Serowa, die Frau des berühmten Komponisten A. N. Serow, eine Begleitmusik geschrieben hatte. Das Stück erfreute sich bald bei allen Volkstheatern solcher Beliebtheit, daß die Zensur im Jahre 1888 alle weiteren Vorstellungen auf solchen Bühnen verbot …“ (Dudek 1977, S. 566). Das populäre Schauspiel gehörte aber trotz des Verbots weiterhin zum Repertoire vieler Laienspielgruppen. – Die ursprüngliche Fassung enthielt unmissverständliche satirische Seitenhiebe auf Mönche und Priester, die ihre ‚Seele‘ leicht an den Teufel verlieren. Doch bei der ‚Seelenabrechnung‘ des höllischen Personals „wurden durch einen Akt der Zensur die ‚Pfaffen und Mönche‘ kurzerhand aus der Hölle befreit, indem man im 2. Aufzug die Stelle: ‚1517 von den Pfaffen, und 112 von den Mönchen‘ durch ‚und viele andere‘ ersetzte“ (Mayer 1966, S. 227).

7

DRAMATISCHE BEARBEITUNG DER AGGÄUS-LEGENDE
(Fragment, 1886)

Russischer Text | Lew N. TOLSTOJ: Драматическая обработка легенды об Аггее | Dramatičeskaja obrabotka legendy ob Aggee (*Dramatische Bearbeitung der Legende von Aggäus* – Bruchstücke, 1886). In: PSS [Sowjetische Gesamtausgabe in 90 Bänden: Polnoe sobranie sočinenij]. Band 26, S. 488-502. Moskau 1936. [https://tolstoy.ru/online/90/26/]. – Eine veröffentlichte Ü b e r s e t z u n g des Fragments für eine deutschsprachige Leserschaft konnte nicht ermittelt werden.

Tolstois Legenden-Adaption | Als Vorlage für seine dramatische Bearbeitung der „Legende vom Zaren Aggäus" verwandte Tolstoi 1886 „die von A. N. Afanassjew 1859 herausgegebenen ‚Russischen Volkslegenden' … Er stützte sich dabei, wie der sowjetische Literaturwissenschaftler K. Lomunow gezeigt hat, mehr auf die folkloristische Legende ‚Der stolze Reiche' als auf die Buchversion, ja er verstärkte noch deren sozialkritische Akzente. Nur den Schluß des Stückes gestaltete Tolstoi nicht nach der folkloristischen Variante, wo der Pan auf Geheiß seiner erbosten Frau lebendig begraben wird, sondern nach der versöhnenden Buchfassung, die seiner eigenen ideologischen Haltung besser entsprach" (Dudek 1977, S. 567; vgl. Mayer 1966, S. 227). Der Streit um die Bibel kommt in Tolstois Fragment so zur Sprache: ‚Die Zarin ‚erwähnte etwas über eine Bibelstelle, in der es heißt, dass die Reichen hungern und die Wohlhabenden weinen werden. Aber er [Aggäus] glaubte ihr nicht und sagte ihr, sie solle schweigen. Sie sagte, dass dies in der Kirche verlesen wurde. Er glaubte ihr nicht. *Ich werde hingehen und nachsehen*, sagte er. Und so begann es.' (Arbeitsübersetzung) – Die ‚Geschichte vom Zaren Aggei' wurde für das April-Heft 1886 der Zeitschrift ‚Russkaja Mysl' auch von V. M. Garshin bearbeitet (*dt.* M. Garschin: Die Erzählungen. Leipzig: Dieterich 1956, S. 422-434). I n h a l t s a n g a b e hierzu: „Gott, der Herr, hatte in einem Lande Aggäus die volle Macht verliehen. Einsam – aus seinem Palast von oben herab – herrschte Aggäus. Er wollte nichts von dem gemeinen Volk wissen. Mit seiner Gemahlin lebte der Herrscher in Eintracht. Sie durfte ihn aber nicht einfach ansprechen, sondern ihr war nur Erwiderung auf seine Anrede gestattet. Als während des Gottesdienstes der Oberpriester Gottes Wort predigte, das da prophezeit: ‚Die Reichen werden arm, aber die Bettler werden reich', ließ Aggäus den Geistlichen einkerkern. Darob erzürnte sich Gott. – Als Aggäus einen Hirsch jagte, sprang die vermeintliche Beute in einen Fluss und schwamm auf eine Insel. Aggäus sah sich am Ufer um. Das Gefolge war außer Sichtweite zurückgeblieben. Der Herrscher entkleidete sich und schwamm zu der Insel. – Gott, der Aggäus immer noch zürnte, nutzte die günstige Gelegenheit und schickte einen Engel auf die Erde. Dieser landete neben den Kleidern um Ufer, musste auf göttliche Weisung Aggäus' Gestalt annehmen, dessen Kleider anziehen und die Stelle des Herrschers im Palast einnehmen. – Während der Engel im Palast herrschte, wurde der nackte Aggäus von keinem Untertanen erkannt, sondern verlacht und verspottet. Ein mitleidiger Hirte kleidete ihn in einen Sack. In seiner Stadt bekam Aggäus abgetragene Kleider geschenkt und durfte auf dem Bau Ziegel tragen.

Sein Brief an die Gemahlin blieb unbeantwortet. Der Engel regierte das Land jahrelang. Als Aggäus in dem amtierenden Herrscher nicht sein Abbild, sondern den Engel Gottes erkannte, flüchtete er entsetzt aus der Stadt. Die Gemahlin beklagte sich, weil keine eheliche Pflicht mehr erfüllt werden musste. Der Engel versetzte, er habe gelobt, die Frau nicht anzurühren. – Als der Engel alle Bettler und Bedürftigen des Landes zu sich in den Palast geladen hatte, kam auch Aggäus als Begleiter einer Blindenschar. Strahlend verkündete der Engel dem Blindenführer, seine Strafe sei verbüßt. Er dürfe wieder herrschen. Aggäus lehnte ab und blieb bei der Blindenschar. Der Engel verließ den Körper des Herrschers. Letzterer wurde beweint und beerdigt. Der Engel trat vor Gott" (Die Sage vom stolzen Aggäus: wikipedia.org, 04.07.2024).

8.

DIE MACHT DER FINSTERNIS

(Drama, 1886)

Russischer Text | Lew N. TOLSTOJ: Власть тьмы или „Коготок увяз, всей птичке пропасть" | Wlast tmy ili „Kogotok uwjas, wsej ptitschke propast" (*Die Macht der Finsternis* oder *„Steckt die Kralle in der Falle, ist der Vogel schon verloren"*, 1886). In: PSS [Sowjetische Gesamtausgabe in 90 Bänden: Polnoe sobranie sočinenij]. Band 26, S. 123-243. Moskau 1936. [https://tolstoy.ru/online/90/26/]. – „Die Erstfassung des Stückes entstand zwischen dem 25. Oktober und dem 14. November 1886. Nachdem Tolstoi das Stück siebenmal überarbeitet hatte, wurde es 1887 vom Verlag ‚Posrednik' in über hunderttausend Exemplaren gedruckt" (Lew TOLSTOI: Macht der Finsternis. Dramen. Herausgeber Gerhard Dudek. Berlin ²1977, S. 591).

Übersetzungen (*chronologisch*) | Leo N. TOLSTOI: *Die Macht der Finsterniss* [Vlast' t'my, ili „Kogotok uvjaz, vcej ptičke propast' "]. Dramatisches Sittenbild aus dem russischen Volksleben in fünf Akten. Übersetzt von August Scholz. Berlin: S. Fischer 1887. [114 Seiten, Folgeauflagen]. – L. N. TOLSTOI: *Die Macht der Finsternis, oder Reiche dem Bösen einen Finger, so faßt er die ganze Hand*. Volksdrama in fünf Akten. Übersetzung F. Leoni. Halle a. d. S.: Verlag Hendel [1888]. [127 Seiten; Staatsbibliothek zu Berlin]. – L. N. TOLSTOI: *Die Macht der Finsterniß*. Dramatisches Sittenbild aus dem russischen Volksleben in fünf Akten. Übersetzt von August Scholz. Zweite Auflage. Berlin: Fischer 1890. [112 Seiten; Erstauflage der Übersetzung 1887] [Auflagen auch im Berliner Verlag Steinitz]. – L. N. TOLSTOI: *Die Macht der Finsternis* oder Reich' dem Teufel den Finger und er hat dich ganz. Schauspiel in fünf Akten. Übersetzt von Raphael Löwenfeld. Leipzig: Eugen Diederichs 1902. [156 Seiten; erneut mit eigener Seitenzählung in: Leo N. TOLSTOJ, Dramatische Dichtungen. Drittes Tausend. Jena: Eugen Diederichs 1911]. – L. N. TOLSTOI: *Die Macht der Finsternis*. Drama in fünf Aufzügen. Übersetzt von H. von Carlawitz. Dresden: Max Fischer 1902. [108 Seiten]. – L. N. TOLSTOI: *Die Macht der Finsternis*. Drama in fünf Akten. Übersetzt von Pawel Barchan. Leipzig: Insel-Verlag 1916. [123 Seiten]. – L. N. TOLSTOI: *Die Macht der Finsternis*. Drama in fünf

Aufzügen. Übersetzt von Ernst Richter. Berlin: Ladyschnikow 1918. [118 Seiten]. – * L. N. TOLSTOI: Bühnenwerke. Übersetzung aus dem Russischen von August Scholz. (Gesamtausgabe des Dichterischen Werkes, herausgegeben von Erich Boehme, Band XIV). Berlin: Malik-Verlag 1928, S. 7-108: *Macht der Finsternis. Drama in fünf Aufzügen* (1886). – Leo N. TOLSTOI: *Die Macht der Finsterniss. Drama in fünf Aufzügen.* Übersetzt von August Scholz. Bühnen-Manuskript. Berlin: Henschel [1950]. [108 Seiten]. – L. N. Tolstoj: Dramen. Übersetzt von August Scholz. Mit einem Essay und einer Bibliographie von Georg Mayer. Reinbek bei Hamburg: Rowohlt 1966, S. 5-66: *'Macht der Finsternis'*. – L. N. TOLSTOI: *Die Macht der Finsternis.* Übersetzt von Hans Audner. Norderstedt: Verlag deutscher Bühnenschriftsteller und Bühnenkomponisten 1970. [107 Seiten; vervielfältigtes Maschinenskript]. – Lew TOLSTOI: Macht der Finsternis. Dramen. Verantwortlicher Herausgeber & Nachwort: Gerhard Dudek. (= Gesammelte Werke in zwanzig Bänden, Band 10). Zweite Auflage. Berlin: Rütten & Loening 1977, S. 31-121: „*Macht der Finsternis* oder Steckt die Kralle in der Falle, ist der Vogel schon verloren – Drama in fünf Akten", übersetzt von Werner Creutziger. – L. N. TOLSTOI: *Die Macht der Finsternis*, oder Hat ein Vogel sich erstmal verfangen, ist er schon ins Netz gegangen. Übersetzung von Andrea Clemen. Frankfurt a. M.: Verlag der Autoren 1978. [79 Seiten].

Inhalt des Stückes | „Auf den ersten Blick handelt es sich um einen spannenden, in ländlicher Umgebung angesiedelten Krimi: Ein todkranker, wohlhabender Bauer wird ermordet. Doch die Täter, die auf sozialen Aufstieg aus sind, werden stattdessen immer tiefer hinein gezogen, in einen Widerstreit von Moral und Neid, Habgier und Religiosität, Sittsamkeit und Alkohol" (https://www.undsofort. de/stueck/die-macht-der-finsternis,491). – „Der wohlhabende Bauer Pjotr liegt erkrankt. Seine junge Frau Anissja findet Liebe beim stattlichen Knecht Nikita. Dessen Mutter Matrjona wittert sozialen Aufstieg und stiftet Anissja an, den Ehemann zu vergiften. Zugleich verleumdet sie Marina, die ehemalige Geliebte des Sohnes. Nikitas Vater Akim, der in der Stadt Fäkaliengruben leert, ist redlich, aber ahnungslos [sic]. So verwirren ihn Begriffe wie Bank- und Kapitalgeschäfte, die ihm der einstige Soldat und Knecht Mitritsch zu erklären versucht. Matrjonas Rechnung geht auf: Pjotr verreckt am Gift, sein Geld wird eingekrallt. Heirat legalisiert das Liebesverhältnis mit Anissja, und Nikita ist nun Herr vom Hof. Die Untat schmiedet sie scheinbar zusammen. Doch dann wird Stieftochter Akulina von Nikita schwanger, und dieser Umstand zieht die nächste grausame Tat nach sich. Am Ende zerstören Lebensangst und Geldgier alles. – Das Drama war ursprünglich für das Volkstheater geschrieben (1886) und basierte auf einer wahren Begebenheit. Tolstoi bekam von einem Bekannten, dem Untersuchungsrichter Davydov, Kriminalfälle aus dessen Oblast Tula beschrieben. Durch das Verbrechen spiegelt Tolstoi soziale und ökonomische Fragen seiner Zeit" (https://www. theatertexte.de; 23.04.2024). *Anm.* Was hier von modernen Theatervermittlern als ‚Ahnungslosigkeit' bezeichnet wird, ist freilich eine Grundsatzkritik an der irrationalen kapitalistischen Religion der Geldvermehrung, die sich auf eine lange philosophische Tradition – u. a. auch auf Thomas von Aquin – berufen könnte! –

Als grundlegende Voraussetzung für Selbsterkenntnis und ein wahrhaftiges Leben wird uns in diesem Tolstoi-Stück von Weltrang eine ‚Befreiung aus der Angst vor den Menschen' vor Augen gestellt.

Historischer Kriminalfall | Das Drama ist inspiriert durch einen wirklichen Kriminalfall. „Vom Vorsteher des Tulaer Kreisgerichts hatte Tolstoi bereits 1880 Einzelheiten des Prozesses Koloskóv erfahren: Ein 37jähriger Bauer, verheiratet mit einer 50jährigen Witwe, war der Blutschande mit seiner 16jährigen Stieftochter, des versuchten Mordes an der 6jährigen Tochter und des vollendeten Mordes am neugeborenen Kind seiner Stieftochter angeklagt. Bis in kleinste Einzelheiten sind die Handlung und einzelne [!] Momente von Tolstoi übernommen worden: ‚Die Fabel … habe ich fast ganz einem tatsächlichen Gerichtsverfahren entnommen … In diesem Prozeß ging es … um denselben Mord am Neugeborenen einer Stieftochter, wobei der Mörder in gleicher Weise in aller Öffentlichkeit am Hochzeitstage seiner Stieftochter sein Verbrechen eingestand … Die Vergiftung des ersten Ehemannes ist von mir hinzuerfunden, doch sogar die Hauptfiguren sind von tatsächlichen Ereignissen inspiriert.' Unterblieben ist nur der Mordversuch an der 6jährigen Tochter, der Anjutka im Drama … Trotz der weitgehenden Ähnlichkeit des Handlungsverlaufes mit dem wirklichen Mordgeschehen erfahren die Handlungsträger eine Umgestaltung, so daß sie in ihrem Charakter [sowie auch in ihrem A l t e r, *pb*] recht beträchtlich von ihren realen Prototypen abweichen […] Es ist bekannt, daß Tolstoi zweimal mit dem wirklichen Mörder in der Untersuchungshaft gesprochen hat … Erst 1886, als ihn ein kleiner Unfall bei der Heuernte eine dreimonatige Ruhepause im Bett aufzwang, griff er auf jenes alte Sujet zurück" (Mayer 1966, S. 228-230; vgl. ebd., S. 228-235 die sorgfältigen Beobachtungen wider eine zu vordergründige, moralistische Lesart. – Mayer ordnet das Drama dem ‚Bühnennaturalismus' zu; Dudek 1977, S. 570-577 will es als ‚realistisches' und ‚sozialkritisches Werk' verstehen).

Zensur- und Theatergeschichte | „Obwohl das Stück [1886] in Rußland sogleich allergrößtes Interesse erregte, erfolgte die erste öffentliche Aufführung fast ein Jahrzehnt später. Zwar bereitete das Petersburger Alexandra-Theater schon 1887 die Uraufführung vor. Eine Lesung des Stückes in Anwesenheit des Zaren Alexanders III., die relativ positiv ausfiel, schien das Unternehmen zu begünstigen. Doch dann kam das Drama dem einflußreichen Oberprokurator des Heiligen Synods, Pobedonoszew, zu Gesicht; er … erhob gegen Aufführung und Verbreitung des Werkes Einspruch und erlangte dafür die Zustimmung des Zaren. Daraufhin wurde die für März 1887 festgelegte Generalprobe im Alexandra-Theater abgesetzt und der weitere Verkauf des schon in mehreren hunderttausend Exemplaren gedruckten Stückes verboten. Von einer Liebhaberaufführung im Jahre 1890 abgesehen konnte die Tragödie erst 1895 [d. h. nach der Thronbesteigung von Zar Nikolaus II., *pb*] an einem öffentlichen russischen Theater gespielt werden. Seitdem gehört sie zum ständigen Repertoire russischer Bühnen. […] Der französische Regisseur André Antoine brachte es in dem von ihm gegründeten Théâtre Libre am 10. Februar 1888 mit großen Erfolg heraus … im Jahre 1890 erfolgte die deutsche Erstaufführung auf der von Otto Brahm gegründeten Berliner Freien Bühne unter der Regie von Meery. Allerdings handelte es sich dabei um eine geschlossene Vorstellung für eingetragene Mitglieder. Die Aufführung an öffentlichen [!] Bühnen war in Deutschland ebenfalls lange Zeit, und zwar bis 1900, verboten" (Dudek 1977, S. 575-576). – Frühe Sekundärliteratur: Walther ALLERHAND / Valentin Fedorovič BULGAGOV, Leo Tolstoj als Dramatiker, mit besonderer Berücksichtigung der „Macht der Finsternis" und ihrer InszenierungsProbleme. Ein Beitrag zur Erforschung Leo Tolstojs. Leipzig: Haessel 1927. [XI & 196 Seiten].

Frühe Stummfilm-Adaption I „Die Macht der Finsternis", Deutschland 1923, Regie: Conrad Wiene, Drehbuch: Robert Wiene. – Der Film nach Tolstois Bühnenwerk „entstand 1923 in den Münchner Bavaria-Ateliers und passierte mit Jugendverbot die Filmzensur am 3. September 1923. Wenig später erfolgte die erste Präsentation, offizieller Massenstart war aber erst nach einer Neuvorlage am 24. Mai 1924, die erneut ein Jugendverbot nach sich zog, am 16. Juni 1924 im Berliner Mozartsaal. Die Länge des Fünfakters betrug 1923 2221 Meter, 1924 nur noch 2074 Meter. In Wien lief der Streifen am 14. November 1924 an": https://de.wikipedia.org/wiki/Die_Macht_der_Finsternis_(Film).

9.
FRÜCHTE DER BILDUNG / FRÜCHTE DER AUFKLÄRUNG
(Komödie, 1889-1890)

Russischer Text I Lew N. TOLSTOJ: Плоды просвещения I Plody prosveščenija (*Früchte der Aufklärung*, 1889-1890). In: PSS [Sowjetische Gesamtausgabe in 90 Bänden: Polnoe sobranie sočinenij]. Band 27, S. 93-250. Moskau 1936. [https://tolstoy.ru/online/90/27/].

Übersetzungen I L. N. TOLSTOI: *Die Früchte der Bildung*. Lustspiel in vier Aufzügen. Übersetzt von Raphael Löwenfeld. Berlin: Wilhelmi 1891. [130 Seiten]. – L. N. TOLSTOI: *Die Früchte der Aufklärung*. Lustspiel in vier Aufzügen. Deutsch von J. Nikolajew. Berlin: S. Fischer 1891. [114 Seiten; Online-Ausgabe bei der Bayerischen Staatsbibliothek]. – L. N. TOLSTOI: *Die Früchte der Bildung*. Lustspiel in vier Akten. Übersetzt von B. Haas. Halle a. d. Saale: Hendel 1902. [91 Seiten]. – * Leo N. TOLSTOJ: *Die Früchte der Bildung*. Lustspiel in vier Aufzügen. Übersetzt von Raphael Löwenfeld. Leipzig: Eugen Diederichs 1905. [172 Seiten; erneut mit eigener Seitenzählung in: Leo N. TOLSTOJ: Dramatische Dichtungen. Drittes Tausend. Jena: Eugen Diederichs 1911]. – L. TOLSTOI: Bühnenwerke. Übersetzung aus dem Russischen von August Scholz. (Gesamtausgabe des Dichterischen Werkes, herausgegeben von Erich Boehme, Band XIV). Berlin: Malik-Verlag 1928, S. 111-231: *Früchte der Bildung*. Komödie (1890). – Lew TOLSTOI: Macht der Finsternis. Dramen. Herausgeber & Nachwort: Gerhard Dudek. (= Gesammelte Werke in zwanzig Bänden, Band 10). Zweite Auflage. Berlin: Rütten & Loening 1977, S. 123-231: „*Früchte der Bildung* – Komödie in fünf Akten", übersetzt von Werner

Creutziger (vgl. ebd., S. 591: „Die Komödie trug zunächst den Arbeitstitel ‚Sie erreichte es durch List'. Das Werk erschien erstmals 1891 im Druck").

Hintergrund | Die ersten Entwürfe zu dem Lustspiel ‚Früchte der Bildung' entstanden im November des für Tolstois Dramatik so bedeutsamen Jahres 1886. Unmittelbare Anregung zu dem Stück erhielt er durch Gogols und Ostrowskis Komödien […] Das Lustspiel … wurde – nach vielen Überarbeitungen – für eine Liebhaberaufführung am 30. Dezember 1889 in Jasnaja Poljana fertiggestellt und im Januar 1890 endgültig abgeschlossen. […] Das vordergründige Thema der Komödie … ist die Verspottung des Spiritismus, der in den siebziger und achtziger Jahren in den vornehmen und gebildeten Kreisen Mode geworden war. […] Den springenden Punkt der Intrige und das für Tolstoi wichtigere Thema des Lustspiels bildet jedoch der Vertrag über den Landverkauf. Um diese Problematik gruppiert der Autor nicht nur die drei Kursker Bauern, die bei Swesdinzew für ihre Gemeinde Land erwerben wollen, da diese sonst nicht weiterexistieren kann, sondern auch die sich mit ihnen solidarisierende Dienerschaft. So entstehen im Stück zwei soziale Lager, von denen das eine, die Adligen, dem Spott preisgegeben werden, das andere, die drei Bauern und die Dienerschaft, dagegen mit Sympathie gezeichnet wird" (Dudek 1977, S. 577-579). – Mitteilungen eines Zeitzeugen zu einer frühen Aufführung in Jasnaja Poljana enthält das Buch: I. TENEROMO [= Isaak Borissowitsch Feinerman], Gespräche mit Tolstoj. Berlin: Erich Reiß Verlag 1911.

10.
DAS LICHT LEUCHTET IN DER FINSTERNIS
(Drama | 1896-1897, 1900, 1902)

Russischer Text | Lew N. TOLSTOJ: И свѣт во т'мѣ свѣтит | I svět *vo* t'mě světit / I swet wo t'me swetit (*Das Licht leuchtet in der Finsternis*, 1896-1897, 1900, 1902). In: PSS [Sowjetische Gesamtausgabe in 90 Bänden: Polnoe sobranie sočinenij]. Band 31, S. 115-184. Moskau 1954. [https://tolstoy.ru/online/90/31/].

Übersetzungen | L. N. TOLSTOJ: *Das Licht, das im Dunkeln leuchtet* (1880er, 1900, 1902). In: L. N. Tolstoi. Nachgelassene Werke, Band 2. (Übersetzungen August Scholz & Alexander Stein). Berlin: Ladyschnikow Verlag [1911], S. 79-194. – L. N. TOLSTOI: *Und das Licht scheinet in der Finsternis* [I svet vo t'me svetit]. Übersetzt von August Scholz. Berlin: Ladyschnikow 1912. [120 Seiten]. – * L. N. TOLSTOI: *Das Licht leuchtet in der Finsternis*. Drama in vier Aufzügen. Aus dem Russischen übertragen und eingeleitet von Adolf Heß. (= Reclams Universalbibliothek Nr 5434). Leipzig: Reclam 1912. [96 Seiten]. – L. N. TOLSTOI: Nachlaß, Band II: Novellen und Dramen. Übertragen von Ludwig & Dora Berndl. Jena: Eugen Diederichs 1912, S. 187-304: ‚*Und das Licht scheinet in der Finsternis* (1900, 1902)'. [*Separat*. L. N. TOLSTOI: Und das Licht scheinet in der Finsternis. Übersetzt von Ludwig & Debora Berndl. Jena: Diederichs 1928; 120 Seiten]. – L. N. TOLSTOI: *Und das Licht leuchtet in der Finsternis*. Drama in vier Aufzügen. Deutsche Bühnenbearbeitung von Heinrich Stümcke. Zweite, verbesserte Auflage. München: Georg Müller Verlag 1919. [135 Seiten; Übersetzung zuerst 1912]. – L. N. TOLSTOI: *Und das Licht scheinet in der Finsternis*. Drama. Berlin: Schlesische Blindenanstalt 1920. [121 Seiten; bibliographiert nach Fernleihkatalog, keine Angabe zur Übersetzung]. – Leo TOLSTOI: *Und das Licht scheinet in der Finsternis* [I svet vo t′me svetit]. Drama in vier Aufzügen. Übersetzt von August Scholz. Bühnen-Manuskript. Berlin: Henschel [1946]. [102 Seiten, Folgeauflagen]. – L. N. TOLSTOJ: Dramen. Übersetzt von August Scholz. Mit einem Essay und einer Bibliographie von Georg Mayer. Reinbek bei Hamburg: Rowohlt 1966, S. 115-177: ‚*Und das Licht scheinet in der Finsternis*′. – Lew TOLSTOI: Macht der Finsternis. Dramen. Verantwortlicher Herausgeber & Nachwort: Gerhard Dudek. (= Gesammelte Werke in zwanzig Bänden, Band 10). Zweite Auflage. Berlin: Rütten & Loening 1977, S. 233-322: „*Und das Licht scheint in der Finsternis*. Drama in fünf Akten", übersetzt von Werner Creutziger (vgl. ebd., S. 594: „Das unvollendete Drama erschien erst nach Tolstois Tod im Jahre 1911 in den ‚Nachgelassenen künstlerischen Werken L. N. Tolstois′ mit großen Streichungen der Zensur. Zur Aufführung kam das Werk erstmals in der Theatersaison 1917/18 im ‚Volkshaus′ in Petrograd. In Westeuropa wurde es dagegen bald nach seiner Erstveröffentlichung inszeniert").

Hörspielfassung | Leo TOLSTOI: Und das Licht scheint in der Finsternis. Bearbeitung: Gerhard Ahrens. Dlf 2010. [https://www.hoerspiel undfeature.de/]

Ukrainisch-russisches Filmprojekt 2023 | MAKE ART, NOT WAR (2023). Production: FemArtAct, 2023. [Internet: https://www.youtube.com/watch?v=j8eEkIgeJtg – https://femartact.gr/?p=1761]. – The film was created together with conscientious objectors and pacifists from Ukraine, Russia, Belarus and Finland during the Russian war in Ukraine in 2022, and includes: Belarusian poem by Yanka Kupala, 1914, „Abandoned fields and villages / Songs of War"; Ukrainian poem by Taras Shevchenko, 1844, „Dream"; Russian drama by Leo Tolstoy, 1890, „The light that shines in darkness". – Playing: Elena Popova, Olga Karatch, Ruslan Kotsaba, Kateryna Lanko, Yurii Sheliazhenko, Jessica Calonius, Serhii Ustimenko, Alexander Belik. – Direction, Photography and Editing: Alexia Tsouni. Assistant Direction: Georgia Tsouni and Alexander Belik. Color Grading and Sound Desgin: Evangelos Vlachakis. Music: by RealMcCoys, Max Music. – Special Thanks: Russian Movement of Conscientious Objectors to Military Service (Движение сознательных отказчиков от военной службы); Ukrainian Pacifist Movement (Український Рух Пацифістів); Belarusian Nash Dom (НАШ ДОМ); Finnish Union of Conscientious Objectors (Aseistakieltäytyjäliitto AKL); European Bureau for Conscientious Objection (EBCO); #ObjectWarCampaign Solidarity with Conscientious Objectors and Deserters from Russia, Belarus and Ukraine.

Inhalt des Dramas | Sehr bald nach Leo N. Tolstois Tod wurde dieses unvollendete – auf Schritt und Tritt autobiographisch angelegte Drama aus seinem Nachlass veröffentlicht, ein Stück, an dem er wohl ab 1902 nicht mehr weiter gearbeitet hatte. Den Hauptstrang gibt Adolf Heß in der Einleitung zu seiner 1912 veröffentlichten Übersetzung (s. o.) folgendermaßen wieder: „Das Drama umfaßt fünf Aufzüge, deren letzter nur skizziert, nicht ausgeführt ist. Die gründlichste

Bearbeitung hat der erste Aufzug erfahren. Begonnen wurde das Werk in den achtziger Jahren; weitergeführt wurde es in den neunziger. […] Tolstoi behandelt in diesem Werk – und das erklärt vieles – in bisweilen autobiographischer Form die Kämpfe, die er in seiner Familie durchzufechten hatte; die Zweifel, die ihn überkamen, als er die Wirkung seiner Gedanken auf seine Umgebung beobachtete; den Widerstand, dem er beim Umsetzen der Gedanken in die Tat begegnete, und die Konflikte, die zwischen idealen Bestrebungen und dem realen Leben überall zutage treten. – Der wohlhabende russische Gutsbesitzer [NIKOLAI Iwanowitsch] Sarynzew, der nach dem Evangelium leben, seine Habe an die Armen verteilen, seine Nächsten wie sich selbst lieben will; der das Christentum nicht als schöne Gedankenrichtung, sondern als praktische Lebensweisheit auffaßt; der die Kirche als schadenbringende Institution verwirft und der Obrigkeit den Gehorsam kündigt – dieser Sarynzew ist Tolstoi selbst. Wir wissen, wie Tolstoi sich bemüht hat, als echter Christ zu leben, wie er gleich Sarynzew seine Habe den Armen geben wollte und, als ihm das nicht gelang, die Besitzung auf den Namen seiner Frau überschreiben ließ; wie er auf dem Felde und in der Werkstatt arbeitete; wie junge, den Militärdienst verweigernde und dafür grausam bestrafte Bauern mit ihm in Briefwechsel standen; wie er Bauern aus dem Gefängnis befreite, und anderes mehr. Über diese Beziehungen zwischen den Vorgängen im Drama und in Tolstois Leben ließe sich noch manches sagen. Wir haben es hier in erster Linie mit dem Drama zu tun. Da fällt zunächst auf, daß Tolstoi in diesem Werk ein Problem behandelt, das gerade unserer Zeit so recht den Stempel aufdrückt. Es ist der Kampf und Ausgleich zwischen arm und reich, in dem sich alle idealen Bestrebungen der Gegenwart vereinen. Tolstoi sucht den Frieden dadurch herbeizuführen, daß er den Reichen auf Grund eigener Erkenntnis freiwillig auf sein Gut verzichten läßt. Aber dieser Verzicht gelingt Sarynzew nur zum Teil, nur für seine Person, nicht für Weib [MARIA Iwanowna Sarynzewa] und Kinder. Daraus entstehen neue, unlösbare Konflikte. Hinzu kommen die heftigen Vorwürfe einer Mutter [FÜRSTIN Tscheremschanowa], deren Sohn [BORIS] [als Militärdienstverweigerer] angeblich durch Sarynzews Lehren ins Verderben gestürzt ist. Bekehrungsversuche eines Bischofs, den die besorgte Schwägerin verschrieben hat. Abfall eines jungen Geistlichen von der Landeskirche mit baldigem reumütigem Zurückkehren in ihren Schoß usw. Die Katastrophe tritt, nach dem Szenarium, dadurch ein, daß die Mutter des verführten jungen Mannes, als eine Audienz beim Zaren ergebnislos verlaufen ist, Sarynzew ersticht. Diese Katastrophe wirkt, als Faktum, ohne Worte, nach dem sehr auf Innerlichkeit und tiefreichenden Gedankenaustausch gestellten übrigen Teil des Dramas stark theatralisch." – Fürst BORIS, der Militärverweigerer aus der herrschenden Klasse, ist mit LJUBA, einer Tochter von NIKOLAI Sarynzew, liiert. Sein ‚interessanter Fall' wird im Drama von einem Adjutanten dem Oberarzt des Militärlazaretts folgendermaßen vorgetragen: „Fürst Tscheremschanow, der seiner Militärpflicht genügen soll, weigert sich auf Grund der Bibel. Zunächst wurde er zur Gendarmerie geschafft; die erklärt sich für inkompetent und findet ihn nicht verdächtig. Dann hat der Pope ihn ins Gebet genommen – ebenfalls umsonst." Es erfolgt – gemäß verbreiteter Methode – eine Psychiatrisierung des Kriegsdienstgegners durch die Staatsorgane. – Die Textgrundlage aller vorliegenden Übersetzungen (s. o.) ist jeweils genau zu prüfen, denn: „Das Drama erschien 1911 in einer für die Zensur überarbeiteten Fassung im 2. Band der ‚Nachgelassenen künstlerischen Werke L. N. Tolstois'. Der volle Text konnte erst 1917 publiziert werden" (Dudek 1977, S. 582).

Zeugnisse | Für das Jahr 1894 wird folgende *Selbstaussage* Tolstois zu ‚Das Licht leuchtet in der Finsternis' mitgeteilt: „Ich plane seit vielen Jahren ein Drama, das mir nah' am Herzen steht. Und die beiden Stücke, die Sie nennen, waren nichts anderes als Vorstudien für dieses noch ungeschriebene Schauspiel, durch welche ich mir nur die dramatische Form gefügig machen wollte. Aber ich werde wohl sterben, ehe ich dieses Drama vollendet habe. […] Es ist das Stück, das meine persönlichen Bekenntnisse enthalten wird – meinen Kampf, meinen Glauben, mein Leiden – alles, was dem eigenen Herzen nahesteht. Und etwas anderes will ich in den Werken der Künstler überhaupt nicht finden. Die kalte Objektivität, die man uns rühmt, ich liebe sie nicht" (Oskar BLUMENTHAL: Eine Begegnung mit Leo Tolstoi. In: Neue Freie Presse. Wien. Nr. 16663 vom 11. Januar 1911). – Am 6. März 1912 schrieb *Rosa Luxemburg* an Konstantin Zetkin: „Abends ging ich – zu einer Tolstoiaufführung im Kleinen Theater: ‚Und das Licht scheint in der Finsternis.' Das ist eine prachtvolle Sache und wird gut gespielt. Sein persönliches Schicksal ist hier dargestellt … Die Sache wirkt ja direkt aufreizend, namentlich eine Szene beim Militär, wo der Rekrut den Eid verweigert …" „In diesem Kampf eines einsamen Titanen gegen die täglichen Umklammerungen des Kompromisses [mit der herrschenden Besitz-, Macht- und Militärordnung], denen er sich zu entreißen sucht und in denen er verblutet, sieht das Bourgeoispublikum natürlich nur ein rührendes ‚Ehedrama'." (Zitate nach: Dudek 1977, S. 583).

11.
DER LEBENDE LEICHNAM
(Drama, 1900-1904)

Russischer Text | Lew N. Tolstoj: Живой труп | Schiwoi trup / Živoj trup (*Der lebende Leichnam*, 1900-1904 – Erstveröffentlichung 1911). In: PSS [Sowjetische Gesamtausgabe in 90 Bänden: Polnoe sobranie sočinenij]. Band 34, S. 7-99. Moskau 1952. [https://tolstoy.ru/online/90/34/].

Übersetzungen | L. N. TOLSTOI: *Der lebende Leichnam*. Drama. Übersetzt von August Scholz. Berlin: Ladyschnikow [1910/1911]. [90 Seiten]. – Leo TOLSTOI: Nachgelassene Werke, Band 1. Berlin: J. Ladyschnikow Verlag 1911, S. 227-314: „*Der lebende Leichnam*". [Übersetzungen von August Scholz und Alexander Stein]. – L. N. Tolstoi: *Der lebende Leichnam*. Drama in sechs Aufzügen. Übersetzer Fred Meyer-Balte. Leipzig: Reclam 1911. [88 Seiten]. – L. N. TOLSTOI: *Der lebende Leiche*. Drama in sechs Akten, zwölf Bildern. Übersetzung von Adolf Heß. Leipzig: Verlagsbuchhandlung Schulze & Co 1912. [93 Seiten]. – L. N. TOLSTOI: *Der lebende Leichnam*. Zwölf Bilder nach der Aufführung im Deutschen Theater von Max

Reinhardt. Herausgeber Hermann Rosenberg. Berlin: F. Lehmann [1913]. [25 Seiten; Bühnendokumentation, Beiträge]. – *Zigeunerlieder aus ‚Der lebende Leichnam'* von Leo Tolstoi (nach der Aufführung am Deutschen Theater zu Berlin). Einzige autorisierte Übersetzung von Kurt Scholz. Musik bearbeitet von Einar Nilson. Berlin: Bote & Bock 1913. [14 Seiten]. – L. N. TOLSTOI: Der lebende Leichnam. Drama in sechs Akten, zwölf Bildern. (= Insel-Bücherei 341). Übersetzt von Hermann Röhl. Leipzig: Insel-Verlag 1916. [77 Seiten]. – L. N. TOLSTOI: *Der lebende Leichnam*. Ein Drama. Mit Radierungen Vasilij Masjutin. Berlin: Schneider Verlag 1924. [123 Seiten; keine Angabe zum Übersetzer im Fernleihkatalog]. – L. N. TOLSTOI: *Der lebende Leichnam*. Drama in sechs Akten. Übersetzer Alexander Stein. Berlin: Volksbühnen-Verlag 1927. [55 Blatt; vervielfältigtes Maschinenskript]. – L. N. TOLSTOI: *Der lebende Leichnam*. Drama. Übersetzt von Ludwig & Deborah Berndl. Jena: Diederichs 1928. [93 Seiten]. – * L. TOLSTOI: Bühnenwerke. Übersetzung aus dem Russischen von August Scholz. (= Gesamtausgabe des Dichterischen Werkes, herausgegeben von Erich Boehme, Band XIV). Berlin: Malik-Verlag 1928, S. 233-418: *Der lebende Leichnam*. Drama (188.; 1900; 1902). – L. N. TOLSTOI: *Der lebende Leichnam* [Živoj trup]. Drama in 12 Bildern. Übersetzt von August Scholz. Bühnen-Manuskript. Berlin: Henschel [1946]. [81 Seiten]. – Leo N. TOLSTOI: *Der lebende Leichnam*. Drama in sechs Aufzügen. Übersetzt von Fred Meyer Balte. Neudruck. Leipzig: Reclam [1948]. [80 Seiten]. – L. N. TOLSTOJ: Dramen. Übersetzt von August Scholz. Mit einem Essay ‚Zum Verständnis der Werke' und einer Bibliographie von Georg Mayer. Reinbek bei Hamburg: Rowohlt 1966, S. 67- 114: ‚*Der lebende Leichnam'*. – Lew TOLSTOI: Macht der Finsternis. Dramen. Verantwortlicher Herausgeber & Nachwort: Gerhard Dudek. (= Gesammelte Werke in zwanzig Bänden, Band 10). Zweite Auflage. Berlin: Rütten & Loening 1977, S. 323-393: *„Der lebende Leichnam* – Drama in sechs Akten"*, übersetzt von Gudrun Düwel (vgl. ebd., S. 596: „Das Drama erschien erstmals postum im September 1911 in der Zeitschrift ‚Russkoje slowo' [Russisches Wort] und erlebte im selben Jahr durch das Moskauer Künstlertheater seine Uraufführung").

Filmische Adaptionen des Bühnenwerks | Stummfilm VON RICHARD OSWALD (Der lebende Leichnam, 1918); deutsch-sowjetisches Filmdrama von FEDOR OZEP (Der lebende Leichnam / Живой труп – Das Ehegesetz, 1929); deutscher Fernsehfilm von OTTO SCHENK für den Bayerischen Rundfunk (Der lebende Leichnam, 1981).

Hintergrund | Das Drama ist inspiriert durch wirkliche Begebenheiten. „Der Vorsteher des Moskauer Kreisgerichts hatte Tolstoj Ende der neunziger Jahre vom Prozeß der Ehegatten Gimer erzählt: Jekaterina Gimer trennte sich nach zweijähriger Ehe von ihrem ungeliebten Gatten, den sie nur auf Drängen der Mutter geehelicht hatte, da dieser bald nach der Hochzeit ganz verkam und fast ausschließlich in Spelunken und Nachtasylen verkehrte. Ihre Mutter, die sich schuldig fühlte, vermittelte die Bekanntschaft eines anderen Mannes, mit dem Jekaterina nur kurze Zeit in wilder Ehe zusammenlebte, da auch dieser ein ausschweifendes Leben führte. Als sie einige Jahre später einen Fabrikanten kennenlernte, der sie heiraten wollte, das Konsistorium die Scheidung aber verweigerte, kam Jekaterina auf die Idee, den Tod ihres ersten Mannes vorzutäuschen. Dieser willigte in den Trick ein und kündigte seiner Frau in einem Abschiedsbrief, den sie der Polizei übergab, seinen Selbstmord an. Bald darauf fand man am Ufer der zugefrorenen Moskava Kleider und den Paß ihres Mannes, später auch noch eine unbekannte Leiche, die man als Nikolaj Gimer identifizierte. Jekaterina stand der Weg zu einer zweiten Ehe offen. Als man jedoch im gleichen Jahr ihren ersten Mann bei dem Versuch, sich einen neuen Paß ausstellen zu lassen, erkannte, wurden beide verhaftet und zur Verbannung nach Sibirien verurteilt. – Kaum hatte der Kreisgerichtsrat seine Erzählung beendet, rief Tolstoj aus: ‚Das ist ja eine fertige Erzählung. Für einen jungen Schriftsteller ein richtiger Fund. Übrigens, vielleicht verwende ich den Stoff noch selbst …‘ Tolstoj hatte noch ein persönliches Interesse an dem Fall, da er Jekaterina Gimer sowie ihre Mutter … persönlich kannte und die Tochter sogar mit Manuskriptarbeiten beschäftigt hatte, als sie nach der Trennung für ihren Sohn aus erster Ehe den Lebensunterhalt verdienen mußte" (Mayer 1966, S. 238). Vor Beginn der Schreibarbeiten im Februar 1900 studierte der Dichter u. a. das soziale Leben in Kneipen und Nachtunterkünften. Im Jahr 1904 bekannte Tolstoi dem Rechtsanwalt und Literaten Koni, das Drama sei unfertig, es gefalle ihm nicht und er habe es ganz beiseite gelegt. Auch wollte er Jekaterina Gimer schützen, die – im Zuge eines nicht mehr öffentlich debattierten Falles – Bewährung (statt gemäß Gerichtsurteil Verbannung) erhalten hatte. Erst ein Jahr nach Tolstois Tod wurde ‚Der lebendige Leichnam' gedruckt und soll dann in nur neun Monaten insgesamt neuntausend mal ‚über die Bretter' gegangen sein. (ebd., S. 238-239). Unzufrieden war Tolstoj selbst mit dem Drama auch deshalb, weil es nicht das schwere Leben der Bauern, sondern das privilegierte Milieu des Adels und der Besitzenden thematisierte. – Die Stärke dieses postum außerordentlich erfolgreichen Stückes, von dem sich 1915 z. B. auch Lenin fesseln ließ, ist der Verzicht auf eine moralische Schwarz-Weiß-Zeichnung der Figuren, womit der Dichter seiner folgenden Einsicht gerecht wurde: „Es ist einer der größten Irrtümer bei den Urteilen über Menschen, daß wir den Menschen immer als klug, dumm, böse, stark, schwach festlegen, der Mensch ist alles: alle Möglichkeiten, er ist ein fluktuierendes Wesen …" (zit. ebd., S. 241; vgl. ebd., S. 241-243; vgl. zum Stück auch Dudek 1977, S. 584-588, der mit scharfer Wahrnehmung Tolstois Zeichnung der Charaktere erhellt und u. a. einen „Protest gegen die bürgerliche Lebenslüge" konstatiert).

12.

KINDLICHE WEISHEIT

(1909/1910)

Russischer Text | Lew N. TOLSTOJ: Детская мудрость | Detskaja mudrost' (*Kinderweisheit*, 1909/1910). In: PSS [Sowjetische Gesamtausgabe in 90 Bänden: Polnoe sobranie sočinenij]. Band 37, S. 384-390. Moskau 1956. [https://tolstoy.ru/online/90/37/].

Übersetzungen | L. N. TOLSTOI: Nachgelassene Werke, Band 2. (Übersetzungen August Scholz & Alexander Stein). Berlin: Ladyschnikow Verlag [1911], S. 195-

241: ‚Kinderweisheit'. – L. N. TOLSTOI: *Kindliche Weisheit* [Detskaja mudrost']. Kleine dramatische Szenen aus dem Nachlaß. Übersetzt von Eduard Schiemann. München/Leipzig: Hans-Sachs-Verlag 1913. [78 Seiten]. – L. N. TOLSTOI: Göttliches und Menschliches. Gesammelte Novellen. Sechster Band. Übertragen von Ludwig & Dora Berndl. Erstes bis drittes Tausend. Jena: Eugen Diederichs 1928, S. 446-492: ‚Kinderweisheit' (vgl. ebd., S. 493-503 auch den Dialogtext ‚Der Fremde und der Bauer'). [Neuedition mit Bibliographie: TFb_C015].

Textdarbietung in der Tolstoi-Friedensbibliothek | Leo N. TOLSTOI: Göttliches und Menschliches – Erzählungen aus dem Nachlass. Übertragen von Ludwig & Dora Berndl. (= Tolstoi-Friedensbibliothek.de: Reihe C, Band 15). Digitalausgabe & Buchversion 2024, S. 331-366: ‚Kinderweisheit'.

Zum Inhalt | Das erst postum als Nachlasstext veröffentlichte Werk ‚Kindliche Weisheit' von 1909/1910, dessen Titel bereits ein ‚Programm' enthält, darf im Zusammenhang mit Tolstois Bemühungen um ein leutenahes ‚Theater' im Dienste der breiten religiösen, moralischen und politischen (!) Aufklärung nicht übergangen werden. Es besteht aus 21 kurzen – zweifellos für Darbietungen auf der ‚Schaubühne' verfassten – Dialogstücken bzw. Spielszenen, die folgende Überschriften tragen: 1. Von der Religion; 2. Vom Vaterland und Staat; 3. Vom Kriege; 4. Von den Steuern; 5. Von übler Nachrede; 6. Darüber, daß man gut sein soll; 7. Von der Arbeit; 8. Von der Trunksucht; 9. Von der Todesstrafe; 10. Von den Gefängnissen; 11. Vom Reichtum; 12. Liebet die, so euch beleidigen; 13. Die Presse; 14. Reue; 15. Von der Kunst; 16. Von der Wissenschaft; 17. Vom Zivilgericht; 18. Vom Kriminalgericht; 19. Vom Eigentum; 20. Kinder; 21. Von der Erziehung.

13.
ER IST AN ALLEM SCHULD / ALLES KOMMT VON IHM / VON IHM ALLE TUGENDEN
(Komödie, 1910)

Russischer Text | Lew N. TOLSTOJ: ОТЪ НЕЙ ВСѢ КАЧЕСТВА [От ней всѣ качества] | Ot nej wse katschestwa (*Von* [*ihm*] *alle Eigenschaften*, 1910). In: PSS [Sowjetische Gesamtausgabe in 90 Bänden: Polnoe sobranie sočinenij]. Band 38, S. 216-225 und 225-235 (Textvarianten). Moskau 1936. [https://tolstoy.ru/online/90/38/].

Übersetzungen | L. TOLSTOI: Nachgelassene Werke, Band 1. Berlin: J. Ladyschnikow Verlag 1911, S. 315-335: *„Er ist an allem schuld"* [Übersetzungen von August Scholz und Alexander Stein]. – L. N. TOLSTOJ: Nachlaß, Band II. Novellen und Dramen. Übertragen von Ludwig & Dora Berndl. Erstes bis drittes Tausend. Jena: Eugen Diederichs Verlag 1912, S. 93-114: *Von ihm alle Tugenden*. Lustspiel (29. März 1910, Mitte Juni). – L. N. TOLSTOI: *Von ihm alle Tugenden*. Lustspiel. Übersetzt von Ludwig & Deborah Bernd. Jena: Diederichs Verlag 1928. [23 Seiten] – *L. TOLSTOI: Bühnenwerke. Übersetzung aus dem Russischen von August Scholz. (Gesamtausgabe des Dichterischen Werkes, herausgegeben von Erich Boehme, Band XIV). Berlin: Malik-Verlag 1928, S. 419-440: *Er ist an allem schuld*.

Komödie in zwei Szenen (1910). – Leo N. TOLSTOI: *Er ist an allem schuld* [Ot nej vse kačestva]. Übersetzt von August Scholz. Bühnen-Manuskript. Berlin: Henschel [1950]. [18 Seiten] – L. N. TOLSTOI: *Er ist an allem schuld*. Eine Komödie. München: Drei Masken Verlag 1950. [16 Seiten; im Fernleihkatalog keine Übersetzerangabe]. – L. N. TOLSTOJ: Dramen. Übersetzt von August Scholz. Mit einem Essay und einer Bibliographie von Georg Mayer. Reinbek bei Hamburg: Rowohlt 1966, S. 179- 191: '*Er ist an allem schuld*'. – Lew TOLSTOI: Macht der Finsternis. Dramen. Verantwortlicher Herausgeber & Nachwort: Gerhard Dudek. (= Gesammelte Werke in zwanzig Bänden, Band 10). Zweite Auflage. Berlin: Rütten & Loening 1977, S. 395-412: *„Alles kommt von ihm"*, übersetzt von Werner Creutziger [vgl. ebd., S. 597: „Die kleine Komödie war für Liebhaberaufführungen bestimmt, die auf dem Besitztum Grigorjewitsch Tschertkows (1854-1936), eines Vertrauten Tolstois, in Teljatinki für Bauern organisiert wurden. Sie entstand im Jahre 1910 und wurde erstmals 1911 in den 'Nachgelassenen künstlerischen Werken L. N. Tolstois' veröffentlicht"].

Filmische Adaption des Bühnenwerks | „Er ist an allem schuld", Fernsehfilm (40 Minuten) nach der Vorlage von Lew Nikolajewitsch Tolstoi, Deutschland 1959, Regie: ELISABETH KERN & KURT HORWITZ; Drehbuch (nach Tolstoi): Sigismund von Radecki.

Hintergrund | Dieses Stück aus dem letzten Lebensjahr soll wie der Bühnentext 'Der erste Branntweinbrenner' (s. o.) der breiten Aufklärung über den Alkohol dienen, doch diesmal nicht in Legendenform: „Ich wollte ein Stück über das Laster der Trunksucht schreiben, das Alltagsmilieu aber ohne Teufel darstellen, denn Teufel schrecken die Bauernweiber ab. Die Bauernfrauen müßten ein solches Stück aber unbedingt anschauen" (zit. Mayer 1966, S. 227). „Erst 1912 führte eine jugendlichen Laienspielgruppe, für die Tolstoi das Stück geschrieben hatte, die Komödie auf, ein Jahr später lief es in Petersburg über die Bühne eines Arbeitertheaters" (ebd., S. 227). – Tolstojs „bäuerlicher Held, Michaila, ist zwar ein Trunkenbold und hat daher eine schlechte Ausgangsposition, trägt aber nach dem Willen des Autors letztlich doch einen moralischen Sieg über den Gast, einen Maschinisten und proletarischen Revolutionär, davon. Tolstoi spürte allerdings, daß er die Gestalt des Arbeiters zu Unrecht ins schiefe Licht gerückt hatte. Wie W. G. Tschertkow in seinen Erinnerungen berichtet, trug sich der Dichter daher mit dem Gedanken, diese Figur zu verändern ...: 'Ich fühle, daß dies ein so bedauernswerter Typus ist, daß man unmöglich über ihn lachen darf.' Leider konnte Tolstoi diese Absicht nicht mehr verwirklichen" (Dudek 1977, S. 569).

Übersicht zu den Bänden der Tolstoi-Friedensbibliothek, Reihe A

TFb_A001 | Leo N. Tolstoi: *Meine Beichte*. Das Bekenntnisbuch in den Übersetzungen von H. von Samson-Himmelstjerna (1879) und Raphael Löwenfeld (1901). Mit einem Hintergrundtext von Pavel Birjukov. Norderstedt: BoD 2023.

TFb_A002 | Leo N. Tolstoi: *Vernunft und Dogma*. Eine Kritik der Glaubenslehre (I), übersetzt von L. Albert Hauff, 1891. Norderstedt: BoD 2023. [Werk wie A003]

TFb_A003 | Leo N. Tolstoi: *Kritik der dogmatischen Theologie*. Gesamtausgabe, übersetzt von Carl Ritter, 1904. Norderstedt: BoD 2023. [Werk wie A002]

TFb_A004 | Leo N. Tolstoi: *Kurze Darlegung des Evangelium*. Aus dem Russischen von Paul Lauterbach, 1892. Norderstedt: BoD 2023. [Werk wie A005]

TFb_A005 | Leo N. Tolstoi: *Das Evangelium*. Aus der Bibelarbeit, übersetzt von Nachman Syrkin u. a., nebst Begleittexten von Käte Gaede, Nikolay Milkov und Eugen Drewermann. Norderstedt: BoD 2023. [Werk wie A004]

TFb_A006 | Leo N. Tolstoi: *Worin besteht mein Glaube*? Übersetzungen von Sophie Behr (1885) und Raphael Löwenfeld (1902). Mit einer Einleitung von Eugen Drewermann. Norderstedt: BoD 2023.

TFb_A007 | Leo N. Tolstoi: *Was sollen wir denn tun*? Übersetzt von Carl Ritter (1902), mit einer Einführung von Raphael Löwenfeld. Norderstedt: BoD 2023.

TFb_A008 | Leo N. Tolstoi: *Über das Leben*. Übersetzungen von Raphael Löwenfeld und Willy Lüdtke, 1902/1929. Norderstedt: BoD 2023.

TFb_A009 | Leo N. Tolstoi: *Das Reich Gottes ist in Euch*, oder: Das Christentum als eine neue Lebensauffassung, nicht als mystische Lehre. (Christi Lehre und die Allgemeine Wehrpflicht). Übersetzung von Raphael Löwenfeld. Norderstedt: BoD 2023.

TFb_A010 | Leo N. Tolstoi: *Die Christliche Lehre*. Katechetische Schriften für Erwachsene und Kinder. Norderstedt: BoD 2023.

TFb_A011 | Leo N. Tolstoi: *Was ist Kunst*? Aus dem Russischen von Michaïl Feofanov (1902). Eingeleitet von Dr. Marco A. Sorace. Norderstedt: BoD 2023.

TFb_A012 | Leo N. Tolstoi: *An den Synod*. Texte zur Exkommunikation, Brief an den Klerus und Zeugnisse zum eigenen Glaubensweg. Norderstedt: BoD 2023.

TFb_A013 | Leo N. Tolstoi: *Was ist Religion*? Die Übersetzungen von Nachman Syrkin und Iwan Ostrow (1902), nebst weiteren Texten. Norderstedt: BoD 2023.

TFb_A014 | Leo N. Tolstoi: *Der Weg des Lebens*. Ein Buch für Wahrheitssucher. Neuedition der Übertragung von Adolf Heß, 1912. Mit einer Hinführung von Holger Kuße. Norderstedt: BoD 2023.

Tolstoi-Friedensbibliothek, Reihe B

TFb_B001 | Leo N. Tolstoi: *Texte gegen die Todesstrafe*. Über die Unmöglichkeit des Gerichtes und der Bestrafung der Menschen untereinander. Mit einem Geleitwort von Eugen Drewermann. (= Tolstoi-Friedensbibliothek Reihe B, Band 1). Norderstedt: BoD 2023.

TFb_B002 | Leo N. Tolstoi: *Staat – Kirche – Krieg*. Texte über den Pakt mit der Macht und das Herrschaftsinstrument Patriotismus. (= Tolstoi-Friedensbibliothek Reihe B, Band 2). Norderstedt: BoD 2023.

TFb_B003 | Leo N. Tolstoi: *Das Töten verweigern*. Texte über die Schönheit der Menschen des Friedens und den Ungehorsam. Neu ediert v. P. Bürger & K. Warnatzsch. (= Tolstoi-Friedensbibliothek: Reihe B, Band 3). Norderstedt: BoD 2023.

TFb_B004 | Leo N. Tolstoi: *Wider den Krieg*. Ausgewählte pazifistische Betrachtungen und Aufrufe 1899 – 1909. (= Tolstoi-Friedensbibliothek: Reihe B, Band 4). Norderstedt: BoD 2023.

TFb_B005 | Leo N. Tolstoi: *Das Gesetz der Gewalt und die Vernunft der Liebe*. Texte über die Weisung, dem Bösen nicht mit Bösem zu widerstehen. (= Tolstoi-Friedensbibliothek: Reihe B, Band 5). Norderstedt: BoD 2023.

TFb_B006 | Leo N. Tolstoi: *Bei den Armen*. Texte über die Lebenswirklichkeit der Beherrschten. (= Tolstoi-Friedensbibliothek: Reihe B, Band 6). Norderstedt 2023.

TFb_B007* | Leo N. Tolstoi: *Soziale Sünde und Revolution*. Texte über die moderne Sklaverei, Wege der Befreiung und den Irrweg des Blutvergießens. (= Tolstoi-Friedensbibliothek: Reihe B, Band 7). – *In Vorbereitung für 2024.

TFb_B008 | Leo N. Tolstoi: *Über Nichtstun, Moral, Recht und Wissenschaft*. Vier kleine Schriften aus den Jahren 1893 und 1909. (= Tolstoi-Friedensbibliothek: Reihe B, Band 8). Norderstedt: BoD 2023.

TFb_B009 | Leo N. Tolstoi: *Vier Auswahlbände und Breviere 1901/1928*. Sinn des Lebens – Gott und Unsterblichkeit – Aufruf zur Bruderschaft. (= Tolstoi-Friedensbibliothek: Reihe B, Band 9). Norderstedt: BoD 2023.

TFb_B010 | Leo N. Tolstoi: *Briefe 1848-1910*. Gesammelt von P. A. Sergejenko – vollständige Ausgabe (1911), mit einem Vorwort des Übersetzers Dr. Adolf Heß. (= Tolstoi-Friedensbibliothek: Reihe B, Band 10). Norderstedt: BoD 2023.

TFb_B011 | Leo N. Tolstoi: *Religiöse Briefe*. Übersetzt von Karl Nötzel – Neuedition der Ausgabe von 1922. (= Tolstoi-Friedensbibliothek: Reihe B, Band 11). Norderstedt: BoD 2023.

TFb_B012 | Leo N. Tolstoi: *Begegnung mit dem Orient*. Briefe und sonstige Zeugnisse über die Beziehungen des Dichters zu den Vertretern orientalischer Religionen – bearbeitet von Pavel Birjukov, 1925. (= Tolstoi-Friedensbibliothek: Reihe B, Band 12). Norderstedt: BoD 2023.

TFb_B013* I Leo N. Tolstoi: *Begegnung mit dem Judentum.* (= Tolstoi-Friedensbibliothek: Reihe B, Band 13). – *In Vorbereitung für 2024.

TFb_B014 I Leo N. Tolstoi: *Grausame Genüsse.* Texte über das Leiden der Tiere, die Ernährung ohne Töten und Betäubungsmittelgebrauch. (= Tolstoi-Friedensbibliothek: Reihe B, Band 14). Norderstedt: BoD 2023.

TFb_B015 I Leo N. Tolstoi: *Die sexuelle Frage.* Eine Anthologie des Jahres 1901 – Anhang. (= Tolstoi-Friedensbibliothek: Reihe B, Band 15). Norderstedt: BoD 2023.

TFb_B016 I Leo N. Tolstoi: *Pädagogische Schriften.* Gesamtausgabe von R. Löwenfeld. (= Tolstoi-Friedensbibliothek: Reihe B, Band 16). Norderstedt: BoD 2023.

TFb_B017 I Leo N. Tolstoi (Bearb.): *Gedanken weiser Männer.* Übersetzt von Adolf Heß. (= Tolstoi-Friedensbibliothek: Reihe B, Band 17). Norderstedt: BoD 2024.

Tolstoi-Friedensbibliothek, Reihe C

TFb_C001 I Leo N. Tolstoi: *Aus meinem Leben.* Kindheit – Knabenalter – Jugendzeit. (= Tolstoi-Friedensbibliothek: Reihe C, Band 1). Norderstedt: BoD 2024.

TFb_C002 I Leo N. Tolstoi: *Kriegsbilder und andere Dichtungen aus der Zeit beim Militär.* (= Tolstoi-Friedensbibliothek: Reihe C, Band 2). Norderstedt: BoD 2024.

TFb_C003 I Leo N. Tolstoi: *Frühe Erzählungen – Der Morgen des Gutsherrn ...* (= Tolstoi-Friedensbibliothek: Reihe C, Band 3). Norderstedt: BoD 2024.

TFb_C004 I Leo N. Tolstoi: *Die Dekabristen – Romanfragment, nebst anderen Texten ...* (= Tolstoi-Friedensbibliothek: Reihe C, Band 4). Norderstedt: BoD 2024.

TFb_C010 I Leo N. Tolstoi: *Volkserzählungen 1872-1909.* Übersetzt von Erich Boehme. (= Tolstoi-Friedensbibliothek: Reihe C, Band 10). Norderstedt: BoD 2024.

TFb_C012 I Leo N. Tolstoi: *Späte Erzählungen – Der Tod des Iwan Iljitsch ...* (= Tolstoi-Friedensbibliothek: Reihe C, Band 12). Norderstedt: BoD 2024.

TFb_C014 I Leo N. Tolstoi: *Hadschi Murad – Erzählungen aus dem Nachlass.* (= Tolstoi-Friedensbibliothek: Reihe C, Band 14). Norderstedt: BoD 2024.

TFb_C015 I Leo N. Tolstoi: *Göttliches und Menschliches – Erzählungen aus dem Nachlass.* (= Tolstoi-Friedensbibliothek: Reihe C, Band 15). Norderstedt: BoD 2024.

TFb_C016 I Leo N. Tolstoi: *Gesammelte Bühnenwerke* (= Tolstoi-Friedensbibliothek: Reihe C, Band 16). Norderstedt: BoD 2024.

Tolstoi-Friedensbibliothek, Reihe D

TFb_D001 I Raphael Löwenfeld: *Zwei Schriften über Leo N. Tolstoi und sein Werk.* (= Tolstoi-Friedensbibliothek: Reihe D, Band 1). Norderstedt: BoD 2024.

TFb_D002 I *Antisemitismus, Pogrome und Judenfreunde im russischen Zarenreich.* (= Tolstoi-Friedensbibliothek: Reihe D, Band 2). Norderstedt: BoD 2024.

Dieser Band erscheint in der Reihe C des Editionsprojekts
‚Tolstoi-Friedensbibliothek' zur Erschließung
gemeinfreier Übersetzungen von ‚Gesammelten
Dichterwerken' Leo N. Tolstois.

Über weiterführende Literatur, zu unseren Angeboten
in den einzelnen Editionsreihen A – D
sowie zum Kreis der Beteiligten (Konzeption
und Herausgeberschaft, Bearbeitung, Beratung,
Kooperationspartner*innen) informiert die Projektseite:
www.tolstoi-friedensbibliothek.de